浙大法律评论

ZHEJIANG UNIVERSITY LAW REVIEW

2018卷

焦宝乾 主编

ZHEJIANG UNIVERSITY PRESS
浙江大学出版社

图书在版编目（CIP）数据

浙大法律评论. 2018 卷 / 焦宝乾主编. —杭州：
浙江大学出版社，2019.11
ISBN 978-7-308-19231-6

Ⅰ.①浙… Ⅱ.①焦… Ⅲ.①法学—文集 Ⅳ.
①D90-53

中国版本图书馆 CIP 数据核字（2019）第 125214 号

浙大法律评论 2018 卷

焦宝乾　主编

责任编辑	钱济平　陈佩钰
责任校对	高士吟　汪　潇
封面设计	刘依群
出版发行	浙江大学出版社
	（杭州市天目山路 148 号　邮政编码 310007）
	（网址：http://www.zjupress.com）
排　　版	杭州中大图文设计有限公司
印　　刷	浙江省良渚印刷厂
开　　本	787mm×1092mm　1/16
印　　张	18.75
字　　数	404 千
版印次	2019 年 11 月第 1 版　2019 年 11 月第 1 次印刷
书　　号	ISBN 978-7-308-19231-6
定　　价	70.00 元

《浙大法律评论》编委会

目　录

1

法律实务

浙大法学

法律作为一门学问[*]

苏永钦

缘 起

尊敬的各位老师、各位同学，大家晚上好。其实我今天坐车从高铁站过来，一路都在想我和浙大的这段因缘，本来想作开场白，朱新力老师都帮我讲完了，而且没有遗漏，差不多就是这样，好像很远又好像很近。这个学期我们还通过远程教学，在章老师的课上一直都可以见面，上次是和王冠玺老师合开了一些课，所以真的是非常亲切。前一阵子我离开公职后，就完全自由了，隔了六年又开始我的大陆漫游，浙大几位老师就联系说要我过来，我就想很好，能借这机会和各位同学、各位老师交流一下。

讲什么题目呢？当时我提了两个建议，一个就谈"司法改革"，这刚好是我过去六年每天都在想、在做的事情，大概随时可以讲两三个小时；另外一个，那就谈一下我最近在想的事情，当我离开公职、重新回到学术圈，有时会冒出来一些念头，但实在不是什么完整的想法。我心里头想，"司法改革"应该是不错的题目，大陆也正如火如荼地推动，没有想到后来接了电话，很肯定地对我说要听那个我还没有准备好的。我猜想，好像连这里对我做的"司法改革"都不太认可的样子。后来，他们就决定了让我做一个一般性的讨论。其实这也是我作为一个法学的"老兵"，在过去相当长一段时间内做的事情。即使我中间数度进入公门、担任公职，我大概都还会利用机会去接触一些法学的思考或者写作。所以应该讲是把一段经历和过程跟各位分享，但绝对是还不成熟的。

大概我们经常焦虑，觉得不知道要做什么。我看到在座很多年轻的面孔，主要是各位同学，还有很多年轻的老师。其实我也经过这一段时期，应该是在1981年。这一年我开

* 本文为2016年12月21日台湾政治大学苏永钦教授莅临浙江大学光华法学院，于之江校区都克堂之演讲整理稿。文字整理工作由光华法学院本科2013级林欣、何开天负责，文中小标题及图表自讲者提供的演讲简报中摘取，由整理者依演讲进度分别植入。

始教书,30 岁,不算早,但是要开始投入这个工作,我要开始规划我的学术生涯,那时候会有一种焦虑。隔了一段时间以后,往往又会出现一些类似的思考,我做得对不对? 是不是在做一些"撞墙"的事情? 周期性地,我们会思考这样一个问题。

然后我想花一点时间来谈,在海峡两岸,在很多的欧陆国家,其实把 90%以上的时间、精力花在我们所谓的法学——法教义学上,它为什么是这样,有什么样的问题?

在地球的另外一半世界,人们同样在做法律的研究,是完全不一样地进行法律与社会、法律与经济、法律与心理、法律与其他社会科学的研究。他们是在什么样的背景、什么样的条件之下做了这样的一些研究?

这两种知识系统、两种法学的研究者有着什么样的关系? 很多人讲,其实到了 21 世纪两者已经在汇流之中——在各自的观念、方法上等等;或者更仔细地看,其实更多的只是一种互动,并没有真正汇合。这是第四个我要谈的观点。

再者,我想谈我所观察到的法学研究,现在是什么状态,未来可以向哪个方向去努力。最后,是一个整体的回顾和感想。

整个思考,就如开始讲的,其实是不完整、不成熟的。所以刚刚朱老师说一个半小时,我还不太确定,说不定一小时就讲完,说不定两小时还没讲完。我会尽量把我现在的思路厘清,后头我们有时间就跟各位老师、同学来沟通。

职涯规划

我记得很清楚,1981 年我从德国留学回来,就很幸运地在台湾政治大学找到了一个教职,但是我要做什么事情? 除了上课备课以外,我要写点文章、做些研究。当时台湾社会非常混乱,很多社会运动好像对法律人有很多的期待,我还要做一些社会服务。我不是很清楚该怎么做,当时去请教一个学长,他是我非常尊敬的一个学长,大我一届。我说:"你可不可以告诉我,作为一个法学者,除了要做一个好的教师,提供一定的社会服务,帮助政府、帮助社会发出一些声音以外,要怎么做学问? 要怎么做一个学者?"那个学长很快地回答我:"你过一星期就知道了,不需要我告诉你。你就慢慢教,我只告诉你,过了一段时间以后,你看耐不耐得住这种寂寞无聊,如果可以那你就做下去吧。"我当时不清楚他讲的是什么意思,后来我发现这位学长开始去参选所谓的"立法委员",去做很多的工作。我开始有一点明白,除了可以把学生教好、做一个好老师,做一些社会服务以外,好像一个学者要做什么,其实是我刚刚讲的,有时候是处于"撞墙"的状态。

与社会科学相逢

在开始写文章投稿、合作撰书的时候，我慢慢地感受到了一些问题。在讨论一些议题，学者之间沟通的时候，我们其实没有办法很深入地彼此说服，常常陷入一些循环论证，甲说、乙说、丙说都差不多。我们有时候找一些比较法作为研究的基础，比如选择欧盟的一些判决，但好像也没有一个非常完整的比较法研究作基础。

这样的困境，到后来特别在有些场合——比如和一些其他领域的学者一起去审查文章的时候——我的感受就特别强烈。那时候在台湾"中研院"有个非常好的、受肯定的期刊，叫《欧美研究》，它是一个综合性的期刊，所以我必须和社会科学家一起去看这些不同门类的文章。当我们偶尔审查到法学文章的时候，有机会听到不同门类的学者怎么看我们法学者的作品。我第一次听到，他们会觉得在方法论上是不够扎实的。他们往往会有评语说，你只是把资料堆砌起来，说了很多法院的判决来写一个劳动争议的问题，但如何可以导出来这样那样的结论？当时我陷入了一个新的焦虑，原来法学并没有受到很大的肯定。

再后来，我还有一个机会进行学科整合的工作，权力其实还蛮大的：我们每年发一些补助让年轻学者来申请，也去评鉴期刊，给一些杰出奖评选。在那里的大部分时间，特别是杰出奖评选审查的时候，跟社会科学的其他学科召集人一起讨论，才发现主要的评比依据是国际期刊的认可程度——你有多少文章是发表在国际认可的期刊上头，排名如何如何。其实作为一个法学召集人，你可以极力地去讲，法学在这一点上和其他社会科学应该是不一样的，因为如何如何。大家都知道这些理由，可对于这些，他们是不太能够接受的。所以慢慢地我开始思考，是不是我们的研究方向有一点问题？最近大陆的文章里也会常常引用德国学者讲的一句话，"法律修掉一个条文，法学院图书馆可能清空一整个书架"。意思是，我们做法律解释的工作时，花了很多时间去争辩去讨论概念、性质，可是其实随着法条的改变，一个很简单的法条的修改就让你前面的讨论都不见了。这几乎让我午夜梦回，惊出一身冷汗。

我回头想，事实就是这个样子。比方讲，在我去德国读书的那段时间，我记得在读刑法的时候，刑法老师曾经情绪非常激昂地批评另外一个刑法老师，他们在两个学派之间争论，一个叫 final（目的论），一个叫 causal（原因论）。我回头问一些刑法学者这两派现在谁赢谁输，他们连听都没听过，已经没有人在谈这个。换句话说，你所谓的了不起的理论、学说、发现，其实它是跟着法条走的，它背后所谓的知识含量在别人眼里只是一堆资料。

我有时候会想，法学学者在交流的时候，常常会谦虚地说："谈不上法学家，我只是一个法匠。"可能在其他人看来，法学者全部都是法匠。其实老师教学生只是在训练他们做一个好的法官、一个好的律师……我们只是教师,好像真的没有办法像自然科学家那样,帮助人类去了解世界、发现一点点真理,然后在这个基础上又有别人发现更多的真理,让人们越来越了解世界。在那里,我们知道有哪些科学家、在哪位手里作了什么贡献。但是法律不是这样一种学问,我们某段时间所争论的事情可能一点都没有改变这个世界。

我又想起一个故事,有一段时间我在一个反垄断机构工作,其中有一位王志刚先生,他是位经济学家,另外还有一些法学家和其他学科的人。他突然有一天和我说:"在经济学界,两个经济学家有三个意见,我以为法学者要好得多,法律应该是怎么样的,答案就出来了。没想到跟你们法学者共事以后,右边坐了个廖××,左边坐了个黄××,廖××持甲说,黄××一定持乙说,从来没有相同过。"我说:"在很小的机会里,你们经济学的那个甲说、乙说还可能得到印证,证明甲说是错的,乙说是对的。可是法学中的甲说、乙说,永远没有可能得到印证哪个是对的。法学者都是跟着一个应然的法律规范,然后去解释它应该有什么样的含义,它的规则应该怎么运作,基本上我们只有通说、少数说,没有谁对或错,因为我们没有办法印证。"这让我越来越感受到,法学这个学问是蛮特殊的,对我们到底要贡献什么,也越来越有体会。

比神学少了点底气

后来,我看到我在德国读书时候的老师们到了 50 岁以后大概不再写教科书,不再写论文,开始去研究法哲学、方法论、法人类学,可能他们想把法律背后的那些东西留下来。法学者的大部分精力在于追求法律的解释。

如果有一种知识跟它比较接近的话,大概是神学。神学也是一组应然的教条,事实上"教义学"就是来自基督教的教义(dogma)。在台湾翻译成"法释义学",可能翻译成"法教义学"比较好。它从德文 Rechtsdogmatik 来,其实就是在某种程度上反映了当时欧洲形成的这样一种研究风气、研究方式。当时正是人文主义苏醒,从宗教脱离的时代,但是他们思考在这些法律中是不是存在一些教条,可以把它整理出来、组合起来,系统化地去研究。可是虽然神学面对的情境与法学类似,但法学某种程度上还不如神学。因为圣经不会修改任何一个字,它的注解者可能会产生不同见解,但神学的注解对象是确定的,而且地球上大概有十亿人是相信它的,不会去怀疑,所以它的底气很强。可是法学呢? 洛阳纸贵的教科书即使藏诸名山,也很难传诸后人,到后来就已经乏然无价值,这就是我们面对的知识的窘境。

法学的奖呢？

简单讲，经过我长期的观察，发现在整个人类的知识殿堂里头，法学的位子的确排在很后面。它的窘境是，以台湾来讲，"中研院"有"院士"这样的荣誉，到最近有三位政治学者、好几位心理学者、两位经济学者与统计学者拿过"院士"荣衔，但到今天没有任何一个法学者。即使一位法学者得到很多尊崇，他一样得面对这么一个窘境。法学者会得到一些安慰奖，就是因为我们拿不到"院士"，那算是最高位阶的一个奖励，但它仍然没有什么被认为是可以共享于人类的。大家应该也会想到诺贝尔奖，到目前为止，没有任何法律人可以得到这样的尊崇，因为它在知识的营造上对人类是没有什么贡献的。

法教义学的"科学性"

我后面要讲的是，虽然看起来这个工作那么没有意义，但从另一个角度看，它其实是越来越重要了。以台湾来讲，我自己读大学的时候，法学院的招生在学生所有的偏好里头大概是在中间，不是最前面，可是等我教书的时候，法学在台湾几乎都是排名第一、第二，应该是和商学并列或者更好，超过其他的社会科学，远远超过政治学和社会学。换句话说，社会需要这样的知识作基础，培养一些杰出的人才来为社会服务。但是法学本身为什么在知识的努力上，没有办法突破现在的境界？是什么样的力量让所有的法学者仍然跳进来写教科书？除了做好教育工作，就没有像一般的科学家那样去追求一种系统知识的动力？这就是我第二个部分要谈的，我观察到的法学的动力来源。

首先就是一个概念，叫作法科学，德文叫 Rechtswissenschaft。我第一次到德国读书的时候，了解到在德文里头它的表达是法律科学，所谓法学就是法律科学。比如著名的方法论作家拉伦茨的方法论，叫作 Methoden der Rechtswissenschaft，他所做的是法律的诠释，系统地把法律解释出来，这个工作叫作法律科学。为什么他们有这样高的一种信仰，而且形成一个动力，去把这个工作做好？这里就要提到法教义学的"科学性"。在美国，我们绝对听不到 legal science（法律科学）这样的探索，他们从来不觉得法律会变成一种科学。所以，作为大陆法系的一员，后发的法学工作者可能需要知道前人怎么看待他的工作——大陆法系的一些前沿工作者，是把法学当作科学来看待的。

14 世纪的欧洲

它的背景往往可以追溯到 14 世纪的欧洲,在当时——如果各位有兴趣,可以去读当代重要的法史学者莱因哈德·齐默曼(Reinhard Zimmermann)的作品,我想这里一定有他的东西翻译引进。他是一位法史学家,对于欧洲的特别是私法历史作了很多精彩的描写。他写了一篇文章收在《走向欧洲民法典》这本书里,里面有很精彩的描述——在人文主义苏醒的文艺复兴时代,他特别去讲罗马法再发现再诠释时代欧洲的情况,简单地说有点像春秋战国的诸子百家。欧洲有名的学者四处讲学,例如法国人多莱乌斯(Donellus)在海德堡讲学,德国著名的学者普芬道夫(Pufendorf)在瑞典的隆德大学(Lund)讲学,意大利的学者在英国牛津大学讲学……他举了很多这样的例子。在当时的交通困难、语言障碍的状况之下,是这样在进行沟通。他最后讲一句话:通过罗马法的再生,他们隐隐然地都在想,法律应该是可以通过学习而普适化的知识。你不必限缩在自己周围的国家里,法律背后有一些理性可以通过相互学习而成长、而变得更好。

罗马法的再生带来了法学的科学性这样一种信仰,他们重新发现罗马法的那种合理性远远超过欧洲当时地方的或者共同的法律,从那里头他们发现好像不必限缩在君王的命令、传统的习惯中,而是可以去发现一些更好的规律、更好的规范,就像你去发现自然的规律一样。所以在我看来,从那时候开始了大陆法系传统,这也是美国比较法学者约翰·亨利·梅利曼在《大陆法系》这本书中特别强调的所谓科学性的来源。每个人好像在追求法律的知识,这种热情不会被限缩在他自己所处的环境、所产生的一些法律中。

18 世纪理念主义下的法治国

这个情况到 17、18 世纪,理念主义的重要哲学家康德、黑格尔、费希特开始谈论法律和国家的关系,开始有一种理性主义的思考,法律的理性这些说法都出来了。法治国这个很重要的概念,德文叫 Rechtsstaat,就是把国家和法律连在一起考虑。当时主权国家的思想慢慢开始成熟,国家掌握的公权力不一定代表恶的暴力、不好的权力,如果它是通过一些理性的法律作基础,跟国家合二为一的,国家本身就是由法律组成的。没有法律就不是国家,这叫 Rechtsstaat,所以这个概念通常翻译成"法治国"。我们常常讲,这跟英文所称的"法治"(rule of law)可以作一个区分,Rechtsstaat 如果就翻译成 rule of law,你会发现内涵其实很不一样;Rechtsstaat 有人把它翻译成 rule through law,它有把法律和国家合二为一这样的理想,是以非常大的乐观主义在思考法治这样一个问题。这样一些哲学思考再加进来后,跟前面罗马法的基础结合,慢慢在欧洲很多国家出现一个法典化的运动,跟着主权国家的兴起,要把法律更系统化、合理化。接着就是 1804 年的《法国民法典》,再过不到 100 年有德国民法,这中间有西班牙民法等等,这些法典化运动,基本上是在追求一个理性的法律(参见图1)。

法国民法(1804)→奥地利民法(1811)→荷兰民法(1838)→意大利民法(1865)→葡萄牙民法(1867)→瑞士债务法(1881)→西班牙民法(1889)→日本民法(1890)→德国民法(1896)→日本民法(1898)→瑞士民法(1911)→巴西民法(1916)→苏联民法(1922)→土耳其民法(1926)→中华民国民法(1930)→意大利民法(1942)→埃及民法(1949)→苏联民法(1964)→荷兰民法(1992)→俄罗斯民法(1994)→德国新债法(2002)→巴西民法(2003)→以色列民法(2004)

图1　民法典的跨国积累和范式转移

到了最近,就是莱因哈德·齐默曼讲的,在当代看到了新一波的欧洲法学者的热情。从 1980 年丹麦学者兰德(Lando)开始组织起来去讨论研究欧洲的共同契约法,到后来德国学者巴尔(von Bar)领导的侵权行为、合同法的小组,有很多这种小组以跨国形式的组成,再去寻找一个共同的最理想的法律,在欧洲国家产生很像 14 世纪那样的运动。可以看到,在欧洲这个大陆法系的摇篮,以及这些国家后面影响到的比如东亚、俄罗斯,还有许多东欧国家如土耳其等,基本上就是建立一个从社会科学角度来看,完全不能被归类到具有那样含量的知识体系。但大陆法系学者其实具有一种很高的热情,他们认为是在做一种科学的、系统的研究,所以德文就这样肯定地讲,这是一个 Rechtswissenschaft(法律科学)。

萨维尼发现了"物权行为"

我还偶然读到过一本书,书名叫作《民法学的发现者》,它用德文 Entdecker,发现者。通常只有自然科学会用"发现"的概念,发现自然世界的真理,通过科学的方法去验证确实是放诸四海而皆准的,这个叫作发现。我仔细读这本书,非常好奇谁是发现者?它把萨维尼(Savigny)放进来了,萨维尼发现了什么?物权行为的无因性。我真的是有一种哑然失笑的感觉:如果你对一个美国人说,德国人发现了物权行为的无因性,美国人会立刻问什么叫物权行为?什么叫无因性?它能对我有什么改善?美国人完全不在意一个交易有没有物权行为,它是有因的或者无因的,但德国人说它是一个了不起的发现。书里头也讲卡纳里斯(Canaris),这是大家都知道的当代一个重要的债法、商法学者,他的信赖责任(Vertrauenshaftung)——我不详细展开,它是债法在 20 世纪的一些新的法官造法、习惯法,用信赖责任串起来——说这是一个了不起的发现。对于其他法律文化来讲,这根本就不是一个有益于国计民生的东西,它只是那一套法律思考里头造出来的一个体系,然后往前推进,这样就变成知识。

所以,我们看到的不限于一个国家,而是一个"法律家族",其实扩展得非常大,从西欧到中欧、东欧,到东亚许多国家如日本、中国,再到泰国,然后拉丁美洲、俄罗斯等等,都在这个大的家族里面。当然我们也可以再用别的分类,有些会分得更细,但如果采用大概的二分法,所谓广义的大陆法系学者其实都汲汲营营地在做这样一个工作。这个工作就像前面讲的,好像是没有意义地堆砌,在一些规范的概念、规则中打转,去把它编织起来,说到底,它其实跟生活不一定有绝对的关联。这是第一种思维,好像是两个极端。

法官造法——另一套知识体系

那么第二个,另外一套知识系统它怎么看法学?我讲的就是另一个重要的法律家族,英美法。英美法基本的思考,大家立刻会想到,所谓 rule of law,它有一些很基本的观念。第一个,政府没有得到法律授权的都有问题。这种思考从 1215 年英国大宪章就埋下伏笔,慢慢地这个思想发微,所谓的有限政府,是英美法系很重要的一个基本原则,也就是法律没有规定的就是人民自由的空间。这就是 rule of law 跟 Rechtsstaat 最大的差别,某种程度上把政府当成可能的必要之恶,因此法律的目的是控制政府。所以很重要的一个条件就是要有高度独立的法官,让法官来操作法律甚至造法,以节制王权。在早期的时候,法官在普通法里头主要是造法者,所以这些法官是由一些律师推选出来的,跟国家公权力是脱离的。英美法在这样的国家理念、法律理念下,加上法官造法的传统,就延伸出了这样一套跟大陆法系的法律思维、法律的系统性工作完全不一样的法律体系,他们去研究法官的判例,也开始有学者去写这个东西。

边沁对普通法的唾弃

在这里,我要提一个很有意思的人,叫作边沁(Jeremy Bentham),18 世纪一位重要的英国学者。这位学者后来以他的经济学成就闻名,也就是他的效用主义,他说人类应该追求最大多数人最大的快乐,把最小的痛苦、最大的快乐给最大多数人。

有趣的是,很少人知道其实他出身于一个法律人家庭,他的父亲是伦敦的大律师,父亲也把他送到法学院读书。偏偏边沁是个不世出的天才,4 岁就可以读拉丁文、希腊文的诗歌,大概 12 岁就进了牛津大学,15 岁毕业,各位可以想象,就是那一类的天才。等到他毕业了以后,他就开始问自己:我这个天才,我可以做什么? 有什么事情不值得做? 他爸爸叫他去开律师事务所,他接的第一笔生意就赔掉了,因为他觉得他这个天才是不适合花时间处理这种个案的,这种没有太多营养的事情。

最有意思的是,他的老师就是大家都听过的黑石教授(William Blackstone)。那时候他正在整理法律案例——就像刚刚讲的,大陆法系的学者整理罗马法,然后再给罗马法新的生命——去整理他们自己的地方法,然后再把它组合成系统的规范。英国的法官像黑石教授,他原来就是一位大学者,他做的就是把这些案例整理起来,让以后的法官可以知道过去有什么很智慧的、务实的裁判,但是他们从来不会想到要把它抽象化,变成一个完整的体系,然后来演绎,而只是一个案例一个案例地归纳。最后,他就写了一套书《英国法大全》(Commentaries on the Laws of England)。我们这位叛逆的边沁先生呢,他十几岁在牛津大学的课堂上,一直在底下画叉叉。后来他匿名写了一本书说,黑石老师讲的这些东西真的没有太大的价值。你说这个案例判得很好,(但是)跟其他的判决没有办法相容甚至是矛盾的,这些智慧仔细想其实只是一种电光石火。边沁从效用主义的观点出发,认为制订法律的研究才是科学。

可是对黑石教授来讲,这就是法律本质。他就是要逢山开路、遇水搭桥,碰到一个案子有了经验找出最好的答案传承给后人。我们要保留最大的空间去解决问题,而不要去创造一个体系,把自己绑到没有空间,变成体系的奴隶。英国的法学思维非常排斥抽象的东西——体系、逻辑,他们在乎的是先例的拘束,除此以外你要能够合理地解决问题,在生活中、在经验中找到法律的生命,就像后来霍姆斯(Holmes)在谈他的法学观的时候提出的"法律的生命在经验不在逻辑",这是英国式的。后来黑石教授的《英国法大全》被美国最重要的制宪先贤——大部分都是法律人——几乎都读烂了。这为英国法传到美国,在美国成立后能够移植奠定了非常重要的基础。所以他们虽然没有法典,但英国法通过殖民,再加上刚刚讲的这段因缘,在美国整个传承下来。这里你看到的是另外一套知识的系统,从生活经验里头去找法律的智慧。

美国的法唯实主义

接下来看法科学在美国的演变,这在英国其实没这么明显。美国的法唯实主义学者在20世纪初期的时候,就开始认为英国法仍然有太多教条的束缚,美国社会变迁那么快,法律应该要有更大的自由,从先例的教条中解放出来。从法唯实主义视角看法律,比方说什么是法律?法官讲出来的就是法律,社会变化这么多,你还要管原来的法律在过去是如何作什么。所以先例固然有拘束力,但法官应该尽可能地用各种社会科学的方法,用各种当代的价值观去处理问题。所以美国的法唯实主义,是从英国式的教条的案例法再进一步解放。

我们如果看劳伦斯·弗里德曼(Lawrence Friedman)这位重要的美国法史学者写的两本

有关 20 世纪美国法的书,中间有一段讲美国的法学,他有一个很生动的观察来验证法学的变化。他说翻阅 1904 年《哥伦比亚法律评论》(*Columbia Law Review*)的话,看不到任何一个法律的注解同法律人及法律无关,全部都是某个案例、某个法官的感述,或者某个学者的评述。但是到 20 世纪 50 年代,再找同样重要的法学期刊的时候,已经可以看到一些非法律人、非法律的资料作为法学讨论的对象。他说最有趣的是,到了 20 世纪末期,去看《哈佛法律评论》(*Harvard Law Review*)或者《耶鲁法律杂志》(*Yale Law Journal*),已经很少看到法律人的名字或跟法律有关的,他看到很多社会学家如福柯、哈贝马斯,或者一些哲学家。他们的讨论已经跳出来了,好像不再把法律当成有价值的知识来谈,而是从社会科学的角度谈一些法律问题。这里你看到另外一种法律文化,它走到一个完全不一样的极端。

德国留学生的文化震惊

在座也有几位老师在海外留学或观察过,我不晓得有没有这样的感觉,以我自己来讲,原来受到的一些训练和教育,到了德国后好像只会更肯定、更强化我们学习的价值。老师也是在大课堂讲课,学生做笔记,只是他们比我们做得要好很多,更精致而已。可是各位去想象,德国学者到美国是什么景象,我们中国学生到美国读书有什么样的感触?其实很有意思。

我在很早以前就读过一篇文章,印象很深刻,那位作者现在已经是大教授了,叫作迈克尔·马蒂内克(Michael Martinek),那个时候还是个年轻的助教。他在"二战"以后没多久到了美国,那时候美国有援助,鼓励德国的年轻人去看看:为什么人家把我们打败,一定有理由的,说不定法律比我们好。马蒂内克那篇文章叫作《法律文化的震惊》(*Rechtskultur-Schock*),他用了社会学的一个词语"文化震惊",也就是这两种法律文化的碰撞。德国学者可以说是把概念法学做到极致,这个年轻人用所学的法律知识去读美国的法律,他快要昏倒:这叫读法律吗?他的文章里写了至少四个他认为不一样的地方。第一个,在德国,人们认为法律是一种教育 Bildung,在法学院学法是要把这些年轻人、要从事法律工作的人的思想改造过来。德文叫 Bildung,一个很生动的用语,就是教育,意思是要印刻在你的脑子里,像图画一样。Bildung 就是改变你的人格,才叫法学、法学教育。在美国人的观念中,法学院要做的只是训练(training),好像一个篮球教练教你怎么上场打球,却没有要改变你什么想法。第二个明显不同,在德国,法学是一门科学,它是可以去不断改善、不断精进的一种系统的研究,但是在美国人们认为法律是一种常识(common sense),法学只是让你接近生活,找到生活的智慧。第三个不同,德国的法律、法学教学是要去追求更抽象的思考,它抓住一点,希望触类旁通,举一反三,然后把这些问题都掌握起来,最后我们对整个世界都找到一套合理的法律,是系统的研究,但是在美国从来没有人这样想过,他们认为法学的研究是具象的、具体的。最后一点就是体系和个案的不同。所以马蒂内克所谓的文化震惊、文化碰撞无非就是这个。

到后来在美国的法学界，有思想的、能力很强的人会去融合其他的社会科学的观念，也就不足为奇了。为了进行更高等的知识活动，他们就不会停留在案例的分析上，而是开始去跟社会学、心理学、经济学、政治学结合。因此这是两种知识活动，其实这些德国的学生大多数都读到了硕士，就回到国内做法官、做律师、做教授。他又回到同样的思考，基本上不会带着太多的不同，你还是你，我还是我。

法文化的汇流还是耦合？

这两种不同的制度很难有系统地汇合的可能性，这是我的观察。我们很多时候会强调，东、西会走到一起，他们会混合、会相互学习，最后可以找到最好的结果，可是看起来不是这么一回事。

以欧洲大陆法系来说，我们看到他们在走法典化的道路，每个领域都希望最后能够做出一套完整的法典。以这个作为目标，德国好几个领域都已经法典化了。可是在美国，他们有更好的条件——思维的精细度以及资料的完整度——去制订法典，但是从来没有这么做，他们最多愿意接受的就是重述，把这些资料都汇编在一起。因为在他们的思维里，如果你把这些东西抽象化、系统化，就会牺牲法律最有价值的经验，所以基本上没有汇流。

- 指导理念:法治国 vs 法治
- 国家图像:理性国家 vs 有限政府
- 思考方式:体系取向 vs 个案取向
- 司法功能:定分 vs 止争
- 主要法源:制定法 vs 案例法
- 法律理性:形式主义(逻辑)vs 唯实主义(经验)
- 法官角色:法官仅为法律之口 vs 法律见于法官之口
- 基本论证:法演绎 vs 案例归纳
- 模式维护:学院 vs 法院
- 法学教育:法学院 vs 法科大学
- 法官养成:科举法官 vs 红尘法官
- 审判体系:多元 vs 一元
- 违宪审查:集中 vs 分散
- 刑事诉讼:犯罪控制 vs 正当程序

图2　大陆法系和英美法系的差异

图 2 回应刚刚马蒂内克整理的四个不同,我提出两个法系之间更多的差异,各位有兴趣可以去仔细看,我没有更多的时间讲这些差异。在我看来,这两种法文化从根本到枝节都很难发生实质上的汇流,它可以有一些交汇、一些学习,我想更多的是一种耦合、是一种接枝。在这里,比方讲很多人会说,不对,我们以前讲一个是成文法系,一个是不成文法系,其实现在已经汇流了。因为在英美法,大量的国会立法取代了普通法,这是一个事实;大陆法系越来越重视案例的汇编,在大学教学里案例教法也越来越受到重视,这就是汇流的征兆。

我用表 1 来跟各位讲,基本上这只是一种相互学习的方式。以案例法的教学和案例的操作方法来讲,两者有本质的差异:同样是有法律也有案例,但是英美法系的方法论,基本上法条只是一个思辨的开始、论证的开始,最终如果有先例,法官会引用案例作为最后的法源;而大陆法系有法条也有案例,法官会把案例、各种最高法院之前的判决判例作援引。这表示大陆法系和英美法系的两套知识体系、两种文化并没有本质的变化,虽然在法源上好像都兼容并蓄,可是在方法上还是案例法的思考对抗体系的思考,是不一样的。

表 1　两大法系的差异不在法源,而在方法定位

法系	法源	
	法条	案例
英美	材料	适用规范
大陆	适用规范	材料

同样的,在其他领域我们可以看到,比方有一篇文章说,这种相互学习的方式可以用"移植"来形容,但大部分时候它只是既有的系统里头把别人的智慧转嫁过来,比较像是接枝,而不是真正移植。它的英文表达,不是真的移植(transplant),而是接枝(translation)。

那篇文章举的例子,就是现在从英美法,特别是美国法往大陆法系移植的一个东西,叫作诉辩交易(plea bargain)。诉辩交易在美国是刑事诉讼非常重要的一环,如果没有这个制度刑事诉讼可能会不堪重负,因为 90% 的案子可能最后都没有走到诉讼流程,而是和解了。在同样有这个需要的大陆法系,司法人员很羡慕这样一个能够减轻司法负担的制度。这篇文章就在描述,在大陆法系讨论到最后,只有采取它的精神,它的制度的一环——比如认罪协商,只就量刑部分可以作某种妥协。假如你愿意认罪的话,法官就把刑度判在多少年,而罪是不能交易的。同样的情况,在意大利 20 世纪 80 年代末的改革甚至引起了宪法争议,他们想要把整个刑事诉讼法改变成英美式当事人进行原则,放弃传统的职权进行原则,最后在诉辩交易的移植上彻底失败,宪法法院作了一个判决,认为这是违反真实发现原则的。

在我刚刚给各位整理出来的这些差异里,随便都可以找出这样的例子。比如,刑事诉

讼在大陆法系形成的思维和英美法系思维其实差别还蛮大的。英美法系的思维里，法官是国家的控制者，所以刑事诉讼的主要功能要保护被告，面对国家可能的追诉权滥用，要保护正当程序、实现正当程序。可是在大陆法系，国家是个理性国家，国家是法律系统滋生出来的不可能作恶的主权实体，因此刑事诉讼当然要保护人权，当然要正当程序，但它真正的精神是要发现事实、追诉犯罪。你看大陆法系这整套的都回到我刚刚讲的指导理念、国家图像的差异，最后就会形成不同的刑事诉讼法的意识形态。所以诉辩交易大家都觉得非常好，它可以大量地纾解讼源，让司法更合理，可是最后在其他环节上就打结了。

这样的例子不胜枚举。比如，日本战后做一些大的司法行政制度改革，整个改变战前欧陆式的审判系统处于行政部门的司法部底下的管理制度，让最高裁判所主导司法行政，这种改变被认为是向美国的法文化靠拢。可是实际上，在其他环节未改变的情况下，日本的司法在审判独立上始终不是最完美的，始终是官僚主义最严重的一种司法体系。各位都读过达马斯卡（Damaska）讨论司法行政形态的那本书，他就讲到，大陆法系以刚刚讲的这些思维为基础，发展出来的司法行政是一种垂直的管理；而英美法法官个个都是独立的，在法体系里他们也不会受到行政管理，司法基本上是一个协商、水平协调的程序。所以当基本观念在配套上，你的本质都是大陆法系思维的时候，去改动一个环节，比方把法院的管理从司法部转移到终审法院的最高裁判所，可是最后出来的最高裁判所的事务总局其实比德国的司法部还要官僚，结果是一样的。这就是说，这种法律文化其实是一整套的，它的思想也是一整套的。

讨论到这里，我们可以看到两种完全不同的法学思维方式，它们的互动越来越频繁。不论你愿不愿意，特别是在包括英国在内的欧洲环境中，不同的法系必须汇流，必须找一个妥协点。在整个全球化的环境里面，混合文化大量地影响到其他国家，法律也一样。在这个过程里我们其实看到，不是严格意义的汇流，而是部分的影响和相互学习。

法教义学的结构缺陷

相比之下，大陆法系所谓科学性的追求其实有一些非常大的问题，一些结构性的瑕疵。这里我匆忙地整理了以法教义学为基础的大陆法系法学的四个结构性缺陷。

第一个是体系的压力过于沉重，变迁调试缓慢。大陆法系的法学者何尝不知道法律的生命在于经验，而不是只在逻辑？你要不断地在社会改变中寻找养分，从经验中得到，但是最终回到体系。如果这个经验不符合体系，宁可不要这个经验。某一些案例有突破性，但法学者们会考虑到这个体系会不会付出太大的成本，如果会的话，我宁可慢一点，这就是我讲的体系带来的沉重的压力。不像在案例法的国家，管它什么体系，在我看这个案例这样解决就是最好的。我可以举一个例子，这也是我最近的一个反省。曾经有位德国学者来谈德国 2002 年债法的修改,他很生动地描述那个过程,因为他从 1978 年开始参与德国司法部组成的债法修改小组,他们叫重整(überarbeiten),刻意避免了"改革""修改"这样的概念,就是说我们来重新检验一下。这背后透露出什么样的信息?在大陆法系国家,对于体系人们由衷地尊敬或者畏惧,也就是说我何德何能,我恐怕还不到时候要把它整个改变,所以他们用债法的重整作为名目成立一个小组。我在德国读书的时候这个小组还在进行,我还去买了它的最后结果,大概讨论了 20 年,束之高阁,一个字都没改。虽然很多人看到了债务不履行制度的问题、瑕疵担保的问题、继续性契约问题、时效问题,可是最后要动手改的时候,又觉得再等一下吧,这个体系还是不错的。

但是很有趣的是,在 2002 年欧盟发布了消费者保护指令,要求各国在指令要求下把有关消费者的一些考虑改掉。你要摆在民法里也可以,摆在特别法里也可以。但当时德国一位了不起的女性司法部长赫塔·道勒-格梅林(Herta Däubler-Gmelin),就利用这个消费者指令,在半年之内就大改了债法。后来有人写了一篇文章说,这是这位女部长领导的一个"闪电战术"——德国人讲"闪电战术"是很敏感的——人家花了二十几年,最后一个字没改,但她借着消费者指令这么一个小小的"狗尾巴"把整个"狗"摇动了。不管这是"狗摇尾巴"还是"尾巴摇狗",她确实借势就把这么大的改革给推动了。这背后说明一个什么事情?我要讲的重点是改革后德国学者的反应,你可以想象那些老学者会有不悦之色,可是最后多数还是说改得太好了。包括时效消灭的改革,这个在过去就有人讲过,瑕疵担保的改革将买卖和承揽在瑕疵担保上的差异统合。这都很好,让德国更有竞争力。那你会想,之前你们怎么都不改,而且都想过了也没改?这就是我讲的,大陆法系有时候可能太谨慎了,因为体系思考让你对体系的尊重一直压在头上,所以法教义学有这样一个结构上的瑕疵,这是第一点。

第二个,往往是不能够就事论事,担心牵一发而动全身,所以在讨论问题时它有东扯西扯兜圈子的倾向。这个启发是来自最近在"中研院"的研讨会,那个会上讨论法律经济学的一些议题、方法论的问题。大陆有一个年轻学者戴昕,他谈一个大陆现在刑法学者谈得很多的问题,叫作参与自杀的刑事责任,比方自杀的教唆者、帮助者的刑事责任。他提出了一个观察,说在这个讨论里有很多的方法、记录与观察点。从心理学、社会学的很多资料可以去了解自杀这个社会问题,然后思考自杀行为的帮助者或教唆者应该得到怎样的评价。可是,刑法学者先从自杀是不是犯罪开始谈,然后讨论犯罪参与的刑事责任——自杀本身是不是违法的行为?自杀不被处罚,可是它具有违法性,在这里甲说乙说丙说,最后再有自杀的帮助者或者教唆者、参与者的刑事责任。他认为这些讨论就是非常典型的法教义学的思考,不能够直接问这个问题,不能去找很多的研究结论来形成刑法上的评价。当然这个问题可以再深入地去讨论,但是这一点让我们回想,法教义学有时确实会有这个倾向,因为我们觉得这里规则的疑问可能涉及上位或平行的规则怎么定位。就好比处理一整个的房间,这个椅子怎样摆放坐得最舒服,还要看看跟其他设施能不能配合。法教义学会有这个倾向,不一定绝对错或对,但是它往往会有这种兜圈子、过度牵扯的问题。

第三个缺点是,法教义学有一种完美主义的思考,它希望不要有漏洞、不要有瑕疵。但是在一个大的法律体系里头,有的时候这种体系的完美主义会形成一种不断扩张的倾向,最后结果是它可能不当地去影响其他体系的运作,我这里想到一个最好的例子就是宪法学。宪法学是非常晚近的一个学科。宪法是要规范国家,而国家是一个不太容易驯化的东西,所以要让宪法去控制,然后再把宪法教义化、系统化。这个工作并不太容易,但是到了德国人手上,他们还是非常起劲地去科学化地讨论宪法,建立了基本权的教义学、政府体制的教义学。但当宪法学一直在建构这些规则、体系的时候,其实忘了国家的活动空间越来越少,而民主政治的体系其实要保留一定的空间,并不是让宪法不断地扩张。德国学者也开始有这个反省,有很多讨论。他们的一位总统叫作罗曼·赫尔佐克(Roman Herzog),曾经做过宪法法院院长,后来去做了联邦总统,他写了一本类似回忆录的书。那本书就叫作《德国基本法的结构性瑕疵》,中间就提到了法律保留原则的滥用。所谓滥用,就是德国基本法有一条讲"任何对人权的侵害要有法律的依据",法律如何授权,如何明确内容、范围等。最后他说这样一个原则在没有充分考虑之下不断地扩张,最后造成国会这个最重要的政治机器变成一个官僚机器——法律保留原则不断地大量生产法律,或者是授权法规命令,让国家应该有的空间被不当地限缩了。这个观察在第三者,在我从外部来看是非常清楚的。当你开始建构这些原则并移植过来的时候,心里想的是如何去控制国家,可是在另外的角度可能会有把它过度完美主义地系统化的倾向,而忽略了最后回到原点,还是要去帮助国家处理一些复杂的问题,最后反而把国家的空间不当地限缩了。

第四个结构性的瑕疵,就是法教义学大幅限缩了法学与社会科学合作的空间。社会科学追求了解人类活动的事实的规范,社会学、政治学还有心理学,虽然它们的知识含金量也许到今天为止可能不是很高,但还是可以找到一些规范、事实的规律出来。社会科学虽然是晚近发展出来的一个科学,但它是有帮助的,怎么样可以让这些知识和法学知识相结合?我刚刚讲了,英美法最大的优势就是只受案例拘束,案例没有拘束的情况,他们有很大的空间去请求社会科学的资源帮助,去那里找到一个好的答案。可是在大陆法系法教义学的这种构成之下,它的空间是不大的,因此常常会造成一些限制。这是我很快地讨论完两种法学的思考以后,先回头检讨大陆法系的这些问题。

法律背景论

接下来要谈最近的一些理论,我把它称为法律背景论(legal origins theory)。法律背景论是世界银行支持的讨论,由一些财经学者研究国家发展、经济效率和法律背景的关系,比方说把德国、法国这些大陆法系国家和英国、美国或加拿大这些英美法系的国家作比较,看看有什么样的相关性。经过一些个别议题的讨论和整体的整理,他们非常确定地说,没错,英美法系会比较有效率。最主要的原因,第一个是英美法系让私法自治的空间保留得最大、最完整,让私人能够非常因时、因地制宜地去处理他们之间的矛盾和问题;第二个,英美法系让法官有比较大的权力去找法律的答案,所以可以大量减少官僚成本,不会被一些僵硬的教条束缚,所以这些——在个别议题上,他们举了非常多的例子——使得英美法系在经济发展上的效率是非常高的。

这些文章在最近 10 年有一些讨论,但是立刻就有很多大陆法系的学者提出反证,所以到目前为止是没有结论的,因为反证也说得非常有力。比方针对以上两个理由,他们认为前者可能混淆了政治体系和法律体系的关联,后者则忽略了制度弹性与可预见性间的利害权衡。还有一些反证,则是非常有根据的统计。比方前不久一位德国学者来谈,同样的一个公司跟公司的交易,在德国可能写 5 页的契约就圆满地解决问题了,在法国可能50 页,在英国和美国可能 500 页,成本是很高的,诸如此类。他的意思是说,因为德国有个很好的系统,比方债编各论、有名契约,这就把很多问题标准化了,然后还有一些格式合同把规范填补起来,最后个别的无名契约只要写出不同就可以了;英美法没有受系统的支持,只有案例,最后缔约的成本可能非常高,这个观察应该也是蛮到位的。也就是说,就整体找法立法、专业训练和缔约成本而言,大陆法系未必处于劣势,我们现在一般地讲哪种法文化、哪种知识系统比较有效率或者更具有优势,恐怕还不是那么早就可以下结论的。

但另外一方面,我们可以清楚地看到大陆法系的一个优势——如果我们不谈既有的法律系统、法律文化或既有的发展出来的成熟国家中,谁比较能够从法律中得到一些帮助——跳出来去看其他一些后发后进的国家或移植的国家,你会发现大陆法系这种法律系统,正好可以提供最有利的社会转型,移植别人法律的工具,在转轨成本和上轨成本上有明显的优势。

以刚刚讲的德国模式为例,它的民法影响到这么多国家,遥远的俄罗斯、日本、泰国,这些国家基本上是自发地去把人家的系统搬过来。可是英美法系这种案例法,除了殖民是没有办法移植的,基本上还没有自发地去把英美法的法律方法带过来的例子。到今天,很多殖民地国家独立了以后,他们的法律系统还是在相当程度上依赖英国的法官提供支援。他们虽然援用这些案例,可这都是经过 100 年、200 年的殖民才学习到的,他们没有办法自发学习。可是通过法典、通过这些系统的结晶,你去做一些再教育,基本上就可以很快地把一套法律系统移植过来。两个法文化在这一点上,未必绝对地是哪一种好,但是你要了解自己的缺点和局限。

混合法系?

另外一个是所谓混合法系的研究,我就不花时间讲了,目前为止并没有太多结论。世界上确实有不少混合法系,所谓 mixture jurisdictions,比方苏格兰、南非、以色列,美国的路易斯安那州、加拿大的魁北克,都是典型的混合法系,一方面有案例法作为主要的法源,可是另外一方面又保留了法国民法、西班牙民法或其他。这种混合法系的情况,目前还没有太多经验的研究和比较研究可以说明,怎样得到两种精髓让它更为成功,或者它只是一个历史的产物,看起来好像是后者。

欧洲的新法律文化

所以我认为真正把法律作为法学知识去研究的话,比较值得我们去关注的应该是欧洲的新发展。欧洲在 20 世纪到 21 世纪,英美法系的一些法律方法和欧洲大陆法系的法律方法因为欧洲化而强迫它们必须汇流,现在有很多人从这个角度去看,在欧洲化的过程中产生了怎样的一些变化。

比利时学者海塞林克(Hesselink)就写了一本书谈欧洲的新法律文化。他说在 20 世纪末,你看到的欧洲已经不是从前的欧洲,它的法律思维有了很多新的面向。比方说有较大的弹性,用软法来解决许多的问题,欧盟以指令避免统一强制,还有用一些没有直接拘束力的方法来解决问题;在解释方法上,开始调整原有的比较僵硬的解释方法,比方目的解释就可以引入很多社会科学的方法。他在书里面说,欧洲现在是一个新的法唯实主义,不同于美国唯实主义传统下的法学鄙弃教义而转向社会科学,欧洲的新唯实主义文化仍是从坚实的法教义学出发,在方法上开启一扇又一扇门去引进社会科学的灵光活水。基本上他们找到一个模式,用我们自己的历史经验来讲就是大陆法系为体、英美法系为用。也就是说,还是一个以成文法、制定法为主要法源建立的法律方法、研究方法,但是把英美法的一些好的东西吸收进来,这是一个很好的可以继续研究的方向。

第三手注释到第二手注释

我们法学者一开始要怎么去实现法学的功能呢?他们一开始基本上只是去辅助建立一个有效的法体系。所以我把第一阶段的法学工作叫作"操作手册法学",就像我们买了一台电脑,开始去阅读它的操作手册,然后就开始作注解,或者说是第三手的注释。也就是说,我们所谓法学基本上不过就是把我妻荣(わがつま さかえ)等几位当时重要日本学者写出来的教科书、注解拿来看。我们移植进来的法学,第一代的法学者全部写教科书,基本上能够做到把日本学者已经发展出来的体系转引进来。你仔细去看在大陆时期那批教科书,内容重复很多,张三和李四写的有时候连举例都差不多,这基本上是一个操作手册的制作。我们有时候就开玩笑地指出来,比方读史尚宽老师的书,里头会讲在这里"学者间争议甚多"。我们就去找到底谁和谁争议,一个都找不到,因为他是讲德国跟日本的学者常有争议,出现这种所谓"国籍不明"的论文或者讨论,基本上他只是在做一个赞同的转述而已。

所以到第二代,台湾的法学主要功能就是我所说的第二手的注释,它回到了原点,能直接阅读德国的、法国的、瑞士的或者日本的法学内容,然后更精确地把法律的意思讲出来、整理出来,但基本上还是问德国人问的问题,日本人问的问题。

开始问自己的问题

一直到大概 1990 年以后,台湾学者意识到要问自己的问题,才会发现有些问题是德国人从来没有问的,但是在台湾存在,在法院在实务中都有。问自己的问题是法教义学最重要的一件事情,就是怎样在生活中找问题,最后在条文里头整理出一些规则,然后把规则系统化。

我自己教物权教了很久,也认识到自己的这个短处,但是比较早地觉醒。我发现,第一个结构性地被忽略的问题是:我们把德国、瑞士的物权法移植过来,忽略德国人跟瑞士人讲的不动产包含了土地和建物,它基本上不是土地,可是在所有的德文字典里,Grundstück 就是土地。所以我们就讲土地,可是忘了把不动产界定为土地或者土地上的定着物。因此在建立制度的时候,我们就一直把土地和建物不自觉地当成合一的东西,而忽略它们是分开的,而且常常是分开的。因此,这种分开产生的土地的利用冲突在实务中从来没少过,但在条文里从来没意识到这一点。我们的地役权就是土地和土地的关系,在德国建物和建物的关系也包含在不动产役权中,就是所谓的 Dienstbarkeit。这笔土地和那笔土地的关系,不是只有通行这种役权,还有地上物的互相利用。可是在台湾,把它制订成地役权以后,我们就忽略了,如果涉及建物和土地邻地的利用就不能设立地役权。一直差不多快到 2000 年修改"物权编"的时候,我建议把它改成"不动产役权",这个上位的"不动产"概念,才精确地反映了 Grundstück。因此,不动产役权可以是土地和土地的相互利用,也可以是土地的建物跟建物相互利用。这个是很明显的移植上的问题,因为文字的差异,因为你没有问自己的问题。一直到最近,台湾的实务界才开始问,如果土地不是租赁而是借贷，那在土地借贷的关系上，建物碰到了所有权的移转以后，土地新的所有人要请求拆屋还地，法院要不要准许？为此实务界吵得不可开交。这个问题应该50年前就开始吵了，因为它应该早就有了。可是因为教科书、论文都在重复德国人问的问题，忽略了在移植过程中这些不一样的地方，因为你在做教义学的时候，其实是在做第二手的教义学或者第三手的教义学。你一直在问他们的问题，很多问题在台湾从来没发生过或者是不必要的——"学者经常争议"是他们的争议，其实跟我们没关系，但是我们的学者不知道。

像这些问题，我们作为法律研究者在研究的时候，要认识到我们的困境。就是说我们并没有传统，我们不是从注释罗马法开始，我们就是囫囵吞枣去把一些已经注释好的内容弄进来，然后学习、开始复制它的问题。很多问题在台湾存在，我刚刚把它当笑话来讲，其实慢慢走到一个比较清醒的认识，从第二手再走到第一手。

法治范式的堆叠

在大陆，情况有好的，也有更糟的。好的就是，大陆一开始是没有法律体系的。法学院建立了以后，学生读的法律大都是民法原理、刑法原理。因为实定法并没有很快地到位，法条是不够的，所以更多的是传授一些已经在其他国家形成的法理，我们也培植了很多优秀的法理学者。长远看，这是大陆法学发展的优势，因为它先从后门、从后设的一些问题出发，再来谈法律的注释。

在台湾我们很少有这种后设法学的发展，没有这种人力，也没有太多的兴趣，所以大部分人就直接投入注释和教学。相对于台湾，大陆可以很好地做一些法律交叉学科，或者是法哲学、法史学的研究，但是大陆跟我们一样的问题是基础很薄弱。我们刚刚提到，没有自己的法学传统，而是一种模仿、复制。

所以以大陆的人数之多，信息能力之强，很快地我们就看到在大陆，法学在大量地复制其他地方的法律问题、法教义的问题。可以看到在大陆，各种地球上人家问的问题都开始出现，学界不断复制各种问题，也不断复制各种法理。所以在同一个时间，你可以看到一个法学的"盛况"，就是很多的问题、批判、主张它们彼此可能找不到任何一个研究的主流、聚焦点，各种可能的研究都会出现。比如在我担任行政工作时，刚刚讲的要颁杰出奖或者要选择某一些学者的计划给他补助，我们也需要标准。我们有相当长的时间是没有标准、没有典范的，我们只能说这个架构大概有一些价值，可是并没有一个很清楚的共识，现在大家要集中力量去做某一些研究。大陆的情况看起来更是这样子，各种理论和实务都浅尝辄止，各擅胜场却又相互抵销，让人无所适从，这个我把它称为范式的混乱。

在西方国家我们可以看到，法学跟社会科学、自然科学一样，基本上会经过一段时间自然地形成某种共识。大家研究的兴趣、研究的方法、问的问题大体上有一个聚焦，这就称为范式,然后可以比较快地得到一些结果。会有些非主流的研究来提供新的力量,最后变成主流,但是它不会一直陷于混乱。在我看这是需要解决的——你怎样导引到自然形成共识,确立某种范式或者典范的方向。

在台湾很长一段时间,公法学学者的看法是行政机关应该要"依法行政",所以写的文章都在挑这个问题,说在程序上不合乎正当,要"依法行政"。可是如果细心点看,在2000年以后,公法学者很少再去提这样的问题或主张,他们反过来说行政机关过于"依法行政",也就是说太僵硬了,在很多时候行政机关的作为实际上不符合社会发展需要。在西方,这种发展其实是慢慢累积的,到一定程度的时候会往形式主义走,正当程序、"依法行政"等等,但是在发展到成熟阶段的时候,又走向一个比较有弹性的、比较软法取向的、比较强调实质正义的方向。但是不要忘了,这是在以前面已经建构的很坚实的正当程序、法官为中心等基础上去调整它的僵硬性。也就是说,这是一种范式的沉积,新的一些研究取向或者方法是在旧的基础上往前推进的。它会在"依法行政"的基础上思考不要太"依法行政",不会把这个基础丢掉,因为西方有足够的时间慢慢地去摸索,在一些法社会学的讨论中都提到了这样一种进化。

我们看到的情况往往是比较紊乱的,因为没有时间去做这样一种自我反省、去调和。所以有的时候在大陆和学者交流,我也在想,比方现在司法职业化程度还不够完整的时候,你有很多 ADR、有一些相对以司法为主流的替代方式,你不必沾沾自喜,其实应该先把前面的形式主义的课上完、学分修够了以后,再开始多一点实质主义,可能对国家治理会更好一点。把形式主义或者是依法行政——用塞尔兹尼克和诺内特的书来讲,就是司法、法律的自主化(autonomous law)——这一步跨出去以后,再走到所谓的回应法(responsive law),比较多的弹性,而不是高兴弹性的时候就直接跳到弹性,这种紊乱很耗费成本,会找不到标准,变得非常恣意。在西方我们看到这种进化是一层一层的,在大陆现在是百花齐放,所有的主张都有,但常常鸡同鸭讲,我们会看到这样一个紊乱的现象。

体系的自我修正

所以我最后作的建议有几点。第一个,在以上这样的背景和大陆法系结构性瑕疵的背景之下,法学者要开始把现在核心的任务——所谓的法教义学——再往前推展,要先学会问自己的问题。

以我自己的观察,法学在大陆的发展,很多地方比台湾要好。学者们一贯会去问一些现实的问题,这跟马克思主义本身的经验取向、物质取向是有关系的。在台湾,法学者意识到要问自己的问题,这种觉醒的过程是比较慢的,但是问什么问题?你不要只看到"法条"的问题,你要看到法院中的案例、生活中的实践、企业中的问题、行政机关的问题,所谓的 law in action(in the statutes，in regulation，in the courts，in business)，你必须很广泛地去找问题，然后尽可能和经验的研究结合。

在方法、工具上，法教义学建立在许多明确的研究上，也就是个别的期刊论文和专论，可是最后判断它的成熟度的是教科书和法条的释义书。所谓的法条评释书(Kommentar)，它可以判断这个领域、这个地方的法学、法教义学成熟的程度。我们可以清楚地看到，在德国法学里这些工具是并存的。我们不能只鼓励论文写作，因为在社会科学里不要教科书，教科书就是入门书，也不要法条评释，所以对于这些法学研究成果，在教育行政、学术行政里常常被忽略。但是如果我们体会到法教义学始终是大陆法系最核心的一个任务，那你就要知道这些工具的重要性。

为什么我说教科书是具有指标性的？我们要正确理解教科书的意思，它的意旨何在。以台湾的法学教科书来讲，在我看来到现在为止没有一本是合格的。这当然是很苛刻的，也不是因为我没写。重要原因是在德文里讲教科学(Lehrbuch)——他们另外还有学习手册(Lernbuch)——也就是说基本上一种是法体系的再建构，又叫内在体系。德国人要写民法债的教科书的时候，他不会照民法债编的第几章第几节第几条一页一页地写下去。他会把他思考的这个问题，在过去论文的基础上重建这个体系，他会做一些微调或者大的调整，建立他的一家之言。教科书的贡献不在于问题的解决，因为他没空，教科书写500页如果处理500个问题，每个问题只有一页，但你写论文起码要二三十页。在我看来，教科书最大的贡献在于体系的建立，如果在某个见解上很特别，那还是要靠论文来把它发挥出来。所以教科书的写作必须是一个体系的重建。以民法来讲，从法典化的那天开始它就走入一个律动，一个学者慢慢在 10 年、20 年以后写出来的教科书，就已经在建立另外一套内在的体系，是更富有逻辑、更好运作的。因此我说，像台湾，我们从操作手册式的法学起步，现在教科书进步很大，很多老师写得很好的教科书，是把一些案例、一些论文的建议都合在一起了。可是他们始终没有改变一个习惯，就是照法条的次序去写，他不觉得有权利甚至有义务要把这些法条、规则重新编过，形成一个更合理的体系。如果没有，你就去写一本入门的教科书给大一、大二、大三学生看，就是德国人讲的学习手册(Lernbuch)。如果你要写一本真正的教科书，是要给同行看，给学生去深思的，像拉伦茨(Larenz)、卡纳里斯(Canaris)、梅迪卡斯(Medicus)他们写的教科书不会互相复制。在台湾，学者写教科书的时候没有这个意识，所以把教科书写得像法条释义书。

法条释义书的功能和教科书是不一样的，它是按照法条的次序编写的。法条释义书的功能是去记录实务和法学的发展。你随时都可以顺着法条的次序去找到社会中发生的什么问题，在这个条文里学者形成了什么见解，实务是怎么一个见解，什么是通说、什么是少数说，或者有的法条评释书有着更大的企图心，将其他地方在同样问题上作一个法比较学的整理。所以逐条释义是非常重要的指标，表示它的成熟度，因为它记录了法学在这个领域的发展。因此，它有一个形成典范的功能，比如通过它可以大概知道刑法上的争议，现在通说是这样,他们在处理这些问题。这就是我们讲的,法学研究的力量和资源会慢慢集中起来,然后慢慢形成一个当代的主流,慢慢典范又转移改变。所以在我看来,法学要发展,工具是很重要的。在台湾我们可以期待王泽鉴老师、其他几位老师将来写一本大胆的、不一样的教科书,但是我们没有办法期待生产一本逐条释义书。到现在为止,只有公平交易法出过逐条释义书,但也已经变成历史了,因为没有不断地修改和记录,所以它已经成为没有太大价值的逐条释义书。大陆有这个条件,有充沛的人力,有这个能力,大家都积极想要投入其中做点事情,要把他们组织起来。德国发展出来的逐条释义书大概都是在几个学者领导之下,法官、律师共同参与的,他们从不同点去把资料收集起来、记录下来。而相对而言,教科书是学者做一家之言的地方,是作为一家之言的一个工具。

介面规范的研究

另外一个,我认为法教义学可以做的是介面规范的研究。所谓介面规范,就是除了注释某个领域,比方债编总则、刑法或宪法,把这个领域的规范整理出一个体系以外,不要忘了法体系是把所有的问题全都包含在里面的,这才称为法体系。法体系现在处在走向混合型的状态,现代社会也没有民法归民法,宪法归宪法,行政法归行政法,其实都会混合交错。复杂一点的民事交易,你会发现多少公家机关盖了多少章,有多少红头文件。

我们实际上是处在公私法交错的社会,因此除了注释一个小体系以外,必须开始研究体系之间的一些介面,它有一些规范。比方我很有兴趣的就是民法的转介条文,那种把公法引入民法,或者是刑法和行政法之间的关系。通常它的研究有零碎化的倾向,而没有把它当法教义学的一个新兴的重要领域,包括在德国这样法教义学发达的国家也没有太重视这个东西,我认为它是一个可以更往上提升的研究方向。比较受到关注的是宪法和下位阶法律的关系,这里有比较多的研究。宪法如何投射到各个法律里,但是也有很多可以研究的,所以这里我提到第三个就是做介面规范的教义学。

全观的法律人

最后一个,对中国学者来讲,我们可能现在不断地分殊化,不断地专精化发展研究,而忽略了一个全观法律人的视野。全观就是完整的观察,并不是说每个人都要会每样东西,而是说每一个人除了在他专精的领域以外,还要清楚地知道这个领域和其他法律之间最基本的关系、和宪法的关系,要有这样一个全观。

这个问题有很多可以谈的。比方说，德国的法律教育，他们的整个训练一直是建立在完全法律人(Volljurist)的理念上，因为从业者要花很多时间去学习。基本上德国每一种法律人，包括实务的法官、检察官、律师、公证人到法学的学者，他们完整的训练都在一个统一的完全法律人理念之下。法官、检察官、高级文官，都是考完第一次考试，然后分科地学习完再通过第二次考试，就可以选择某职业去做。德国的教授也是完全法律人，他也都做过这些，成绩优秀就可以去做教授。所以大概在这种高成本训练之下，他们基本上都是全观的。但是这个成本太高了，所以很难期待。做不到，那你只有自我训练，在某种程度上你要自己开始做一些，看一看别人在做什么，然后学习跨界地去理解一些东西。这里我就不多去讲了，因为时间真的不够。

从注释穿堂入室

最后，法教义学不是法学的全部，事实上它已经走到一个和社会科学合作的境界。即使大陆法系，我刚刚提到 20 世纪欧洲的法学发展，他们也是想方设法地对社会科学进行一些方法上的调整——比方他们在 20 世纪初期的自由法运动之后，目的解释在方法论上突然就流行起来；后来有所谓结果取向的解释——在方法上，怎样开一些窗子让社会科学进入。它仍然是以法教义学为基础的，但是与社会科学合作去创造一种可能性。

因此，我想以我了解的德国经验来讲，我们可以自我惕厉一点，每一个法学工作者根据他的学术兴趣去选择某一个领域，但是也许最好从一个专精领域的注释出发。就好像一个和尚在一个庙里"挂单"一样，先做民法，或者先做刑法或诉讼法都可以，然后发展出后设的兴趣，再去做一个法理学者。在德国大概没有一个方法论作者，他没有出身(vom Haus aus)在哪个领域，就纯粹是方法论作者或者法哲学家的。但是另外一方面，你在做法教义学的时候，要注意到有多大可能去把社会科学的知识引进来。

过去在上课的时候我也提到过我做的一个图(图 3)，在这学期远程教学的时候也展示过这个图。在这个图的右边，是我们法学院提供的传统教育，包括了注释法学(也就是法教义学)、法史学、法哲学、方法论，这大概是一种教育；在最左边，是一些新兴的社会科学，它把法律当成研究的对象，法社会学、法政治学、法经济学、法心理学、法人类学。在美国，在其他地方，已经慢慢地形成一个研究的群体，但是对法律学者来讲，最左边的以法律为对象的社会科学门槛太高，以我们的教育背景去看那个，通常不太能够理解，不太能够跟上。而且从结果来看，法学者勉强去做，成果太有限，因为它基本上是社会学、政治学、经济学，不是法学，它是用法律的研究来印证一个一般的社会科学道理。所以这些，比方我们谈得比较多的法经济学，这一类学者在写法律的时候都是不着边际的,不会去跟一个个案或一条法条结合。他们都把法律当作一种抽象的思维,然后去讨论经济学的道理。所以你看到他们写的就好像走在云端一样,对你要处理的法教义学问题毫无帮助,对你而言门槛很高,你也帮不了忙。

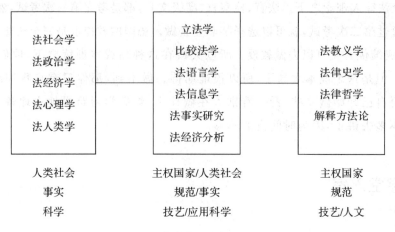

图 3　当代的法学研究领域

因此我建议的一个中间的研究议程,这里包括了立法学、比较法学、法语言学、法信息学、法事实研究、法经济分析。这些对于法学者门槛比较低、贡献比较大,也就是说可替代性比较低,社会科学抢不了我们的饭碗,因为它的本质是规范科学。它是从规范出发,但是它是一个后设性的研究,它不是教义学,它要去研究上游的立法问题,或者做法实证研究等等。所以这里我认为就研究的议程、法学的发展来讲,可以把目前法教义学为核心的版图再大胆地去扩张,每个法学者应该顺着自己的研究兴趣适当地去做一些后设性的研究。

以我自己的经验来讲:在第一个 10 年,我在做研究的时候,觉得自己在"鬼打墙",在那里循环论证,甲说乙说丙说其实都差不多。本人采用甲,却讲不出道理来。这是我们看到的最多的教科书的写法,甲说这样,乙说这样,最后本人采丙说,可是为什么?他也讲不出太多道理,就是这样子。所以别人说我们这个研究没有太多的知识基础。在这里,我就想突破"鬼打墙"的困境,开始去引用一点经济分析,把它放在目的解释的层次,会在"鬼打墙"的时候增加一点说服力。不要去读太"走在云端"的法经济学,去读一点在西方国家也都慢慢发展起来的这种规范科学式的经济学,叫作法与经济或法的经济分析,不叫法经济学。现在有两派研究,一派是法经济学,另外一派叫法与经济或法的经济分析,对我们来讲,做这个研究是小本利高的。法事实研究也一样,我从 1980 年开始做一些民众对法认知和认同的调查,这纯粹基于我的好奇或一种焦虑,为什么很多规则在台湾引发一些奇怪的现象?我想可能跟某些原因有关,就去做调查。可是我没有特定的知识背景,就找社会科学家和我合作,他们做行为研究摸索出一套方法。我提供题目,然后他们来帮我修改,我们就开始去做这个事情。这些事情是我们可以做的,而且我们可以把这个版图慢慢扩大,所以大陆法系的法学不是永远只有法教义学,它也不应该永远在那里"鬼打墙"。

从法理性走向法科学

所以我做一个很简单的结论:以法教义学为核心任务的法学断然不是一种科学,但当法教义学与社会科学相互提供的养分达到一定程度,到最后,我们慢慢地会摸索出真正的法律科学(legal science)——当有关法律的一些普适而可验证的道理已经系统化到一定程度,也许我们真的会回到 14 世纪、18 世纪欧洲这些思想家的理念:人类社会可能真的存在一些法律的理性,以及理性的规律。通过这些研究我们可以找到法律的规律,我们就把它当成苹果"啪"一下打到头上,但是你必须有次序地、有方法地走向那里。

把心拿来

最后就说一个结论,前面讲了把心拿来,如果今天在座很多刚刚要进入这个很容易焦虑的行业的同仁要问我的话,那我就会想到禅宗达摩祖师的一个故事。

达摩祖师在少林寺面壁的时候,有一位神光和尚来找他。神光和尚在外头,大雪天达摩祖师没理他,最后神光和尚拿出刀来把自己手臂砍掉了,以示他求告的决心,用这样残忍的手法让达摩祖师感动。最后达摩祖师真的很感动,就开始跟他对话,在对话中神光和尚问他崇拜的达摩祖师:"我心里很不安,请你安我的心。"结果达摩祖师说:"你把心拿来,我就可以安你的心。"神光和尚想,手我都砍掉了,可是心挖出来就没有了,这是什么意思?他就突然大彻大悟。他知道达摩祖师的意思是说,你心为什么不安?因为你有太多虚妄心,你想得太多了,如果你这些都丢开的话,其实心在哪里都一样,不需要拿出来。所以"把心拿来"这句话,它是有禅机的,神光和尚于是就大彻大悟,后来成为禅宗二祖慧可。

入世的法学

我当初也是去问,结果那个学长跟我说:"如果耐得住性子,你就继续待在这里,法学没什么困难的。"我的想法刚好相反,我的体验是作为一个法学者,要能够不断地往前走,要找到动力。除了冷静和逻辑这些我们一般对法律人的印象以外,其实必须要有很大的热情去问问题,热情和好奇心始终是保持研究动力的不二法门。所以如果今天有年轻的法学者来问 36 年前我问过的问题,我也会要他把心拿来,不同的只在法律和佛学的禅宗本质上刚好倒过来:法律不是要让你出世,让你摆脱这些烦恼,而是要你入世——法学从来就是经世致用之学,脱离了这个世界,不需要法律,脱离了这个世俗,不需要法律。

所以"把心拿来"的意思,就是一直不要忘了投入这个行业,你要追求正义这样一颗心,然后你会在学习过程中,不断地陷入困境,但你还是会找到一条路。我引用了马丁·路德·金的一句话,"任何地方的不正义是对所有地方正义的威胁"(Injustice anywhere is a threat to justice everywhere)。这句话常常被引用,意思就是说,一个学法律的人,不能说我就是研究公司法的,其他法都没有兴趣,或者说其他法有这样或那样的冲突,与我何关?马丁·路德·金讲了,任何地方的不正义是对所有地方正义的威胁。就是说你要有好奇心和热情去了解这个社会是不是可以通过法律变得更好。如果你有这样的心,你在研究上会慢慢找到一些路。

这些不成熟的想法,我不知道对各位有没有帮助。有位企业家捐资设立了一个奖,叫作"唐奖",它设了四个奖项,其中一个就是"法治奖"。今天不是问了一个问题,我们的奖呢?"唐奖"假设是要去跟诺贝尔奖并列,除了奖额是诺贝尔奖一倍以外,它还要以同样慎重的态度去鼓励这四方面的研究,包括法治。我会很有兴趣地问,到底"法治奖"的成就标杆在哪里?第一位得奖的是南非宪法法院的法官奥比·萨克斯(Albie Sachs)。他得奖的理由基本上不是在于法学的成就,更多的在于其他方面的贡献,包括对法治的推进、人道的关怀等。2018 年这个奖是给一位加拿大的女性,一位检察官、教授,也做过大法官,叫作路易丝·阿尔布尔(Louise Arbour),她也不算法学者。所以即使是"法治奖",到目前为止,它觉得够这个标杆的,更多的还是在于立德和立功,而不是立言。这说明,有这个奖在,各位还有努力的空间,我是不去想它了。在各位开始要进入这个行业的时候,我希望有一天,中国人可以拿到"法治奖",谢谢!

浙江大学法学院民国办学史片记

孙　康[*]

摘　要：诚然，在中国现代法学教育史上，国立浙江大学[①]法学院办学历时较短（1945—1949），办学规模不大，但能依托先进理念、合理制度与名校优势，在李浩培院长的有力领导下，迅速延揽八方人才，办学稳健扎实，注重创新，富于特色，体系完备，学科均衡，中西合璧，理论与实务并重，不急于求成，不随波逐流，逐步成长为当时公立大学法学院中的翘楚。浙江大学作为民国时期的顶尖大学，其法学院的建立、运行和发展等过程在内的办学史，无论对于整个浙江大学校史还是中国法学教育史来说，都是不可或缺却又尚付阙如的组成部分，不应被相关研究者长期忽视，因而具有重要而迫切的研究意义。

关键词：浙大法学院；民国；办学史；制度；人物

一、法学院的建立

（一）学院初创

1945 年抗战胜利，国立浙江大学尚未复员至杭州，竺可桢校长就着手创办法学院。经向教育部申请，浙江大学法学院获准开办。1945 年 7 月 1 日，据《国立浙江大学日刊》当日记载："浙江大学院系稍有增改，增设法学院。本校近奉部令，增设法学院，须先成立法律系，前议政治经济学系，今夏招收一年级新生一节，不便先行单独办理。"[②]1945 年 9 月 17 日竺可桢在湘江大戏园作纪念周报告，报告抗战后世界形势和努力方向，报告校中将设立法学院一事。[③]

---

* 浙江大学光华法学院博士生。

① 为行文方便，以下如"国立浙江大学""国立中央大学"等校名，有时省略"国立"二字，请读者周知。

② 《国立浙江大学日刊》，1945 年 7 月 1 日。

③ 《国立浙江大学校刊》复刊第 132 期，转引自李杭春：《竺可桢国立浙江大学年谱（1936—1949）》，浙江大学出版社 2017 年版，第 310 页。

法学院的创立,实源于多种因素:

一是竺可桢校长对法治一以贯之的高度重视与向往,这在其日记中可见一斑。他认为,"中国人向以不守法律为漂亮,此在目前统制时代将不能立足于世界"(《竺可桢日记》1940 年 2 月 26 日,星期一)①。竺可桢好读书,在平时读书时,亦对法治的重要性予以关切,如 1937 年 8 月 25 日(星期三)记载:"晨六点起。上午阅《黄膺白(郛)先生故旧感忆录》,中有述及其言行者,颇多可撷拾之处。如俞凤韶所纪膺白先生最重法律,谓不肯守法律为国人最大病根,稍有权势即以违法为荣,大如解散议会,小如包抗粮税;细微至于乘车多占坐位,行路喜争先越次,都是不守法的表现。要中国治平,必自人人皆肯守法始。"②又 1942 年 3 月 16 日(星期一)记:"(读)《礼治与法治》,汤吉禾著,《学思》一卷二期,成都成城出版社印,引孔子说'凡人之知,能见已然,不能见未然。礼者禁于将然之前,而法者禁于已然之后'。礼曰'贵绝恶于未萌,而起于微拗,使民日近善远恶而不自知也'。又谓法治先决条件在于:(一)立法公正;(二)根据民意;(三)政府人民有守法精神。"③1945 年 5 月 12 日,竺可桢参加永兴一年级升旗典礼,并召集学生谈话,对当前民主问题多所阐发,大意谓在民主政治下,吾人必须具备重法治、尊公德之精神,始不致令民主流于空谈。④ 由此可见,竺可桢对浙江大学设立法学院、举办法学教育的兴趣很大。

二是来自浙江社会各界的强烈呼声。自 1918 年浙江私立法政专门学校停办,并入浙江公立法政专门学校后,各界要求在浙江重办法学院的呼声一直很高。竺可桢就任校长后的 1937 年 5 月,杭县律师公会(律字第 65 号)即致函国立浙江大学,强烈要求创办法学院,称"民国十五年(1926)前……全国各省高等法院民刑庭长,在浙江法政专门学校毕业者,实逾半数","自浙江法校停办,浙江公私立大学均无法学院之设置,竟使浙人不克展其天才,殊为我国家之一大损失",希"于本年秋季始业,开办法学院,以维浙人固有之法学精神,继续浙江法校中断之成迹"。收到函件后,竺校长立即回函,"法学院之增设,本大学已在拟议之中",只是因当年国家教育预算业已核定,尚无增设法学院之可能。⑤ 不久全面抗日战争爆发,学校被迫西迁,这一愿望更是无从实现。另据徐煌院友(曾任江西同乡会干事)回忆:"1945 年刚胜利,杭县律师协会竟直接向浙江大学提出请求增办法学院,以适应当时缺少法律人才的状况。"这也体现了当地政府的一种强烈意愿。

当时校本部尚在贵州,分校在浙江龙泉县(今丽水龙泉市),日寇尚未全部撤出杭州,校舍残缺不全,师资亟缺,招生已过。贵州、龙泉两地旧生照常开学上课,一年级新生推迟

---

① 《竺可桢全集第 7 卷(1939—1940)》,上海科技教育出版社 2005 年版,第 304 页。
② 《竺可桢全集第 6 卷(1936—1938)》,上海科技教育出版社 2005 年版,第 358 页。
③ 《竺可桢全集第 8 卷(1941—1943)》,上海科技教育出版社 2006 年版,第 309 页。
④ 《国立浙江大学校刊》复刊第 123 期,转引自李杭春:《竺可桢国立浙江大学年谱(1936—1949)》,浙江大学出版社 2017 年版,第 302 页。
⑤ 文字来源于浙江大学校史研究网《竺可桢致阮毅成的信札》。网址 http://site.team.zju.edu.cn/201310081041154508/redir.php? catalog_id=12380&object_id=17132,访问日期 2018 年 1 月 8 日。

到杭州报到学习,此时又开始重新招收法学院新生,仅仅几个月内将大学路北部即"绿洋房"多层教学楼及附属宿舍、食堂等修复。求是桥南大片校区和华家池校区作为后一部分修理,以容纳一年级新生教学所需。1946 年 2 月在杭州招收了首批 59 名法律学新生。尔后,又招收 3 个年级近 100 名学生。1946 年 10 月 14 日《申报》报道,浙大复员后分期赶建新校舍,决定下学期文、工、法、师、医五院设在校本部(大学路)。①

法律系成立后,学校增加了办学经费。《竺可桢日记》记载:1946 年 1 月 8 日(星期二,遵义),本年经常费,校本部总共为每月 354 万元,年共 4248 万元,加办法律系另加 50 万元一年。②

1946 年 7 月 25 日,学校讨论大学研究院存废与研究生待遇问题,决议废除研究院,单设研究所,法律系得独立为法律学院,政治经济学系为政治经济学院。③ 1948 年 10 月 16 日,法学院增设经济(学)系已奉教育部核准,自下年度起增设,唯法学院不分系,拟设于文学院。④ 李浩培在教授理事会担任事务理事。⑤

1949 年 2 月 2 日召开的行政谈话会、安全委员联席会议,决定经济系归法学院。⑥1949 年 2 月 5 日,竺可桢致函教育部代部长陈雪屏(1901—1999),以本校经济系拟于本年秋季成立,并前部长朱家骅(1893—1963)命令设于文学院,而循旧例及文、法两院结构,呈请设于法学院内。⑦ 1949 年 3 月 16 日,教育部复电,仍以本校经济系设于文学院内。⑧1949 年 4 月 5 日,文学院院长张其昀(1900—1985)、法学院院长李浩培联名致函教育部长杭立武(1904—1991),再申本校经济系应设于法学院一节,祈照准并予明文指示。⑨

法学院是浙江大学七大学院之一。截至 1948 年 3 月,浙江大学共有 7 个学院、25 个学系、9 个研究所、1 个研究室,文学院、理学院、工学院、农学院、师范学院、法学院、医学院,共有教职员 624 人,计教授 152 人、副教授 71 人、讲师 61 人、助教 124 人、职员 216 人、学生 2121 人。⑩ 1948 年 6 月 22 日,竺可桢在南京出席南京浙大同学会并即席致辞,

① 《申报》1946 年 10 月 14 日第 8 版,转引自李杭春:《竺可桢国立浙江大学年谱(1936—1949)》,浙江大学出版社 2017 年版,第 341-342 页。
② 《竺可桢全集第 10 卷(1946—1947)》,上海科技教育出版社 2006 年版,第 9 页。
③ 《竺可桢全集第 10 卷(1946—1947)》,上海科技教育出版社 2006 年版,第 168 页。
④ 《国立浙江大学日刊》复刊新 54 号,转引自李杭春:《竺可桢国立浙江大学年谱(1936—1949)》,浙江大学出版社 2017 年版,第 394 页。
⑤ 《国立浙江大学日刊》复刊新 57 号,转引自李杭春:《竺可桢国立浙江大学年谱(1936—1949)》,浙江大学出版社 2017 年版,第 394 页。
⑥ 《竺可桢全集第 11 卷(1948—1949)》,上海科技教育出版社 2006 年版,第 365 页。
⑦ 中国第二历史档案馆卷宗五—2175—21,转引自李杭春:《竺可桢国立浙江大学年谱(1936—1949)》,浙江大学出版社 2017 年版,第 402-403 页。
⑧ 中国第二历史档案馆卷宗五—2175—21,转引自李杭春:《竺可桢国立浙江大学年谱(1936—1949)》,浙江大学出版社 2017 年版,第 405 页。
⑨ 中国第二历史档案馆卷宗五—2175—22,转引自李杭春:《竺可桢国立浙江大学年谱(1936—1949)》,浙江大学出版社 2017 年版,第 406 页。
⑩ 浙江大学校史编写组:《浙江大学简史(第一、二卷)》,浙江大学出版社 1996 年版,第 117 页。

述浙大办学方针为"教授治校、求是、法治"。①

（二）院长人选

1945 年抗日战争胜利前夕，应竺可桢校长邀请，时任浙江省民政厅厅长的阮毅成（1904—1988）先生参与浙江大学法学院的筹建，后来李浩培先生出任法学院首任正式院长。

法学院成立之初，定夺的首任院长人选本应是阮毅成。阮毅成是浙江余姚人，有留法背景。1927 年毕业于中国公学大学部政治经济系。1931 年毕业于法国巴黎大学，获法学硕士学位。同年回国，执教于国立中央大学、中央政治学校等校，并任《时代公论》主编。阮先生当时已任浙江省民政厅厅长，同时挂靠在浙江金华的英士大学，在杭州办了一所"英士大学行政专修科"（实际为其个人储备幕僚）。

根据阮先生本人回忆："抗战胜利，浙江大学于 1946 年自贵州迁返杭州，校长竺藕舫先生来我家中见访，谓浙大决增设法学院，请我为之筹备，并担任首任法学院院长。我以浙江法政教育原由先君（即阮性存，1874—1928）创始，自公私立两法校停办，浙人每有呼吁复校者，我皆表赞同。英大虽已有法学院，但不在杭州。我为了继志述事，欣然接受。于是我为之草拟设院计划，厘定课程，聘任第一年各课程教授，是年暑假招收第一班学生。但我在未能将民政厅职务辞去之前，我尚只能在事实上帮忙，不能公开居院长名义，我一面向中央请辞现职，一面经常到浙大去处理法学院院务，并自兼授法学通论课程。延至 1947 年暑假，将招收第二班新生，我辞现职事仍未获核可。只得向竺可桢校长辞去院长，竺乃改聘李浩培先生担任。"②竺可桢一直为物色法学院院长而伤脑筋，他首先考虑浙江省民政厅厅长阮毅成，多次致函，希望阮一方面帮助浙大筹建法学院，另一方面能担任浙大的法学院院长。阮毅成权衡再三，考虑到担任法学院院长必须辞去民政厅厅长职位，遂婉言谢绝，竺校长转而在 1946 年开学后聘任法学家李浩培为国立浙江大学法学院院长。

2013 年 3 月，阮毅成之子阮大仁访问浙江大学及法学院，向学校捐赠了竺可桢校长于 1945—1948 年间写给其父的四封亲笔信和其父文稿，其中一封信是竺可桢校长邀请阮先生帮助筹建浙江大学法学院的：

毅成吾兄道鉴：敬启者，弟此次回杭复校，得吾兄指示襄助，获益不浅，复承招待至为心感。弟后于十二离杭至沪，昨来首都，明日即飞渝，临行匆匆，不及拜辞为谦。敞校本学期决添法律系一班，定廿五日考试，下月五日上课，有法律课程三小时，如兄能抽暇，拟请担任，否则请介绍人选，一切已托季纳兄来尊处面洽。至于法学院院长一席，如吾兄能俯

---

① 李杭春：《竺可桢国立浙江大学年谱（1936—1949）》，浙江大学出版社 2017 年版，第 387 页。
② 阮毅成：《三句不离本杭》，杭州出版社 2001 年版，第 85-88 页。转引自许高渝编：《从求是书院到新浙大——记述和回忆》，西泠印社出版社 2017 年版，第 125 页。

就自极欢迎,但敝校院长不能兼任,故目前虚座以待。晓峰张其昀君已抵沪,日内去鄞县原籍,旬日后可来杭,当造府晋谒、面聆教益也,余不一一。此颂

道安

弟竺可桢顿首

卅四年十一月十五日①

从竺可桢的日记中,我们也能找出遴选、任命浙大法学院院长过程的蛛丝马迹。

1945年3月7日(星期三),竺可桢会见教育部长朱家骅,朱家骅建议浙江大学设立法学院,并且推荐院长人选,竺可桢表示慎重:"晨7点起。上午作函数通。9点至总办事(处)晤骝先(朱家骅)。骝先劝浙大设法学院,并介绍林彬(笔者按:1893—1958,知名民法学者)、钱清廉(笔者按:时任东吴大学法学院教授),余颇以人选难得为辞。"②

5月2日(星期三),竺可桢表示浙大法学院的设立势在必行,但院长人选需郑重:"洽周来,渠不赞成浙大设立政治经济系,因恐入系者学生过多且易滋事端。余谓浙大势必须有法学院,但院长、系主任之人选须郑重耳,且罗凤超已约其下半年回校矣。"③

9月14日(星期五)记载:"报告:胜利临头,本月20号教部召集会议讨论复员,故余须提出召集校务会议。次述龙泉方面已派人去杭州,惟交通工具缺乏,何日启行毫无把握。次则临行以前不能不忆及从杭州同来之黄羽仪及张荫麟均已物故,而香曾则仍然失踪,不能不为留念。并述以后办学之方针,法学院势必设立,将来须成3000~3800人之大学。"④

11月12日(星期一)记载:"10点召集临时会议,到鲁珍、季讷、馥初、伯豪、子桐与定安,决定招收法律系学生一班计40人。因到目前止,尚只新生277人,故预期可以招生也。"⑤

11月17日(星期六)记载:"晨6点半起。8点早餐。餐后至康庄1号晤次仲(竺妻哥陈洪),余询以法(学)院院长人选。渠对于阮毅成、林彬及范扬3人,以为无疑地林彬最为适宜。(林)历任法官及立法院委员各十余年。对于毅成,以为其不切实际。"⑥此时,竺可桢也认为阮毅成长期兼任院长是不切实际的。12月5日(星期三),竺可桢表示了对阮毅成兼任而非专任法学院院长的不赞成态度,主张暂时不给以院长名义:"法律系招生,应考者甚少,只实160人,报名者亦只170人。拟取一二十名至五六十。实则宁缺毋滥,因目前之学生程度太差,将来淘汰,反生困难也。阮毅成欲兼法(学)院院长,余则主张暂时不

① 参见《浙江大学馆藏档案2013(总第8期)》,浙江大学档案馆2013年12月印制,第6页。

② 《竺可桢全集第9卷(1944—1945)》,上海科技教育出版社2006年版,第346页。

③ 《竺可桢全集第9卷(1944—1945)》,上海科技教育出版社2006年版,第391页。

④ 《竺可桢全集第9卷(1944—1945)》,上海科技教育出版社2006年版,第517页。

⑤ 《竺可桢全集第9卷(1944—1945)》,上海科技教育出版社2006年版,第563页。

⑥ 《竺可桢全集第9卷(1944—1945)》,上海科技教育出版社2006年版,第566页。

给名义,俟阮摆脱民政厅后始任正式院长。因兼任以后,将来辞不去,则必常川兼下去也。"①可见,竺可桢希望有人专任法学院院长,而不是长期兼职下去。

到 1946 年年初,竺可桢正式考虑武汉大学教授李浩培担任浙江大学法学院院长。1946 年 2 月 23 日(星期六,重庆)记载:"法学院院长,以为范扬(在考试院)与李浩培(武大)二人可聘,医学院亦主设立,但不主张李伯纶。师院可以仍在浙大。余嘱批法学院开办费 500 万元。"②范扬(1899—1962)系著名法学家,东吴大学毕业,时任考试院参事,曾翻译黑格尔《法哲学原理》等。

1946 年 3 月,竺可桢决定接洽李浩培充任法学院院长。3 月 2 日(星期六,重庆)记:"又晤罗凤超,嘱其接洽李浩培为法学院院长。李,江浙人,东吴法科毕业,四届英官费,现任武汉(大学)法律系主任。"③

3 月 6 日(星期三,遵义)记:"法学院院长,余谓毅成若不辞去民政厅厅长,则不得不另行物(色),并告以已接洽李浩培。"④

5 月 31 日(星期五)记:"罗凤超来,允明日电李浩培(英款第四届),邀其至浙大。"⑤

6 月 29 日(星期六,上海)记:"出乘一路电车,自静安寺路至施高(塔)路东照里五一号晤李浩培,谈十分钟。"⑥

7 月 31 日(星期三,杭州)记:"作函与李浩培、黄尊生等等。"⑦

8 月 17 日(星期六)记:"中午李浩培来,与谈法学院事,告以赵之远已来校,陈令仪可应聘。渠谓须待鲠生之答复,始可定夺云云。"⑧

9 月 16 日(星期一,杭州)记:"接李浩培来函,知渠愿就浙大法学院院长职务。"⑨

9 月 18 日(星期三,杭州)记:"发表李浩培为法学院长,李伯纶为医学院筹备主任。"⑩

李浩培之前是武汉大学法律系主任,竺可桢函请武大周鲠生校长许可"暂时借调"李浩培到浙大任教授兼法学院院长,竺同周戏言"只借不还",又从中央大学借其法律系主任赵之远来担任浙大法学院法律系主任。据徐煌院友回忆,还有一个在大理院担任过审判官的人来任教(笔者按:即邵勋,字禹敷,浙江东阳人),从国外留学回国的黄炳坤、周子亚等年轻的博士来校任课。杭州有名的大律师徐家齐,以及蒋固节、施宏勋等,个个都是当时名师,蔚为大观。从黄炳坤开的比较宪法课,到周子亚的国际法,从赵之远的民法课到

① 《竺可桢全集第 9 卷(1944—1945)》,上海科技教育出版社 2006 年版,第 579 页。
② 《竺可桢全集第 10 卷(1946—1947)》,上海科技教育出版社 2006 年版,第 51 页。
③ 《竺可桢全集第 10 卷(1946—1947)》,上海科技教育出版社 2006 年版,第 57 页。
④ 《竺可桢全集第 10 卷(1946—1947)》,上海科技教育出版社 2006 年版,第 60 页。
⑤ 《竺可桢全集第 10 卷(1946—1947)》,上海科技教育出版社 2006 年版,第 128 页。
⑥ 《竺可桢全集第 10 卷(1946—1947)》,上海科技教育出版社 2006 年版,第 150 页。
⑦ 《竺可桢全集第 10 卷(1946—1947)》,上海科技教育出版社 2006 年版,第 173 页。
⑧ 《竺可桢全集第 10 卷(1946—1947)》,上海科技教育出版社 2006 年版,第 185 页。
⑨ 《竺可桢全集第 10 卷(1946—1947)》,上海科技教育出版社 2006 年版,第 207 页。
⑩ 《竺可桢全集第 10 卷(1946—1947)》,上海科技教育出版社 2006 年版,第 208 页。

蒋固节的刑法课,所有课程都悉数开出,一时开不出的,李院长则亲自上阵。①

1945年招收学生预定50名,开班后,却增加了10多名学生,实到60余名。其他学院的学生,感到读法律实用性强,毕业后找工作也易,所以转系的人多了十几人。此后继续招生,稍有紧缩,1946年不到50人,1947年又下降,到了1948年更少到30人左右。

为了办好法学院,李浩培拟订五条方针:

一是先设法律系和司法组,然后逐步增设经济、政治二系。这就是后文要讲到的分组制。

二是师资必须符合标准,宁缺毋滥,教师经审查认为合格聘任后,如在一年聘任期内成绩不好,就不徇情面,不予续聘,如有课无教师,他就自己任教。这一点,后有陈令仪、徐崇钦二位教师因教学效果不佳而被解聘,毫不留情。

三是各课讲授中,着重比较研究,以期博采各国法制之长,建立"中国法学"。学生自学多看参考书。

四是将经费主要用在图书设备上,以使师生有研究和学习的适当资料。

五是对学生思想陶冶,教导学生养成良好风气,勿为名利或钻营舞弊,并强调法制、法律应对一切人平等执行,才能维持社会秩序,以至国家富强。

代总统李宗仁任命李浩培为司法院大法官,他拒绝上任。杭州解放,军管会领导决定浙大法学院停办,李院长呼吁无效。下半年他离开杭州赴北京,担任中央人民政府法制委员会外事法规委员会专职委员,参与我国第一批外事法规的起草工作。20世纪50年代末李浩培先后担任了国际问题研究所研究员和外交学院教授,1963年开始他担任了外交部法律顾问,参加过多次国际法学界会议以及许多重大外交案件的研究和处理工作。② 李浩培任法学院院长四年间,殚精竭虑,倾心治院,广邀著名学者前来任教,诸如留美的赵之远、黄炳坤、严仁赓、孙恒,留德的周子亚,留法的阮毅成,留日的邵锋,以及曾任大理院推事的邵勋等(笔者按:邵勋、邵锋为父子)。学院重视并加强国际学术交流,美国著名法学家庞德教授亦曾来院讲学。学院亦重视图书资料的建设,倡导比较研究方法,博采各国法制之长,形成了鲜明的学术研究特色。短短数年间,浙江大学法学院声名鹊起,饮誉宇内。

(三)教师聘任

浙大法学院重视任课教师的聘任。1947年3月3日,《国立浙江大学日刊》公布了民国三十五年度(1946—1947)第一学期新聘的教授、副教授和讲师名单。法学院教授计有

---

① 《时隔七二风霜路,母校常留在心中——访1945级法学院校友徐煌》,网址 http://www.ghls.zju.edu.cn/chinese/redir.php?catalog_id=50369&object_id=357386,访问时间:2017年12月21日。

② 胡建雄主编:《浙大逸事》,辽海出版社1998年版,第94-96页。

李浩培(1906—1997)、赵之远(1894—1964)、严仁赓(1910—2007)、吴芷芳(1898—1998)、黄炳坤(1911—2007)、陈令仪(女)六人,副教授有王鼐一人。此后,法学院也陆续聘请了很多法律名师。我们可以发现,这些教师,有如下特点。

从类型上看,既有理论型导师,又有实务型导师。

从专业上看,较为偏重公法。由于经济系也设在法学院,故也聘任经济学者来院任教,可谓"经法结合""经法互补"。

从毕业院校上看,既有东吴大学、朝阳大学等中国本土法律名校培养的法律人才,又有大量美、日、欧诸国名校取得博士学位的法律人才。

从学术风格上看,由于院长的学术背景,很多教师来自于东吴大学,法学院受东吴法学院为主的南方法学院影响为大,偏向英美法系研究,而不偏废大陆法系。

从省籍上看,则以浙江省籍为代表的东南省份居多。

这些教师是为浙大法学院开辟草莱的人,但是他们中不少人的生平资料已难以觅致,诚为可惜。下文将介绍资料较为翔实的几位教师,以便读者了解其师资队伍的整体面貌。

1. 李浩培

李浩培(1906—1997),籍贯上海虹口,著名国际法学家、国际大法官。1928 年从东吴大学法律系毕业(第 11 届),1936—1939 年赴英国伦敦经济政治学院研究国际公法、国际私法、比较民法等。学成归国后,李浩培任武汉大学教授兼法律系主任。

抗战胜利后,浙江大学竺可桢校长亲自登门诚邀,并函请武汉大学周鲠生校长许可,借调其到浙江大学筹办法学院,担任院长兼教授(1946—1949),主要教授罗马法,因未聘到合格的刑法教员,也亲自备课教授刑法。浩培先生此时勤于笔耕,月月皆有文章脱稿。1947 年 10 月 18 日南京中央研究院评议会闭幕,通过第一届中央研究院候选院士名单。人文组 55 人,浙大李浩培 1 人。[①] 法律学 6 人,其他 5 位是法学名家王宠惠(1881—1958)、王世杰(1891—1981)、燕树棠(1891—1984)、郭云观(1889—1961)、吴经熊(1899—1986),李浩培为其中最年轻者。中央研究院评议会评议李浩培与竺可桢、苏步青等人同当选院士候选人。[②] 最后有 28 人当选(1948 年 4 月),法学当选院士为王世杰和王宠惠,浙大当选者为竺可桢、苏步青、贝时璋与吴定良。

1948 年 3 月 21 日国际刑法学会中国分会成立大会在上海青年会召开,李浩培被选任为监事。应当时教育部长朱家骅的提议及在其派员的帮助下与浙大法律系周子亚教授一同筹备了联合国同志会杭州分会,该会于 1948 年 10 月 17 日召开了成立大会,周教授在会上被公推为该会会长。

1949 年初李浩培被代总统李宗仁任命为司法院大法官,但因志在潜心教学研究,拒

---

① 《竺可桢全集第 10 卷(1946—1947)》,上海科技教育出版社 2006 年版,第 561 页。
② 李杭春:《竺可桢国立浙江大学年谱(1936—1949)》,浙江大学出版社 2017 年版,第 365 页。

绝就任。此间,与杭州特设刑庭交涉,保释出已被特设刑庭判刑的五名浙大进步学生。5月杭州城解放。8月16日,浙江大学接管工作完毕。杭州市军管会正式任命李浩培先生为法学院院长。但是军管会随即决定停办法学院,当时他曾提出呼吁意见:"百年树人,现在停办法学院,将来恐缺少法律人才。"但是呼吁无效。10月,在军管会同意下,李浩培前往北京参加新法学研究院的学习。经其东吴学友费青(1907—1957)先生向中央人民政府法制委员会(后为国务院法制局)主任(笔者按:即王明)推荐,在该委员会外事法规委员会任专门委员。

尔后,李浩培又先后担任中国国际问题研究所研究员、外交学院教授、外交部法律顾问、中国社科院法学所兼职研究员和学术委员会委员、中国法学会理事、中国国际法学会理事、九三学社中央文化委员会委员等。著有《国际私法总论》《国籍问题的比较研究》《条约法概论》等,译有《国际法》《德意志民主共和国刑法典》《美国刑法的反动本质》《法国民法典》《纽伦堡军事法庭判决书》等。[1] 1985年当选为瑞士国际法研究院院士。1993年任联合国前南斯拉夫问题特设国际刑事法庭法官。1997年在荷兰去世。

李浩培在浙大期间,曾经爆发过几场轰动一时的学潮,当时进步师生屡遭迫害,李浩培目睹此状,极为愤慨,他不仅在储安平先生主编的进步刊物《观察》公开发表文章(如《法治实行问题》,原载《观察》1947年第2卷第12期),抨击政府违法横行和迫害青年,他还曾与浙江高等法院交涉,把浙大几位学生从拘禁中保释出来。[2]

2.赵之远

赵之远(1894—1964),又名赵任,浙江绍兴人。1917年考入国立北京大学法律系,1921年获法学士学位。1922年通过浙江省欧美留学考试,官费赴美留学,先入哥伦比亚大学法学院,后入哈佛大学,再转(芝加哥)西北大学法学院,1929年获得西北大学法律博士学位(J.D.),同年回国,任北京大学法律系教授。1931年任中央大学法律系主任。1950年任南京大学法律系主任,1952年调任南京师范学院图书馆馆长。[3]

1931年,赵应国立中央大学之聘出任法学院法律系主任兼教授。1937年全面抗战爆发后,中央大学校长罗家伦于9月宣布全校西迁入川,赵之远积极组织全系师生搬迁,并举家随校西迁,于11月初在重庆正式上课。在漫长而艰苦的抗战岁月中,他始终主持法律系,团结教师,坚守教岗,培育法学人才。

1945年抗战胜利,有关部门因赵之远是早年留美博士和中大法学权威,要他去参加台湾大学接收工作并担任台大法学院院长,或到司法部出任要职,赵皆婉言谢绝。

1946年夏随中大全校师生迁回南京四牌楼后,赵之远继续担任法律系主任兼法科研

---

① 何亚平等编:《学术浙大》,浙江大学出版社2007年版,第139页。
② 何亚平等编:《学术浙大》,浙江大学出版社2007年版,第140页。
③ 王伟:《中国近代留洋法学博士考(1905—1950)》,上海人民出版社2011年版,第86页。

究所法律学部主任,培养研究生。不久得以休假一年回浙江,即应浙江大学校长竺可桢特邀,借调到浙大去筹建法学院,并任法律系主任,暂居工学院宿舍。① 在与李浩培等教授努力下,浙大法学院不久已初具规模。浙大法学院停办后,赵之远重新回到已由中大改名的国立南京大学复任法律系主任兼教授。

1950—1951 年,参加在京举办的新法学研究班。1952 年南大法学院停办后,赵之远奉命调入上海政法学院,但整装待发之际,改调新成立的南京师范学院出任首任图书馆馆长。1956 年北京大学曾拟商调赵之远回法学院任教,但不久因全国政治形势剧变,人事调动冻结,继而北大法学院也停办了,此事未成。赵之远曾连续当选为南京市第一至四届政协委员,1956 年加入九三学社。作为一位长期从事教学与研究的法学工作者,他曾多次向政府呼吁应该重视并及时进行法制建设,应该更多地培养法学人才。1964 年秋在南京去世。

3. 严仁赓

严仁赓(1910—2007),籍贯天津,他是一位经济学教授而非法学教授。祖父严范孙(严修)是著名爱国教育家,父亲严智崇是外交官。1923 年,考入祖父和张伯苓创办的南开中学。1929 年,升入南开大学商学院。1933 年毕业于南开大学经济系。因成绩优异,被推荐到北平社会调查所工作。1934 年,调查所成立财政组,被指定在社会学家朱炳南的指导下从事中国财政的调查研究工作,曾到天津、江苏、浙江、安徽、河南、陕西等地进行县级财政调查。全面抗战爆发后第一年,曾几次参加战时服务工作,后重返研究岗位,继续进行财政调查,先后对云南全省和贵州、四川省会及附近 10 余县进行调查。

1941 年赴美,先在加州大学研究院经济系学习一学期,后转到哈佛大学研究院经济系,1944 年转入哥伦比亚大学研究院经济系,在美四年主要进修西方经济理论,并考察美国经济的实际问题。1946 年回国,应浙江大学竺可桢校长之聘,任该校新成立的法学院经济系教授,颇得学生好评。学治会曾特邀严仁赓主讲,听演讲者近 400 人,竺校长亦在座听讲,并曾站起来发言及提出问题。② 1949 年,被推举领导保护学校迎接接管工作。同年,成为浙江大学九人接管小组成员,后被任命为金华英士大学接管小组组长。7 月,被指定为新浙大校务委员会常委兼教务长,并兼任大课委员会主席和人民助学金评议委员会主席。1950 年,应北京大学经济系之聘,历任北京大学教授、副教务长、校长助理。1952 年,参与院系调整和中央财经学院的筹建工作。同年 8 月,参加第二届中国人民赴朝慰问团。从朝鲜归来后,被任命为院系调整后的新北大的副教务长,后曾兼任校长助理,主持教务工作和全校的研究生工作。1956 年加入中国共产党。长期从事旧中国地方财政的研究,专于西方经济学,尤长于资本主义国家财政学,1949 年前主要从事中国地方

---

① 赵之远致阮毅成手札原文,1946 年 10 月 29 日。

② 《国立浙江大学日刊》,1949 年 3 月 21 日。

财政调查研究,其后主要从事世界经济的研究。

严氏著有《中国之营业税》《云南省财政概况》《中华人民共和国经济史》(英文),与罗志如(1901—1991)等合著《当代资产阶级经济学说》。"文革"期间,身心受到严重摧残。"文革"后重新走上教学研究岗位,开设新课,并指导研究生。

4.吴芷芳

吴芷芳(1898—1998),浙江崇德(今浙江桐乡崇福镇)人,宪法学教授。少年时接受西方文化,入东吴大学中学部(附中)住读,1921年毕业于东吴大学,随后留在东吴附中讲授英语课程。1925—1926年在美国范德堡大学(Vanderbilt University)及哥伦比亚大学半工半读进修政治学及国际法,获得硕士学位。回国后在东吴大学文理学院担任政治学讲师、副教授,1935年起担任政治学系主任、教授。其间还兼任东吴法学院教授,担任法学院副教务长,承担宪法学、议会法等课程的教学任务。历任政治系主任、法学院副教务长及文学院院长等职。

1940年2月间,福建省政府在永安开始筹办省立福建大学,吴芷芳应丘汉平之邀,出任该校法学院院长,同时兼任福建省研究所下属社会科学部主任、福建省经济建设计划委员会委员等职。同年10月,省立福建大学因未获教育部批准立案,其法学院转由厦门大学接办,吴芷芳也随同赴闽西长汀,担任厦门大学法学院院长兼政治学系主任。

1941年夏,吴芷芳开始请假离校。1942年9月,吴芷芳重返东吴大学任教,曾任东吴大学文理学院院长及法学院副教务长等职。1945年抗战胜利后,拒绝台湾省行政长官陈仪电邀其至台湾大学法学院任教。1946年,受东吴学友李浩培邀请,出任浙江大学法学院教授。1952年,全国高等教育院系调整,东吴大学并入他校,吴芷芳在上海辗转于几所中学讲授英语。在其学生推荐下,1959年调入华东师范大学担任英语讲师直至退休。"文革"时深受冲击,扫了3年弄堂,淡然处之。晚年以英译中国古典诗词为乐,1998年3月辞世,享年100岁。

吴芷芳曾于1935年由商务印书馆出版英文专著《中国政府与政治》一书,该书出版后的较长一段时间内被采用为政治学教科书。此外,发表有《战后宪法之国际性》(《东吴学报》1934年第2卷第1期)、《论国民大会代表选举法》(《东吴法学杂志》1937年第9卷第6期)等学术论文。吴芷芳的授课特色是基本上用英语授课。①

5.黄炳坤

黄炳坤(1911—2007),又名秉坤,曾用名黄宗介,自号黄愚公,1911年生于广东台山,父亲是华侨,幼时在香港生活、读书,接受英文教育。1925年,转到华仁书院,1929年从华仁书院毕业后,因学费问题想回内地读大学,开始打算读广州的岭南大学,后来又选择了

---

① 参见吴耀乐:《忆先父吴芷芳》,载东吴大学上海校友会、苏州大学上海校友会编:《东吴春秋——东吴大学建校百十周年纪念》,苏州大学出版社2010年版,第182页。

位于上海的著名的圣约翰大学(今华东政法大学前身),免试入学。

1930 年,黄炳坤正式进入圣约翰大学学习理科。因教授理科老师的语言问题,转入上海圣约翰大学法科。当时圣约翰大学的法科老师大多是从哥伦比亚大学法学院或哈佛大学法学院等美国名校毕业回来的年轻才俊,所讲授的都是西方法学界最前沿的知识。半年之后,由教育部介绍推荐,黄炳坤又转入了位于南京的中央大学,在政治系学习。当时中央大学政治系属于法学院,下分行政、外交和理论三个组,黄炳坤选择了外交学组,与韩德培先生成为同级同院校友。1934 年,从中央大学毕业,获法学学士学位。1935 年 7 月,求学之心不减的黄炳坤又找机会去了日本,在东京的专修大学日语班学习。1937 年秋,又从上海出发途经日本到美国,最初求学于斯坦福大学,在政治系攻读硕士学位。1939 年,黄炳坤在导师汤姆森教授的指导下完成了硕士论文《共产主义的理想》(*The Ideals of Communism*),获得了斯坦福大学政治学硕士学位。因导师去世,他又辗转来到芝加哥大学。一年多后,黄炳坤未拿学位就离开了芝加哥大学。1942 年至 1943 年,在华美协进社奖学金的资助之下,又在著名的哈佛大学研修了一年的哲学。1943 年离开哈佛大学之后,得到校友推荐,任职于直接服务罗斯福总统的美国战略情报局(OSS),后又转到了美国财政部工作,担任"贸易专员"。黄炳坤在美国财政部的工作主要是有关日本银行法、战时财经法等法律文件的翻译和研究。

1946 年,财政部的工作已经基本完成,黄炳坤毅然谢绝美国财政部多次挽留并返回了祖国。由于黄炳坤在美国有着丰富的求学和工作经历,竺可桢校长直接聘其为法学院教授,从 9 月起在浙大法学院讲授比较宪法与西洋政治思想史。

为免遭国民党迫害,黄炳坤不得不于 1949 年 3 月底离开浙大去了香港。虽然离开了浙大,但黄炳坤和竺可桢、李浩培二位先生的联系却从未中断。1949 年 10 月广州解放,黄炳坤回到广州。自 1950 年起,开始在中山大学任教授,讲授国家法和西洋政治思想史等课程。1951 年,被派往北京中央政法干校学习,干校毕业后又参加了广州的司法改革工作,直至 1953 年底。院系大调整后,黄炳坤调入武汉大学,在法学院讲授国际法、国家法等课程。1962—1978 年,黄炳坤一直在湖北省文史馆工作。从武大法律系复建后的 1981 年起,黄炳坤开始招收国际法硕士研究生。①

6. 陈令仪

民国三十五年度(1946—1947)第一学期新聘教授陈令仪(女,生卒年不详),是前南京女师学生,赴法留学学习法律,曾至浙大法律系教一年即离职。②《竺可桢日记》1949 年 11 月 9 日(星期三)记载:"1947 年 8 月,因其教课不受学生欢迎,而被解聘。"

---

① 王定贤:《黄炳坤及其国际法思想研究》,载《武大国际法评论》2008 年第 2 期,第 362-383 页。
② 《竺可桢全集第 11 卷(1948—1949)》,上海科技教育出版社 2006 年版,第 565 页。

1947 年 6 月 24 日(星期二)记载:"李浩培来,(告知竺可桢)法律陈令仪、经济徐崇钦二人教法不佳,下年不拟续聘。赵之远法律与严仁赓经济均为学生钦佩。黄炳坤政治,学生亦有微言。现拟聘徐家齐行政法(兼职)副教授、安裕琨(留德)法律教授。此外尚有孙忱照(民法)、吴芷芳(东吴)行政法,及讲师郝立钧(中大)均作为异日参考。"[①]1947 年 7 月 15 日(星期二),竺可桢决定本年不续聘者,(为)法学院陈令仪、徐崇钦。[②]

1947 年 8 月 4 日(星期一,杭州),九点半,竺可桢至罗苑晤陈令仪(因渠将去校也)。陈在法学院教法学通论,据李浩培报告,一、二年级学生均对之不满,故徐崇钦与陈令仪二人均于今年停聘。但通知时间已迟,故竺可桢认为校中应给予相当补偿。今日特面谈,陈令仪认李浩培欲引用东吴同学,故排挤东大同学。竺可桢亦不能证明其必无此事,但陈教课不受学生欢迎大概是事实,所以她还是要今天离校。[③] 至于徐崇钦(1878—1957),曾留学耶鲁,回国后曾筹建北大红楼,资历极老。因曾在伪交大任教饱受诟病,竺校长力排众议延请至法学院,此时却因教法不受学生欢迎而被解聘。最终,教授是否离任还是以学生的意见为重,这反映了浙大法学院注重教法、学生为本、宁缺毋滥的聘任制度。

7. 周子亚

周子亚(1911—1995),国际海洋法专家。原名炽夏[④],1911 年 11 月生于杭州。1923 年就读于杭州蕙兰高级中学,1928 年考取中央政治学校大学部,先入行政系,后转外交系学习。大学毕业后进入国民政府外交部工作,在国际司联科任科员。1935 年公费赴德国柏林大学留学,专攻国际法,1937 年获 diploma(相当于硕士学位)后回国。1938 年任中央政治学校研究部外交组研究员,1940 年后,先后在中央政治学校研究部、法政系、外交系任研究员和教授。由于他的国文功底好,在此期间他还兼任了语文专修科主任,并发起成立了"渝社"这一学术团体。抗战胜利后以访问学者身份到印度加尔各答大学、新德里大学和贝纳勒斯印度教大学(Benares Hindu University)等讲学。回国后先后在厦门大学政治学系和浙江大学法学院(1947 年夏)任教授。在浙大期间,他还担任过联合国特约通信演讲员[⑤]。

1949 年后他先后在之江大学商学院、浙江师专和华东政法学院任教授。1958 年调入新成立的上海社会科学院,先后在国际关系研究所、学术情报研究所和法学研究所从事研

---

① 《竺可桢全集第 10 卷(1946—1947)》,上海科技教育出版社 2006 年版,第 470 页。
② 《竺可桢全集第 10 卷(1946—1947)》,上海科技教育出版社 2006 年版,第 485 页。
③ 《竺可桢全集第 10 卷(1946—1947)》,上海科技教育出版社 2006 年版,第 500 页。
④ 《民国法学论文精粹(第六卷)》,法律出版社 2004 年版,第 85 页。
⑤ 《国立浙江大学日刊》1948 年 10 月 2 日载:"法学院教授周子亚先生,受聘为联合国通信讲演区联络人,曾志本刊。顷由联合国寄来通信讲演资料多重,经周教授存放该院阅览室,凡欲借阅该项资料者……周子亚教授被推任国联杭州通信讲演员。竺可桢与李浩培,当推荐本校国际法教授周子亚先生担任,传布关于联合国消息及对法制了解的最佳方法。"

究工作,后任国际法研究室主任。其前半段学术生涯见长于外交学的研究,至 1948 年,已经出版了《现代外交家传记》《当代国际人物》《外交政策与外交行政》《外交文书与外交礼节》《中国外交之路》《使节与领事》《第三国际与苏联外交》《外交监督与外交机关》《美国与美洲世界——美洲外交史》《外交官》《分治后的印度》《国际法新论》《国际公法提要》等著作。后半段,主要处于改革开放的历史新时期,学术成果主要体现在国际公法的研究上,特别是他对国际海洋法方面的研究与贡献。除了主编译著《国际公法》(知识出版社 1981年版)、合译《瑞典的仲裁》(法律出版社 1984 年版)、主编《国际法与技术转让》(上海翻译出版公司 1987 年版)外,他还与人合著出版了《海洋法知识》(知识出版社 1985 年版)和《公海》(海洋出版社 1990 年版)等著作。与此同时,他还发表了包括海洋法专业问题的国际法论文百余篇,参与了全国各地有关国际法以及海洋法专题的学术研讨会,带教国际法专业研究生。他曾先后担任许多学术性团体的职务,如中国国际法学会理事兼顾问、上海法学会理事、中国海洋法研究会高级顾问、上海 GATT(关税及贸易总协定)课题研究中心顾问等。①

8. 安裕琨

安裕琨(广东人或山东人,1901—?)于 1931 年获日本明治大学法学士称号,1940 年获柏林大学法学博士学位,博士论文题目为《德国、中国和日本刑法中有关财产犯罪的改革》。1947 年 3 月至 20 世纪 50 年代在台湾大学法律系任教②,后定居美国,1959 年获杜兰大学法学硕士 L. L. M.。同年任教于得克萨斯的毕省普学院(笔者按:即 Bishop College)。③

9. 蒋固节

1948 年 9 月 13 日法学院新聘教师蒋固节。④ 蒋固节(1908—?),江苏溧水人,1930年自费赴法国、比利时留学,获比利时的鲁汶大学(University of Leuven)法学博士学位,曾任江苏学院、云南大学和浙江大学教授。1949 年后任湖南大学教授。⑤ 此后经历不详,20 世纪 70 年代末仍在世。

10. 漆竹生

漆竹生(1916—1987),江西宜丰人,1927 年入江西省立二中,1930 年考入北平中法大学附属高中,1933 年毕业。同年 9 月赴法留学,先修化学,后在父亲的要求下改修法律,1940 年获巴黎大学法学博士学位(法国国家博士),博士论文题目为《1936 年 5 月 5 日中

---

① 参见尤俊意:《周子亚和他的海洋法研究》,载《文汇报》2017 年 2 月 17 日。
② 王泰升:《台湾大学法律学院院史(1928—2000):台大法学教育回顾》,台湾大学法律学院 2002 年版,第64 页。
③ 王伟:《中国近代留洋法学博士考(1905—1950)》,上海人民出版社 2011 年版,第 327 页。
④ 《国立浙江大学日刊》,1948 年 9 月 13 日。
⑤ 王伟:《中国近代留洋法学博士考(1905—1950)》,上海人民出版社 2011 年版,第 312 页。

华民国宪法草案(五五宪草)研究》。1941年2月回国,在朝阳学院(重庆)任教。1945年任教于东北大学(四川三台),1946年任教于英士大学(浙江金华)。1947—1948年,在浙江大学法学院任教。《竺可桢日记》1947年9月11日(星期四)记载:"法学院新聘漆竹生来,谈片刻。渠原在金华英士大学,闻英大待遇与沪杭同,而生活(费)较低云。"①

1949年后,在江西八一革命大学学习。1950年任厦门大学教授,1953年由法律教授改任外文系教授。1956年调上海外国语学院②,担任西语系教授兼副系主任。1981年初,上海外国语学院成立法语系,漆竹生出任系主任,1984年春转任名誉系主任。1986年经国务院学位委员会评审通过受聘为法语专业博士生导师。1987年5月30日,漆竹生在法国巴黎高等商学院讲学期间因遭车祸不幸逝世。译有法国学者勒内·达维德的《当代主要法律体系》。

11. 施宏勋

施宏勋(1909—1961),浙江嘉善人。早年在上海政法学院法律系学习,毕业后赴法留学,1936年获南锡大学私法专业法学博士学位,博士论文题目为《中国新民法典中的遗嘱问题》。抗战时期曾执教鞭于西北大学法商学院法律系、中央政治学校。③ 1947年9月10日,施宏勋先生受任浙江大学法律顾问。"本校校产甚富,亟须法律保障,兹经卅五次行政会议决议聘请施宏勋先生为本校法学院兼任教授,并为学校法律代理人。"④1949年后,为浙江民盟成员,在省高院等司法机构工作。20世纪50年代末,被错划为右派,1961年去世,1979年平反。

12. 施建生

1949年2月23日新聘"施建生经济学副教授,任翔千法律学兼任副教授"。⑤ 施建生(1917—今),1917年生,浙江杭州人,凯恩斯学派经济学者。国立中央大学学士(1939),哈佛大学硕士(1946),在哈佛期间曾受教于著名经济学家熊彼特(Joseph Alois Schumpeter,1883—1950)门下。1949年,在浙大法学院办学的最后半年,任经济学副教授。1950年到台湾,先后任教于台湾省立行政专修学校、台湾大学经济学系、中国文化大学经济学系,曾任台湾当局教育主管部门高教司司长、台湾经济研究院及"中华经济研究院"研究顾问。1959—1967年,任台湾大学法学院院长,任内完成台湾大学商学系及政治学系之系内分组、成立社会学系并设置经济学系博士班,使台湾大学法学院的组织规模更为茁壮。推动国际学术交流、鼓励整合型研究,对院内学术风气有深远影响。⑥ 同时,他是台湾大学名

---

① 《竺可桢全集第10卷(1946—1947)》,上海科技教育出版社2006年版,第530页。
② 王伟:《中国近代留洋法学博士考(1905—1950)》,上海人民出版社2011年版,第267页。
③ 王伟:《中国近代留洋法学博士考(1905—1950)》,上海人民出版社2011年版,第250页。
④ 《国立浙江大学日刊》,1947年9月10日。
⑤ 《国立浙江大学日刊》,1949年2月23日。
⑥ 参见《平淡一生的简略回忆——施建生教授百岁华诞庆祝会致辞》,载《台大校友双月刊》第109期(2017年1月号),第10—14页。

誉教授、美国密歇根州立大学客座教授、美国威斯康星大学拉克罗斯分校(University of Wisconsin-LaCrosse)客座教授。著有《经济学原理》《当代经济思潮》《经济政策》《国际经济与台湾经济》及《伟大经济学家系列丛书》(亚当·斯密、李嘉图、密尔、马歇尔、熊彼特、哈耶克、弗里德曼等经济学家的传记)。

13.邵勋

邵勋,字禹敷,浙江东阳人。1912 年后曾任京师地方审判厅推事,后迁任江西高等审判厅庭长。随后调京师,升任大理院推事,后出任最高法院东北分院庭长,前后十余年。在从事司法实务工作同时,邵勋兼任教师,讲授法律。1931 年九·一八事变后,他回到北平,各校争相邀请他任教,他成为朝阳学院法学教授,从此专心于法学研究与教育。邵勋对民事诉讼法的教研成就颇高,正如《中国民事诉讼法论》序言中所说:"先生攻民诉法,极有心得。悉意教授,诲人不倦。受业人士,应文法官考试,每多获隽,以是讲座间声誉益隆。"邵勋发表有《论民诉条例之疵点》(1925)、《民事诉讼法与民事实体法》(1928)、《何谓诉讼行为》(1929)、《非讼事件程序法》(1931)等论著。①

(四)课程设置

在法学院办学的最初时光,是由当时的浙江省民政厅长阮毅成每周一天来浙大法学院兼职教一门《法学概论》,这是一门真正的法律课,其余学的是公共课逻辑学、哲学、外国语等等。不过,法学院后来通过延请名师、广揽人才,逐步完善了学科教学体系。

1930 年 4 月 7 日国民政府修正公布《司法院监督国立大学法律科规程》,规定必修科目为:三民主义、宪法、民法及商事法、刑法、民事诉讼法、刑事诉讼法、法院组织法、行政法、国际公法、国际私法、政治学、经济学、社会学、劳工法等 14 门。② 浙大法学院科目设置比较齐全且比较现代化,有必修课和选修课,专业课既有理论,亦有实务,注重比较法研究,主要包括民法(总则及各论)、刑法(总则及各论)、诉讼民法、诉讼刑法、民事诉讼实务、刑事诉讼实务、诉讼实习、宪法、行政法、商法、罗马法、英美法、土地法、经济政策、伦理学原理、政治学、政治地理等,部门法辅以政治、经济等社会科学知识,注重学科间的交叉融合。任课老师并非一人只教一科,有时身兼数职,同时教授不同学科。

在教学管理上,1948 年 3 月,第 25 次校务会议修正通过《国立浙江大学学则》,学则共分招生及入学手续、转院转系、学分及成绩考查、考试、缺席、休学复学、退学、奖惩、附则等 9 章计 46 条,在学分及成绩考查章程内,规定各学科每学期每周上课 1 小时,并须 2 小时以上自习或实习 2～3 小时者为 1 学分。法学院学生至少须修满 166 学分。每学期学生所修课程除特殊情形外,不得少于 14 学分,法学院不得超过 24 学分。学生必须修习两

---

① 邵勋、邵锋:《中国民事诉讼法论(上)》,中国方正出版社 2005 年版,第 1 页。

② 孙晓楼:《法律教育》,中国政法大学出版社 1997 年版,第 344-345 页。

种外国语,全校以英文为第一外国语,文科以法文为第二外国语。[1] 文学院本系必修 32～42 学分,论文必修。法学院以文院课为蓝本(《竺可桢日记》1946 年 4 月 18 日,星期四)。[2]

(五)图书刊物

1947 年 5 月 5 日,教育部拨给法学院购置图书专款。法学院创办伊始,图书尚感缺乏。前经本校呈请教育部拨给专款,以资购备。此次朱家骅到校视察,承告已准拨国币 5000 万元,法学院正计划购书中。[3]

法学院重视学生的英文水平,主张阅读英文原著。法学院于 1948 年 9 月 21 日举行院务会议决议:自本学期起,各年级学生每学期必须至少有一门课程以英文书籍为指定必读之参考书,以提高其阅读英文书籍之能力。学生须将该书全部详细研读,并作笔记,呈缴该课教授评阅,考试时该指定读物,并列入命题范围。[4]

法学院教授出版的书籍,有时也会直接向学生推荐。如:法学院教授周子亚所著《国际公法》一书,由大东书局出版,定价金圆一元五角三分。本校同学欲购该书者,可请周先生具函介绍,即可享受八折优待。[5]

据《国立浙江大学日刊》1948 年 10 月 5 日载:本院即进行筹备出版学术刊物,定名为《国立浙江大学法学院社会科学学报》,半年出版一次。[6] 当年 12 月 15 日又载:本校法学院决定出版社会科学学报一种,年出两期。前已与上海大东书局洽妥,由该局印刷发行。创刊号定明年 6 月出版,闻稿件正由各教授撰作中。[7] 然而,此刊尚未正式出版,法学院即告解散,成了永远之憾。

二、法学院的教学

(一)培养英才

浙江大学法学院办学期间,计有毕业学生只一届。1949 年 5 月 20 日,浙江大学发布三十七学年度(1948—1949)第二学期注册学生人数统计表,其中法律系总计有 147 人,其

---

[1] 李杭春:《竺可桢国立浙江大学年谱(1936—1949)》,浙江大学出版社 2017 年版,第 119 页。
[2] 《竺可桢全集第 10 卷(1946—1947)》,上海科技教育出版社 2006 年版,第 100 页。
[3] 《国立浙江大学日刊》,1947 年 5 月 5 日。
[4] 《国立浙江大学日刊》,1948 年 9 月 24 日。
[5] 《国立浙江大学日刊》,1948 年 10 月 30 日。
[6] 《国立浙江大学日刊》,1948 年 10 月 5 日。
[7] 《国立浙江大学日刊》,1948 年 12 月 15 日。

中男 140 人，女 7 人；一、二、三、四年级分别为 13、31、35、68 人，研究生无人。① 虽则招生年月很短、招生人数较少，但由于教育质量较高，民国时期的浙大法学院在学术界、文化界、司法实务界等均培养了不少优秀人才，本文兹择部分知名院友开列于下（顺序不分先后），欢迎后续补充。

1. 高铭暄

1928 年生，浙江玉环人，中国人民大学荣誉一级教授。1947—1949 年在浙江大学法学院学习，共两年时间，当时的院长是李浩培教授。1949 年 3 月 23 日，高铭暄曾担任本校法律学会第四届干事。据高先生回忆：当年读书是在庆春门，大学路，第一年新生在华家池，第二年在大学路。后来因为浙大停办，旧法废除，几经交涉，没有成功，当时已经到三年级，经李浩培教授介绍，转学北京大学。毕业后保送中国人民大学，研究生毕业以后留在人民大学教书。②

1947 年夏，高铭暄于温州中学毕业，分别报考杭州的浙江大学、上海的复旦大学、武昌的武汉大学，都被录取，决定去浙江大学法学院就读，主要原因是其父在杭州地方法院当推事，这样选择既可以节省学习生活费用又可以随时聆听父亲的教诲。还有一个原因是浙江大学校长是进步人士、著名学者竺可桢。高铭暄是浙大设有法学院后的第三届学生。当时浙大法学院集聚了一批很有声望的法学家，如讲宪法的黄炳坤教授、讲法理的赵之远教授、讲民法（原文如此）的徐家齐教授、讲政治学的周子亚教授、讲经济学的严仁赓教授等。在这些名师教诲下，高铭暄的法学基础知识夯得很牢，师生关系也十分亲密。1949 年春，高铭暄在学院地下党领导下，积极护校、巡逻，校园的人财物安然无恙。高铭暄也曾想跟同学们一起参加实际工作，后遵从父亲的话，又回到浙江大学的课堂。时间转瞬到了 9 月新学年开学，因贯彻中共中央"关于废除国民党六法全书"的精神，浙江省军管会文教部决定撤销浙江大学法学院，法学院的学生既可以转系，也可以参加地方工作。这时，李浩培院长就把一小批有志继续完成法学学业的学生举荐给时任北京大学法律系主任的费青。于是高铭暄告别父母，在北京继续学习。③

2. 吴祖谋

1926 年生，籍贯江苏六合（今南京市六合区），曾任河南大学法律系主任，兼任中国法学会法理学研究会理事、河南省法学会副会长、河南省法学会法理法史学研究会名誉会长。1991 年起，享受国务院特殊津贴。少年时在南京、上海等地上小学、初中。1942 年由上海辗转赴重庆就读于中央大学附属中学高中部。1946 年考入浙江大学法律系，1949 年转入北京大学法律系。1950 年夏，作为第一批国家统一分配的大学毕业生，被分配到当

---

① 《国立浙江大学日刊》，1949 年 5 月 20 日。
② 据 2017 年 11 月 13 日高铭暄先生在浙江大学光华法学院演讲。
③ 周恩惠：《先生业高文怀抱多正思——高铭暄教授学术生涯及其刑法学术思想纪略》，载《法学杂志》2004 年第 3 期，第 92-95 页。

时的平原省(1952年撤销)工作。

1985年,河南大学法学院复建,吴祖谋担任第一任系主任。其主编的《法学概论》(法律出版社)系法学界发行量最大的教材,不仅是新中国成立以后公开发行的第一本法学概论教材,而且是高校法学统编教材发行量最大者,迄今已发行超过600万册①。

3.曹孔六

曹孔六(1925—2016),原名显勋,浙江平阳人。1949年毕业于浙大法律系,系第一届毕业生,历任浙江师范学院、杭州大学政治系与法律系讲师、副教授、法律史教研室主任,主要教授《中国法制史》。1988年起任浙江法律函授学院副院长,曾获浙江省法学会优秀论著奖、杭州大学教学优秀奖,名列《中国当代教育名人大辞典》(陕西师范大学出版社1994年版)。1987年离休。

1945年,日本宣布无条件投降,收到录取通知书的曹孔六喜出望外,能够到杭州求学,成为浙大法律系第一届学生,这是他之前不敢想的事。从平阳到杭州,曹孔六足足走了12天,一路上目睹了日本侵略者留下的疮痍满目。

在《国立浙江大学日刊》上我们经常能看到曹孔六发表的诗词,领略到他的文学才华。如1947年3月31日《敬步郑代校长卅五除夕诗原韵》(法二,曹孔六):"飘泊干戈后,树人乃远行。归来庐舍毁,犹慕圣湖清。才大忧斯理,乱仍忿岂平。涕零悲国事,莫教杏坛倾。"②

曹孔六长期教授的两门专业课《中国法制史》和《中国法律思想史》,备课时补充了许多内容,讲课时妙趣横生、深入浅出,深得学生喜爱。离休后的20多年里,曹孔六投身于年轻一代的思想政治教育工作,义务担任了浙江省新四军历史研究会宣讲团成员、浙江大学关心下一代工作委员会宣讲团成员,前往高校、中小学校展开宣讲。③

4.其他优秀院友

根据徐煌院友回忆,浙大法学院毕业生中,继续为法学工作者达30人左右,"例如陈文浩在最高法院任审判员(1983—1988),杨寄吟任北京海淀区法院副院长,杨荣昌等五人在浙江省高级法院任庭长、审判员等。另外在法学界,除前述三位教授外,又如朱任天、方为良等五位在法律专门学校或者大学教授法律。杨金鼎、谢瑞淡、叶炳炎、周亚林等人是大学教授。还有如庄惠辰等在北京做大律师、章德龙任浙江省律师协会会长等律师工作的约计四五人。诗人徐元,原浙江古籍出版社副编审、中华诗词文化研究所研究员,著有《三余集》等多部著作。上海的阿章(原名郑秀章)是著名小说家,有《浦江红侠传》《三少校》等多部畅销小说。书法家王介南现为浙江省书法家协会会员、中国硬

---

① 参见《大河报》,2013年6月20日A17版。
② 《国立浙江大学日刊》,1947年3月31日。
③ 《我的父亲叫孔六》,《杭州日报》2017年10月7日,网址 http://hzdaily.hangzhou.com.cn/hzrb/2017/10/07/article_detail_1_20171007A077.html,访问时间:2017年12月21日。

笔书法家协会理事,对洛书颇有研究。陆小曼曾被选为全国妇联五届执委会委员、常委(1983 年)。"①

(二)奖学金

1947 年 4 月 21 日,浙江高等法院捐赠浙大法学院清寒学生奖学金,是为"郑烈荪奖学金",这是当时浙大法学院颇为重要的奖学金。据《国立浙江大学日刊》载:"昨准浙江高等法院烈公院长长浙司法二十周年纪念委员会函以该院院长郑公烈荪主浙司法,已历二十年,该会同人醵资纪念,提成捐赠本校法学院优秀清寒学生奖学金国币一千万元,嘱查照订定保管及给奖办法见复,本校经先函鸣谢,拟俟订定给奖办法后,再行具复。"②

郑烈荪即郑文礼(1892—1948),字国本,号烈荪,浙江东阳塘西新下郑人。祖与父两代皆业儒,兄弟五人中最幼,其三位兄长均以经商为业,共同培植其深造。1917 年毕业于浙江私立法政专门学校,1919 年靠阮性存、吕公望等人的资助留学法国,获巴黎大学政治经济学博士③,毕业论文为《中国政治机构的发展:比较宪法史研究》。1923 年回国后,历任广东大学(后改为中山大学)政治系教授、国立中央大学法律系教授。1927 年,浙江省主席张静江(1877—1950)派其为浙江高等法院首席检察官。④ 1929 年后,历任浙江省高等法院院长兼反省院院长、国民党浙江省党部监察委员等职,荐引东阳籍人充任地方法官、检察官者百余人。1947 年接替孙鸿霖,调任江苏高等法院院长(1947 年 6 月—1948 年 5 月)⑤,在此期间主持成立苏州最高法院特种刑事审判庭,公审陈公博、周佛海、丁默邨等汉奸。1948 年,任第一届中华民国立法委员。同年 8 月 24 日病逝上海,遗妻一子三,身后颇为萧条⑥,为官一生,勤政清廉,执法公允。据其子回忆:"大概是出于他自己的经历,父亲比较同情贫困的读书人,对那些因经济困难无法完成学业者,只要他了解的,总愿意接济一点,他常常对我们说,若自己的儿女不成器,不如多扶植一些优秀的穷学生。"⑦1937 年,应竺可桢校长邀请,郑烈荪曾在浙大演讲《法律与时代精神》,对法律之定义、法律何由产生及法律与道德、经济之关系加以阐述。

1947 年 6 月 2 日,"法学院奖学金分配办法续"规定:"志前承浙江高等法院为烈公院

---

① 参见《时隔七二风霜路,母校常留在心中——访 1945 级法学院校友徐煌》,网址 http://www.ghls.zju.edu.cn/chinese/redir.php?catalog_id=50369&object_id=357386,访问时间:2017 年 12 月 21 日。原文部分姓名、职务等错讹,笔者已作订补。

② 《国立浙江大学日刊》,1947 年 4 月 21 日。

③ 有说法称郑氏获得法律、政治、经济三个博士学位。参见张荣铭:《浙江、江苏高等法院院长郑文礼传略》,载中国人民政治协商会议浙江省东阳市委员会文史资料委员会:《东阳文史资料选辑》第 11 辑,1992 年版,第 223-224 页。

④ 金锡辉:《郑文礼传略》。

⑤ 郑姚珪:《郑文礼小传》。

⑥ 《申报》,1948 年 8 月 25 日。

⑦ 郑光瑶:《我的父亲》。

长长浙司法廿周年纪念委员会捐赠本校法学院优秀清寒学生奖学金国币 1000 万元,其保管及给奖办法,经已函知该会并征得同意,已志前期本刊。兹将是项奖学金,以国币 520 万元,购置中文法律书籍,以备阅览,又以国币 480 万元,购存美金库券,以每年所获年息,充作优秀清寒学生奖学金,以资实惠而垂永久。"①

1948 年 4 月 12 日,郑烈荪奖学金由法律系丁铭源等获得,郑烈荪奖学金本期利息为 1500 万元,经法学院第三次院务会议议决,全部奖助成绩优良同学,经审查结果,得奖学生计有丁铭源等 3 个年级 15 名,每名获得奖金 100 万元②,其中有当时一年级的高铭暄先生。

1948 年 4 月 19 日,法学院决定以郑烈荪奖学金资助为奖励学术研究举办论文比赛,经同次院务会议议决,以下期所得郑烈荪奖学金之利息半数,作为论文奖金,已拟就《论债权之对无效力》等 13 个题目,本院学生可任择其一(撰)著论文,于本年 9 月 15 日前送本院评阅。经评阅合格后,除核给该论文撰著人以奖金外,并于日刊上公布其姓名以示鼓励。③

1948 年 10 月 5 日,法学院本年度第二次院务会议决议郑烈荪奖学金分配决定:郑烈荪奖学金,应征论文之学生,分甲乙两等给予奖学金。甲等有张国治、汤养正、贾祥校、丁铭源、胡巩五名。乙等有王介南、魏琼两名。甲等每人奖给金圆六元,乙等每人奖以书籍乙册。

学业成绩优良之学生,四年级前两名,三年级前两名,二年级前一名,各奖以金圆六元。四年级、三年级第三名,二年级第二名,各奖以书籍乙册。④

1949 年 3 月 30 日,郑烈荪奖学金经法学院院务会议通过,奖给该院法律系学业成绩优良之各级学生:四年级倪耀雄、张国治、徐良咏,三年级丁仁方、吴元英、贾祥校,二年级丁铭源、高铭暄、俞元任,一年级季厚生、李富乾、汪家华。该项奖学金已于 3 月 28 日晚在该院全体导师学生谈话会中,当场颁发。⑤

(三)分组制

1947 年 5 月 5 日法学院法律学习开始采用分组制:本校法学院法律学习,去年开办伊始,根据教育部前颁布之修正大学法律学习科目表通令,暂定为混合制。前以师资设备均由充分设备,拟改采分组制,逐就推进,近已设立司法组,呈部备案,并请求拨款为买办

---

① 《国立浙江大学日刊》,1947 年 6 月 2 日。
② 《国立浙江大学日刊》,1948 年 4 月 12 日。
③ 《国立浙江大学日刊》,1948 年 4 月 19 日。
④ 《国立浙江大学日刊》,1948 年 10 月 5 日。
⑤ 《国立浙江大学日刊》,1949 年 3 月 30 日。

图书及建筑教室学公室之需,俾将所定分组计划,得以扩大完成,以早就法人才。① 分组制的结果,就是以培养司法实务人才为重的"司法组"被单独开辟出来,与法律系并立,从而形成理论与实务教学的分化。对于法学院这种分组研究,法学教育家孙晓楼(1902—1958)则有相对意见,大学的法律学程只能及于法律的许多基本学问,时间上实不能分组研究。大学里便作分组的研究,使学生有顾此失彼之弊,分门别类的专门研究,应当放在大学研究院里实施。② 对此,我们可以将"分组制"视作对中国法学教育的一次探索性尝试。

(四)导师制

导师制是全校范围内的制度,法学院也不例外。法学院设立导师制,密切了导师和学生之间的联系,从生活上和学习上全面关注学生的成长,既重视智育亦重视德育。

为匡纠民国时期大学军事化管理之弊端,"矫正现行教育之偏于智识传授,而忽于德育指导,并为积极训导学生增进师生间之感情起见"③,从 1937 年开始,浙江大学实行导师制。8 月 13 日,日军进攻上海。9 月 14 日竺校长和西天目禅源寺方丈妙定商定,租借寺院余屋,作新生教学和生活用房。虽临时校舍一切因陋就简,但师生间在生活上完全打成一片,这为导师制的实施创造了条件,浙大计划多时的导师制便首先在这里推行。10 月 12 日,一年级新生导师会正式成立。④ 1938 年,浙大聘请《英宪精义》的译者、著名教育家雷宾南(1888—1967)担任主任导师。⑤

1948 年 10 月 7 日,法学院自本学期起,实行导师制。在《国立浙江大学日刊》上布告周知该院各年级学生,于一周内来院登记愿从导师,以凭办理。⑥

1948 年 10 月 14 日,限定该院学生于一周内,前往报明所选导师。闻报明导师者甚众,而少数未往报明者,展期三日内,必须办妥。⑦

1948 年 12 月 6 日《国立浙江大学日刊》报道,同学分配名单,已于上周公布。上星期一晚法学院导师周子亚教授首次约集同学谈话。周教授先阐明导师制度之来源及其成效,并强调导师与学生间不应拘于形式,而须重于精神之联系,此种谈话,一方可予同学以生活与思想上之指导与帮助,同时要同学之间亦可彼此讨论互换意见,嗣后由同学自由发问,周教授分别予以答复,且对于同学生活方面垂询甚详。⑧ 法学院阅览室是谈话的主要

---

① 《国立浙江大学日刊》,1947 年 5 月 5 日。
② 孙晓楼:《法律教育》,中国政法大学出版社 1997 年版,第 140 页。
③ 《国立浙江大学日刊》,1938 年 12 月 19 日。
④ 《求是:浙江大学建校一百一十周年(1897—2007)》,浙江大学出版社 2007 年版,第 20 页。
⑤ 《国立浙江大学日刊》,1938 年 12 月 19 日。
⑥ 《国立浙江大学日刊》,1948 年 10 月 7 日。
⑦ 《国立浙江大学日刊》,1948 年 10 月 14 日。
⑧ 《国立浙江大学日刊》,1948 年 12 月 6 日。

场所。① 此外,法学院还设立了学术团体——法律学会,作为密切导师与学生的纽带和桥梁,该学会经常延请名师举行讲座,以促进学术氛围。

(五)型式法庭

型式法庭,即今日所称的"模拟法庭",是法学院司法组专业的专业课。1948 年 9 月 23 日,法学院型式法庭加紧演习,司法组之型式法庭(地址在报国厅间壁法学院院址内)业已修葺竣事。司法组主任邵勋教授宣称:为使该组学生熟谙诉讼实务,以期适于应用起见,拟自本星期起,除在课堂讲授各种材料外,即将在型式法庭中加紧实习,其中扮演审判长一职:第一次由邵主任自己担任,第二次由李院长担任,第三次由高锡昌教授担任。至陪审推事、书记官、原告、被告、律师以至于庭丁及第四次之审判长等职,将由该组四年级学生自行抓阄决定,闻将认真实习表现,定可精彩,届时欢迎本校师生前往参观。②

法学院四年级学生,于 1948 年 10 月 5 日(星期二)假该院型式法庭,举行第一次审判实习。案件及各推事律师等人选,已分别筹备就绪,并由该院司法组主任邵勋先生担任审判长。③ 1948 年 10 月 12 日下午二时起,又在原处,正式举行审判。④ 型式法庭重视培养学生的职业道德和职业技能,培养合乎法律学问、法律道德和社会常识⑤三种条件的法律人才。

(六)办学纪律

1.替考事件

1948 年 2 月,法学院发生了"周英焕替考案",在当时的日刊以及竺可桢的日记里,都有不少记载,可见当时影响较大,也充分反映了浙江大学法学院严明的办学纪律。

《竺可桢日记》1948 年 2 月 23 日(星期一)记载:中午乔年、俶南来谈,知补考时又发生有人代答事,系法律三年级周生,有一门不及格,其弟觅人为之代考。余主张周生应予除名。⑥ 后来才知,这是其弟的行为,尚无证据证明周本人知情。2 月 24 日(星期二),学生周英焕与杨荣昌来谈补考作弊事,二人均法律系三年级生,缘周有一门不及格,已回临海原籍,其弟恐周来不及考,乃托杨为之代考,由赵之远发觉。因周功课素不好,而此次竟

---

① 《国立浙江大学日刊》1949 年 1 月 3 日载:"本院全体导师,定本月三日晚七时在本院阅览室与本院各生谈话,希准时到会为要。"

② 《国立浙江大学日刊》,1948 年 9 月 23 日。

③ 《国立浙江大学日刊》,1948 年 10 月 4 日。

④ 《国立浙江大学日刊》,1948 年 10 月 11 日。

⑤ 该理念由法学教育家孙晓楼提出,详见《东吴法学先贤文录·司法制度、法学教育卷》,中国政法大学出版社 2015 年版,第 532 页。

⑥ 《竺可桢全集第 11 卷(1948—1949)》,上海科技教育出版社 2006 年版,第 46 页。

得 80 分,查澈之下对笔迹,知系杨所作之卷,故二人均已承认,提出明日会议讨论。① 2 月 25 日(星期三),法律三年级生徐学楠、汤养正、潘襄华、吴英才、齐韶等,为学生周英焕将被开除说项。缘周临海人,考毕回家,但债法篇总论不及格,十五(日)补考人未到而有人为之代考,由考得成绩特佳,经赵之远发觉,知系同年级杨荣昌所为。杨亦自承,但讲系其弟托代考。下午三点开行政会议,讨论结果杨记二大过二小过,周停学一年。②

1948 年 3 月 8 日,《国立浙江大学日刊》刊"法学院三年级学生周英焕债篇总论补考试卷系他人代替,但当时该生尚在临海并未在校应如何处分请公决案",正式公布此次替考事件的处理结果:"查本校考场规则第十一条不得传递,不得抢替,违双方均予除名。本案周英焕之试卷系杨荣昌代作抢替,已成事实,均应除名。惟杨荣昌情节尚与当场抢替者有别,周英焕尚无嘱托抢替之确据,本罪疑惟轻之旨,杨荣昌照记大过两次,又小过两次。周英焕暂予停学一年。嗣后考试应照规章严格执行,不稍宽贷,如再有抢替情事发生,一律予以开除处分。"③

2. 壁报风波

所谓的壁报风波是指 1948 年春爆发的"文学院革新运动",这一运动是由中文系与史地系的部分学生发起的。中文系学生要求中外文系合并为文学系,文学系再分语文与文学两组;史地系中有 3/4 的学生签名要求史地分家,地理系属理学院,历史系属文学院。很快,这场革新运动的矛头直指文学院院长张其昀与外文系教授佘坤珊。学生贴出壁报,攻击张其昀只顾史地,将国文、英文置诸不足轻重。又有人主张史地分系。④ 这一事件导致了李浩培来函欲辞法学院院长(1948 年 7 月 10 日)。⑤ 5 月 15 日因壁报上攻击张其昀、佘坤珊、郑奠文字层出不穷,张其昀欲辞职,国文系教授有周一罢教之议。16 日,史地系全体教员函,如不挽留张其昀并谴责学生,将全体辞职。史地系 20 同仁联名专函张其昀,对学生壁报的肆意攻讦无端诋毁表示无任愤慨。⑥ 是月 17 日(星期一),壁报侮辱文学院老师事件更形扩大。法律系二年级学生景诚之所办之《群报》登有《张其昀引咎辞职,佘坤珊更应滚蛋》标题,其中攻讦坤珊不遗余力。景诚之乃外文系读工课不及格因而转法律系者,这件事引起了更大的纠纷。今日停课不教者有徐声越、任铭传、郦衡叔、王驾吾诸人。文学院教员全体与晓峰(张其昀)同进退,史地系同人昨开会亦有同样决议,谓学校如无办法则将全体辞职。理、工、农教授联名表示愤慨,不日将罢教。⑦ 教授们集会决议请校长

---

① 《竺可桢全集第 11 卷(1948—1949)》,上海科技教育出版社 2006 年版,第 47 页。
② 《竺可桢全集第 11 卷(1948—1949)》,上海科技教育出版社 2006 年版,第 47-48 页。
③ 《国立浙江大学日刊》,1948 年 3 月 8 日。
④ 何方昱:《知识、人脉与时局:张其昀学术生涯的政治转型》,载《近代史研究》2016 年第 4 期,第 101 页。
⑤ 李杭春:《竺可桢国立浙江大学年谱(1936—1949)》,浙江大学出版社 2017 年版,第 388 页。
⑥ 见台湾文化大学创校人陈列室陈展信函,转引自李杭春:《竺可桢国立浙江大学年谱(1936—1949)》,浙江大学出版社 2017 年版,第 383 页。
⑦ 《竺可桢全集第 11 卷(1948—1949)》,上海科技教育出版社 2006 年版,第 113 页。

严格整饬风纪。① 法律系学生景诚之的煽风点火,把法学院牵涉了进来,使得事态更为复杂,加剧了师生间的对立。

5月18日(星期二)谈及《群报》上有《张其昀引咎辞职,佘坤珊更应滚蛋》一则消息,因《群报》上刊登社长为景诚之,法律二学生,而主任编辑为李浩培。虽大家明李浩培完全挂一虚名,且已由景诚之出函道歉,并声明事与浩培无关,但讨论孙宗彭、王爱予、江希明三人均涉及总编辑,引起李之大不快,忽然离席并来函辞去本兼各职。由会中即请(王)季梁、(郑)晓沧、赵之远三人赴浩培处,坚促其重来开会始了事。今日决定限期令刘万甸交出四张壁报之人名,予以严惩,如不交出,刘万甸即予以开除。同样景诚之亦须交出《群报》上给消息之浙大学生姓名。次谈以后壁报处置问题。讨论甚久,迄无具体办法,时已九点三刻,乃散。② 此次18日小屋会议,讨论自治会壁报问题。决议限期交出四份壁报作者,如不交出,则负责人担责。③ 李浩培提出了辞职。5月19日(星期三)下午,竺可桢主持校行政会议、训导会议联席会议,决议开除史地系学生、自治会壁报负责人刘万甸与《群报》社长、法律系学生景诚之。④ 并召集学生代表谈话,约李浩培等人到会。20日召集训导委员会,讨论壁报审查执行补充办法,召集教授、副教授及讲师代表谈话,述壁报处置经过,敦促壁报著作人自首。23日四人自首,召集行政谈话会与训导委员会联席会议,讨论自首的处分问题。⑤ 25日讨论壁报刘万甸及自首四人均记大过二次,留校察看处分,⑥逐渐平息了此事件。

三、法学院的对外交流——记1948年庞德演讲

民国著名法学教育家孙晓楼曾指出:"研究法律不可没有外国法来比较,主张在法律学校中间应当特设比较法学讲座,聘请国内外于外国法研究有特长者,来校讲演或授课,这样学生于法学上之得益必多,哈佛大学庞德也曾主张美国法律学校的课程不应当再拘守英美法律的门户主义而睥睨一切。"⑦浙大法学院素来注重和外国法学院尤其是美国法学院的学术交流。早在法学院成立之前的1936年,学校即邀请哈佛大学法学院公司法专

① 见台湾文化大学创校人陈列室陈展信函,转引自李杭春:《竺可桢国立浙江大学年谱(1936—1949)》,浙江大学出版社2017年版,第383页。
② 《竺可桢全集第11卷(1948—1949)》,上海科技教育出版社2006年版,第114-115页。
③ 李杭春:《竺可桢国立浙江大学年谱(1936—1949)》,浙江大学出版社2017年版,第383页。
④ 《竺可桢全集第11卷(1948—1949)》,上海科技教育出版社2006年版,第115页。
⑤ 李杭春:《竺可桢国立浙江大学年谱(1936—1949)》,浙江大学出版社2017年版,第383页。
⑥ 李杭春:《竺可桢国立浙江大学年谱(1936—1949)》,浙江大学出版社2017年版,第386页。
⑦ 孙晓楼:《法律教育》,中国政法大学出版社1997年版,第66页。

家道特(Edwin Merrick Dodd,1888—1951)及其夫人来校演讲。① 在浙大法学院办学时期,最为轰动的一次国际学术交流,当属美国法理学家庞德的访问。罗斯科·庞德(Roscoe Pound,1870—1964),20 世纪世界最有名望的法学家之一,为"社会学法学"运动的奠基人。他打破传统主流法学的桎梏,从社会学角度分析了"法"这种现象,从而提供了一种全新的方法论,给法学研究带来了不同的思维模式。

竺可桢在 1937 年的日记中就反映出其对庞德这位法学大师的浓厚兴趣。2 月 25 日(星期四)记载:"晨六点半起。上午接哈佛同学会书记函,知哈佛大学前法学院院长 Roscoe Pound 将于不日到沪,在中国停留可一星期。余即致电与上海东吴法学院吴经熊,嘱邀 Pound 至杭州。但至下午阅《字林西报》,始知 Pound 已抵沪,且明日即赴南京,留一日赴北平,则决无缘至杭州矣。"②1937 年庞德对中国进行私人访问,竺可桢想邀请庞德在浙大演讲,可惜未能如愿。

10 年后,竺可桢又在日记里提到了庞德,这一次竺可桢亲身见到了庞德并询问庞德中国法律改良的意见。1947 年 4 月 11 日(星期五,Cambridge)记载:"晨七点半起。十点至 Harvard Law School Langdell Hall 楼下 20 号晤杨兆龙(1904—1979),约见 Prof. Dean Roscoe Pound 教授。渠已应聘为中国法律顾问,去年夏在南京,今年九月复将去南京留一年。余询以中国法律改良之意见,渠不主张采用美国法,且以为 Jurymen System(陪审员制度)不适于中国。关于法学院,渠主张在大学内独立,因其功课与政治、经济全不同,主张先给学生以二年之大学训练后,再入 Law School。"③

日记提到了庞德与中国的渊源,那就是被聘为"中国法律顾问"。1946 年至 1948 年,庞德担任了中华民国政府的司法行政部顾问。

庞德在中国的两年中除担任司法部顾问之外,还兼任教育部顾问。在此期间,他考察了中国的法制之后,向中国政府口头和书面提出了许多建设性的意见。在中国的两年里,他曾赴各地演讲,由于庞德与杨兆龙有师生之谊,故由杨博士陪同并担任翻译。1948 年 6 月 9 日,《国立浙江大学日刊》预告"哈佛大学法学院院长 Roscoe Pound 为法学权威,三月间可来杭",并向全校介绍庞德学术资料:"国际法学权威庞德教授,去冬在南京政大演讲《中国法理问题》三次,内容精警,得未曾有。原告业经刊印,顷寄赠本校一册,现交本校图书馆陈列云。"④

1948 年 6 月 18 日,以庞德为主的司法考察团从上海抵达杭州。19 日,一行人士在杭州考察了当地的司法机关,并出席杭州律师公会举行的"律师及司法问题"座谈会。在杭期间,庞德应法学院院长李浩培邀请,为浙大师生作了学术演讲,由杨兆龙担任翻译。浙

---

① 《竺可桢日记 第一册(1936—1942)》,1936 年 12 月 17 日,人民出版社 1984 年版,第 72 页。

② 《竺可桢全集第 6 卷(1936—1938)》,上海科技教育出版社 2005 年版,第 256 页。

③ 《竺可桢全集第 10 卷(1946—1947)》,上海科技教育出版社 2006 年版,第 416 页。

④ 《国立浙江大学日刊》,1948 年 6 月 9 日。

大之行在当时中国法学界引起广泛影响,许多法学院想顺势邀请庞德前往讲学,但 1948 年的中国时局正急剧动荡,是年 11 月 21 日,美驻华大使司徒雷登通知庞德离华,因此,原定赴武大和北大作学术演讲的计划被取消。庞德在浙江大学法学院的演讲,因此成了他在中国大学的"最后一次演讲"。

1948 年 6 月 18 日《国立浙江大学日刊》载:"美国法学家庞德经司法部之聘请为本国之法学顾问,近来组织司法考察团来华考察,日前在南京中大、政大均曾专题讲演,本校竺校长曾数度请其来校演讲,现已蒙承诺启程来沪,不日即可到校。(1)Methods and Schools of Jurisprudence;(2)The Nature of Law;(3)Theories of Justice。此三题约三次讲演,每次约二小时,据法律系主任(李浩培)云,庞德为当今世界上极有地位之法学名流,关于法律哲学方法造诣,在美国为最高之地位,以前为哈佛大学之教授,并担任过许多重要职务,现已七十余岁,记忆力之强,几能达到过目不忘之程度。"①

1948 年 6 月 21 日又云:庞德氏业已到杭。上周星期六下午三时至五时,在法学院阅览室讲"Methods and Schools of Jurisprudence",由司法行政部司长杨兆龙博士翻译。星期日上午九时至十一时讲"The Nature of Law"一题和今日讲"Theories of Justice"一题。② 演讲完毕,庞德向法学院赠予"*Thought and Time*"等学术出版物。③

1948 年 6 月 26 日、28 日、29 日,《国立浙江大学日刊》分三次连载了庞德大师的部分精彩演讲,在这里辑录如下:

关于正义之学说——美国法学家庞德在校讲演纪要
原文:Theories of Justice

演讲者:罗斯科·庞德(Roscoe Pound)

翻译者:杨兆龙

法律一词,英文原语为 law,其意义解释不一。社会学家认法律系管理社会秩序之工具;法律科学家认为系维持社会秩序之一种专门方式,目的在调整人与人之间的关系,而须借重国家政治力量以达到此目的。此种解释,要旨不同,说明如下。(一)说明为 law 系调整人与人间关系,维持社会秩序的一种制度,以其一定之系统与方式,对于政治组织之强制,加以运用达其目的。德法学者通称为法律秩序。吾人则称之曰 law。(二)说明为 law 系一种规则或模范,目的为调整人类行为关系。(三)说明认为 law 是一种人类运用规则维持社会秩序的过程或程序,或属司法的,或属行政的。若依此解释,则 law 系裁判或行政底程序。

---

① 《国立浙江大学日刊》,1948 年 6 月 18 日。

② 《国立浙江大学日刊》,1948 年 6 月 21 日。

③ *Roscoe Pound*,网址 http://roscoepound-china.blogspot.it,访问时间:2018 年 1 月 26 日。

究竟 law 是什么？推求其目的，不外正义一词，所谓正义，意义包括个人之美德，人与人之间之理想关系与状态，以及法律制度改造人类生活秩序之关系三者，但个人美德，吾不拟于法理之范围内涉论之。正义之内容，最佳者为公平。然何谓公平？或曰公平系人类社会安全之原则；或曰公平系人与人之理想关系；或曰公平之最终目的为帮助文化之发展，促进人类对于自然界的控制与天性底自限。

法理学说中的正义思想，应溯源于希腊早期之思想家，彼等主张政治社会目的在于和平，后起之哲学家进而认为欲维持社会现状，人民必须安于法律所限制之身份与环境，彼等实维持现状主义者，与十九世纪之个人自由思想大相迥异。而罗马帝国早期之学者西塞禄(Cicero)，亦主张个人应配合现实环境之自然法则。及罗马学家以法学方法研究法律及其内潜力量，方认为法律应使人人之自由权利获得发挥，盖自由权利乃为理想人性应有之三种法律规范：即人民应尊严自重(life honor)；人民有取得物权之自由；不得侵犯他人应得之权利，应遵守社会之一般标准。待罗马帝国衰亡，日耳曼人侵占欧洲，公平自由之标准又不复存在，而回复维持现状之和平，十二世纪罗马法才又复观，重新改订优帝以前法典，且渗附神学上的基础以及得自圣经的自然原则。十三世纪哲学家亚当又从西塞禄之说，待十六世纪宗教革命发生，新教徒力崇国家权力，法律便失去世界性质。此种思想，至十六世纪西班牙神学家研究法理，方发觉罗马法之普遍性，权力不是以为法律之根据矣。

吾人研究历史，熟知中古欧洲系基督教权威所统治，当时小国纷据独立，局面分裂，但小国虽分裂，而法律上则仍力求其统一，从自然法中找觅理论根据，乃把每一独立专制之小国比拟为一自然人，自然人为有自由意志者，进而推求国与国间之自由与平等之拘束与限制。此种限制行动之方式在国家与国家间，形成了国际法；在国家与人民间则为公法，形成了政治科学；而在个人之间，则形成了法律科学。故自反宗教革命开始以迄十八世纪，哲学思潮实形成了国际政治学与法学，三者混为一体，直至十八世纪末叶方才分立。

有人主张，认为"法律之维持社会秩序，达到人人平等"，其中"平等"一语，此非指生活之需要，而系指人类活动机会之平等而言，此种思想于十八世纪达到最高峰。一六二五年荷人格鲁体斯(Grotius)曾继人本主义理论力主自然法，一为权利乃是人类精神道德之属性，系由于理性之引导而产生，理性则系人类之本质，此种表面之理论虽能与人格之利益相配合，但不能解释理性之内容及应用，法理之基础殆成疑问。

吾人假定人生而自由平等，但对于罗马法中所有权之取得规定，实不能解释此种自由与平等之权利。格氏认为罗马法之规定乃代表理性者，为出于自然法者，然依据自然法，则人类何以对抗权利？人类常有如此天性，即以已知之事物推知其未知之事物，或以不知之事实附会已知之事物中：故至十七世纪之文明中，乃以"契约"说为此种事实之根据，当时法律行为系人类自由意志发挥之结果，而法律使之产生效果，故根据法律可取得对抗他人之权利。受此影响,社会契约之说兴起,一般学者均认为公平为维持社会契约之条件,而法学家之任务,亦以找觅探究法律内在之精神道德,以及如何实现社会契约之条件为对象,于是发生了两个问题,第一,实行精神道德重要抑实行社会契约重要? 第二,究竟以社会契约保持人类精神道德之属性,抑以精神道德实行社会契约?

当十八世纪时,契约原为保证自然权利之工具。此即人类精神道德实行属性之表现,但对上述问题,英布莱斯东氏(William Blackstone)到一七六五年尚未明辩(辨)。十八世纪末,德康德以哲学观点加以研究,彼认为许多思想实为不能以理性证明者,否则,即造成以文学为基础之谬误。康氏引证,每人均有"自觉之自我"。而自觉之特点为自我自由,法学家之任务为调和各人之自我自由,至于如何调和一般自我自由之发挥,彼认为此即法律之目的,每一自我自由必须受法律之相当限制而与大众之自我自由调和兼顾,此乃系应普遍遵守之公平标准。康氏此种公平理论,十九世纪各派法学家内容均受其深刻之影响,例如——

(一)玄学派:始自康氏本人,后为黑格尔继起,认为人各有充分之自我自由,在法律之范围内,不容他人之干犯侵害,此与康氏之说相当。

(二)功利主义派:英法衡量立法之标准。英边沁氏曾云:"立法之标准为大多数之最大幸福。"而此最大幸福,边氏谓即系每个人最大幸福之结合,但快乐幸福由于自我自由而生,不过是充分自我自由底发挥而已。

(三)历史学派:此派谓法律之发展自历史过程观之,为自身分之观念,以至契约底发生,即人之权利与义务,受其生存之环境支配,发展到自我自由可以变更生存环境之过程。是派学说之结论曰"法律为自我意志之充分表现"。

(四)实证派:此派之主张,认为理想之法律如自然法则,自然有物质不灭定理,社会现象亦可从观察而得,英国之历史法学家斯宾塞氏(Spencer)主张自由与平等法则,在其所著《正义》一书中,措辞方式与康氏一致:每一个人之自由,应受他人同等自由之限制。

前述康德之法理主张,系正统学说,此外尚有急进主义之思想,急进之法理学说有两派:

(一)哲学上之无政府主义派:此派主张最好的法律制度应充分表现自我意志。为求充分之个人自由,不需要政府,而只需个人与个人间自由关系之调整,此种理论对于法理无何贡献,于十九世纪即灭。

(二)社会的个人主义派:亦认为人类社会之最美理想是人能充分发挥自我意志与自由,之其方式则主张一切应通过政府机构而得之,与前派相反。

综之,十九世纪之各派学说,均有侧重个人自由意志之趋向,但如何表现,则立说方法纷纭,实足以动摇吾人对于法律之信心。十九世纪攻击法律最猛者为心理学。但十八世纪之自然法学因批评哲学之驳斥而失败。康德以后,主张抽象个人主义之学者,心理学者之文理论亦告动摇。十九世纪后二十年中,法律向各方面发达,此种不同之发展与变化因立法与裁判而形成。不久之前,余曾作一大纲,记载其重要之变迁,有十八项之多,与过去之反动思想大有迥异。例如对于土地所有权之限制,及所有权处分权之限制,罗马法中所有权人之处分权,今日则已受法律之严格拘束矣!英国功利主义派边沁氏"权利完全"之主张已不复存在,今日之法律已向"社会化"之途径迈进。法律社会化之趋势早已发生,至于今后法律思想是否能与十九世纪之思想配合,余则以为二十世纪并未能确定将来之法律趋势也。

第一,以前之一般法理学说注重"抽象之人",今日则注重"具体之人"。余并不深究抽象之人要求为何,而仅从具体人之要求观之,若抽象人要求为契约之自由,然则今日之具体人实际上并未因环境而享有契约之自由也。

第二,就文化与国家之关系看,个人主义与超人主义之时代业已过去,在以个人价值来衡量一切事物之"个人价值",及以社会价值来衡量一切事物之"国家价值"之外,今日又有一种新思想曰"文化价值"者产生。所谓文化价值,即视人类征服自身之外之自然界达之程度,以及克制自身天性之程度以为断。但人类欲控制征服本身以外之自然界,先决条件为善于克制自身之本性,如人类互相攻击扰攘不止,则将无从研究科学,故科学之研究与社会控制之方法,必须同时进步;是以今日自由之发挥与社会之管理必须兼顾并重,此均为促进人类文化之重要因素,而法律科学之任务,即为使此二生均衡之效用。

法律之正义公平原则究竟为何?人类欲望无止境,人人欲争取地球,但地球只有一个,地球不能属个人所有,吾人只能于可能范围内力求满足每个人之欲望,康德所主张调和个人间自由意志之理论甚为适合今日之时代;但吾人更要求其他。威廉·詹姆士曾云:"正义系包含最伟大之哲学理论,正义之内容为公平;公平之目的在求维持社会和平;社会能保持和平之秩序,是为了发挥自由意志,自由意志是为了满足欲望,自由仅为欲望一种,故欲确知未来人类社会法律目标与正义公平之根据何在,吾人莫求告乎上帝!"①

除庞德以外,浙大法学院还邀请了其他法学家或经济学家来院演讲,例如 1948 年 12 月 7 日下午 3 时法学院约请霍华德·普雷斯顿[Dean Howard(Hall)Preston(1885—1952)讲演]"美国战后经济状况"及在中国之观感。② 法学院还请普雷斯顿教授讲"美国物价管制"。日刊 12 月 31 日载:"法学院请美国华盛顿大学(University of Washington)商学院院长(Preston),于当日下午二时,在法学会议室演讲'美国物价管制'。"③

---

① 《国立浙江大学日刊》,1948 年 6 月 26 日、28 日、29 日,由笔者整理点校。
② 《竺可桢全集第 11 卷(1948—1949)》,上海科技教育出版社 2006 年版,第 276 页。
③ 《国立浙江大学日刊》,1948 年 12 月 31 日。

四、法学院的解散

(一)最后的时光

1.话别会

1949 年国家鼎革之际,中国经济社会处于恶性通货膨胀的状态,物价飞涨,战火纷飞,整个浙江大学也是艰难度日,办学陷入极度的困境之中。

是年年初,教授会选派代表——李浩培、胡刚复两教授,赴京谒李宗仁代总统速拨补助费,本校教授会近以物价飞涨,薪俸过微,不足以维持最低限度之生活,因议决推请李浩培先生为代表赴京,晋谒李宗仁,请援上海各校例,速拨补助费,以资救济之用。后由胡刚复代替诸葛麒。① 然而国民政府亦是摇摇欲坠、自身难保,所以创效甚微。

1949 年 4 月 23 日,解放军占领南京。4 月 28 日下午,浙江大学举行应变执行会第四次主席团会议,推选法学院严仁赓担任主席。② 4 月 29 日教育部杭(立武)部长指示本校四年级学生可提前结束等因所有本届应届毕业生毕业考试,兹定于下星期内随班举行,考后仍继续上课。③ 战况虽然紧张,法律系同学仍以乐观精神保持娱乐活动,1949 年 2 月组成了一个舞蹈组,"拥有系友 90 余人,每次练舞经常参加者约有 50 人。舞蹈内容分边疆舞、交际舞、团体舞等。每次晚会,凡参加系友,各人胸前都佩有一张红纸条,书写着自己的名字以及年级,相处得久了,感情也就浓厚起来。晚会的布置极为简朴,四壁贴满了许多醒目的标语,风趣而有力"。④

法学院学生的学术团体——法律学会,于此时积极推动关于苏联及社会主义法律制度的学术报告,以便广大师生了解。5 月 10 日下午 6 时半,法律学会在阅览室敦请李浩培教授讲演《苏联法律之发展及其精神》⑤,介绍苏联法律的情况,该演讲稿连载于《国立浙江大学日刊》。

1949 年 5 月 16 日,杭州市军事管制委员会正式接管工作。⑥ 1949 年 5 月 18 日下午7 时,法律学会在阅览室敦请周子亚教授讲《生存竞争与阶级斗争》。⑦ 当日,法学院新到书刊十余种,计有《毛泽东选集》《列宁选集》《西洋哲学史简编》《社会发展史纲》《论民主革

① 《国立浙江大学日刊》,1949 年 2 月 28 日。
② 《国立浙江大学日刊》,1949 年 5 月 2 日。
③ 《国立浙江大学日刊》,1949 年 5 月 2 日。
④ 《国立浙江大学日刊》,1949 年 3 月 30 日。
⑤ 《国立浙江大学日刊》,1949 年 5 月 11 日。
⑥ 《国立浙江大学日刊》,1949 年 5 月 16 日。
⑦ 《国立浙江大学日刊》,1949 年 5 月 18 日。

命》《列宁主义的基础》《卡尔·马克思》《帝国主义》《论中国职工运动简史》《社会科学简明教程》《辩证法唯物论》等;又,学生公社图书室新到《列宁论马克思主义》《新华文摘》《解放区短篇小说选》《苏联企业中的劳动英雄主义》《毛泽东:农村调查》等新书。① 这些书籍无一不是宣传共产主义革命思想的"红色书籍"。法学院周子亚、施宏勋、陈柏心、高锡昌、蒋固节五位先生,于 6 月 2 日(星期四)晚上假阅览室召开本院同学座谈会,讨论学制及教学法之改革问题。又施宏勋先生两晚在法学院阅览室演讲,题目为《苏联新经济政策与中国新民主主义》,本院学生多往听讲,以了解苏联社会主义的建设情况,迎接新政权的建立。

应届(第一届)毕业生毕业期近,浙大各院系纷纷举行惜别会。法学院全体教授为欢送本届毕业同学,特于 1949 年 5 月 19 日晚上 7 时在法学院阅览室举行话别会,出席师生共 70 余人,可谓盛况空前。首由李浩培院长致开会辞,劝勉同学以平日在校之刻苦精神,服务社会,贡献人群(人民群众),担负起建设新中国之艰巨工作,(文辞)寓意深长,同学极为感动。继则赵之远主任起立致辞,除表惜别之情外,并阐明新时代之重大意义,劝勉同学为服从人民大众而多所献替,词极恳切。周子亚先生希望同学舍弃名利观念,抱(持)自我牺牲之精神,做一个忠实服务于劳苦大众之政治斗士。严仁赓先生除向同学致贺外,并强调大学毕业正是研究学问的开始,勉同学出校继续努力。高锡昌先生以严正之词驳斥过去封建遗毒"吃得苦中苦,方为人上人"观念的错误,勉励同学扫除小资产阶级之劣根性,统一思想与生活之矛盾,以实事求是之精神,投入人民队伍,献身革命事业。邵勋、孙恒、(陈)柏心、蒋固节、施建生、施宏勋、张庄伯、徐家齐等教授亦致辞。最后,由同学代表致答词,对师长数年来栽培之恩表示感谢,并愿与母校和师长密切联络,并表明为革命的伟业而努力奋斗,以答师长之殷望。②

2."改制研究大纲"与"改革委员会"

浙江大学改制研究会于 1949 年 5 月 25 日发布《改制研究大纲》,第四款即"院系与研究所之调整"。据孙耀鑫院友回忆:"1949 年 5 月 25 日,杭州解放后,法律系应届毕业生 60 多人投身革命,到浙江省干部学校第一部第一期(杭州北山街 56 号)报到,师生们依依惜别。想不到有一天李院长和系主任赵之远教授竟冒着炎炎烈日来探望我们,鼓励我们好好学习、提高觉悟,无条件为人民服务,坚定了我们不怕艰苦、全心全意为人民服务的决心。"③

1949 年 6 月 5 日上午 9 时,法学院改革委员会成立,其中委员人选,院长、系主任为当然委员,另选教授代表 5 人,学生代表 6 人,讲助代表及工友代表各 1 人,共 15 人组织之。并拟定于 6 月 8 日(星期三)举行会议。④ 6 月 5 日上午 8 时半,法学院院务革新委员会第

---

① 《国立浙江大学日刊》,1949 年 5 月 18 日。
② 《国立浙江大学日刊》,1949 年 5 月 23 日。
③ 孙耀鑫:《李浩培院长二三事》,载《中国审判》2007 年 2 期,第 26 页。
④ 《国立浙江大学日刊》,1949 年 6 月 6 日。

一次会议在法学院会议室举行。出席人有周英焕、汪家华、马松年、楼煜鑫、陈全华、高铭暄、丁仁方、严仁赓、高锡昌、周子亚、施建生、赵之远、施宏勋、李浩培、李潞等 15 人。会议公推严仁赓为本会主席,高铭暄为本会秘书。严仁赓退席后,施建生担任代理主席。此后法学院教职员人事进退应否改由本会决定,其细则由本会授权李浩培院长、赵之远主任草拟后,再提付讨论。经济系推请严仁赓先生负责建立,自下学年度起开办一、二两年级,一年级招收新生,二年级除容纳各院转来同学外,并酌收插班生。通过法学院改制座谈会之修正课程。定期举行全院师生员工检讨会案。①

1949 年 6 月 6 日,解放军华东军区杭州市军事管制委员会文教部代部长林乎加发布"文字第三号通告",将有关问题通告各学校遵照执行,第二条为"除反动的党义、公民、军训、童子军及操行评定等应予废除外,其余课程,仍照常考试。"②

法学院与师范学院参加接管联合座谈会,于 6 月 6 日晚间举行。法学院为求切合时代需要,并谋彻底改革,经 6 月 4 日下午之师生改制座谈会通过成立法学院院务革新委员会,为该院革新期内之最高权力机构。下学期法学院之课程,计有辩证唯物论、社会发展史、历史唯物论、社会主义思想史、组织与管理、中国社会发展史、社会法理学、刑事政策学、社会主义名著选读等多种,至于罗马法、英美法、民事诉讼实务、刑事诉讼实务、伦理学、三民主义等,则概予以取消。③

1949 年 6 月 10 日军管会公布文、法、师三院的接管分组长为许良英,由李文铸暂代,干事为陈乐素、陈建耕和张绾文。④

1949 年 6 月 15 日军管会文教部拟定的"废除科目"如下(共 11 科):

1	三民主义	7	诉讼民法
2	伦理学	8	诉讼刑法
3	国父实业计划	9	民事诉讼实务
4	新唯识论	10	刑事诉讼实务
5	民法(总则及各论)	11	诉讼实习
6	刑法(总则及各论)		

其中,法学类科目有 7 门,占总数的 63%。

"停考科目"如下(共 12 科):

---

① 《国立浙江大学日刊》,1949 年 6 月 8 日。
② 《国立浙江大学日刊》,1949 年 6 月 6 日。
③ 《国立浙江大学日刊》,1949 年 6 月 8 日。
④ 《国立浙江大学日刊》,1949 年 6 月 10 日。

1	理则	7	行政法
2	哲学概论	8	商法
3	社会学	9	经济政策
4	土地法	10	伦理学原理
5	罗马法	11	政治学
6	英美法	12	政治地理

其中,法学类科目有 5 门,占总数的 41%。

此外,又奉刘(亦夫)军事代表批"国民党伪宪法部分应即废除",所以科目"宪法"列入"局部废除科目"。

公告还称,以上作初步决定,俟全国统一法令颁布,再行依照统一法令办理。①

1949 年 6 月 15 日的这一决定,使得法学院连同经济学在内的全部科目废除或停考殆尽。课程科目既已悉数废除,那么法学院也就名存实亡了。同日,《国立浙江大学日刊》初步接管工作也业已完成。②

1949 年 6 月 20 日,法学院院务会议议决,关于法律系及司法组应届毕业生究应读满若干学分方得毕业一节事关全校教务请讨论案,会议决议照法学院议决案通过如下:

(1)凡必修课已全部读毕之学生如已修满 162 学分,准予毕业。

(2)凡已修满 166 学分之学生,其未修习之必修课程如不超过 4 学分,准予毕业。③

是为最终的毕业办法。

(二)最终的命运

1949 年 5 月杭州解放,浙大法学院得到的却是一块"停止"牌。6 月 6 日杭州市军事管制委员会对浙江大学实行军事接管。7 月 27 日,军管会发布命令,公布了学校新的校、院、处领导人员名单,任命李浩培续任为法学院院长。同年 8 月,根据军管会的意见,浙江大学第一届校务委员会通过了停办法学院的决定,在校学生根据各自志愿转系或者转学。李浩培院长对于法学院的前途甚是忧心,竺可桢也无能为力。《竺可桢日记》6 月 27 日(星期一)记:"上午赵之远来。知于昨乘火车来,与姚维明同车,但渠不识姚耳。渠带来李浩培函,知浙大法学院有合并于上海各校法学院之说,故李浩培等焦急,欲余进言于韦捧丹(即韦悫,1896—1976,时任教育部副部长)。余谓余既辞校长后,自不便专门进言。"④

---

① 《国立浙江大学日刊》,1949 年 6 月 15 日。
② 《国立浙江大学日刊》,1949 年 6 月 15 日。
③ 《国立浙江大学日刊》,1949 年 6 月 20 日。
④ 《竺可桢全集第 11 卷(1948—1949)》,上海科技教育出版社 2006 年版,第 468 页。

李浩培并称大多数教员甚盼回校。①

根据 1949 年 8 月 26 日的《国立浙江大学日刊》所载 1949 年 8 月 15 日、16 日、17 日三日国立浙江大学三十八年度招生报名人数统计表,法学院下有政治系和经济系,却唯独没有法律系。1949 年 8 月 29 日,省人民政府委马寅初任浙江大学校长兼主任委员。②

1949 年 9 月 8 日本年度录取新生杭州、南京二区放榜,此时公布的学院已没有法学院。③ 1949 年 10 月 6 日发布的《国立浙江大学三十八学年度各区录取一年级新生人数统计表》(杭州、南京、上海三区录取的考生),院别有文学院、理学院、工学院、农学院、医学院等,亦独缺法学院。④ 大约在 1949 年 9 月、10 月间,浙江大学法学院正式停办,举办整整 4 年的法学院就这样无声无息地从浙江大学彻底消失了。

实际上,浙大的院系调整,早在军管初期就已经开始,1949 年 6 月到 1952 年 10 月期间,浙大院系调整情况如下:1949 年 8 月第一届校务委员会决定:(1)停办法学院;(2)法学院的法律系和文学院史地学系的历史组停办,学生转院、系或转学。⑤

除了全学院有 10 余名学生参加接管和院内地下党员都去工作外,毕业班学生进浙江干部学校培训后,参加革命工作。1945 年入学者,予以毕业。3 年以下,自愿可以参加浙江干部学校培训后工作,参加浙江干部学校的有近百人。其余可以到北京,转学到北京大学法律系完成学业,转学北京大学的大约有二三十人,都是二、三年级。一年级的大多在本校转到其他专业去学习。

教师去向也较为明确,有的自找门路,有的则转至其他院校,如李浩培调北京工作,高锡昌调北大工作,黄炳坤调武大工作,周子亚调上海社科院工作,等等。

《竺可桢日记》1949 年 10 月 8 日(星期六)载:"据寅初云,李浩培等浙大法学院教授将全体来北京训练一年,已得沈衡山(即沈钧儒,1875—1963,时任最高人民法院院长)等之应允云。"⑥11 月 11 日(星期五)则记载:"马寅初于三日回校,提及余曾二次邀渠至浙大,但均为李浩培所阻。此事虽是事实,但李均以限于名额为词。寅初谓渠并不怪李浩培,将来李在北京训练一年以后,仍希望其回校担任法学院院长云云。寅初可谓为宽宏大量,余恐无此雅量也!"⑦事实上,法学院既已被撤销,李浩培回任院长也就成了空谈,自此李浩培留在了北京工作。

《竺可桢日记》1950 年 1 月 8 日(星期日)记载:"徐家齐来,知浙大法学院全体教授如高锡昌、李浩培等均来京法制委员会所办之法律研究所,地点在西城朝阳大学。李浩培已

① 李杭春:《竺可桢国立浙江大学年谱(1936—1949)》,浙江大学出版社 2017 年版,第 412 页。
② 《国立浙江大学日刊》,1949 年 8 月 29 日。
③ 《国立浙江大学日刊》,1949 年 9 月 8 日。
④ 《国立浙江大学日刊》,1949 年 10 月 6 日。
⑤ 浙江大学校史编写组:《浙江大学简史(第一、二卷)》,浙江大学出版社 1996 年版,第 321-322 页。
⑥ 《竺可桢全集第 11 卷(1948—1949)》,上海科技教育出版社 2006 年版,第 542 页。
⑦ 《竺可桢全集第 11 卷(1948—1949)》,上海科技教育出版社 2006 年版,第 566 页。

被调用在法制委员会办事。"①

新中国成立的前夕,浙大法学院停办了,仅持续了 4 年多的时间,只有一届毕业生。这是由当时全国的政治形势决定的,即使当时不停办,办学时长也不会超过 20 世纪 50 年代。1980 年,杭州大学(1998 年合并到浙江大学)法律系成立,后升格为法学院,浙大法脉得以再续。1998 年,四校合并后以杭州大学法学院为基本力量组建成立新浙江大学法学院,彼时距离浙大法学院的撤销已经半个世纪,浙江大学终于再次拥有了属于自己的法学院。

五、余话

浙大法学院在民国时期的办学史,虽然只有短短的 4 年,即从 1945 年夏到 1949 年夏,但从现存吉光片羽的历史资料中可以获知,这段办学史,无论从其办学理念、办学制度还是办学效果上看,都不失为中国法学教育史上一次有益的尝试。同时,这段曲折艰难的办学历程以及这一笃实创新的办学传统,也是留给新一代浙大法学人的宝贵财富。

民国时期浙大法学院的办院史料颇难搜集。其办学仅有四年的短暂时间,资料本身珍罕,在浩如烟海的全校校史资料中较难获致;又适逢"文革"动乱等原因而丧失了部分史料,诚可谓遗珠之憾。对这点试举一例,从其他研究者对本文提到的部分人物的文字介绍可以得知,他们在介绍该人物时几乎都忽略了主人公曾在浙大法学院任教的经历,这样就很不完整。笔者认为这与浙大法学院研究资料的紧缺有关——大家对民国时期浙大法学院了解太少了。本文的写作办法,主要立足于现有史料,尽可能多地利用原始档案、当事人回忆等,以构建起本文的篇章框架,同时注意去伪存真,补订漏误。不过,若有机会的话,部分历史细节还有待增补的空间,所以笔者姑且称兹文为"片记"。

在本文末了,笔者要鸣谢浙江大学档案馆为写作本文提供了部分宝贵的(一手)史料。笔者希望借此文以利读者了解浙大法学院光荣的传统,也期待能有机会发掘更多的有关浙大法学院的史料,以便后续完善和充实此文。

---

① 《竺可桢全集第 12 卷(1950—1952)》,上海科技教育出版社 2007 年版,第 8 页。

互联网法学

平台市场势力

［美］肯尼思·班伯格　奥利·洛贝尔　著*　朱悦　译

摘　要：平台经济崛起，褒者有之，贬者有之。人们给予优步（Uber）、爱彼迎（Airbnb）和 Postmates 这样的平台应有的赞扬：良性颠覆那些老化、停滞的产业，引入高度需求导向的竞争。然而，随着一部分新生大平台的急速崛起，人们也开始担忧：这些企业日渐增长的市场主导地位和技术能力，是否会带来新形式的反竞争行为，损害消费者和员工的福利？

本文建立了一个思考平台市场势力的框架。这里的平台，指用互联网技术链接多边市场中各边用户的企业。具体来说，透过优步这个例子，我们确定了评估平台市场势力时的八个关键问题，以应对平台语境下一系列争论的表现形式。这些争点既囊括传统的竞争议题，如创新、监管套利、进入壁垒、平台利用网络撮合交易、动态定价、使用定价脚本等，也关注由数据收集和使用衍生而来的新问题，如利用数据向其他市场扩张，以及市场势力对消费者隐私决策的影响等。

平台市场势力（更一般的说法，是平台竞争）是否让问题变得更复杂，导致需要调整既有的分析？如果答案肯定，问题又如何变得更加复杂、分析如何调整？技术语境下，平台的发展如何从正反两方面影响消费者和员工的福利？本文为政策制定者提供了分析这些问题的框架。

一、引言

过去 10 年间，数以百计的互联网企业已经改变了我们消费和分享商品、服务及信息

---

* 肯尼思·班伯格（Kenneth A. Bamberger）现任美国加州大学伯克利分校法学教授。他还担任伯克利法与科技研究中心主任，以及伯克利犹太法与以色列研究中心主任。同时，他也是伯克利法和商业研究中心的核心成员。奥利·洛贝尔（Orly Lobel）现任加州大学圣迭戈分校就业法与劳动法讲席教授。本文刊登于 Berkeley Technology Law Journal，Vol. 32，No. 3，1051-1092，2017。

的方式。平台经济的崛起,誉者有之,毁者有之。无论正反,评论家的相当部分观点都围绕这样一个问题:类似优步、爱彼迎、Postmates 这样的新商业模式,是增进还是抑制了市场竞争? 人们以许多方式表达过对优步、爱彼迎和同城快递这类平台企业的赞扬:良性颠覆那些老化、停滞的产业,引入高度需求导向的竞争。然而,随着一部分新生大平台的急速崛起,人们也开始担忧:这些企业日渐增长的市场主导地位和技术能力,是否会带来新形式的反竞争行为,损害消费者和员工的福利?

在这类企业中声名卓著的网络交通平台优步,正面临着几桩反垄断诉讼。诉讼事由是参与反竞争行为,具体包括固定价格、平台上服务提供者的勾结等。此外,也有观点声称优步采取掠夺性的定价方案,意图以低于市场价的价格,将竞争者逐离市场。最后,或许也是最让人担忧的一点,优步、爱彼迎及其他平台企业,将以不公平地限制消费者对个人隐私的决策范围的方式,利用技术力量,攫取用户数据和信息。同时,优步自己也发起反垄断诉讼,指控部分地区的出租车行业借当地监管者来抑制竞争。

本文以优步为例,建立了一个思考平台市场势力的框架。这里的平台,指用互联网技术链接多边市场中各边用户的企业。通过研究个例,我们得以通过具体的视角思考平台为市场和创新、消费者和员工带来的正面与负面效应。

研究优步还揭示了一个重要的事实:同为平台企业,其依市场内部拥有的势力大小以及行为对竞争的影响不同而可能有非常大的差异。像优步和爱彼迎这样的新平台,和亚马逊、易趣、谷歌这样的老平台,在借助数据分析,借助互联网科技带来的力量和网络容量创造能快速做大、占据多边市场主导地位这一点上,(相对来说)有诸多相似之处。

但是,与老平台不同,新平台正重塑服务业。如果说互联网 1.0 聚焦于信息获取和搜索,互联网 2.0 聚焦于零售业,形成了诸如亚马逊、易趣和 Craiglist 这样的在线市场,最新一代的"互联网 3.0"平台,焦点则是服务业,着重于联结线上用户,提供线下服务。不同于谷歌、雅虎等无形的搜索引擎,不同于脸书(Facebook)和领英等在线社交平台,也不同于亚马逊和易趣等上一代零售业"巨人",专注服务业的共享经济平台,在当地市场更有实体的基础。共享经济的实体本质,对当地从业者及现有的商业组织、雇佣、定价模式产生了颠覆式的影响。因此,优步不仅是我们研究一般的平台市场势力的透镜,还启发我们:这一区别可能会对分析互联网 3.0 时代中,平台的竞争或反竞争行为有独特的影响。

二、一个评估平台市场势力的框架

本文意在做初步的探究。在建立一个由问题组成的框架,以思考平台市场势力运作的诸多方式之外,我们无意解决具体环境中的问题:这些市场势力的运作是否会促进或抑制竞争,是否会带来社会福利的净损失或净收益,等等。我们也不为任何法律或法条问题下结论。相反,透过优步这个例子,我们确定了对评估平台市场势力重要的八个问题。前两个问题大致是关于市场势力,以及由平台市场导致的消费者损害:第一问,我们所研究的平台,其成功是源于创新,还是源于我们不想看到的监管套利?第二问,平台市场的进入壁垒,是否会抑制竞争?

进一步,第三、四、五问关注市场势力对价格的影响。具体来说,三个问题分别是:平台利用网络来撮合交易是否构成固定价格?平台动态定价的行为,是否可能因为使用定价脚本,构成违法的默示勾结或不公平的第一类价格歧视,而具备反竞争的性质?平台的商业模式,是否涉及掠夺性定价?

最后,第六、七、八问关注平台企业的数字特性。具体包括:平台对数据的收集和利用,是否可能带来反竞争问题?平台市场数据方面的特性以及其他特点,何时会便利平台向其他市场扩张市场势力?什么情况下,平台的市场势力,会导致企业不恰当地限制消费者关于隐私的决策?

平台市场势力(更一般的说法,是平台竞争)是否会让问题变得更复杂,导致需要调整既有的分析?如果答案肯定,问题如何变得更复杂、分析如何调整?技术语境下,平台的发展如何从正反两方面影响消费者和员工的福利?三类问题合在一起,为政策制定者提供了分析这些问题的框架。

问题一:我们所研究的平台,其成功是源于创新,还是源于我们不想看到的监管套利?

第一个问题——当前正在法庭上和政界中引发激辩——关注点在于在传统的行业监管外运营的平台,是促进了竞争、带来了显著的经济创新,还是仅仅因成功逃避对手需要承担的消费者和劳动保护而具备了市场优势。在线平台引入了新的商业模式和技术,这些模式和技术从多个角度改变了企业提供服务、个体消费及交互的方式。通过这种方式,平台掀起了产品和服务革新的飓风,足以变革市场消费、职业参与和社交的方方面面。技术优势以及新的商业模式和生活方式的改变,与挑战现存的停滞产业的方式相结合,逼迫这些产业也做出改变。设计,让运营在线平台的成本低廉:一个应用就可以起到市场的作用。不过,非常重要的一点是,运营成本本就内生于监管中。有一点可以肯定:平台企业带来的、让人眼热的盈余的一部分(当然未必是全部,甚至未必是大多数)与监管套利有关,如选择节约监管成本的商业模式、利用交易实质与法律上对这笔交易的处理的偏离,等等。

讨论市场势力与监管的问题,优步——互联网服务平台新浪潮的标志——是合适的起点。和谷歌一样,优步成了个动词。连婚礼请柬也会写:停车场空间有限,请"优步到现场"。继出租车的连年主导后,优步成了许多人更偏爱的打车出行方式。2008年,优步这一设想首先实践于纽约。两年后的2010年,优步在纽约测试,在旧金山上线。一年之内,优步席卷全美各大城市,开启了国际业务。至2015年,优步从出租车和租车公司那里争取了很大一份市场：优步占了全美付费乘车业务的 41％，出租车和租车公司的份额分别下降到 20％和 39％。至 2017 年，优步已经扩张到 84 个国家的 737 座城市。2017 年下半年，在美国，还能和优步分庭抗礼的只剩下来福车。来福车在 2016—2017 年间快速扩张。企业声称：2016 年 3 月间，企业提供了 1100 万次打车服务。相比之下，同一个月，优步提供了约 5000 万次服务。

出租车市场的主导地位高度依赖监管。监管出租车的，不仅有成本高昂、数量有限的牌照要求，还有对经营费率的限制。长期以来，出租车企业乐见市场壁垒的存在。捅破这层壁垒，是优步成功的原因之一。从这个角度看，优步平台的优势在于：在新的市场运营，又直接和旧的市场竞争。优步的资深战略副总裁如此形容这一点，"（我们）是技术企业，不受世界各地对交通企业的监管"。这一事实，不可避免地导致旧势力与新平台的冲突。

其他评论家似乎认同这一观点：优步这类服务，动摇了长久存续的"卡特尔"。一篇最近刊登于《福布斯》的文章即是一例：

现在的美国，对叫车服务的重度监管存在了太长时间，已经到了压制竞争的程度。出租车企业向当地政府行贿，导致了竞争的缺乏，引发出租车服务的大幅退步。共享出行的增长引发了竞争，驱使出租车改善服务。

《华盛顿时报》应和道：

今天，在许多城市，优步和其他共享出行企业挑战着在位官员和出租车卡特尔间的"互肥同盟"。结果是，死守利益者将司法的保守视作对阻碍竞争的许可，引起了一场围绕寻租的骚乱。

将优步的成功视为克服反竞争管制的成果，意味着优步给出了一种能创造显著的社会收益的模式。长期以来，各个行业的进入者都面临着许可证、执照和价格管制这些壁垒。和仅仅几十年前相比，需要执照的行业数量，增加到了一个令人吃惊的程度：增加了几乎 1/3。2015 年 7 月，白宫发布一个报告，其中提醒到：尽管有的执照要求是出于保证安全或职业化的目的，"美国现有的执照体系导致了巨大的成本。获取执照的要求，与执业所需的技能常常并不统一"。在一份《法庭之友》报告中，一群反垄断学者进一步将当代的执照系统描述为"常常被现有的市场参与者以不合理的方式滥用，以驱逐竞争对手、抬升价格。这一令人烦扰的趋势每年耗费消费者数以十亿美元计的金钱，并阻碍就业岗位的增长……"

另一方面，优步的批评者指控：通过瓦解重要的监管准则，优步的经营模式以消费者和司机为代价获利，因此"危害了当地的民主"。从消费者的角度看，这些监管要求事关车辆安全、司机资质和保险标准；监管也保障了司机的工作条件和报酬水准。从这一点出发，出租车行业声称：通过逃避出租车长期以来需要遵守的监管要求，优步获得了不公平的优势。各方也针对优步发起多项集体诉讼，称企业损害了其他重要的法定权利。比方说，司机诉优步，称平台错误地将他们归为独立的承包人，但他们实际上是优步的雇员。

在另一起诉讼中,费城出租车协会诉称依赖独立的司机和营运工具,优步绕过了当地政府要求协会遵守的严格规制。原告称:优步破坏了市场的公平,导致出租车行业自 2014 年后损失了大量的生意,因此违背了《谢尔曼法》的第二条。由于原告无法证明反垄断法意义上的损害——其前提是对竞争的损害,联邦地区法院驳回了原告的起诉。尽管出租车公司——优步的竞争者——"毫无疑问因优步在费城的营运遭受了损失",法庭的结论是"竞争并没有(遭受损害)"。

针对优步的竞争争议不止于美国。2016 年 5 月,南非出租车协会和八家地方出租车公司起诉了优步。和美国的情况很相似,这些指控声称优步以收费低、不合规的司机挤占市场,这一行为违反了南非竞争委员会的规定。

作为应对,针对共享经济正在取代的市场或新数字经济本身,部分城市通过了新的监管条例。比方说,在欧洲各国,优步要么被禁,要么处于严格的限制之下。芝加哥、奥斯汀和其他几个城市都对优步平台本身施加了限制。出于规制优步、增强安全性、让优步和出租车企业在同一标准下竞争等目的,芝加哥要求优步司机记录指纹、接受背景调查。类似地,2015 年 2 月,奥兰多通过规定:共享出行企业的收费应该和出租车一致,即每英里(1 英里约为 1.6 千米)2.4 美元。反过来,有的城市选择对出租车公司放宽监管的方法来促进竞争。

优步和其他共享出行企业采取多种办法反击愈发收紧的监管。在监管显得过于严厉的城市,优步和来福车都直接选择退出市场,而非反击或遵守规定。在背景核查的新要求实施后,优步和来福车分别退出了奥斯汀和休斯敦。优步也利用反垄断诉讼来对抗地方政府的监管,声称当地的规定削弱了公平竞争。在圣路易斯,优步斗争之后,圣路易斯市出租车管理局终于投票同意优步营运,但前提是司机录入指纹、接受背景调查,以及遵守其他潜在的监管。出于对这些监管的不满,优步旋即对圣路易斯出租车管理局及当地数家出租车企业发起诉讼,声称被告妨害了共享出行行业的竞争。尽管审理此案的联邦法官很快驳回了起诉,但案件还是上诉到了州法院。在西雅图,一项为出租车和优步司机的集体谈判及服务收费设立框架的城市规定,同样因反垄断原因引起了讼争。

理解互联网平台的净效应,两个方面都要仔细考虑到:平台颠覆行业本身的进入壁垒,以及伴随而来的对各级政府的监管保护的威胁——尤其是由于互联网 3.0 平台与当地市场交互带来的威胁。这意味着单单依靠反垄断法,以及反垄断法传统的分析理路,在全面分析当前的监管平衡问题时显得无能为力。价格设定以及其他旨在保护消费者和劳动者的强制命令,"常常引向关于服务水平和为了提供这些服务,资本所需的回报率的政治决策"。这一现实揭示了一个由平台市场势力衍生的、在接下来要提出的每一个问题中都需要思虑的挑战:问题的答案,很可能需要全面的监管分析,更好地整合传统的反垄断法进路与其他的监管领域,这很重要。

问题二：平台市场上的进入壁垒妨害了竞争吗？

定义市场势力的基础工作，以及更加基本的一点——确定一个平台的相关市场，为监管者带来了新的挑战。制定《谢尔曼法》最初的意图是防止钢铁和大型制造业垄断。这部意图评估汽车制造业竞争的法律，也许不适用于阻止共享汽车形成的垄断。尽管《谢尔曼法》规定"垄断，或试图垄断……商业和贸易的任何部分"违法，但这部法律没有定义垄断势力。在确定竞争者是否在相关市场中拥有垄断势力时，法院的出发点通常是考虑企业的市场份额。法院没有为推定垄断势力的市场份额确定一个准确的数字，但他们会参考主导市场份额这一概念。一般来说，对构成垄断势力所需的市场份额的讨论，始于汉德法官在合众国诉美国铝业一案中的论断：90％的市场份额"已经足以构成垄断；60％或64％是否足以构成垄断，值得怀疑；30％，则肯定不是"。最高法院随即对汉德法官在本案中的方法表达了支持。

如果主导市场份额这一点本身已经足够，那么，考虑到优步的增长预测，大部分法院很可能认定：优步即将形成垄断，或是已经构成垄断。优步迅速扩张的能力甚为惊人。一张优步在商界扩张的图表反映短短30个月内企业在国内市场日益增长的受欢迎程度。图1仅仅描绘了企业服务使用量的增长——来自公众出行市场的数据给人留下的印象更加深刻：优步最近向一部分股东发布报告，提及企业已经占有了全美83％～87％的市场份额。

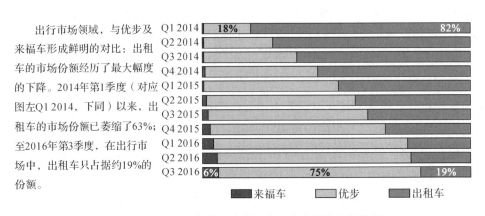

图1　2014—2016 年优步在出行市场中占据的市场份额

在这份报告中，优步的表现和许多成功的在线平台类似。引述实体书和电子书市场的亚马逊、电商领域的阿里巴巴、社交网络领域的脸书，以及在线搜索领域的谷歌的份额之后，一位评论家指出：在互联网平台语境下，平台"完全有可能以或多或少超出常规的方式，获取世界市场中一个令人瞩目的，甚至是主导性的份额……互联网中必然蕴含着有利于这些不断涌现的准垄断者的因素"。其他人认为：互联网本就是个"赢家通吃"的场景。由于网络效应，"随着网络扩张，企业的利润增加"，在这里，"随着市场成熟，仅有一到两个厂商将主导整个产业"。

不过,联邦巡回法院最近表达了以下观点:在反垄断分析中,仅有主导市场份额不足以证明垄断势力。相反,"除非市场受到严密的进入壁垒保护,企业不可能在这个市场中拥有垄断势力"。据此,法院可以采取潜在进入的视角,原因在于:即使当前不存在竞争对手,尝试将价格提高到竞争水平以上的行为也会引起竞争者的涌入,导致提价无利可图。因此,平台市场势力是否妨害了竞争,这一问题的答案要求我们考察这类市场的特征在何种程度上导致了进入壁垒。

1.先发优势和转换成本

传统的针对可能妨碍新竞争者进入的壁垒的研究,集中关注市场后来者面临的相对劣势,以及市场的何种特征导致后来者再无可能进入。企业进入一个领域,可能通过技术领先、资源控制、转换成本带来的"锁定"等渠道,为其带来显著的竞争优势。消费者面临的这些锁定效应,妨碍了意图吸引现存消费者的竞争者的进入——尤其是显现出网络效应的市场。网络效应这一点,我们放到这一部分的后面来讨论。

在特定的方面,互联网3.0中的竞争者面临的进入壁垒很低。技术方面,基本的平台应用易于模仿,较低的启动成本和很少的间接成本这两点,都有助于鼓励互联网企业的竞争。此外,不同于亚马逊这个例子——在大型仓储上倾注了大量投资,可能导致新竞争者很难进入在线零售市场、达到类似的规模——新平台的特征并不包括同样的物理层面的投资。实际上,与优步等平台竞争的期望,驱动着新应用如雨后春笋般涌现,这意味着技术优势和资源控制未必会显著地阻碍市场进入。

转换成本的问题则更加复杂。由于学习和掌握新系统需要时间,直接的转换成本可能把消费者锁定在最初选择的品牌上;不情愿离开信任的网络,会提高对品牌的忠诚度;这一点还包含"买者"在不确定性下的决策——持续选择已经了解、运作令人满意的品牌。尽管在1998年微软案的技术语境下,锁定效应的这些方面都十分显著,但法院尚未对在线平台情境中存在类似现象的案例作出裁决。比方说,2013年时,在谷歌更改经营行为、以打消监管部门对竞争的顾虑后,联邦通信委员会决定不起诉谷歌。主要的顾虑在于:尽管有报告称谷歌搜索偏向自营的信息和搜索结果,但由于搜索引擎大多相近,用户不具备锁定效应,转用其他引擎的成本较低。

然而,平台商业模式的其他几个特征,意味着前述评估的效力可能随时间而变,监管者需要基于特定情境下的分析。可能导致现有平台"锁定"用户的因素,包括市场在何种程度上排除了"多栖"——个体使用多个平台、获取相近服务的能力(例如,以同等频率使用优步和来福车),将一个平台上积累的内容转移到互相竞争的平台上的技术和协议障碍,对用户过往行为等平台可以用于优化服务的内容的数据积累,以及通常会包括在互联网3.0平台的设计和价值中、创造"陌生人信任"的打分和评价系统。评价系统的存在,意味着由于友好关系的建立,消费者将更倾向于之前使用过的服务。他们甚至可能因为过去的交易,享受到更好的服务。

2. 网络效应

在网络效应很强的场景中,转换成本造成的进入壁垒特别坚实。梅特卡夫法则指出:网络的价值,与系统连接用户数量的平方成正比。过去,这方面的讨论集中在"直接"网络效应上,也就是说,用户数量的提升会直接提高网络的价值。经典的例子是传真机:单有一台传真机,发挥不了任何用处;但是,随着网络中传真机总数的上升,由于能够彼此收发文件的人数上涨,每一台传真机的价值都随之增加。网络效应之所以引发反垄断问题,是因为拥有很大网络的实体可能借此扩张主导地位,进而削弱竞争。

与之相反,"间接"网络效应一般对应以下的场景:产品的使用"激发了有价值的互补品的生产",而这又增加了原产品的价值。在双边市场这一语境中,间接网络效应表现为"交叉"效应,即"(平台)给一组用户(如消费者)中的每一个体带来的价值,随着另一组用户数量的增加而增加(如厂商)"。除非能够在网络两边都聚集一定数量的用户,否则,新的进入者无法成长为一个兴盛的平台——即使新平台售卖类似的商品,甚至采用更好的技术。

网络效应和潜在的锁定成本结合,这样的方式将导致有害的消费者锁定:由于消费者必须集体协调一致,才能从克服转换成本、转向竞争者的网络中获利,网络效应和转换成本会彼此加强。这会导致严重的集体惰性,赋予主导企业提价的空间,并导致消费者的无谓损失。这还有可能阻碍创新,限制消费者的选择。

优步和爱彼迎这样的平台,属于互联网企业运营的双边市场:生产者和消费者在中介平台上互动。因此,双方都依赖于网络效应——两个不同的群体,终将为彼此带来好处。对点对点平台而言,规模很重要:对大部分人来说,两边市场上的用户越多,平台的服务对社区就越有价值。利用个人生产者,这些平台直接向市场供给服务,因此,随着运营扩张、成本下降,平台很容易在大范围内提供服务。只要是有需求的地方,优步就有动力提供服务,原因是随着乘客数量增加,平台可以摊薄开发和维护软件所需的固定成本。此外,地理上集中在当地的网络,间接网络效应尤其强大,因此,无论其他地方的市场份额多少,优步可以在任一进入运营的城市取得市场主导地位。

在这样的双边市场中,网络效应的突出特征是能够创设极高的进入壁垒——潜在的竞争对手想要成功,必须把两边市场做大。经济学家戴维·埃文斯(David Evans)如此描述这类间接网络效应:

初始阶段,多边平台市场希望取得的成就,正是制造"鸡蛋问题"的原因。考虑一家正在同时努力招徕 A、B 两类用户的平台。除非平台已经吸引到了 B 型用户,否则 A 型用户可能不愿加入平台;但除非平台已经吸引到了 A 型用户,否则 B 型用户又不乐意加入平台。平台必须想办法同时招徕足够数量的两类用户,为彼此提供价值。

随着主导平台持续地吸引用户,平台的网络价值相应上升,(竞争者)更难与之竞争。

伴随价值的上升,平台现有的网络进一步导致后来者难以吸引风险投资。这一优势,揭示了为什么企业甘愿亏损数以百万计——甚至是数以十亿计——的金钱来迅速扩张、超越竞争者、创造行业内最强大的网络。在优步的市场份额和市值飙升的同时,两家主要竞争对手之一,Sidecar宣布破产。在速度和安全是命脉的共享出行市场,Sidecar的失败,很大程度上可以归结到网络效应。

因此,对平台市场竞争是否受限的评估,必须考虑到存在网络效应的环境下锁定的特性,例如市场两边参与者需求的相互依赖。这种相互依赖,可能导致促进竞争的限制,如平台因担心影响一边市场上提供的服务,限制另一边市场的涨价幅度或削减服务质量;或者,在面临新竞争者时致力创新,以吸引或挽留各边市场上的顾客。不过,从另一方面看,由于竞争者现在必须动员两个市场,这可能意味着高的进入壁垒。

问题三:平台利用网络形式协调交易,构成固定价格吗?

优步的商业模式包括以下内容:通过一个手机应用,将需要出行的乘客与愿意提供服务的个体司机(有的可能隶属于一个更大的车队)匹配起来。优步模式与传统的出租车或租车行业有以下几个方面的不同:协调匹配功能的优化算法,优步对每次匹配出行收费,以及出行费用是通过优步应用支付给司机的。司机的身份问题,带来了反垄断法方面的重要变数。坚持司机是独立承包商而非雇员这一立场,导致优步面临如下的质疑:通过协调数以百万计的司机制定相同的价格,同时禁止他们相互竞争,优步参与到了不合法的固定价格当中。

2016年于纽约地区法院审理的 Meyer 诉 Kalanick 一案中,原告诉称优步及优步CEO特拉维斯·卡兰尼克(Travis Kalanick,已于2017年6月21日辞去优步CEO职务)因:(1)设计优步应用;(2)招徕司机;(3)占据显著的市场份额;(4)通过"动态加价"——一种基于算法和优步专有的、用于测量出行请求发出时的供需状况的技术的可变价格模型——制定出行价格而违反了反垄断法。诉状称无法自由选择进入或退出动态加价,意味着优步司机没有为出行价格竞标。如果他们彼此竞标,价格将会下降。2016年初,被告请求驳回起诉的动议没有得到支持。审理此案的联邦地区法官杰德·雷科夫(Jed Rakoff)解释道:"实际上,优步是如此努力地把自己描绘成——甚至可以说是把自己伪装成——仅仅是'应用'的运营者,这一点不能保护优步免受自己行为的后果的影响。"

《谢尔曼法》的第一部分禁止了"任何一切限制州际贸易或商业的契约、以托拉斯或其他形式的联合或共谋"。为了证明对贸易的限制当然违法,原告需要证明(1)两个或更多个体;(2)以某种协同的方式;(3)不合理地限制州际商业。对贸易的不法限制包括本身违法和合理原则下的违法。本身违法意味着"被告的行为是如此直白地有害于竞争、如此缺乏相补偿的促进竞争的价值,以至于'这些行为'无须进一步审视,就被直接定论为违法"。直接竞争者之间达成的横向固定价格协议一般被视为本身违法。

此外,原告还可以在合理原则下证明不法行为导致的反垄断损害。在合理原则下,调查者必须权衡行为带来的收益和消费者受到的损害。因此,根据这一标准审视反竞争行为在整个市场上实际造成的负面效应,并与行动者联合带来的促进竞争的"补偿性益处"相权衡。之后,原告可以提交证据,说明存在对竞争限制更弱的方法来达到同样的益处,以反驳被告的观点。由于大部分据称的不法垄断行为都落在本身违法的狭窄范围之外,大部分反垄断损害的评估都依赖合理原则。评估纵向固定价格——主导方和多个附属订约方同意遵守一个起固定价格效果的限制——即适用合理原则。

优步定价和调整费率的模式,使得平台很难逃脱操纵纵向和横向固定价格的指控——恰是原告在 Meyer 诉 Kalanick 一案中的重点。在初始听证会中,法庭认定原告对优步固定价格的告诉理由充分。据诉状所言,横向价格固定在优步司机同意提供出行服务时。优步司机必须签署书面协议,接受乘客使用优步应用,并借助应用收取由优步定价算法确定的费用。遵循统一的定价模式,保证了优步司机无法抢占其他司机或平台的生意。在"动态加价"期间,优步因司机的供给小于乘客的需求而加价,幅度最高可达 10 倍。原告诉称通过禁止司机分别设定价格,优步维持了超越竞争水平的价格。原告进一步诉称优步司机和执行官在不同时间点会面,商议提价事宜。这类提价明显有利于优步和优步司机,也意味着"共同的合谋意图"。

在初始的听证会中,优步声称:由于所有合同都是在平台和个体司机间订立,且加入平台是司机基于最大化个人利益做出的决定,因此,平台和司机签订的合同不构成横向垄断密谋。这一点没有说服法庭。法庭意识到"在之前没有协议的前提下,竞争者接受加入一个必然限制州际贸易的计划的邀约,这足以构成《谢尔曼法》所指的非法密谋"。因此,法庭认定原告已经满足了横向固定价格之诉的举证责任。

除横向固定价格之诉外,Meyer 诉 Kalanick 一案的原告还指控优步参与操纵纵向固定价格。如前所述,尽管《谢尔曼法》规定横向固定价格密谋本身违法,纵向固定价格协议需要依照合理原则判定。为了不让自己的起诉被驳回,原告需要界定具体的市场范围,并说明被告的行为对市场造成的特定影响。Meyer 诉 Kalanick 案原告对市场范围的界定具体而狭窄:"基于移动应用的共享出行服务市场",其中优步占据了 80% 的份额——足以支持起诉的目的。法庭认为关于(平台)对市场的影响的起诉同样有充分的理由。据称,优步的市场地位导致 Sidecar 这一竞争者,于 2015 年破产并退出市场。此外,优步的主导地位抑制了市场上新的进入者的出现。

平台的成功模式包含对网络,而非传统组织中的层级结构的利用,这关系到平台是否触犯了传统的关于价格固定的禁令。宽泛一些来说,这也关系到我们能否正确理解以下问题:在这一场景中援引这些反垄断原则,是限制了反竞争行为,还是限制了市场组织的有益创新?

问题四：平台采取数字定价，是反竞争行为吗？

有人赞称，数字定价就是"未来"。越来越多的企业正在利用数字算法定价。多个行业的企业利用基于算法的程序设定价格。定价脚本所需的人力更少，在理解当期市场需求方面却准确得多。平台的多边网络结构，蕴含了富有弹性的供给和需求机制。因此，动态定价不仅可以匹配供给和需求，还可以在需求高涨时调度增加供给：费率上升，司机接着就启动优步应用。一项最近的研究声称：仅仅在 2015 年，优步基于需求弹性的定价算法就创造了 68 亿美元的消费者剩余。这意味着优步的算法有巨大的促进竞争的能力。不过，以这种方式运用数字算法，也引起了两点担忧：定价脚本之间的互动，是否构成削弱价格竞争激励的模式勾结；平台通过为个人量身定制反映其支付意愿的价格，实施接近"一级价格歧视"或"完美价格歧视"的行为的能力。

1.平台使用定价脚本，是否构成不法的默示勾结，是否为价格竞争创设了额外的障碍？

优步在定价中对数字算法的依赖，不仅引来了诉讼，也招致了公众广泛的敌意。学者开始尝试确定平台市场使用定价脚本时，可能通过哪些方式导致显著的反竞争效应。如阿里尔·扎拉特（Ariel Ezrachi）和莫里斯·斯图克（Maurice Stucke）解释到：

> 优步的司机彼此间不在价格上竞争……优步的算法确定你的基本费率，以及何时、何地为多长的时间段加收费用。这本身是合法的。不过，当平台的市场势力提升，（优步和司机之间）的一整套相似的纵向协议可能转变为古老的轴辐式共谋。其中，算法开发者类似车轴，协助整个行业实现合谋，导致价格上升。由于每个算法使用者都有相同的利益（利润）和共同的投入（数据），在行业层面应用算法可能在许多竞争者之间形成持久的默示勾结。

与此类似，Meyer 诉 Kalanick 案中的原告坚称优步的定价算法"让本来会通过价格彼此竞争的司机使用动态加价……人为操纵供给与需求"。所有加入优步的司机都同意按优步算法确定的费率收费。原告因此诉称：借助与优步签订的纵向协议，司机们达成了收取相同价格的横向协议。

初看之下，算法可以通过加快竞争价格的下降速度提升消费者福利，扎拉奇和斯图克却阐明：算法信息共享的速度也会同时降低竞争的激励。斯图克给的例子是德国一款追踪加油站价格的应用软件。由于软件算法可以即时侦测价格下降，在消费者光顾柜台之前，竞争对手就可以跟着降价，这彻底消除了降价竞争的动机。在数据如此全面、分析如此准确的情况下，这些数据和分析，如扎拉奇和斯图克所说的，会赋予市场中的竞争者对于特定时间内市场状态的"上帝视角"（对优步的工具来说，就是可以看到所有司机和乘客的位置）。到那个时候，"电脑可以抢在价格发生任何变化之前，预测并应对竞争威胁"。此时，很讽刺的一点是：之前会促进竞争行为的、极度透明的市场，会让算法在消费者察觉到任何竞争之前就彼此知晓价格信息。

在优步的案例中,因定价脚本的使用而消失的,不只是司机之间的价格竞争。算法驱动的定价的影响,也包括降低平台面对的竞争者——既包括已在市场中的竞争者,也包括寻求进入的竞争者——在价格方面竞争的激励。平台对数字定价的使用,也因此为现行的反垄断法框架和寻求评估平台市场势力的各方面因素的政策制定者带来了一系列的新挑战。尤其是在考察勾结之诉方面,反垄断法的假想对象是"人类行动者,意图、恐惧和'达成一致'等概念,预设的明显是人的意图;在应对计算机软件、硬件和定价机器人可能导致的默示勾结等方面,这些概念显得有些无能为力"。

此外,即使所谓"勾结"可以落实到机器人驱动的定价机制上,传统的、对于"尽管如此,由于益处超过了害处,这一定价机制可能仍是有效的"这一点的调查,可能不足以反映在大数据和强力算法的年代,数字定价对价格竞争的能力的深远影响。

在现行的框架中,包括平台依赖定价机器人这一点在内,监管者需要评估平台的商业模式是否"降低了边际成本,即使这一模式可能导致默示勾结,导致消费者面对边际成本之上的价格","对平台的评估,变成了一个权衡正负影响的期望值的问题"。然而,追求"完美"市场的过程,意味着在不确定性面前保持谨慎。在讨论对谷歌潜在的反竞争影响的担忧时,一位评论者写道:

> 经济的复杂程度与模糊性,加上哪怕是在关联最紧密的案例法中对创新技术和定价实践的尊重不足,可能预示着错误——以及增加成本——的决定……关键点不是我们确知谷歌的行为促进竞争,而是围绕着谷歌的不同寻常的不确定性指向谨慎,而非冒进。

总之,随着平台以及支撑平台的技术的发展,相关市场的动态也在演化。考虑到这一现实,监管者既要考虑监管的益处,也要把压制有益创新的可能性纳入考量。

2. 数字定价是否为不公平的价格歧视提供了空间?

除了定价脚本可能引发勾结这一顾虑,优步的加价模型还因利用消费者的意愿、在天气恶劣或需求上升时收费更高而受到批评。与此一致,优步引入的加价模型也因为消费者对实际定价机制的不了解而受到批评。优步已经着手解决这一问题。2016 年 6 月,优步宣布:应用向乘客报价的方式,将由不清不楚的加价倍率——比方说,一般是 2.1 倍——细化为行程将要收取的费用。一名优步的代表如此形容改变:"没有数学,没有意外。"

即使有了这些改变,算法定价机制缺乏透明这一点,仍可能掩盖更加严重的反竞争效应。评论家最近描绘了一幅梦魇般的场景,其中,具有市场支配地位,能够收集消费者大量重要的个体数据而利用算法定价的平台,可以实施接近完美价格歧视的行为:一人一价,对每个用户"恰好"收取"保留价格"——他们愿意支付的最高价格。

直到现在,由于关于个人保留价格的信息实际无法获取,对大范围的一级价格歧视的担忧大多还在理论层面。不过,大数据及其分析技术的到来,赋予了企业获取更准确的关于个人支付意愿的信息的能力。这一点唤起了奥巴马政府中,高层政策制定者对愈发完美的价格歧视可能影响到公平和消费者保护的担忧。

和其他大部分行业不同,当前的平台可以获取大量的与个人身份辨识有关的信息。比如,优步就拥有个人家庭住址(以及房屋的价值)、工作地点和日程表(个人的上车时间是否比平时更晚)等信息。包括之前接受哪些、拒绝哪些行程,与行程紧急程度可能相关的特定目的地的信息在内,优步也拥有许多行为模式的数据。

随着平台的市场主导地位加强,接触到越来越多、越来越细的个人数据,个性化定价的反竞争效应确实可能日趋严重。通过以反映与个体消费者的保留价格有关的细致信息的方式进行价格歧视,企业拥有了从消费者那里攫取所有剩余价值的能力。

现有的竞争法几乎没有为评估这一行为提供指引。处理价格歧视问题的 1936 年《罗宾逊-帕特曼法》只适用于销售相同产品的情形,从本质上来说,是商品。此外,限制价格歧视的倡议曾经遭到否决,原因是此类措施会人为地将价格抬升至市场水平之上,阻碍价格竞争,以及为新的市场进入者制造障碍。平台的数字定价技术既收取接近消费者保留价格的费率,又限制了价格竞争的余地,政策制定者将不得不相应寻求新的法律框架——不限于传统的反垄断法框架——以评估这对市场势力和消费者福利的影响,并回应这一点引发的忧虑。

问题五:平台的商业模式是否包含掠夺性定价?

在平台市场中占据早期主导地位带来的优势,导致政策制定者必须解决这一问题:平台采取合法的定价机制来促进网络增长,还是参与了反竞争的掠夺?参与掠夺性定价的企业首先降价,降到低于竞争对手平均成本的水平。之后,较弱的对手被迫以亏损的价格销售,最终离开市场。竞争消失之后,掠夺企业涨价,弥补损失,在此之后赚取垄断利润。

在平台这一情景中,对掠夺性定价的担忧频繁出现。在没有盈利的风险投资基金的支持下,杰夫·贝佐斯提出的"增长为先,收益第二"的战略,以前所未有的成功,让亚马逊扩张到各行各业。与这一模式相符,尽管用户网络已经实现了大幅扩张,优步仍未赢利。实际上,在 2016 年的前三个季度,优步的亏损超过了 22 亿美元。正如亚马逊被批评通过结合低于成本的定价和新风险投资的注入,以竞争对手为代价追逐销量扩张和市场势力一样,未赢利的优步也面临掠夺性定价的指控。

现行的法律标准对掠夺性定价这一诉讼事由采取模棱两可的态度,为胜诉立了很高的门槛。最高法院质疑掠夺性定价的发生频率,坚信采取这种策略不理性。与背后的这种理解相适应,在 1993 年的布鲁克有限公司诉布朗与威廉姆森烟草集团一案中,最高法院要求提起掠夺性定价之诉的原告不仅要证明低于成本的定价能够"实现企业针对竞争对手的目的",还要说明"据称的垄断性定价方案中,提升至竞争水平之上的价格足以弥补被告的损失的可能性"。在如此高的举证门槛下,自那一年起,联邦贸易委员会再没能成功发起任何一桩掠夺性定价诉讼。

评估平台市场势力的政策制定者同样面临着一个重要的、关于如何看待双边市场中的掠夺性定价的决定。特别重要的一点，他们需要更多地考虑：平台低于成本的定价以及平台市场的其他特征，二者的结合已经塑造了（这个市场）竞争的图景。这一点是否会在掠夺性定价损害竞争这一争议方面，导向更宽松的标准？本文考察了前面提到的这些意见：在平台市场的两边快速达到"关键数量"，是成为据有"护城河"的竞争者的一员，以及借助网络效应的力量强化相应的市场势力的前提。在位者在如此牢固的优势的环境中，将增长放在利润之前，以低于成本的定价实现快速而显著的市场份额增长，可能比之前法庭的判决所认为的要更理性。这一事实推动政策制定者思考：在特定的平台市场模式下，是反竞争问题有所恶化，还是双边市场中的强网络效应要求对于竞争损害采取更加一致的标准？政策制定者也应该思考：企业并非在成本以下水平经营，但依赖大幅降低其中一边市场的价格的不对称价格机制以实现用户增长，此时是否存在掠夺性行为？这样的机制也可能带来提升转换成本的网络效应，赋予（企业）在另一边市场收取更高价格的能力。

问题六：平台对数据的收集和使用，会强化反竞争问题吗？

各行各业的企业，都在应用与消费者的互动过程中收集数据来改善运营。在用户数据容易收集、数据挖掘技术快速发展的互联网平台中，这一点尤其突出。在我们已经看到的对互联网市场势力的考察中，大数据及其分析技术，占了平台商业模式的核心地位。与此同时，平台得以采集和使用的用户信息的数量之大，也引发了对潜在的、新的反竞争行为的担忧。2015 年，部分是为了解决这个问题，联邦贸易委员会新设立了技术研究和调查办公室。具体来说，这个委员会调查"企业以大数据作为产品，作为输入，或作出重大的竞争决策工具的竞争方式"。主要的反竞争担忧集中在数据控制权向少数企业集中，以及这些企业对数据的储存和使用不透明。

对于大数据和竞争程度的关系，学者和监管者仍在争论。部分人认为：对数据的收集和使用，不会为企业带来相对其他企业的竞争优势。这些学者主张：数据既可以依样获得，又不排他。因此，新的市场进入者，在复制数据时面临的壁垒很低。

尽管如此，监管者和许多学者认为：平台（尤其是市场占有率很大的平台）占有的数据，既可以用于限制竞争，也会侵害消费者权益。比方说，2014 年脸书收购瓦次艾普（WhatsApp）时，欧盟委员会就在并购审查中考虑了用户数据整合对在线广告市场竞争的影响。考虑到存在许多持有自己的用户数据集的竞争者，委员会最终批准了并购，但调查中也承认了这一危险（损害竞争）的存在。紧接着，欧盟竞争委员会委员玛格丽特·维斯塔格（Margrethe Vestager）解释称，委员会对限制其他企业利用"独有的"数据的企业持负面态度：

我们不会对每一家掌握有价值的数据集的企业都抱以怀疑。不过，我们会密切关注那些控制独有的、没有其他企业能够掌握的、能够用来将竞争对手逐出市场的数据的企业。比方说,这可能包括以垄断方式收集的数据。

确实,经济合作和发展组织最近赞同了这一说法,数据驱动的市场"可能导致'赢家通吃'的结果","市场成功的结果很可能是集中"。哈佛商学院最近的研究也支持平台市场"赢家通吃"的结论。在这篇研究中,根据是否尝试创造全新品类的商品和服务,以及"其他标准,包括是否致力于改善大的、活跃的开发者生态系统",研究者将寻求风险投资的企业分类。研究发现:

首次公开发行创造的价值中,绝大部分来自被称为"品类之王"的企业。这些企业开辟了全新的"赛道"。想想谷歌、领英和 Tableau 吧,这些大多是"赢家通吃"的赛道——"品类之王"占据了 76% 的市场。

包括个人信息与交通、出行时间和市场需求在哪儿,优步收集了大量壮大算法力量的数据。最近,优步宣布了在优步运动这个新网站上,向城市规划者和公众公开其中部分数据(与交通和出行时间有关的信息)的意向。尽管如此,前面已经提到过,优步不打算分享的数据(包括个体消费者数据,以及评分和评价数据)对一系列竞争问题都有影响。这些问题包括:(这部分数据)可能导致反竞争的价格歧视、通过个性化的平台体验加强锁定效应、提高评价系统的价值以及有针对性地提供服务。从更一般的角度来说,优步的体量和市场地位,导致新进入者很难收集到像优步那么多的数据,而这些数据又塑造了优步的算法。前面也提到,拥有"大数据"便利了企业在新的市场利用市场主导地位。

优步和其他双边平台,可能从各个方面、以多种手段利用大量收集数据方面的优势,滥用市场地位,以至对两边市场造成负面影响。身为中介,优步得以接触许多司机和乘客都无法获取的重要数据;优步也因此能够监视司机和乘客,司机、乘客却不能反过来监视优步。通过这一信息不对称,平台得以利用"自己掌握的用户信息和用户体验数据,来误导、压迫共享经济的参与者,或者对他们不利"——优步操纵司机,在有利于平台的时候增加供给的报道,印证了这一点。

此外,在数字语境中,"提高使用量和市场份额"可能和"提升质量"有关——这也是斯图克和艾伦(Allen)所称的"做中学"网络效应。他们认为"随着更多人使用搜索引擎、用引擎执行更多搜索,搜索引擎的算法执行了更多次预测用户偏好的实验,也收到了更多关于错误的反馈,算法因此能更快地调校给出的结果"。因此,在考虑对竞争带来的风险的同时,监管也应该考虑到平台相关的锁定效应可能为社会带来特定的效益。

监管者已经开始思考平台收集消费者对其披露的数据是否可能阻遏竞争。考虑到大数据会是竞争分析中长期存在的因素,经济合作与发展组织竞争委员会列举了监管者在考察相应问题时可能使用的集中重要方法。

首先,委员会认识到:平台对用户数据的控制,可能通过提高转换成本、抬高进入壁垒等方法创造锁定效应。应对这一点,委员会提出"竞争当局应该以个案方式,仔细审查(平台的)商业表现在多大程度上依赖于收集数据的能力;评估不同数据集之间的可替代性;确定进入者参与竞争所需要的数据的体量"。

其次,委员会提供了两种思考数据的途径,并考虑了现有的法律分析如何应对大数据带来的挑战。委员会的讨论认为:一方面,在竞争分析中将大数据视作企业资产时,"改进现有的工具可能就足够了";另一方面,"为了将作为质量/商业表现的数据以及锁定等问题纳入竞争分析,还有许多工作要做"。在构建有关平台的远景时,政策制定者应该同时牢记这两个方面。

问题七:平台是否通过不公平地利用市场势力,在其他市场建立主导地位?

2017 年,《名利场》杂志合并了两张反映"新秩序"的名单——一张是"颠覆者",针对硅谷的创业者;还有一张是"当权者",针对纽约和洛杉矶的金融、娱乐大亨。杂志解释称,合并两张列表,符合当前的竞争模式:

在某些层面,每个人都身处科技行业……杰夫·贝佐斯一开始可能只是想卖书,但亚马逊现在正和好莱坞在娱乐行业竞争,与联邦快递在物流业竞争,与"苹果"在流媒体行业竞争。卡兰尼克一开始可能只是想让打车方便一点,但看现在的自动驾驶行业,优步的诸多竞争对手不仅包括通用、克莱斯勒福特,还包括特斯拉和谷歌。斯皮格尔(Spiegel)创办 Snapchat,只是为了方便发一些不太合适的信息。四年之后,有理由认为他的企业已经威胁到了电视业的整个未来。

主导市场的企业向新的市场扩张,可能为竞争带来明显的好处。通过进入新的技术领域和市场,通过内部技术创新,拓展进入新市场的能力、建立新的合伙关系,或者——这也是大多数时候的情况——收购其他企业以参与创新等途径,握有势力、财力充沛的竞争者可能是颠覆和革新的来源。

此外,利用市场势力进入其他市场,通常居于平台商业模式的最核心部分。按世界最大的在线职业网络平台领英的创始人雷德·霍夫曼(Reid Hoffman)的说法,"这关乎建立下一个大平台"。确实,"一旦获得立足之地……企业便募集风险资本,尝试进入更大的市场,实现尽可能快的增长"。

优步也不讳言自己的目标:利用协调出行市场的主导地位,在自动驾驶市场领先。几个月之内,优步收购了 Otto,一家为现有的卡车加装自动驾驶技术的初创企业,以及 Geometric Intelligence,一家人工智能初创企业。同时,优步也宣布建立人工智能实验室,致力于人工智能和机器学习。特别在无人驾驶市场,由于在出行协调市场的市场势力——也就是说,优步的规模、数据,在缺乏利润的时候获取资本的能力——优步是领先的竞争者。确实,有的人认为:唯一能和优步在新市场上竞争的企业,只有同样在相近市场占据主导地位的平台——谷歌。

优步、谷歌和其他创新者能否在无人交通市场取得成功,能告诉我们答案的只有时间。然而,这也显示平台可能具备这样的能力:在技术和数据的基础上,将市场势力传导至相近的市场。反垄断法和竞争法早已认识到:在少数特定的情形中,这种传导可能是反竞争的。尤其是在具备很强的网络效应与锁定效应的数据驱动的平台市场中,以及在本可能帮助创新在竞争中成熟的新的技术语境下,政策制定者应该着重关注:平台市场势力的不同方面,是否会以可能损害消费者福利的方式相结合。

问题八:平台市场势力,是否不合理地限制了消费者对个人隐私的选择?

结束之前,政策制定者还有一个问题必须考虑:平台是否可能利用市场势力,来不合理地限制消费者对于隐私保护的选择?前面提到,即使竞争者在产品或价格方面展开竞争,网络效应和转换成本,仍旧可以通过将用户锁定在单一平台的方式限制竞争。在这种环境下,为了引诱消费者离开已经占据主导地位的平台,竞争者需要提供吸引力强得多的条件。同理,锁定也会降低平台在隐私保护这个维度上改善质量的竞争压力,甚至给予平台广泛的、实施明显不利于隐私保护的行为,而不受市场惩罚的空间。

考虑到优步作为数据驱动企业的发展模式,这个维度上的限制,可能对数据保护造成非常明显的影响。确实,有分析师如此说,"和谷歌、脸书、维萨一样,我们将看到优步转型为类似的大数据企业——利用它们拥有的我们大家的财富信息提供新的服务,并通过出售这些数据获利"。

尽管对反垄断与隐私问题间的关联的分析尚未完全成熟,监管者已经开始解决平台市场的网络效应可能不合理地限制消费者的隐私选择这一问题。在美国,联邦贸易委员会前主席帕梅拉·琼斯·哈柏(Pamela Jones Harbour)首先着眼此类案件。对于2007年委员会于谷歌/DoubleClick合并案的决定,她提出如下异议:两家企业的数据带来的网络效应,是否会剥夺消费者在隐私问题上任何有意义的选择?在之后的文章中,通过要求在调查单一企业行为时关注"建立市场主导地位是否改变了企业在隐私维度竞争的激励",以及主导地位是否会减少研发新的保护消费者隐私技术的激励,哈柏主席主张:应明确隐私问题是反垄断分析的一部分。之后,联邦贸易委员会认为可以从非价格竞争的角度评估意向中的合并,其中包括隐私保护的竞争。

欧盟的监管者更全面地表述了这一问题。2014年,前任欧盟数据保护监督员彼特·哈斯廷克斯(Peter Hustinx)发表声明,呼吁将数据保护、竞争法和消费者保护法"视为一体"。他的继任者,现任监督员乔瓦尼·布塔莱利(Giovanni Buttarelli)则呼吁建立"数据交易所",聚集与竞争法、消费者保护法和数据保护法有关的不同主体,来起草纲要以详细论述能同时反映数据保护和消费者保护原则,以及"与合并审查或掠夺式滥用相关"的理论。2016年3月,德国联邦卡特尔办公室宣布已经开始调查脸书是否违反了《欧洲联盟运行条约》第102条。指控的内容是通过要求用户同意与数据使用有关的不公平条款,脸书涉嫌滥用其市场支配地位。

锁定效应可能阻止消费者转向更有效的选择；在平台时代，受限于平台同样可能限制消费者的选择。在考察平台市场势力时，这一点必须纳入考量。

三、结论

认识到信息是世界上最有价值的资源，操纵和使用数据，是经济巨头产生的主导性原因，评论家呼吁重新审视数据经济中的反垄断和监管。本文为探讨平台时代的竞争、消费者福利、市场公平等问题提供了一个框架。纳入框架的这部分问题，其回答需要确定让传统的法律和监管手段继续发挥市场守护者作用的条件。同时，平台经济的独有特性也意味着在某些情境下，有必要重订传统的法律。这些法条的改变，应该以下列因素作为根据：新的组织模式显现的力量、平台依赖的数据及数据分析的类型、这些因素带来的经济优势的持续时间，等等。这些重大的概念不仅有可能改变各部门内部的法律，还有可能模糊部门之间的区别。数字经济时代，我们应该反思怎样才能最好地应用不同的法律工具——包括竞争法、隐私保护及其他不同的监管策略。

浅议大数据应用与法律规制

徐　凡[*]

摘　要：近些年，随着大数据的广泛应用，大数据的价值正日益受到关注。然而，大数据的收集和数据挖掘以及冲突，引发了社会对个人权利、公共利益等方面的顾虑和对传统法律体系的反思。本文就大数据收集、大数据挖掘、大数据安全等议题展开讨论，尝试从大数据的含义与应用、冲突与规制等方面探讨大数据应用领域的法律规制体系的构建。

关键词：大数据；网络；冲突；安全；规制

2015 年 5 月，阿里巴巴创始人马云在贵阳召开的数博会上，围绕大数据与经济社会的关系发表了演讲。演讲中，马云断言未来 30 年数据将取代石油，成为制造业最强大的能源。上溯到 2012 年，奥巴马政府启动"大数据研究和发展计划"，数据资料被称为"未来的新石油"。在对大数据应用前景的分析中，人们对大数据提出了前所未有的期许，"一个国家拥有数据资料的规模和解释运用的能力，已成为一个国家的核心资产和国力指标"。[①] 从国家到企业，都充分认识到了大数据潜在的巨大价值，意识到大数据将深刻改变个人、社会乃至国家的生存发展方式。

一、大数据含义与应用

（一）大数据含义

根据 MBA 智库百科的解释，大数据是指无法在一定时间内用常规软件工具对其内容进行抓取、管理和处理的数据集合。数据（data）这个词在拉丁文里是"已知"的意思，也可以理解为"事实"，从词源上可以理解为对事实的一种陈述。笔者认为，大数据（big

---

　＊　温州市龙湾区人民检察院检察员、办公室主任、浙江省法学会网络法治研究会理事。

　①　胡世忠：《云端时代杀手级应用：大数据分析》，人民邮电出版社 2013 年版，第 26 页。

data)就是海量数据,与传统意义上的数据相比,其来源之广泛、形式之宽泛不可同日而语,或言之,大数据是对实在世界的数字描述,是信息数字化的必然结果。以往的数据和数据库系统侧重数与量的记录,直观体现事物发展的过程,或评估和预测行为结果。要达到这些目的,需要按照事先设定的格式或结构对数据进行收集、整理,这些结构化数据存留在关系数据库内,而数据分析的重点是数据表之间的关联性。传统的结构化数据极大便利了日常活动的管理,但是局限性明显,如诸多数据库之间相对独立,数据信息被拆分在不同的数据库里,数据分析需要耗费大量时间和资源,整个过程容易因数据失真而出现偏差。为克服传统数据的结构化陷阱,大数据充分利用现代计算机高速运算优势,尤其是云计算在计算资源和数据资源方面的集结能力,使巨量的数据在不断产生、收集的同时被提取、处理、分析,分析结果可以是即时的、"可视化"①的和系统性的。

顾名思义,数据之大首先是信息量大。现代计算机技术、高速网络的发展,使数据信息收集、存储、应用能力空前提高,通过大数据对客观世界进行更深入的解析和干预成为可能。大数据不仅仅意味着数量上的巨大,而且是对实在世界描述的深刻性和生动性。我们从未像今天这样可以从任意角度去观察、解析所处的世界,而在这过程中,大数据扮演着提供无尽资源的角色。"大数据标志着人类在寻求量化和认识世界的道路上前进了一大步,过去不可计量、存储、分析和共享的很多东西,都被数据化了。拥有大量的数据和更多不那么精确的数据,为我们理解世界打开了一扇新的大门。"②可以说,大数据产生、存储和运行于计算机与网络,承载的信息将呈几何级增长。谷歌前 CEO 埃里克·施密特(Eric Schmidt)曾言:"谷歌每天产生的数据相当于人类文明诞生以来直至 2003 年积累的数据总和。"如此巨量且急速膨胀的数据,不可能由传统意义上的技术手段产生或解读,现代计算机承担起解析实在世界信息的使命,这就需要在现代计算机和客观世界之间架起"沟通"的桥梁——数字化。

(二)数字化进程

数据通过记录、分析、重组的方式描述着实在世界,并以量化形式存在,而数字化则是这个过程的催化剂。"数据是对信息数字化的记录,信息是指把数据放置到一定的背景下,对数字进行解释、赋予意义。"③人类文明发展的过程,实质上就是信息存储和传递方

---

① 数据可视化,主要指的是利用图形、图像处理、计算机视觉以及用户界面,通过表达、建模以及对立体、表面、属性以及动画的显示,对数据加以可视化解释。美国联邦政府意识到数据可视化的战略意义,2004 年联邦政府在国土安全部成立了国家可视化分析中心(NVAC),专门推动该项技术在政府部门中的应用,特别是在情报分析领域的应用。可视化技术通过数据整合之后形成统一的、多元的数据仓库,再根据用户的需要,重新取出若干数据子集,或构建多维立方体(cube)进行联机分析,或进行数据挖掘,发现潜在的规律和趋势。

② [英]维克托·迈尔-舍恩伯格、肯尼思·库克耶:《大数据时代:生活、工作与思维的大变革》,盛杨燕、周涛译,浙江人民出版社 2013 年版,第 23 页。

③ 涂子沛:《大数据:正在到来的数据革命》,广西师范大学出版社 2012 年版,第 35 页。

式不断革新、超越的进程。文字符号出现之前,信息传递极其有限,除了手势、语言,间接传递信息只能通过简单标记、符号、图案作为载体,传递的信息量极少且极易失真。信息承载不足以对知识经验进行有效的沉淀,导致人类的视野极其有限,人们只能观察到当下和直观的事物,所能感知的世界是二维的、平面的、凝滞的。文字符号的出现开启了新的时代,文字作为中介系统,使信息传递得以实现,人类的知识经验得以传承和积累,文明成果得以连贯、完整地展现。通过文字的信息传递,人们得以借助前人已有知识经验,从新的视角观察和思考现实世界,因此,文字符号的出现,被视为第一次文明革命。

第二次文明革命同样是信息革命,此时的信息传递中介,从文字演变为数字,数字化引领新的信息革命,并因此构建出一个数字化的虚拟世界,数字和虚拟共同构成信息时代的基本特征。一是实现前所未有的信息传递的即时性。无论是通信、社交还是商务等活动,信息即时到达,交流不受时空限制,实时感、沉浸感是数字化时代社会存在的基本状态。二是数字化实现了虚拟空间的构建。数字化被视为第二次文明革命,不仅是在于信息系统在现实世界中实现了巨量、即时传递,而且在于符号空间、思维空间、感知空间上的巨大跨越。数字化虚拟空间是实在世界的衍生和映射,亦是独立的存在。在虚拟空间,所有参与者的身份映像、空间行为准则都独具特质,为我们观察和解决现实世界问题提供了更多的选择,因与现实的这种关系,数字化虚拟空间也被称为第四维空间。三是数字化不仅是现实世界的反映,还增强我们的现实拓展能力。随着数字化、虚拟化技术的深入,人工智能系统、云计算、物联网等应用领域不断呈现新的发展态势,为数字虚拟技术更深介入现实提供可能性。

(三)大数据优势

1.大数据独具巨量分析的优势。"一旦世界被数据化,就只有你想不到的,没有信息做不到的事情了。"[1]大数据时代,数据采集的广度和深度前所未有,使现实世界可以被精准分析或"定制",或言之,大数据的应用"是指一种把现象转变为可制表分析的量化形式的过程"。[2] 大数据通常有以下几个来源:一是传统的数据源,诸如大量经济组织、公共服务部门都存在记录日常活动信息的关系数据库,这些结构化的数据仍然是最简洁、直观的数据来源。二是大数据时代大量的非结构化数据,包括网页内容、社交网站、电子邮件、点击数等数据源。"这些数据的格式与结构化数据不一样,数据格式多元且繁杂,却占据全世界所有数据的85%。"[3]这些数据的最大特点是"杂乱"而无格式,但其中蕴含的能量是

---

① [英]维克托·迈尔-舍恩伯格、肯尼思·库克耶:《大数据时代:生活、工作与思维的大变革》,盛杨燕、周涛译,浙江人民出版社2013年版,第124页。

② [英]维克托·迈尔-舍恩伯格、肯尼思·库克耶:《大数据时代:生活、工作与思维的大变革》,盛杨燕、周涛译,浙江人民出版社2013年版,第104页。

③ 胡世忠:《云端时代杀手级应用:大数据分析》,人民邮电出版社2013年版,第207页。

极其巨大的。仅仅从商业销售角度看,对消费者点击购物网站或链接的数量、社交网站透露的时尚信息、销售终端关联消费和重复消费的统计等数据信息,可以制定相应的销售策略。三是实时变动的流动性数据(data in motion)。"异动频繁、流量巨大又需要实时响应的数据,已经超过传统数据库管理模式的处理能力。"①流动性数据很大部分来自于视频、音频采集口,特点是需要实时进行数据处理和响应,流动性数据被大数据所包容,得益于计算能力、存储能力、图形识别技术的成熟,使产生的巨量信息被实时存储和处理。数据来源决定数据量和数据价值同样巨大,"互联网数据中心(IDC)出版的研究报告显示,2013 年人类产生、复制和消费的数据量达到 4.4ZB(Z=10 亿 T)。而到 2020 年,数据量将增长 10 倍,达到 44ZB。大数据已经成为当下人类最宝贵的财富"。②

2. 大数据具有扁平化、即时性的优势。从横向看,扁平化是大数据的生存形态。小数据时代统计数据需要逐级汇总分析,并且只能得到有限的结果。大数据时代,数据采集、数据处理和数据应用不再束缚于层级关系,借助云计算的动态资源分享,网络的任意节点既可以是数据的采集点,也可以是数据分析中心,这既避免了数据失真,也可以大大提高数据使用效率。从纵向看,即时性是指大数据时代数据实现时空上的同步。无论是结构化的数据还是实时变动的流动性数据,在数据管理和应用各个领域,都不再受到时间限制,实时动态管理已经不再是理想状态而是现实存在,通过数据模型和云计算,我们可以精确掌握发生的任何动态。"比如浙江省交通运输厅,在阿里云的帮助下,能够预测出未来 1 小时内的路况,准确率稳定在 91% 以上。要知道,浙江全省的高速公路长达 1300 公里,但是阿里云强大的计算能力,可以在 20 分钟完成历史数据分析,10 秒钟完成实时数据分析。"③

3. 大数据通过数据挖掘,可以对非关联数据进行深入的关联性分析。大数据发挥如此大的作用,是因为新的大数据系统通过特定算法对数据进行分析,揭示数据当中隐藏的规律和趋势。新的算法可被视为数据挖掘的工具,能从即时或以前的数据中发现新的价值,数据真正意义上成了采掘不尽的资源。微软出版的《第四范式》一书,转述了数据库专家格雷(Jim Gray)的一项主张:"科学发展已经走过了'实验、理论、计算'三个范式,渐渐形成以'数据'为重点的第四范式。"大数据时代,科学研究运用密集数据技术和流程,进一步提炼、解读数据,以数据代替以往的经验和实验数据积累,尤其是对非关联数据的衍生分析,揭示科学现象和规律。"大数据的核心就是预测,它通常被视为人工智能的一部分,或者更确切地说,被视为一种机器学习……它是把数学算法,运用到海量的数据上来预测

---

① 胡世忠:《云端时代杀手级应用:大数据分析》,人民邮电出版社 2013 年版,第 212 页。

② 百度百家:《2016 年,为何是万亿大数据元年》,http://chenjiying.baijia.baidu.com/article/304196,最后访问日期:2017 年 2 月 12 日。

③ 百度百家:《2016 年,为何是万亿大数据元年》,http://chenjiying.baijia.baidu.com/article/304196,最后访问日期:2017 年 2 月 12 日。

事情发生的可能性。"①大数据具备预测能力是因为很多在传统意义上毫不相干的数据，通过大数据分析，可以挖掘出潜藏于数据之间的关联性，进而揭示出现象和规律。

(四)大数据应用

互联网、数据存储和计算构成大数据时代的三个因素，手机、智能穿戴设备等移动数据终端的普及则催化了这一进程。2016年被很多前沿科技公司视为大数据应用的"落靴之年"，阿里云大数据事业部资深总监徐常亮认为："束缚大数据的技术瓶颈已经被完全打破，数据将从企业的成本中心转变为价值中心，2016年我们将迎来大数据应用的全面落地。"近年来，大数据应用在广度和深度上有极速增长的趋势，数字图像处理技术、云计算、人工智能等新技术应用和数据仓库、物联网、网络生态金融等网络新生事物层出不穷，实际应用涵盖个人空间、商业机构、公共管理部门等几乎所有领域，而且这些数据往往跨界使用，数据价值被不断发现。

1.大数据在私人领域的作用毋庸置疑。以日常生活中最常用的手机导航为例，我们得到道路指引服务，通过服务器对反馈数据的分析，还可以获得实时的道路交通状况信息，及时规避交通拥堵和施工路段。与早先的专业导航仪不同，安装在移动网络终端的导航软件使用和升级都是免费的。营利是任何商业活动的目的，显然，软件运营商的获利不在于软件使用本身，而是通过第三方服务和数据资源获利。终端客户在获得服务的同时，个人信息也被软件运营商获取，包括日常的出行路线、滞留地点、滞留时间等数据。同时，软件界面插入各类消费服务的链接，终端用户可以便捷地获得商家服务，而软件运营商从入驻商家获得收益，并进一步获取终端客户的消费习惯、消费能力等数据，这些数据无疑是最有价值的商业资源。

2.大数据的商业应用价值越来越得到广泛认同。以金融领域为例，信息不对称是不良金融活动的主要症结所在。信息不对称给金融体系造成的问题存在于两个阶段：交易之前和交易之后。交易之前主要存在的是逆向选择问题，经营状况不佳、资金紧张的企业有更大的融资需求，这类企业通过隐瞒不利的信息，愿意付出较高的融资代价，结果更有可能获取融资机会。在融资完成之后，融资风险也同样存在。因为信息不对称，投资人无法掌握资金使用和偿还情况。信息不对称引发的信任危机和紧缩倾向加剧了金融市场的恐慌，2007年由美国肇始的次贷危机②未得到有效遏制引发全球性金融危机和经济"大衰退"(the Great Recession)，出于对资金安全的担忧，对资金信息的全面披露成为化解危机的关键。"要求金融机构增加信息透明度，加强稽核和提高风险控管，使得企业必须处理

---

① ［英］维克托·迈尔-舍恩伯格、肯尼思·库克耶：《大数据时代：生活、工作与思维的大变革》，盛杨燕、周涛译，浙江人民出版社2013年版，第16页。

② MBA智库百科定义次贷危机是指由美国次级房屋信贷行业违约剧增、信用紧缩问题而于2007年夏季开始引发的国际金融市场上的震荡、恐慌和危机。

种类更多、来源更多元的数据。"①金融机构纷纷建立数据仓库和大数据分析平台,通过对目标客户的财务管理、信用卡使用记录、纳税情况进行分析评估,完善信息披露,消除市场顾虑。如阿里巴巴公司开创的以蚂蚁金服为品牌的小微金融产品,凭借长期以来积累的用户资金流水记录,在几分钟之内就能判断用户的信用资质,决定是否为其发放贷款,困扰国内金融市场的小微融资的信用评价难题迎刃而解,而当初很多人并没有意识到消费数据所隐含的金融信用信息。

3. 大数据在司法、安全领域的应用前景同样广阔。进入 21 世纪,恐怖主义活动和严重暴力犯罪有愈演愈烈的趋势,安全领域面临更大的挑战。各国都采用了各种手段预防和打击这类极端犯罪,利用新技术进行大数据分析,可以提前觉察犯罪活动的发生。

(1)图形识别、流计算等新技术应用。"图形识别是更大的领域人工智能(AI)的一个方面。图形识别处理高度变化的输入数据,如音频、照片和视频。"②图形识别、流计算与传统的数据查询的根本区别是,数据查询是根据查询指令完成工作,而图形识别通过采集影像等信息经数字化处理后的数据流触发计算引擎来进行数据分析,数据存储前就能完成分析工作。9·11事件后,美国政府加强了机场港口等地的安保工作,"采集旅客的影像后,计算引擎将影像转成可判读信息如旅客脸部特征点(眼口鼻的位置、黑斑痣等),比对这些特征点和安检数据库中的数据"。③ 机场港口等人流密集地是各类极端事件的高发地,只有高效完成图像的数字化和实时研判才有实际意义,任何的延迟都可能导致严重后果。

(2)文本分析技术。恐怖主义活动和严重暴力犯罪有利用网络传播信息的趋势,尤其是一些社交网站方便了犯罪分子的煽动和联络。2016 年著名社交网站推特(Twitter)被巴黎和布鲁塞尔恐袭案受害者家属告上法庭,他们认为推特未采取足够措施制止激进分子在网站上散布恐怖主义信息,推特应负有"帮助及教唆"(aiding and abetting)恐怖主义的责任。推特公司很快发表声明称自 2015 年中期以来,该公司已经封停了 36 万个可疑账号,勉强应付了社会的质疑。其实,社交网站亦是双刃剑,安全部门可以利用大数据的文本分析技术从社交平台上获取反恐情报,监控可疑活动。文本分析就是将社交网上的帖子、电子邮件等文本内容通过数字耦合等技术提取有效信息的技术手段。文本分析首先通过关键词提取信息摘要,并分析文件内容对信息进行识别和分类,最后才进行更复杂的情绪分析(计算系统从文字数据中可以甄别出敏感的情绪信息),而这可以发现潜藏在海量信息中的危险信号。

(3)大数据的预测分析。在犯罪预测、预防方面,大数据的作用将发挥得淋漓尽致。数据管理是现代警务的重要支持,布雷特在纽约警局进行的数据管理实践中获得巨大成

---

① 胡世忠:《云端时代杀手级应用:大数据分析》,人民邮电出版社 2013 年版,第 166 页。

② [美]麦考密克:《改变未来的九大算法》,官策译,中信出版社 2013 年版,第 125 页。

③ 胡世忠:《云端时代杀手级应用:大数据分析》,人民邮电出版社 2013 年版,第 214 页。

功,使纽约从犯罪之都变成治安良好的城市,虽然还只是大数据管理思维的简单尝试,但效果依然显著。布雷特要求开发一套电子版的犯罪预测图表,利用数据的精细化管理和微观管理的优势,预测和预防犯罪的发生。之所以推行这种警务管理模式,是因为布雷特极端认同"破窗理论",即小的违法行为被姑息纵容,就会被模仿和放大,最后蔓延为成片的犯罪行为。他要求,即使对微小的违法投诉,警方都必须出警做好详细的记录,深究警情发生的原因并设法解决问题。每次出警无论案件大小和案情轻重都纳入数据图表,每次出警记录都在地图所在位置用"圆点"标注。这样做的好处是,每次警情处置都在犯罪地图上直观体现,而且通过警情延时分析,可以评判该点警方行动的有效性,只有当那些代表犯罪的"圆点"逐渐消失而不是转移到另一个区域,才能被肯定成效。"数据收集和数据分析必须成为基层警务部门的一种文化,这种文化代表着基层警务部门一种管理哲学的改变。"①

二、大数据冲突

大数据和任何科技进步一样,都有其两面性。数据化其实在文字出现后就开始了,"记录信息的能力是原始社会和先进社会的分界线之一,早期文明最古老的抽象工具就是基础的计算以及长度和重量的计量……计量和记录一起促成了数据的诞生,它们是数据化最早的根基"。② 大数据则是现代计算机发展在网络的催化下的新事物,它使数据化进入全新的阶段。数据不仅仅是计量和记录人类活动,通过数据关联、数据挖掘,获得生命、产生智能、散发活力和光彩。大数据催生社会发展的新领域、新视界,但是又对原有社会关系、社会体系产生冲击,现实世界的矛盾和冲突在数字世界更清晰地呈现。

(一)在国家层面上,不对等关系是主要的法律风险

先行国家已经将大数据上升到国家战略的重要地位,在数字化的虚拟空间里,有关数据权的争夺,不仅意味着国家竞争力的消长,还可能对主权独立、民族自决产生影响。民族国家的形成,是基于共同的地域空间、经济生活、文化活动,这些天然的联系在数字空间都被打破。"虚拟的外壳取代了想象中的苍穹,随着电子通信系统的发展,距离的消除已经有效地削弱了权力和消费的中心。"③世界从未如此接近,各种联系沟通从未如此简洁,但距离感的消失并没有消除彼此间的疑虑和不安。当代国家间的关系建立在法律对等的

---

① 涂子沛:《大数据:正在到来的数据革命》,广西师范大学出版社 2012 年版,第 82 页。
② [英]维克托·迈尔-舍恩伯格、肯尼思·库克耶:《大数据时代:生活、工作与思维的大变革》,盛杨燕、周涛译,浙江人民出版社 2013 年版,第 105 页。
③ [德]斯洛特·戴克:《资本的内部:全球化的哲学理论》,常晅等译,社会科学文献出版社 2014 年版,第 215 页。

基础上,但是在大数据领域,这种对等远未形成,围绕大数据主导权、大数据安全与主权的冲突无法避免。欧美发达国家一方面凭借在信息技术上的领先地位获取数据优势,进而获得战略优势;另一方面通过相关法案保护本国的信息技术优势和数据主导权。2016 年美国政府先后宣布对中国主要通信公司中兴、华为进行调查,理由是两家公司在向美国制裁名单上的国家出口的通信设备中使用了美国芯片。

围绕数据安全发生的国家间的法律冲突,是大数据的巨大价值决定的。由于数据量足够庞大,通过数据挖掘可以分析出数据间的潜在联系,进而得到需要的情报。"数据审核往往会产生'1+1>2'的效果。两组分别貌似安全的数据,一旦整合相连,可能会产生意想不到的结果,对国家的安全产生威胁。"①单一的数据泄露可能不会造成危害,但只要数据来源足够多,将可以对一个国家的情况进行深度情报分析。"网络是无国界的,但是信息是有国别的,从这个角度看,现在很多信息产品都难言安全。"②

(二)在社会层面上,大数据冲突体现在数据的知识产权和数据再利用两个方面的法律风险

一方面是从法律意义上对数据知识产权定义。知识产权也被称为"知识所属权",是权利人对其智力劳动成果享有的财产权利。我们进入信息时代,数据分享、数据共享成为时代特征,大数据能不能作为知识产权保护的对象,在法律上存在争议。一是大数据的边际成本降低、智力持续付出减少。数据采集是个长期、持续的过程,借助计算机和网络,数据采集将越来越自动化,更多数据的收集、存储进而处理、分析所支出的时间、经济成本大大降低,甚至不需要智力的继续付出。既然知识产权保护的是人类的脑力劳动和智力创新,大数据知识产权在立法本意上将受到质疑。二是数据来源对支持大数据知识产权存在疑虑。从目前情况看,数据采集还缺乏足够的法理支持,在使用信息产品时,公众往往在"不太知情"的情况下被收集了大量的个人信息。小数据时代,数据层层统计可以通过授权和明示来保证其正当性,而大数据时代已经不再现实,数据来源、数据形式和巨大的数据处理量已经使任何明确授权的努力不切实际。因此,从获取数据的边际成本还是数据来源正当性,数据拥有者独享大数据的立场总是要受到质疑的,而无偿的共享数据将助长"搭便车"的行为,也不利于社会对大数据的投入。

另一方面是数据再利用面对的法律冲突。在大数据时代,数据的价值主要体现在未来的潜在用途,这就像是可以无数次挖掘的金矿,而不像矿物资源因开采而枯竭。"只要拥有了数据分析的工具(统计学和算法)以及必需的设备(信息处理器和存储器),我们就

---

① 涂子沛:《大数据:正在到来的数据革命》,广西师范大学出版社 2012 年版,第 205 页。
② 新华网:《政府采购为何对 Win8 说不》,http://news. xinhuanet. com/2014-05/21/c_1110799600. htm,最后访问日期:2017 年 2 月 19 日。

可以在更多领域更快、更大规模地进行数据处理。"①数据分析、数据挖掘可以使我们从原来的数据中发现新价值,再关联到其他数据时,这种价值可以倍增。数据再利用的典型例子是在互联网的搜索领域,用户使用搜索引擎查找信息,基于大量的搜索关键词和搜索点击量就可以分析用户的喜好、关注点、行为习惯等信息,这些数据可以为商家的精准营销提供支持。但是公众对自己的数据被再次使用往往毫不知情,如信息产品里各类软件大量地收集我们的数据,虽然软件加载前会告知运营商将采集我们的定位信息、机器识别码、通话记录、通讯录等数据,有些数据与软件功能本身毫无关联,甚至对我们存在潜在的隐患,但为得到软件服务,我们通常会选择忽略这些要求。这些数据如何被使用或再次利用,数据保留的时间等情况我们无从知晓和掌控,而且很可能被使用到与我们初衷相悖的情景中。

(三)在个人层面上,冲突主要体现在大数据时代个人隐私和自由选择意志的法律保障

所谓隐私,是指个人不愿为他人公开或知悉的秘密,包括个人的健康状况、经济活动、社交关系等一切涉及个人隐私的内容。在传统社会,只要有足够的注意,保护个人隐私还是能够做到的,大数据的应用,使保护个人隐私变成难以实现的任务。"而今天,即使是最无害的数据,只要被数据收集器采集到足够的量,也会暴露出个人身份。匿名化或者单纯隐藏已不再适用。"②美国东北大学的阿兰·密斯莱夫(Alan Mislove)通过相关的研究发现,只要通过社交网站就可以获知一些人的隐私信息,而这只需要一个专业的数据收集和分析软件。数据联机分析和"数据可视化"技术使个人隐私在大数据环境下充分曝光,如个人在不同网站总喜欢用近似的账号、密码、手机号、备注信息等注册账户,在不同网站会分别输入诸如个人生理信息、银行账号、兴趣爱好习惯、学习工作经历、活动图片等个人资料,这些资料分散在不同的网站,资料是碎片化、看似无害的,但是大数据可以通过联机分析把不同网站的信息整合后,"还原"出个人的完整资料。公众在不同场合输入的数据不断沉淀,而对这些个人数据保护的法律规范远未形成,甚至缺乏最基本的技术规则,"在关联数据库和数字高速公路的年代里个人应该怎样保护自己,几乎看不到什么文字材料"。③ 因此,在大数据时代,亟待一个隐私保护的法律规范,只有数据的拥有者和使用者应承担的法律责任被进一步明确,大数据的隐私保护才能得到社会的广泛认同。

大数据对个人的自由选择意志也是一种挑战。大数据带给我们便利的同时,反而约束了我们的自由选择,这个结论让我们始料不及。一是我们的数据自主权被忽视。因为

---

① [英]维克托·迈尔-舍恩伯格、肯尼思·库克耶:《大数据时代:生活、工作与思维的大变革》,盛杨燕、周涛译,浙江人民出版社 2013 年版,第 125 页。

② [英]维克托·迈尔-舍恩伯格、肯尼思·库克耶:《大数据时代:生活、工作与思维的大变革》,盛杨燕、周涛译,浙江人民出版社 2013 年版,第 242 页。

③ [美]罗森诺:《网络法:关于因特网的法律》,张皋彤等译,中国政法大学出版社 2003 年版,第 217 页。

数据包含个人信息,而数据采集范围越广,挖掘越深,价值当然越大,而且大数据价值不仅体现在原本的用途,更多源于它的再次利用,这就引发了汲取数据的巨大动力和惯性。数据方在采集数据时往往没有完整地告知公众数据的用途,或者只是公式化、格式化地告知。随着数据被挖掘分析而产生新的用途,公众更不可能知悉数据被使用的情况。"这就颠覆了隐私保护法以个人为中心的思想:数据收集者必须告知个人,他们搜集了哪些数据、做何用途,也必须在收集工作开始之前征得个人同意……'告知与许可'已经是世界各国执行隐私政策的共识性技术。"①二是大数据的"记录"和预测会使个人被动打上标签和为未发生的事情负责。数据权的担忧如果还只是关乎个人隐私泄露的可能,大数据预测人类行为的可能则直接侵害了个人的自由选择意志。大数据预测的准确性越来越高,甚至能够预测将来行为的发生,在人们作出该行为之前,就采取应对的措施,但我们更多依赖大数据的预测将产生消极的作用。大数据使公共机构和其他组织获得关乎个人的数字记录,如失信、失约记录一旦产生而没有严格时间限制和救济手段,这些记录会成为"永久记忆",使个人被打上不当的标签。这些预设性的标签一旦产生,将对个人选择职业规划、接受商业服务、获取融资资格等社会活动产生不可预估的影响。先不论作为推论基础的数据是否准确、全面,数学模式是否科学合理,即使大数据的预测准确度很高,能阻止某些不利事情的发生,但忽视了个人的主观能动和自我选择。个人会因为一些外界或内在因素而改变选择和行为趋向,科学无论如何发展,都不能否认人类意志自由的权利,"人类的未来必须保留部分空间,允许我们按照自己的愿望进行塑造。否则,大数据将会扭曲人类最本质的东西,即理性思维和自由选择"。②

三、大数据规制

大数据能产生的力量是如此之大,它既是一种资源,也是一种工具,使传统的学说很难完全定义。大数据引发的社会关系变革又是如此复杂,面对大数据引起的各个层面的法律风险和冲突,原有的社会规则、法律体系往往只能软弱应对不断出现的新问题、新情况,"我们的法律就像是在甲板上吧嗒吧嗒挣扎的鱼一样,它们拼命地喘着气,因为数字是个截然不同的地方"。③ 数据科学的技术权威维克托·迈尔-舍恩伯格指出,再对原有规范修修补补已经满足不了需要,也不足以抵抗大数据带来的风险,我们需要全新的制度规

---

① 〔英〕维克托·迈尔-舍恩伯格、肯尼思·库克耶:《大数据时代:生活、工作与思维的大变革》,盛杨燕、周涛译,浙江人民出版社 2013 年版,第 197 页。

② 〔英〕维克托·迈尔-舍恩伯格、肯尼思·库克耶:《大数据时代:生活、工作与思维的大变革》,盛杨燕、周涛译,浙江人民出版社 2013 年版,第 242 页。

③ 〔美〕尼葛洛庞蒂:《数字化生存》,胡冰、范海燕译,海南出版社 1997 年版,第 34 页。

范。笔者认为,这一新领域的规范与传统法律体系的重大区别在于,不仅是在技术层面的合理规制,更是在法律理念、立法与司法应用实践等方面的创新视角。

(一)技术规范

大数据的规制首先也是技术问题。数据安全涉及科学研究机构和大量标准、规范的制定,因此,从技术规范的角度规制大数据应用领域是应有之义。对迫切需要规范和调整的新领域,硬法(hard law)供给严重不足,由于立法程序和稳定性要求,运用国家强制力保证实施的法规范往往迟滞于技术的发展,而低层级的不具有国家强制力的软法(soft law)可以较好地弥合立法之前的空窗期,大数据的技术规范可以说是利用软法的灵活性、适应性满足社会对法的需求,并且具有更明显的弹性、开放性和回应性。

大数据技术规范主要从三个方面对大数据进行规制。首先是制定技术标准。大数据的收集、存储和处理都可能涉及数据加密、数据权限等信息技术的应用。如作为发展方向的物联网的标准和规范制定尤为迫切,"物联网已经覆盖更广泛的日常物体,并采用 RFID(射频识别技术)、传感器、二维码、无线局域网络、广域网或者其他手段对它们进行信息读取、识别、定位、编址和装备"。[1] 从互联网到物联网,大数据的来源出现了质的飞跃,人类对自然万物的感知和影响将达到前所未有的高度,而这一切的实现,首先要在数字标准上进行统一。其次是建立技术规范。如大数据应用于云计算与大幅提高计算能力密切相关,"原先单一的中央式计算方式,变成了云计算为特征的分布式计算方式,使得处理能力海量增加"。[2] 资源集中是云计算的天然属性,云计算固然使计算资源高效利用,同时也意味着数据资源与终端用户的分离。"在云计算环境中,用户不再拥有其基础设施的硬件资源,软件都运行在'云'中,业务数据也存储在'云'中。"[3]客户与数据资源在物理上分离,而客户与云服务之间的通信与保密就需要更加严格的技术规范,毕竟安全才是网络设计的永恒话题。我们尴尬地发现,堡垒总是在内部被攻破的,当前,数据泄露往往是因为数据管理者和使用者的数字空间的道德约束感低但好奇心强,从而增加了人为风险。而保障数据安全的方法之一,就是区分设立强制力规范,明确不同层级数据使用者的权限与责任,并在归责上,更侧重于数据使用者对数据安全的责任承担。

(二)立法规范

任何技术的进步都不可能成为法外之地,大数据作为信息技术文明的关键一环,也将带来社会意识、社会行为、社会利益的冲突和深层改变,相应的法律规范是题中之意。以

---

[1] 张小明等编著:《多媒体网格》,北京邮电大学出版社 2011 年版,第 7 页。
[2] 陈宇:《风吹江南之互联网金融》,东方出版社 2014 年版,第 233 页。
[3] 虚拟化与云计算小组:《云计算宝典:技术与实践》,电子工业出版社 2011 年版,第 211 页。

美国在大数据方面的立法经验为例,其法律渊源既包括各种制定法,也包括判例,能较好地兼顾立法的原则性和灵活性,例如在新领域善于利用法律工具推动新事物发展。美国作为互联网和计算机技术最早发端且是大数据应用最早、最充分的国家,非常重视有关大数据应用的立法。20 世纪初以来,美国先后通过近百个法案法规,就数据的采集、发布、使用和监管等环节制定具体细致的规定,有些规则制定具有一定超前性。更重要的是,这些法规制定后并非一成不变,公民和社会组织可以通过法律诉讼再以判例形式对立法进行修缮,这就解决了立法紧迫性和严密性之间的矛盾。结合我们的立法传统和立法背景,可以从几个方面完善大数据立法。

1. 加强在大数据领域的专门性、保护性立法。与大数据有关的立法活动已经有很大的进展,如《刑法修正案(九)》进一步明确了非法获取公民个人信息、非法获取计算机信息系统数据、破坏计算机信息系统等有关数据安全犯罪的刑事责任。2017 年 6 月 1 日起施行的《中华人民共和国网络安全法》不仅对网络和大数据安全提供了更严密的法律保障,明确部门职责、经营者责任,更是提出了公共数据资源开放、国家和行业标准制定等方面的初设方案。虽进展明显,但就立法现状看,大数据的专门性立法还有待加强。大数据已经不再是冰冷冷的数字,而是具有叙述以往、记录现在、预测未来的力量。正如莎士比亚所说的"凡是过去,皆为序曲",大数据将是那个改变社会规则的"黑天鹅",因此,大数据立法在立法范围、立法强度、立法预见性方面需要与大数据的地位、作用和意义相适应。

首先,大数据立法要厘清大数据的内涵和外延。《刑法修正案(七)》之前,对"公民个人信息"的界定很不明确,只是零星地分布在不同的法律中。而且,"公民个人信息"与隐私权紧密联系,制约了对个人信息的外延的扩展。但在网络时代,仅仅以隐私权保护个人数据显然不够,随着互联网的发展,公民个人信息的经济价值日益凸显。与此同时,侵犯公民个人信息的刑事犯罪频频发生,犯罪主体、犯罪手段、社会危害等呈现日益复杂的态势。大数据时代的来临使公民个人信息保护受到越来越多的挑战。我们的立法也不断在完善个人信息保护的藩篱。欧盟在 1995 年通过"保护个人享有的与个人数据处理有关的权利以及个人数据自由流动的指令",慎重保护个人数据的采集和使用。"仅能为特定、明确和合法之目的搜集个人数据、并且仅能持有具有相关性、准确性和时效性之数据的义务……所有数据处理均须具备正当的法律依据。"①大数据关切每个人的安全、隐私需要,还将关乎我们的独立人格,对大数据收集和应用以最严格的规范势在必行。再次,立法预见性还有待加强。我们当前收集和处理的数据信息还只是极微小的一部分,而且数据本身不会说话,只能通过不断地挖掘数据去发现更多的真相,这难免使我们的认识和理解不断被推动前行。如当前立法对数据隐私权如何保护、掌握数据的商业机构如何合理应用大数据、如何分级管理大数据等都需要被认真对待。

---

① [美]罗森诺:《网络法:关于因特网的法律》,张皋彤等译,中国政法大学出版社 2003 年版,第 222 页。

保护性立法是大数据的国家战略地位决定的。笔者曾在 2014 年首届网络安全宣传周提出保护性立法对网络空间、数字世界的重要性,"保护性立法是从战略层面体现立法的宏观性,对内可规范特定领域的行为,对外可增强对应的法律手段"。① 如前述,美国以数据安全为由,排除中国通信企业在美国的众多商业活动,最为人熟知的"301 条款"②更是让我国面临隐形贸易壁垒,这些都是美国等发达国家利用国内法域外效力规则对自身利益的保护。既然数据主导权已经关乎国家利益,那么对他国具有域外侵害性的单边主义的法案和立法采取对应的、保护性的立法难以避免。可以说,保护性立法尤为必要,这是当前对域外国家危害国内数据安全犯罪行为和国家行为的法律反制手段。

2. 以司法实践完善大数据立法。正因为大数据是个迅速发展的新事物,我们现在通过大数据掌握的信息还只是现实的投影、"柏拉图洞穴上的阴影",我们的认知正不断革新,所以,不应继续纠葛于判例法与成文法的森严区别,而应以司法实践作为完善立法的补充。可以预见的是,随着大数据的创新利用,数据价值不断被发现,有关大数据知识产权的纠纷将会不断出现。在司法实践中,与大数据知识产权认定和保护有关的案例将有助于大数据立法的完善。大数据知识产权和传统知识产权有其内在联系和相似性。首先是两者都具有经济性,一方面大数据和各种智力创造一样,前期需要大量的智力和资金投入,大数据收集的边际成本很低,但是先期的计算、存储设备和软件开发设计需要投入大量人力物力。另一方面,大数据同时会带来巨大的经济利益,这与传统知识产权的收益一致。其次,两者都具有排他性、独享性。与传统知识产权一样,为保证经济利益,大数据资源在未被允许的情况下,不应被他人获得或者进行数据处理。再次,两者具有一定的共享性。大数据和文字、视频、音频作品一样,都能够通过网络等途径为他人所共享。大数据知识产权却不能用传统知识产权的方法进行规制,第一,大数据是一个不断沉淀的过程,而且随着数据积累的增加,利用价值同时增大,而传统知识产权是以申报的既成结果为知识产权的保护范围。第二,大数据需要通过与不同数据进行整合才能发现新的价值,这就需要不同的大数据知识产权的共享,因此大数据知识产权立法应鼓励资源的开放。第三,大数据价值的关键是再利用,即它的选择价值。收集信息固然重要,但是数据的价值在于它的使用,这必然关系到数据权即公众需要知情且授权数据的再次使用。

3. 通过前瞻性研究引领大数据立法。法律无外乎是社会经验的总结,但在大数据立法方面,这种经验做法可能会遇到难题。维克托·迈尔-舍恩伯格对大数据立法的紧迫性有其独到的见解:"随着世界开始迈向大数据时代,社会也将经历类似的地壳运动。在改

---

① 人民网:《加强虚拟犯罪立法研究不可或缺》,http://it.people.com.cn/n/2014/1126/c1009-26095491.html,最后访问日期:2016 年 11 月 26 日。

② "301 条款"是美国《1974 年贸易法》第 301 条的俗称,一般而言,"301 条款"是美国贸易法中有关对外国立法或行政上违反协定、损害美国利益的行为采取单边行动的立法授权条款。即通过强化美国对外贸易协定的实施,扩大美国海外市场,迫使其他国家接受美国的国际贸易准则,以维护美国的利益。

变我们生活和思维方式的同时,大数据早已在推动我们重新考虑最基本的准则,包括怎样鼓励其增长以及怎样遏制其潜在威胁。然而,不同于印刷革命,我们没有几个世纪的时间去慢慢适应,我们也许只有几年时间。"①目前情况看,我们在网络和大数据方面的立法还是相对滞后的。我们的大数据立法分散在各个部门法中,并未形成一个严整的体系,立法也往往迟滞于发展形势和司法实践,缺乏前瞻性。从实践情况看,我们的形势不容乐观,一方面为维护大数据的自主权和安全,亟须在立法上进一步扎好法律的藩篱。目前,我们对于大数据安全性方面的保障几乎没有。而近年发生的几次大数据威胁事件已经敲响警钟,暴露出大数据安全性研究方面的滞后。微软操作系统和苹果通信设备之所以敢于对客户数据信息进行"强制性"收集,固然与其技术优势有关,更重要的是我们对大数据安全的危机意识和法律规制不到位。于 2017 年 6 月 1 日起施行的《中华人民共和国网络安全法》对大数据安全有了较为明确的规范,如要求网络运营者应当按照网络安全等级保护制度的要求,履行安全保护义务,防止网络数据泄露或者被窃取、篡改,并明确了网络运营者需要制定内部安全管理制度和操作规程,采取防范网络攻击、网络侵入的技术措施,采取数据分类、重要数据备份和加密措施等数据安全方面的义务责任。另一方面为促进大数据发展,需要在立法上进一步厘清大数据发展的指引规范。大数据立法的目的是促进大数据的平稳发展,大数据在公共管理、商业运营方面的价值已经被发现,这对个人的健康发展也会产生巨大的作用,因此有必要对大数据的发展制定指引规范,如促进大数据分享、共享才能使大数据价值最大化。正如美国经济学家曼瑟尔·奥尔森在《集体行动的逻辑:公共物品和集团理论》一书中主张的:"需要建立合适的激励机制,奖励为共同利益作出贡献的组织与个人,而限制和惩罚不愿承担集体行动成本的'搭便车者'。"可以说,营造关心公共利益的社会文化和建立运行机制才是大数据时代分享、共享利益的行为准则。大数据的应用前景决定了我们必须加快与大数据开放、分享、利益分配有关的法律构建。在数据资源利用的过程中,对数据的分享和所带来利益的分配直接关系到大数据发展前景。如电商获取个人消费数据、导航营运商采集客户的活动数据、社交平台得到客户的社会关系数据、医疗机构提供个人的医疗健康数据、银行拥有个人信贷等信息,当然公共部门的数据将更加全面,只有将这些数据集以创新的方式进行整合、关联,才能充分释放这些数据的潜在价值。以往大数据之所以没有被更有效率地运用,是因为各个数据来源之间没有一致的标准,且碍于各自的规则、利益考量,无法实现数据共享。只有在立法层面制定数据使用和收益分配相关规则,才可能打破企业、行业的界限,实现数据融合与发展。

---

① 新华网:《数据治理,如何打造升级版》,http://news. xinhuanet. com/newmedia/2013-07/09/c_124978344_4. htm,最后访问日期:2016 年 12 月 9 日。

2017 年互联网法律大会·未来论坛综述

陈兆誉　储灿林 *

摘　要:2017 年 11 月 18 至 19 日,由浙江大学、阿里巴巴集团、蚂蚁金服集团主办,国家"2011 计划"司法文明协同创新中心、浙江省高级人民法院、浙江省人民检察院、浙江省公安厅支持,浙江大学光华法学院互联网法律研究中心(大数据＋互联网法律创新团队)承办,以"互联网法学＋人工智能法学"为主题的 2017 年互联网法律大会·未来论坛,在浙江大学之江校区成功举办。来自最高人民法院、最高人民检察院、公安部、北京大学、中国人民大学、中国社会科学院、复旦大学、上海交通大学、北京师范大学、华中科技大学、同济大学、中国政法大学等单位的近 300 名各界专家学者,参与本次大会研讨,为互联网时代的法学发展建言献策。

一、开幕式:互联网法律的意义和现实功能

浙江大学光华法学院副院长郑春燕教授主持了"未来论坛"的开幕式,由浙江大学副校长罗卫东教授和阿里巴巴集团党委委员、副总裁余伟民先生,分别代表主办单位致欢迎词,强调研究互联网法律的重要意义。

罗卫东副校长提出,中国是一个互联网大国,互联网已经成为中国经济增长的新型驱动力。互联网法律大会正是在这种时代背景下应运而生,是互联网时代法治中国、法治浙江的新样本、新参考,是我国在经济上、法治上再次跻身全球领先国家的一个平台。

余伟民副总裁认为,互联网法律研究应当以保障我国互联网经济不断提升国际竞争力为根本目标;互联网法律研究应当立足于解决互联网经济发展过程中面临的问题,始终站在互联网实践最前沿;互联网法律研究应当重视对年轻人犯罪的研究。

浙江省人民检察院党组书记汪瀚检察长、浙江省高级人民法院朱新力副院长、浙江省

---

　* 陈兆誉,浙江大学光华法学院博士研究生,主要研究方向:宪法学与行政法学。储灿林,浙江大学光华法学院硕士研究生,主要研究方向:刑法学。

公安厅王建副厅长,分别代表浙江省人民检察院、浙江省高级人民法院、浙江省公安厅为大会致辞。

汪瀚检察长指出,互联网世界没有国界、没有边际,但需要有共同遵循的法治规则。当前,中国的互联网经济已经不仅仅在市场的广度上占先,而且中国创造正在迎头赶上美国等科技领先国家。然而,中国要真正成为网络强国,必须在世界互联网治理和安全体系中拥有话语权,必须在制定互联网国际规则和标准上有参与、决策和引领。

朱新力副院长提出,未来已来,网络已成为人类生存的必要空间。我们已经进入了人工智能时代,如今以互联网、物联网、大数据、云计算、人工智能、区块链等为代表的信息技术使得社会关系发生了巨大变革,并推动我们的交往方式、专业服务模式和社会治理方式的转型。

王建副厅长认为,要本着开放共治的理念,推动网络安全治理纵深、常态、长效转型升级,携手共建网络空间命运共同体,努力成为维护网络空间安全的守护者,主动研究网络犯罪特点,厘清法律界限,消除各种灰色、黑色中间地带,成为处理互联网与实体经济深度融合发展的推动者。

二、未来论坛:互联网＋法律的发展趋势和挑战

(一)新时代刑事司法的趋势和挑战

卢建平教授从诈骗罪和破坏生产经营罪在互联网时代的新变化切入,阐述互联网新时代刑法所面临的挑战。他提出,在信息时代,刑法中的诈骗行为包括但不限于"虚构事实、隐瞒真相"。同时,互联网时代的诈骗犯罪在客观方面体现出了新变化,即诈骗行为并非一对一,而是一对多。卢建平教授还提出,互联网时代的破坏生产经营行为不限于实体的物理破坏,随着生产经营业态的改变,破坏生产经营也不再局限于传统方法,还应包括其他方法;不仅包括物理破坏,还应包括非物理破坏——凡是对经营业务带来不利后果的活动均可能构成破坏生产经营罪。

刘品新教授通过自己在司法实务一线的观察,结合最高人民检察院公布的第九批指导性案例,从五个角度阐述了互联网新时代的指导性案例所需具备的要素。刘品新教授提出,对于指导性案例:第一,需要有规范程序与证据问题的指导性案例;第二,需要更新型的、而非老旧的指导性案例;第三,需要针对具体罪名要素、而非严格区分此罪与彼罪的指导性案例;第四,需要存在相当争议的、而非完全达成共识的指导性案例;第五,需要罚当其罪的指导性案例。

林维教授从四个方面分析了在互联网大数据时代下,如何确立刑事司法正义的观念。

林维教授提出，第一，明确司法数据的公共性、公开性，就司法数据的公共性、政治性而言，其权利主体是人民，司法作为一种公共事务，由其产生的司法数据自然具有公共性，也因而具有公开性；第二，明确司法数据的透明化，只有了解司法数据，才能知道具体的刑罚制度在今天的社会如何发挥作用；第三，司法效率需要加速，正义需要加速来到，司法改革的核心就是解决司法实务中案多人少的问题；第四，司法平衡性需要提高，互联网时代的公开性会逼迫我们的法院、法官更加重视自己的既往裁判意识，从而使裁判的结论趋于平衡。

王文华教授结合自己对经济犯罪多年来的研究经验，将私法与公法领域很多问题联系起来思考。王文华教授提出，商人自治是市场经济的必然，互联网时代的刑事法治需要尊重商人自治，从而有效规范网络秩序、保障各方合法权益，并提出具体举措：第一，互联网时代的刑事法治的前提是尊重经济规律、运用互联网思维、与时俱进；第二，刑事法治要从侧重维护市场秩序、为建立市场经济体制服务向"秩序与权益"并重、促进平等和创新转变；第三，对公有经济与民营经济，刑法要平等保护；第四，刑事法治需要借鉴商人自治的经验，走向国际化。

庄永廉副主编分别从互联网时代刑事法律的发展沿革及特点、互联网时代刑事法律面临的挑战、人工智能时代互联网刑事法律的发展方向这三个方面阐述新时代的刑事司法。庄永廉副主编提出，互联网时代的刑事法律较之社会发展而言，前瞻性和主动性不足，我们不仅要面临网络犯罪空间的进一步扩张，新技术犯罪与传统犯罪相互交织、升级的局面。同时，新技术的应用、智能化的网络发展趋势也将带来一系列更为深刻的变革。在未来的刑事法律发展方向上，应当以科学理性的态度设定互联网刑事法律体系的理论基调；以新技术的视野实现对互联网发展的主体性回应；以系统的规划实现互联网法律体系的内在协调整合。

在与谈环节，车浩副教授从政策、制度、个案三个层面阐述互联网时代的司法构建。杜宇教授认为，在互联网给传统刑法带来的冲击和挑战面前，刑法应该采取能动性、回应性的策略，同时也该保持一定的节制。付玉明教授结合未来论坛的主题，列举了新时代的刑事司法将面临和需要思考的问题。徐岱教授结合本单元上述嘉宾的发言，提出未来的刑法理论、刑事立法、刑事司法应当立足于大数据之上，予以应对、调整和转变。

（二）互联网＋法律的学术研究进路

范明志副所长从法律面对互联网出了什么问题、现行法律难以应对互联网问题的根源、互联网改变法律的途径这三个方面阐述互联网如何改变法律研究。范明志副所长提出，现行法律难以应对互联网问题的根源在于不承认网络社会关系的独立性。面对互联网的冲击，《刑法修正案（九）》新增非法利用信息网络罪、帮助信息网络犯罪活动罪，刑法开始预备行为实行化、帮助行为正犯化的转变。破坏生产经营罪突破传统刑法的限制，一些互联网行为被认定为破坏生产经营罪的调整对象。范明志副所长进一步提出,互联网正改变法律的根源与价值,比如共享经济的"共享权"将超越个人所有权;互联网正改变法律的产生过程(立法),互联网规则将上升为法律;互联网正改变司法,互联网司法纯粹、无可怀疑。

刘鹏副主编通过观察当前的学术作品,从两个方面来阐述当前法律学术研究和它的时代特色。第一,从发展的阶段来看,可以说实现了从 1.0 时代向 4.0 时代的爬升。我们现在所处的 4.0 时代,法学研究向精细化方向发展,人们开始追求质量、特色和法学研究的品格,也开始构建法学研究的自足化。第二,从发展的速度来看,现在的发展速度是 10% 而不是 1% 的速度的时代。在当前的国情下,要求法学研究放慢速度提升质量与要求法学研究降低质量同样是不能容忍的,也是无法满足时代发展需求的。一方面,时代要求法学研究精细化、高质量,另一方面,时代不允许法学研究慢工出细活,而要快工出细活。

钱弘道教授认为,对于"互联网十学术研究",待在图书馆是搞不成大学问的,只有走进实践,以实践为师才能实现知行合一。要启动智慧法务实践,第一个理由是"一种转向",法学界面临一个重大的转向,就是实践转向。智慧法务会是未来的发展方向,会颠覆整个法律服务行业,一部分法律服务会让位于智慧法务;第二个理由是"一种形态",未来的形态是大数据化的形态,大数据法治是未来法治的新形态;第三个理由是"一种方向",智慧法务实践是法律服务创新的一种方向,必须走进实践,搞实证研究。

张新宝教授介绍了我国《个人信息保护法》起草过程中的研究情况,阐述了制订一部统一的《个人信息保护法》的必要性,提出制订《个人信息保护法》的难点与应对方法。他指出,个人信息保护方面,许多法律都是片言只语地涉及,缺乏基本的框架。在制订《个人信息保护法》上,需要做到以下四点:第一,注意个人信息保护与数据收集利用之间的相互关系,二者不可偏废;第二,将公共机构记录的个人信息也纳入到法律保护的范围;第三,建立统一的监管机制,目前的倾向是由国家网信办牵头协调,共同参与;第四,建立有效的个人信息保护救济机制。

在与谈环节,丁晓东副教授提出,互联网时代给人们在因果关系层面的认知带来了颠覆性变化,这对我们的"互联网十学术研究"是一个很大的挑战。邓子滨研究员结合林维教授和张新宝教授的主题发言提出,公共机构和私人机构掌握的个人信息保护问题应当上升到宪法的层面。李佳欣副编审提出,对于人工智能的学术研究,一方面要防止人工智能给人类带来可能的肆意,另一方面要为人工智能健康发展保驾护航。王铮教授分别提炼了本单元主题发言人的发言内容,并依次发表了自己的看法。

(三)互联网法治十浙江实践的启示

雷小强局长结合义乌市首例"不开发票"敲诈勒索案、浙江省首例反向恶意刷单破坏生产经营案,阐述了各部门在司法实践中加强协作的重要性。雷小强局长提出,加强协作是检察院有力打击网络犯罪的经验总结。第一,观念调整是加强协作的前提,比如有些案件,看似网络维权,实则属于犯罪行为;第二,各部门求同存异是加强协作的基础;第三,打破部门壁垒是加强协作的关键,面对犯罪团伙资源嫁接,司法机关取证难度极大,需要各部门之间的互相配合。

林一鸣副检察长以温州市龙湾区人民检察院办理的一个跨省网络贷款诈骗案件为例,讲述了网络诈骗犯罪惩防。他提出办理案件中的三个难点:第一,对于网络诈骗犯罪,嫌疑人往往学历高,反侦察能力强,犯罪嫌疑人的主观故意难以认定;第二,互联网案件往往涉及面很广,被害人遍布全国各地,事实认定难、取证耗时;第三,犯罪嫌疑人利用网络贷款的程序性漏洞作案,作案手段极其隐蔽。

马卫锋队长梳理了温州市网络犯罪的类型,结合打击网络犯罪的经验,提出了几点设想。他提出,在取证辨认上,派出所的办案区以及看守所的办案区全程录音、录像,犯罪嫌疑人辨认时依法记录,简单的讯问远程进行;在管辖问题上,同级公安机关认为没问题,同级检察院也认为没问题,不需要再申请管辖权;在与互联网企业的合作上,比如和平台合作,平台帮忙提供案件线索、技术支持,司法机关通过打击犯罪,帮助平台查找安全漏洞,同时,平台也帮助司法机关进行专业知识的培训,搭建协作平台,共同提升,让网络环境更加安全。

钱望浙法官深入分析了司法实践中存在的三个难点问题。他提出,第一,司法实务中对电信网络诈骗司法解释中规定的"利用电信网络技术手段实施诈骗"理解存在较多的分歧。适用的范围一般应指点对面的诈骗,但深入利用用户个人信息实施的精准定位诈骗也适用,如购物退款诈骗、航班改签诈骗等,而对于一些虽然用了电信网络诈骗手段,但是对象是特定人的案件,并不适用。第二,针对电信网络诈骗案件中被害人人数众多且到案不全的案件,出现判决后原先不在案的被害人陆续到案的情形,此类案件的判决通常具有一定开放性,在概括性确认了总体犯罪事实的同时,具化了部分犯罪事实,加之通常有大量违法所得查扣在案,所以对于上述情形是有可处理的空间的,但却缺乏法定的操作程序。第三,对于骗取平台优惠券或补贴并套现的行为,将虚构交易,骗取平台优惠券并套现的行为纳入刑法规制,这已取得了司法实务界的共识。

肖清副检察长从加强合作方面,探讨破解网络犯罪案件的办理难题。他提出,网络犯罪具有隐蔽性、智能性和产业化、链条化的特点,给传统办案模式带来了前所未有的挑战。这些挑战可以归结为三个方面:一是对网络犯罪行为的认知难;二是网络犯罪取证、固证难;三是网络犯罪定性处理难。杭州市余杭区人民检察院在浙江省、杭州市检察院的大力支持下,立足区域实际,积极探索,总结归纳出办理网络犯罪案件的余杭模式:一是深化检企协作,努力破解网络犯罪认知难;二是强化部门协作,努力破解网络犯罪取证、固证难;三是开展检校合作,努力破解网络犯罪处理难。

沈佳丽科长从诸暨市人民检察院摸着石头过河的经验,通过归纳总结,提出诸暨做法。她提出:第一,分类专办,打造专门化、精英化办案力量;第二,分化处理,形成"对症下药"的办案方式,比如,分罪名灵活打击、建立"分类讯问"的口供固定模式等;第三,分案指控,探索集约高效的出庭模式,注重诉前沟通,分批起诉、注重庭前沟通,简化庭审程序;第四,集中引导,确立"路标"式诉前侦查模式;第五,集中治理,提升办案"绿色"效能,充分运用"两微一端"等新媒体开展同步法制宣传、采取"一案一总结一建议"的方式,改善社会治理。

在与谈环节,胡耿副总队长提出,应对网络犯罪,要把握"变与不变"的主题,随着互联网的发展,网络犯罪的类型在变化,但刑法的基本理论,比如,罪刑法定原则等理论是不变的。黄曙处长提出,应对网络犯罪,第一,公检法三家需要加强协作;第二,加强法律理论知识的研究,得到专家、学者的进一步指导;第三,在面对网络侵财型犯罪时,检察院探索制定取证审查的工作指引。周德金副庭长提出,应对网络犯罪,第一,明确共识,去杂存真,尤其是对一些程序的证据固定问题明确共识;第二,保持理性、保持克制,刑法立法和解释存在过度化的倾向;第三,加强研究,理论先行,理论服务于实践。

(四)社会创新+法律变革的转型之路

陈忠林教授从"小学"和"大学"入手,谈论"大学之道,在明明德",用"德主刑辅"构建互联网法治秩序。其中,德主:德是人性之凝,是经济之魂,是政治之基;刑辅:法是"明明德"最基本的方式;离开国家的强制性,人们无法防止破坏德的行为;离开具体的法律规则,人们对德的理解会发生歧义。用"德主刑辅"构建互联网法治秩序,第一,观念上"德魂法形",德是法的基本前提、基本保证、基本目的、终极标准,法是德的具体化、规则化、制度化;第二,制度上"民主建设",民主制度是法治内容、功能、目的、标准的根本保证;第三,普通民众的知情权、监督权、有序参与权、最终决定权是民主的基本内容;第四,普通民众的自治,基层自治、单位自律、行业自律、个人自律是法治的基本方式。

李有星教授从互联网金融的视角切入,介绍了互联网金融法律的现状,展望了互联网金融法律的未来。他指出,互联网金融科技给现有金融市场和金融法律带来了变革。对金融法律的未来可能发生的变革,包括金融回归牌照制、适应混业经营的制度变化、强化信息披露制度、信用与反欺诈立法、比特币和虚拟融资立法、针对证券化的法律制度立法、外汇管理与反洗钱、加强金融破产立法、互联网金融法院高效运行以及金融刑法的发展。

吴沈括副教授从新一代电商立法的视角来谈"社会创新+法律变革"。他认为,目前电子商务的发展已经不再局限于以传统 PC 第三方平台为中心的"经典"电商模式,而是日益突出地表现为各类以分享为核心的新型电商业务。新一代电商立法的基本思路应当是:在系统检视现有治理规范的基础上,贯彻经济立法的总体导向,充分利用已有规范资源,避免简单重述原有规定,在新的立法文本中更强调全面消除旧有制度障碍,积极引入产业普及亟须的创新制度安排,进而适应并促进新一代电子商务的可持续发展。

喻海松法官以公民个人信息采用刑法先行的保护路径为例讲述法律变革。他提出,第一,在公民个人信息保护的主体上,要包括外国人、无国籍人在内,因为刑法中的用语是"公民个人信息",而不是"中华人民共和国公民个人信息";第二,在已经公开的公民个人信息是否属于保护对象问题上,对行为人有意公开的,权利人希望传播的信息,纳入刑法惩治范围要慎重,对权利人不希望公开的信息,权利人甚至希望找到行为人要求删除的,不排除可以纳入刑法规定的公民信息范畴;第三,在关联性上,如果公民信息不能与自然人相关联,不具有可识别性,不能成为公民个人信息的范畴。

郑戈教授从"人工+智能"的视角出发,讲述法律行业在人工智能下的创新。他提出,人工智能包含了两个含义:人工和智能。通常理解的智能是生物智能,是经过数十亿年的进化,自然选择才产生的。但自然选择和进化是复杂的,充满了随机性的过程。如果能用人工模拟人的智能的话,那么可以说是革命性的变化,人可以设计并控制智能。现在,人工智能确实朝着人类无法控制的方向发展,如果任由它发展,将会带来意想不到的结果。另外,他指出人工智能目前已被应用于法律职业中的五个重要工作领域:法律研究、电子取证、结果预测、自助式合规审查以及合同分析。

在与谈环节,李洪雷主任提出,社会的创新造就了一些新领域,这些领域存在大量违法行为,司法的滞后性无法应对这些问题,而且行政执法资源的有限稀缺性和行政违法行为存在大量的矛盾,使得行政执法机关没有充分的执法资源来处理这些问题。罗思荣教授提出,社会创新过程中,按照常理推断,既然网络世界是真实世界的反映,虚拟世界的法律应当也是真实世界法律的反映。真实世界的法律应当能够深入于网络世界,这是逻辑的思维前提,我们现实世界涉及的各种权利义务和法律应当同样适用于网络世界。

三、"互联网+犯罪治理"的经验总结和理论前瞻

(一)新型网络犯罪的形态与治理

虞煜军总监通过介绍阿里巴巴与公检法联手打击互联网黑灰产的案例,详细展示了互联网黑灰产业链的操作流程。他提出,市面上主要的手机黑卡有三大块,第一种并且是数量最多的黑卡就是互联网卡,它具有提供流量、收发短信的功能;第二种是实名卡,虽然目前我们手机卡实行实名注册,但照样存在很多平台在帮忙做虚假实名登记;第三种是从国外流入中国的海外卡。这些手机黑卡攻击的内容主要有四大块:互联网金融、电子商务、网络社交、O2O。在治理互联网黑灰产业链中,各相关部门应当从自己的角度出发,做好自己的工作,才能面对庞大的互联网生态链,实现社会共治。

郭泽强教授以数字货币为例,从以下三个方面阐述新型网络犯罪的治理。他提出,数字货币的风险一方面来自系统本身,另一方面是比特币等加密货币以及形形色色的新代币,存在较多的法律盲区,在监管、合规方面也存在较大的不确定性。同时,加密货币还可以用于匿名贩毒、赌博、洗钱等犯罪行为。在监管思路方面,我国对于比特币的风险应该是严加监管和适度的冷眼旁观而不是直接把它关停。在未来的刑法应对上,第一是刑法罪名的重新认识,比如,《刑法》第一百七十条到第一百七十三条的关于货币和伪币的五个罪名,在数字货币成为法定货币后需要重新解读。第二是立法的严密和司法的宽容。我们立法上需要有严密性,司法上需要有宽容性。第三是刑事立法应当具有适度的前瞻性。第四是立法要具有国际视野。

梅哲宾检察官以"zui"好的乳胶品牌、"zui"好吃的曲奇、"zui"具影响力的工业设计师等广告宣传用语为例展开论述牟利性维权行为。他提出,《广告法》第九条第三款规定,广告不得使用"国家级""最高级""最佳"等极限词。对于牟利性维权行为,以威胁的方式向商家索要财物,符合敲诈勒索的要件,其关键在于牟利性维权人是否具有非法占有的目的。这一点司法认定较难,但可以考虑以下三个角度来规制牟利性维权行为:对于个案,可以从细节角度出发,抓住行为人不具有合法依据的行为来认定他具有非法占有的目的;对于类案,单个行为人往往会实施大量的牟利性维权行为,以行为人大量实施为由,认定他有非法占有目的,由量变引起质变;在制度层面上,釜底抽薪,剥离牟利性维权的法律依据。

单勇副教授强调在犯罪治理上,一定要重视犯罪地图,因为地图不仅仅能够复制世界,它更能够构建世界。他提出,基于地理信息系统的犯罪地图是警察的"眼睛"和智能防控的向导。作为数据开放浪潮的产物,犯罪地图的公开能为民众安全生活提供行动参考,通过传播防控知识消除被害恐惧,以信息化技术助力警民互动,是构成犯罪大数据精细化、智能式及综合性应用的重要标志。针对犯罪地图公开的隐忧,通过对照实验,澄清了犯罪热点仅凭经验即可认知的误区,剖析了不法分子利用犯罪地图的观点存在的合理怀疑,发现了被害人地点隐私在我国城市高密度区域受侵犯的可能性较低,阐明了犯罪地图公开并不会加剧被害恐惧。

吴情树副教授以帮助信息网络犯罪活动罪为中心展开,论述了网络帮助行为对刑法的挑战及刑法的应对。他指出,网络帮助行为的出现对刑法的基本理论提出了挑战,冲击了传统刑法关于共同犯罪或者犯罪参与的归责模式,而刑法也积极并及时回应了这种挑战:先是出台了一系列司法解释,后又根据帮助行为正犯化的立法思想,在《刑法修正案(七)》和《刑法修正案(九)》中对部分可罚的网络帮助行为入罪化,并设立了提供侵入、非法控制计算机信息系统程序、工具罪、帮助信息网络犯罪活动罪和拒不执行信息网络安全管理义务罪等相关犯罪。但与普通的帮助行为一样,刑法并不是处罚所有的网络帮助行为,只有当这些行为的社会危害性或者法益侵害性达到可罚的程度,即情节严重的时候,才予以定罪处罚。

张博专家通过介绍"花呗套现案件"和"坏单包赔案件",来讲述数据导侦与网络犯罪打击。他指出,与传统犯罪相比,互联网金融犯罪具有更强的隐蔽性、更广泛的危害性。短短几年,互联网金融犯罪的黑灰产业已经变得非常庞大,非常完整。蚂蚁金服安全部利用数据优势,通过大数据去挖掘犯罪线索,分析线索,并将这些犯罪线索转化成具体的案件,具体的犯罪嫌疑人信息,并提供给公安机关,形成打击的合力。同时,蚂蚁金服安全部在打击的背后,也去研究互联网犯罪最新的形态、特点和手法,并将这些反哺和反馈给大数据模型和策略,从而增强对互联网风控的识别和对抗的能力。

在与谈环节,胡勇副主任提议,国家司法数据中心,特别是犯罪数据,应统一原数据标准,实现公检法犯罪数据的共享。马荣春教授认为,理论永远有传承性,帮助行为正犯化,只是传统刑法学理论需要做出让步,而不是被全盘否定,这使得我们国家的传统刑法学理论更加完善。薛美琴法官提出,要注意研究网络犯罪的特殊性,对网络犯罪实行全链条、全方位打击,注重打击网络犯罪的黑灰产业。张伟副教授提出,在互联网时代,刑法对网络犯罪行为的规制,秉持一个基本的态度,要尽量在法益保护与科技创新之间形成某种平衡,我们的立法要保持一个相对客观的地位,不要过多干涉。

(二)网络犯罪前沿理论

金嬿专家从具体案例出发,对新型网络犯罪的多元性和复杂性进行了讲解和分析。她指出,在网络时代,传统犯罪的犯罪手段和犯罪形式呈现出新的变化和特征:细分程度高、技术发展非常快、犯罪手段不断变化、犯罪黑灰白地带相互交织、犯罪形态聚集。面对网络犯罪手段的新方式、新变化,在处理和打击网络犯罪时应该有一些新的规则,此时对于法律人来说,应该运用自己的智慧去总结、去创新规则。打击互联网犯罪,不是一个人、一家企业或者一个行业所能解决的问题,要全社会共同参与,不断沟通,群策群力,共通维护网络安全。

贾元助理研究员从公民个人信息概念的演变、刑法保护上的发展和对最新公民个人信息司法解释的思考出发,检视侵犯公民个人信息行为的刑事规制。他提出《关于办理侵犯公民个人信息刑事案件适用法律若干问题的解释》的四个亮点:一是进一步明确了"个人信息"的范围;二是明确了《刑法》第二百五十三条之一的立案标准;三是规定了对帮助犯的处罚情形;四是建立了个人信息被第三方使用的合法化根据。同时对个人信息保护领域刑法适用的正当性提出疑问:立法上,出现了个人信息保护领域民事缺失、刑法倒挂的局面;刑罚上,虽然涉案人数众多,但判刑上并不严重;刑法关注的不应该是入口处的限制,而是如何减少对个人信息利用的行为,这是要守住的底线。

李世阳助理教授以南京"反向炒信案"为素材,重新诠释破坏生产经营罪。他指出,破坏生产经营罪在互联网背景下基本上成为一个僵尸法条,第三产业迅速兴起,但我们的法条还停留在第一产业和第二产业。在这样的时代背景下,如果继续将"生产经营"的含义束缚在农耕时代、机器工业时代,一方面,这一法条将逐渐丧失适用的空间,另一方面,会导致刑法对于大量的破坏新兴产业尤其是互联网产业的行为视而不见,造成立法资源的浪费。因此,有必要赋予"生产经营"新的含义,以重新激活这一法条,将"生产经营"扩大解释为"业务"。

于佳佳助理教授从刑法在互联网领域的保护范围不断扩大、犯罪未完成形态和共犯行为独立成罪、高科技侦查手段给传统刑法理论带来新挑战这三个角度来展开论述互联网违法行为的犯罪化对传统刑法带来的挑战。她提出,刑法在互联网领域的保护范围扩大了到了三大信息系统(国家事务、国防建设、尖端科学技术领域的计算机信息系统)以外的所有私人计算机信息系统。互联网时代,犯罪的预备行为和帮助行为予以单独的犯罪化,成立独立的罪名。在高科技给刑法理论带来的新挑战上,以互联网上针对虚拟人体的儿童色情行为为例,认为此种行为至少可以将其认定为犯罪未遂来进行处罚,而不宜将其认定为不能犯。

赵军总监从网络安全的角度来阐述如何规制和打击网络犯罪。他提出,在《网络安全法》实施过程中,有以下三个问题:网络安全产业规模小且缺乏自主可控、网络安全服务和产品提供者缺乏法律保障、网络安全产业缺乏正向激励。赵军总监认为,可以从以下两方面提出解决方案:在法律保障上,保护白帽子等个人健康成长、对网络安全服务提供者设立一定准入门槛、对网络安全服务提供者划分各等级、对网络安全服务提供者赋予特权同时增大责任;在需求侧和供给侧上,给予政策激励,比如税收减免、政府补贴、人才落户优惠、购买服务、行业示范等。

张爽检察官介绍了反射型 DDoS(分布式拒绝服务)攻击的运作方式,以及反射型 DDoS 攻击犯罪在认定上的困境及对策。他提出,反射型 DDoS 区别于普通网络 DDoS 攻击,它不再需要"肉鸡",而是通过伪造被害人的 IP 地址,将大量的反馈直接给了被害人。反射型 DDoS 认定困境在于:证据调取方面,跨境取证存在困难;证据应用方面,攻击过程中形成的证据在计算机类的案件中如何使用是一个新的课题;攻击行为和被攻击行为的因果关系方面,如何证实危害结果来源于 DDoS 攻击;人机的同一性难以证实,攻击机的 IP 地址很难与自然人的身份相对应。相应对策是:在证据调取上,建立新型的国际公约;在证明方法上,通过一些适当的司法解释,降低证明标准,抑或在法律允许的范围内做一些推定,从而解决这种困境;在因果关系上,攻击行为的证明难度要比攻击行为和结果的因果关系更加容易,可以依靠攻击行为的量来认定犯罪;对于人机同一性难以证实,司法实践建议通过手机验证和多个虚拟身份的认证来解决。

在与谈环节,杜小丽编辑提出,刑法论文的研究缺乏系统化的思考,相关研究应该转到一个抽象研究的层面,以理论带动对普遍问题的解决。傅跃建教授提出,影响互联网犯罪的因素众多,因此治理犯罪的手段也应当综合,让现代的互联网技术和传统的中国模式有效地结合起来,形成防范和治理互联网犯罪的天罗地网。连斌总监提出,《刑法修正案(九)》增设了非法利用信息网络罪和帮助信息网络犯罪活动罪,但是为什么法律生效后两年内的相关案件会这么少,这一定是因为司法实践和立法二者存在冲突和矛盾。刘延和副庭长提出,互联网时代的犯罪定性困难,一个行为看起来像 A 罪,又像 B 罪,还像 C 罪或者 D 罪,甚至四不像,这需要我们共同研究。

四、"大数据+司法"的新问题和理论革新

(一)大数据+证据新理论

陈鹿林检察官从电子数据身份关联性的基本问题、审查思路、判断方法为视角论述大数据时代的证据新理论。他指出,对于电子数据来说,身份的关联性特别重要,因为电子数据有虚拟的性质。它对应的身份很可能会身份裂变,也就是一个现实身份可能对应着无数的虚拟身份。在电子数据身份关联性判断时,从电子数据提炼身份特征信息,分析信息特征予以判断。具体而言,第一,从生成机制、内存属性分析,电子数据虚拟世界和案件事实物理世界存在脱节的可能,因此可以建立实名制的以电子数据生成过程为保障的机制。第二,从具体来源、取证过程分析,有一条经验法则:如果跟你无关,你为何能提供,为何在你身上或住处发现? 第三,结合不同电子数据分析判断,当同一身份信息在不同的虚拟世界中同时指向某人时,身份信息的真实性就大大提高。第四,结合传统证据分析判断,挖掘电子数据与传统证据之间的内在关联性。

邓超检察官从电子证据真实性及其强度出发,对电子证据进行重新评价,提出等约计量的概念,取代对犯罪采取精确计量的传统评价模式。邓超检察官提出,要建立一个能够科学评估电子证据真实性及其强度的制度,类似于 DNA 鉴定中,对鉴定结果是用区域阈值来呈现的。这种真实性及其强度是指采用刑事鉴定技术,通过比较与样本同源或者不同源的概率,基于统计分析得到两个概率的比值,从而得出证据真实性的支持率,其背后根源于贝叶斯的概率原理,体现的是我们对于犯罪认识的变迁。在传统犯罪中是基于确定的信息推理得到最后的因果关系,具有很高的可信度。但在信息犯罪中由于不确定的科学方法,这种推定的结果必然是带有概率性的,对于这种结果只能是或然性的推论。

何邦武教授基于现在网络犯罪严峻的态势,分析了如何规范网络电信犯罪的取证、认证,如何判定此类犯罪的属性、确立犯罪数额,介绍了网络电信犯罪惩治中的"新枫桥经验"。他提出,"新枫桥经验"的核心是抽样取证,全案综合认定,诸暨市公安、司法部门的解读是:根据已有的部分被害人的陈述,结合已有的电子数据、交易账单等相关的证据材料加以综合认定全案。虽然各种类犯罪行为的数据是以碎片的形式存储,但这些数据的

提取是依照一定的逻辑,结合公安机关办案的需求,根据嫌疑人在线下行为的特点形成的。

季美君研究员从大数据对法律的冲击出发,讲述了大数据的运用在检察工作中的创新。他提出,大数据给法律研究带来三方面的改变:第一,从注重变量分析到注重量化分析;第二,从注重因果分析到注重相关分析;第三,从注重精确度分析到注重概率分析。在检察领域,大数据的实践价值在于,第一,提升公信力,大数据的基础就是公开,不仅是办案人员能够看到,老百姓也能够看到;第二,促进司法公正,实现同案同处;第三,规范司法办案,比如网上办案、网上管理、网上监督和网上考核,这对于检察官来说,是一个很大的考验。

刘浩阳队长从伪基站打击的法律规制和伪基站的基础原理和取证应用两个方面介绍了伪基站用户数的取证和数量认定。他提出,目前关于伪基站的法律规制法,能找到的超过 5 部,但是明确写明伪基站的只有 5 部。这些规范关于伪基站都提出了"5000 条"这一量词,但是在实践中,我们发现这"5000 条"是有问题的:不仅仅是抽样的问题,还有真实性的问题,甚至新型的伪基站已经拿不到数据了。在伪基站控制端发送数量的认定上,我们很多基层司法机关,就看电脑桌面文件上多少条。如果看这个,基本上都是冤假错案。我们对源代码进行了分析,在电脑桌面文件里随机生成一部分,如果以电脑桌面文件作为判案依据,基本上是错的,因为算法不同,最终证明在日志文件里面的数据是对的,其他都是错的。

周迪从虚拟空间电子数据与传统物理空间证据的区别出发,阐述了以电子数据为主要证据的网络犯罪证明的独特之处。周迪提出,电子数据具有虚拟空间性、系统性、稳定性、多元性的特点。电子证据的印证规则主要是通过两个以上不同来源的证据内容相互证实或者指向同一方向来印证。网络犯罪中,其印证规则主要体现在以下几个方面:第一,电子数据的自我证成,基于电子数据本身、痕迹数据、属性信息构成的体系,电子数据能够进行自我证成,证明自身真实性;第二,不同节点电子数据之间的相互印证,行为的实施、结果的发生涉及网络的众多服务器和终端的证据相互证明;第三,虚拟空间证据与物理空间证据的基本印证,确保虚拟空间证据与物理空间证据内容基本一致。

与谈环节,鲍键处长提出,要推动技术语言与法律语言的融合,要在法庭上用法律语言向法官解释技术语言,将法律思维应用到技术问题上。程闯法官提出,要利用好大数据,首先要把大数据作为刑事诉讼中网络犯罪类型化、规范化的工具,但我们不能放大大数据分析的效果。考核指标、上下级关系、人情往来、被害人态度、被告人的态度及其赔偿能力等相关因素太多,应当充分发挥法官、检察官以及司法侦查部门的能动性。江锴编辑提出,对于法学界与技术界应当予以区分,大数据时代的法学观点,其论证方法应当主要使用法学的论证方法,其他学科的论证方法则是予以辅助的。徐持博士后提出,司法大数据围绕一个中心两个基本点,一个中心是以审判为中心,应对新的犯罪模式,两个基本点是海量数据的整合和数据的应用。

(二)互联网＋司法新问题

林晶晶专家以身份认证黑灰产业的新问题为视角展开,详细介绍了"互联网＋司法新问题"。林晶晶专家指出,身份认证灰黑产业链呈现出虚拟化的特点,上中下游之间以虚拟身份交流,分工极其细化,各链条间无缝衔接。上游是公民个人信息的获取,信息获取渠道已经从农村转向在各大网站论坛发布兼职信息;中游是虚假认证,分工细化,包括放单、主持(中间环节)和递推等;下游是账号买卖,下游犯罪等行为。司法应对的难点在于:第一,源头管控上有难度,很多人在没有被骗,而且知道自己的身份信息给出去可能会被拿去做认证的情况下,仍然给出了自己的信息;第二,产业链相关环节没有法律法规的规制,身份认证技术发展迅速,出现眼纹、声纹识别,人体生物特征方面却缺乏相关法律法规予以保护。

孟红艳检察官以义乌市检察院 2009 年至 2017 年办理的近 20 件侵犯公民个人信息犯罪案件和中国裁判文书网上查阅的关于侵犯公民个人信息犯罪的 100 余份判决书为素材,讲述了侵犯公民个人信息的司法适用问题。她提出,侵犯公民个人信息罪存在以下特点:作案手段多样化;成为网络犯罪的重要上游环节,其中最为突出的是电信网络诈骗;买卖公民个人信息产业投入小、获利大;处罚偏轻。有学者基于 2014 年至 2016 年的 600 余份判决书提出此特点。司法应对上的难点在于:"公民个人信息"范围的界定仍然存在争议;对于"合法经营"的理解和适用存在困难;实践中罪名适用不统一;没有准确理解"违反国家有关规定"的含义。

彭新林副教授以 P2P 平台非法集资行为为视角介绍了司法新问题。他提出,P2P 网络借贷是我们互联网金融的一个重要业态,但近些年来,P2P 平台在实践中出现了一些异化现象,特别是 P2P 平台的非法集资行为。P2P 平台非法集资行为的刑事规制存在发现难、定性难、追赃难和预防难等难点。完善 P2P 平台非法集资行为刑事规制要做到:第一,调整 P2P 平台非法集资行为的刑事政策,严格控制刑法干预的边界;第二,完善 P2P 平台非法集资行为的刑法规范及解释体系,弥补规范缺失;第三,改进 P2P 平台非法集资行为的司法规制机制。

王安异教授讲述了大数据时代下,刷信誉行为的刑事可罚性。他提出,实务中涉及刷信誉的刑事案件较多,理论上法律持否定刷信誉的态度。其理由是,该行为侵犯了商业伦理,而非法益,故不具有可罚性,但刷信誉的反商业伦理性表现为破坏"网络交易中的信用评价系统",有实质的破坏力,应当具有可罚性。第一,在法益侵害上,商业伦理构成市场经济的内在秩序,也成为经济刑法中超个人法益的一部分;第二,在实质可罚性上,刷信誉的反商业伦理性缺乏必要的量化特征,在操作层面难以把握,因而在实质可罚性判断时也就并不显眼,但不足以否定刷信誉行为的可罚性;第三,在罪量要素上,刷信誉的可罚性程度有不同的形式,需通过涵摄具体确定。

周征远庭长基于司法一线的调查分析,探讨网络犯罪的实务规制策略。他提出,面对几乎是爆发式增长的网络犯罪,尤其是危害性最大的源头性、技术性的纯正网络犯罪,立法机关和司法机关总是跟不上节奏。司法人员知识储备不足,认识程度滞后;法律适用困难,立法支持不力;侦查力量薄弱,难以有效打击。应当从以下两个方面来完善我国网络犯罪的刑事法规体系,切实有效打击网络犯罪:第一,在实务操作层面上,转变观念,实行办案机构跨区域化,培养复合型办案人才;第二,在法律适用层面上,适时修改刑事法律,设定扩张解释的规则和程序。

在与谈环节,梁健副庭长提出,充分利用司法解释、法律论证、法律推理的方式,将具有破坏性的行为纳入犯罪治理对象,实现对公正司法的实质追求。谢虹燕高级专家提出,互联网科技的发展给整个社会带来了冲击,社会管理体制缺失,刑法、民法、行政法正处于同一起跑线上。另外,互联网犯罪要研究先行,不能等到有感知后再去研究,避免"徐玉玉"悲剧的再次发生。于靖民法官提出,新科学、新技术走在了司法前面,但司法仍然应当保持靠后的位置,因为司法还需要保证公平、正义和其他社会价值,而这些价值不是产业发展能够带来的。周建达副秘书长提出,司法机关应当树立迭代更新思维,以此应对飞速发展的互联网世界;树立司法自由化的观念,立法缺位时,司法机关裁量权可适当扩大;立法倒逼,司法机关要注重发挥个案的裁判效应。周朝阳科长提出,自然科学给价值判断带来冲击,技术是中立的,但是使用技术的人不是中立的,法律规制人的行为,不规制技术。

五、"人工智能＋法律未来"的反思与展望

(一)人工智能＋管理创新

陈兆誉从预防论的角度出发,通过分析当下对"炒信"行为的规制模式中的诸多问题,创新现有规制框架,认为在当下的规制框架中配套使用信用工具可建立全面而充分的威慑,进而有效阻遏潜在炒信主体,使之放弃违法行为,这不仅考量了执法成本,还具有长效稳定的规制效能。对于信用工具的具体构造,陈兆誉博士提出,在信息的归集上,建立全面、高效的"炒信"信息采集机制;在信息的分级上,实施统一化的"炒信主体"信用评级标准;在信息的公开上,拓展"炒信"信息流动渠道,实现有效传播;在信息的运用上,合法、有效地运用"炒信主体"的信用信息。

邓恒博士从人工智能的司法现代化出发,详细阐述了司法程序、诉讼规则的改造与创新。他指出,在司法程序上,智慧法院将支持全业务网上办理、全流程依法公开、全方位智能服务,实现公正司法、司法为民的组织、建设和运行形态;在诉讼规则上,被告主体身份

确认、系统自动调取证据材料、诉前调解前置、被告关联、送达地址确认、证据的电子化、电子数据证据、庭审和合议的时空等将是互联网技术应用与司法审判各项工作深度融合的成果,借助人工智能实现智慧司法。

冯洋博士后从全球数据流动规则统一的角度论述欧盟个人信息保护的数据流动规则。他指出,欧盟的个人数据保护的法律制度确实是当前各国同类立法中体系化程度最高、保护力度最强的法律制度,但是应该指出的是,在较长的时期内,欧盟的个人数据保护规则很难变成全球统一的规则,主要原因在于欧盟单方面地推行其个人数据保护标准不符合当前全球数据治理多元化的现实。未来数据治理的全球规则应建立在充分尊重世界各国不同的理念、制度以及发展阶段的基础之上。这些规则不应只是某国或者某地区单方意志的体现,而应是全球各国共同参与建设,反映它们共识的结果。

胡凌副教授从互联网平台的一般性理论出发,将平台的基础服务放在应有的重要位置,探讨人工智能时代的互联网平台监管政策。他提出新的平台监管思路:首先,提升社会范围内平台可调动传统资源的流动性,生产性资源需要进一步开放,允许共享经济向更多领域扩展;其次,探索推动数据资源有序流动,推动算法创新,和物理物品、劳动力相比,数据资源在平台经济时代反而具有流动性较弱的市场特点,以至于企业需要以不正当手段获取;第三,提升基础服务的市场效应。新思路不仅要侧重于对基础服务进行监管,还应当根据市场状况逐渐扩大像支付、物流那样的相关牌照市场,给市场更多自主性活力。

夏振海董事从法律服务业的角度对智能社会的法律予以展望。他提出,通过大数据分析可知,社会上的诉讼案件数量每年以倍数增加,但法官数量却不见增加,反而还在减少,律师数量也只是以个位数在增长。司法实践领域"案多人少"的困境突出,缺乏连接,而且人们运用法律服务的成本也很高,司法接近权很小。而随着人工智能时代的到来,科技的发展,比如手机、车辆、各智能化设备几乎能把所有人都联系起来,而法律就没有这样高效连接的能力。

在与谈环节,吴泓助理教授指出,人工智能的民事责任问题本质上是一个算法责任的问题,人工智能的最终责任将是落在现有法律主体的身上。姚魏编辑指出,个人信息权只有在宪法中明确了它的地位后,我们才能在立法中把握它受保护的程度。章浩副院长提出了每个公民都应该有一个电子身份的设想。张敏主任提出,互联网的发展,跨境电商的发展,互联网+国际贸易、互联网+国际航运将成为以后的研究课题。

(二)一带一路+新型法律问题

陈历幸副主编以上海自贸区为例,阐述了信息系统建设方面融资租赁业发展法制环境的现状、问题以及对策和建议。他指出,融资租赁业在信息系统建设方面存在以下问题:商务部和中国人民银行的相关管理信息系统分立,信息分割严重;融资租赁物权属重复登记,查询不便;行业信用体系的信息交流等功能未能充分发挥。并提出以下对策:对全国融资租赁企业管理信息系统的信息搜集和利用方式进行调整;对各种融资租赁物登记公示系统的信息进行整合;由融资租赁行业协会建立行业信用信息系统。

陈敏光博士后从法社会学、法经济学、规范法学的视角,提出网络交易平台经营者民事责任的构设。他指出,网络交易平台经营者民事责任是以内部的网络交易法律关系集合体为基础,同时兼顾横向的竞争法律关系和纵向的经济规制法律关系。对网络交易平台经营者民事责任的构设要:善用,立足于平台经济创新发展的构设;善治,立足于社会责任本位要求的构设;善为,立足于法律规则精细体系的构设。

黄美容法官论述了网络平台中立行为行政责任的司法认定,兼论当前网络平台中立行为民刑两极回应模式的检讨。她提出,对于网络平台中立行为,目前呈现出一种民刑两极回应的模式,除了民法上对于相关主体权利义务的规定外,刑事立法方面正在不断地将一些网络违法行为纳入到刑事领域,使得大量针对网络平台规制的行政行为未得到司法回应,导致司法审查功能失效。网络中立行为产生的行政责任应当有司法回应。在司法认定上,政府往往倾向以最低廉成本达到最佳规制效果,扩大网络平台行政责任便是"捷径"之一,实则有违比例原则。虽然司法裁判面临理论供给不足的窘境,但法官主动适用比例原则对政府规制行为做出法律评价,可平衡网络创新与秩序行政的冲突。

李建星助理教授梳理了支付账户模式第三方支付的法律框架与流程。他指出,在直付型支付账户模式中,付款人通过支付机构向收款人付款,付款人在不同的付款流程中,意思介入程度不同,可以区分为四个子流程:"即时到账",事前订立的托收委托合同;"扫码支付",托收委托合同+提供二维码;"微信现金红包",委托合同+收款人收款指令;"条码支付",委托合同+托收约定+收款人划账指令。在"信用中介型"支付账户中,支付机构未向使用人提供交易保证,但支付委托合同规定的支付机构付款义务以"付款人接受给付"为条件,主要为"淘宝—支付宝"所采取。

汪源博士通过类型化分析我国法院自 1999 年至 2017 年判决的涉平行进口商标侵权的案件,讲述平行进口行为在"一带一路"倡议背景下权利人如何维权,行为人如何降低法律风险。他提出,我国在涉及平行进口商标侵权案件的司法认定上,从国内权利用尽到国际权利用尽转换,权利人维权的方向应当从阻止进口及销售到关注平行进口后是否合理使用商标、字号等转换。在"一带一路"背景下,通过"eWTP"开展平行进口跨境贸易时,电商平台也应该自觉避免在商品在线销售的过程中,可能侵犯商标专有权、不正当竞争的不当行为,以降低由此带来的不必要法律风险。

庄绪龙法官梳理了食品销售领域惩罚性赔偿中"明知"认定的泛化行为,出现套用"违反法定义务"帽子,未经论证直接认定"明知",不当延拓"明知"范畴,将"应知而不知"情形纳入扩大解释等现象。他提出,在食品销售领域,惩罚性赔偿司法适用中的"明知"应当从严把握,亦即必须证明销售者主观过错的范畴为"确定知道"和"推定知道"。第一,销售主体的综合认知能力考察;第二,销售舞弊行为的"一票否决",直接推定其主观上具有"明知";第三,政策性考量的衡平因素,结合食品安全的社会形势,合理认定"明知"要件。

在与谈环节,邱志英专家提出,法律在新的社会实践面前,需要谨慎一点,因为法律的惩罚过于严厉会影响到经济发展的速度以及方向。徐聪助理教授提出,在互联网数据传输呈现集群化的模式下,互联网平台服务商必须转变自己的角色,由旁观者的身份转为主动协作的角色。严学安助理董事提出,对于人工智能威胁法律从业者的工作问题,至少暂时不会构成威胁,只是对法律本身的价值提出更高的要求。

六、结语

本次大会议程紧凑,成果丰硕,共有 54 位主题发言人和 37 位与谈人参与研讨,展现了互联网法学研究的现状,议题涵盖了:互联网时代的学术研究、司法新问题、证据新理论、犯罪前沿理论、行政管理创新、社会创新与未来展望等。各大高校学者分享了最前沿的理论、各司法实务部门和公安部门专家分享了最新的司法实践经验、各互联网企业专家分享了最新的案例素材,提供了互联网技术的专业解答,充分发挥各自研究领域优势,为中国乃至世界互联网法律的立法提供了最新的素材和最前沿的理论,为司法和执法提供了"浙江经验",为互联网企业和中国互联网的未来发展给出了法律建议,为我国建设网络强国的战略目标提供了样本。当然,互联网时代的法学发展需要一代甚至几代学者的共同努力,仍然存在很多具有争议的问题需要解决,让我们 2018 年互联网法律大会再见。

最后,赵骏教授宣布 2017 年互联网法律大会正式闭幕。至此,具有里程碑意义的 2017 年互联网法律大会圆满落幕!

法律方法

19 世纪法律的司法发现理论[*]

[美]罗斯科·庞德　著^{**}　朱振　译^{***}

19 世纪所有的司法裁判理论某种程度上都源自 17 和 18 世纪的自然法思想。根据古典自然法理论，所有的实在法，即为法庭实际裁判提供理据的整个法律律令体，基本上只是对一个理想的完美规则体的微弱反映，这些规则可以得到理性上的支持，并在所有时空、对任何人都是有效的。实在的法律律令的整个效力来自于它们对这些理想规则的遵守。换言之，法学家与法官正力求使裁判的理据遵循一个理想的哲学模式，这个模式依赖于理性，并等同于一个理想的道德模式。18 世纪末期，随着自然法哲学的衰微，这种理想的哲学模式成为一个普遍理想的分析模式——一个逻辑上相互依赖的法律律令体观念。这些法律律令是被国家所命令或权威性地承认的，或者经由逻辑推理而从这些被命令或承认的律令中推论出来的——所取代，或者被一个关于传统原则与观念体的历史模式所取代。这个历史模式表明，人类的司法经验展现了一个权利理念或一个自由理念，而且这个模式为所有的时代确立了法律发展的路线，因为它揭示了上述理念自我实现的轨迹。这一历史模式只是把观察与形塑的任务留给了法学家，此外它只是把"发现历史上所确定的诸多裁决理据，并在观念中构想它们"这一任务留给了法官。

19 世纪这两个主要的模式，即分析的模式和历史的模式，就我们的当下目的而言，正好可以被称之为命令模式与传统模式；和上述两个模式一样，哲学模式在某种程度上也贯

---

  * 这三篇演说中的第二篇于 1923 年 1 月 9 日、17 日和 23 日发表于纽约市律师公会（Bar Association of the City of New York）。《司法裁判论》是庞德发表在《哈佛法律评论》1923 年第 26 卷第 6—8 期上的一个系列文章，共分为三个部分，分别讨论了司法裁判的素材、19 世纪法律的司法发现理论和他那个时代的司法裁判论。本文即为这三篇演说中的第二篇，文章来源为：Roscoe Pound，"The Theory of Judicial Decision II. Nineteenth-Century Theories of Judicial Finding of Law"，Harvard Law Review，Vol. 36，No. 7，May，1923，pp. 802-825.——译者注）

  ** 罗斯科·庞德（Roscoe Pound，1870—1964），美国著名法学家和教育家，1916—1936 年任哈佛大学法学院院长；社会法学派在美国的创始人和代表者，被 The Journal of Legal Studies 列为 20 世纪最多引证的学者之一。代表作为：Roscoe Pound，An Introduction to the Philosophy of Law，Create Space Independent Publishing Platform，2014；The Ideal Element in Law，Liberty Fund，2002；Jurisprudence（5 Vols.），The Lawbook Exchange，Ltd.，2000.

  *** 吉林大学法学院、理论法学研究中心教授、国家 2011 计划司法文明协同创新中心研究员。本文系教育部重点研究基地重大项目"权利视野下法治政府建设的理论与实践研究"（项目号 16JJD820005）阶段性成果。

穿了整个 19 世纪——部分地表现为自然法理论的各种形式,而部分地又表现为形而上学理论的形式。19 世纪末,哲学的、分析的和历史的理论在某种程度上都融进了一个实证主义的理论。尽管许多论者在竭力推进这个理论,但相对而言,它对法庭裁判几乎没有影响。按照上述理论对美国司法裁判影响的先后次序,我们可以承认 19 世纪存在着五种理论:(1)各种衰败阶段的自然法理论;(2)分析的或命令的理论;(3)历史的或传统的理论;(4)形而上学的或演绎自作为自由之必然结果的权利的理论;(5)各种形式的实证主义理论。

当自然法理论已经在垂死边缘停滞不前的时候,我们却开始引入自然法理论,并使其依次发挥形塑我们的法律素材并提供裁判之依据的工具作用。我们诸多制度形成期——即从通过联邦《宪法》到南北战争这一时期——的最急迫的法律问题就是制订规则,也就是提供关于众多法律律令的一个器具以满足美国人生活拓宽的需要。这一问题决定了我们的法院体系、司法组织,并在很大程度上决定了 19 世纪的前 3/4 的时间里我们法律发展的过程。相比于为未来制定出合理的、逻辑上一贯的且在抽象性上正义的规则,只是公正地裁决特定案件,是较为不重要的。我们法院的主要精力都转向了在我们的每一个司法管辖中经由司法裁判发展一个法律体,这大约持续了一个世纪的时间。司法活动最重要的部分就是要发挥确定法律并宣布法律的功能。一连串精巧的上诉制度与新的审判寻求以确保最终裁判的理据是如此谨慎,以至于能成为一个精巧的清晰的先例。自然法理论尤其适用于这一目的,而且当新的州在我们连续向西扩张的浪潮中建立时,自然法被赋予了新的生命和新的形式,直到近来,通过司法来为新的州发展普通法的工作已获得实质性的成功。因此,自然法理论在旧大陆已经是一个死掉的理论,然而在美国还生机勃勃。这是因为,我们必须把司法裁判视为一个工具,来为一连串新的司法管辖提供一个法律体。

在欧洲,18 世纪后半叶,自然法理论正在从一个创造性的理论变成了一个稳固化的理论。自然法是一系列得到普遍适用的永恒原则,从这一命题出发,人们认为,经由理性的努力也许可以一举发现整个原则体。因此,根据这些原则来批评现存的规则被视为法学家的责任;不仅如此,他们的责任还在于,完全地适用这些永恒的原则,并以法典的形式呈现出来。于是在 18 世纪中叶,一个强大的法典编纂运动到来了。这一运动结出了如下硕果:《腓特烈大帝法典》(1749,1780—1794)、《法国民法典》(1804)和《澳大利亚民法典》(1767—1811)。伴随这一法典编纂运动而来的是一个绝对政体的时代,典型的就是法国路易十四的君主政体,于是这一运动越来越导致了如下一种法律观,即把法律视为由国家权威性宣布的东西,之后这个观念就成了19 世纪分析法学家的信条。因此,自然法就具体化了。它不再是创造性立法的一个理想模式,而是关于法律之体系性和权威性陈述的一个理想模式。这一模式站稳了脚跟——在关键时刻我们一直视之为一个创造性的工具。

在美国形成期,自然法中的另一个稳定性因素是把欧陆法学家所宣称的人的自然权利等同于柯克和布莱克斯通所宣称的英国人的古老普通法权利。自然法把法律等同于道德,于是,处于一个抽象的完美状态中的完善的人所担负的道德义务,以及此状态中这个人所具有的某些品质(他借此应该拥有某些事物并做某些事),提供了一个抽象而普遍的法律权利义务体系。19 世纪伟大的法学成就在于创造出一个完全的个体法律权利的体系(a system of individual legal rights),而且这一成就深深植根于自然法理论之中。但是,我们不具备数个世纪以来诠释罗马法文本的工具以满足我们所依赖的条件,而且也无法确保英国法律材料在多大程度上已被普遍认可且具有效力,于是我们不得不在一开始就立即赋予自然权利以某个特定的基本具体内容。而我们实现这一点所采取的途径有:从格劳秀斯、普芬道夫、瓦特尔(Vattel)和伯拉马克(Burlamaqui)的理论中抽取出我们的哲学模型,并往那一模型中注入一个具体的内容,它来自柯克的《法学概论第二部分》(Second Institute)和布莱克斯通的《英国法释义》(Commentaries)①。在这样做时,我们把英国人的古老普通法权利——正如柯克以及追随柯克的布莱克斯通所界定的那样——理想化地发展为一个普世的自然法。因此,这就给我们在司法上形成适应新世界的一个法律权利体系赋予了形式与方向(form and direction)。但是比起古典自然法,它是一个政治的和法律的、而非一个伦理学的形式与方向。在这一关联中,自然法是法律发展中的一个稳定力量,而非如同 17 世纪的欧陆法学家、甚至 18 世纪的波蒂埃(Pothier)那样,成为一个自由的力量(a liberalizing force)。

在美国法律形成期,自然法理论的其他三个方面也同样有利于稳定性。首先,我们几乎从一开始就打算把自然法等同于实在法的一个理想形式。在理论上,实在法只要与普遍且理想的法相一致,就是有效的。但是在实践上,我们是根据其自身的一个理想形式来识别英格兰普通法的。这不是一个新现象。同样地,通过把一种对严格法之律令的理想且合理的发展当成是普遍法的合理模式,罗马法学家赋予希腊的自然正义观(the Greek conception of the just by nature)以法律的内容。17 世纪的法学家也认为,他们所熟悉的罗马法大都是具体化的理性,并因此认为,对于绝大多数情形来说,罗马法诸原则的一个理想发展就等同于自然法。因此,我们用自然法理论来荡除严格法的过时规定和

---

① *Second Institute* 全名是《英格兰法律总论》(*Institutes of the Lawes of England*),全书分四个部分。第一部分是对爱德华四世朝代利特尔顿法官所编《土地保有法》的评论,李乐彤(Littleton)加上的评注,通常称之为"柯克·李乐彤",缩写为"Co. Litt"。第二部分包含对英格兰许多古代的以及其他法令的解释。第三部分涉及叛国罪(high treason)、皇家普通上诉法院(Other Pleas of the Crown)和犯罪原因。第四部分涉及法院的管辖权(the Jurisdiction of Courts)。参见维基百科英文版对"*Institutes of the Lawes of England*"词条的解释,https://en. wikipedia. org/wiki/Institutes_of_the_Lawes_of_England;并参见薛波主编:《元照英美法词典》,潘汉典总审订,北京大学出版社 2013 年版,"Institutes of Coke"词条的解释,第 706—707 页。在美国,柯克的这部著作曾是标准教科书。

Commentaries 全名是《英国法释义》(*Commentaries on the Laws of England*),对这本书内容的简介参见维基百科英文版,https://en. wikipedia. org/wiki/Commentaries_on_the_Laws_of_England。中文译本参见[英]布莱克斯通:《英国法释义》,游云庭、缪苗译,上海人民出版社 2006 年版。

专断规则,并赋予法律内在的逻辑连贯性,2 世纪的罗马人和 17 世纪的西欧正是这样做的。自然法是一个成长的工具,它指引并规划了成长。然而对我们来说,自然法被视为通过司法裁判而发展法律的一个模式,然而在罗马和 17 世纪的欧洲,自然法是通过法学家关于法律应当是什么的沉思来影响法律的。

另一个稳定化的影响因素是这样一个观念,即一个普世的商法——正如欧陆关于这一主题的著述所阐释的——是对自然法的宣告。英国法庭审判始于对每一个案件查明商业习惯实际上是什么(这是一个事实问题)。目前,英国法庭开始考虑商业习惯应当是什么;此外,当法庭判定商业习惯应当是什么(这是一个理性问题)时,商业习惯自身的理性就解决了它是什么,这一认识已成为时代的特征。关于商法的欧陆著述——肯特(Kent)及其同道在约翰逊报告(Johnson's reports)中的每一页内容都依赖于这些著述——是普遍的商业惯例(commercial usage)、现代化的罗马法以及关于应然事物之司法考量的一个大杂烩。它们从头到尾都致力于解放商法。但是它们也致力于固化法律,用边沁的话来说就是使法律成为"可知的(cognoscible)",因为它们合理地确保了法律人所求助的东西,能够既作为咨询的基础,又作为论证的基础。

再次,比较法的一个理想是它宣告了自然法,这样一个观念有利于稳定,并指明了法律的司法发展的方向。我们必须不要忘记,把英国法接受为美国后革命时代(post-Revolutionary America)的法律,并非是一个不可避免的结果,也不是无须斗争就发生了。正是在革命之后的那个时代,法律和法律人并不吃香。许多人本来就喜欢把司法建立在一个非技术性的自然公正(natural equity)的基础之上。通过呼吁拒绝旧世界的法体系,并在自然法的基础上建立一个新的美国法律体,许多人通过掩饰对法律的无知来缓和他们缺乏训练的问题。若拒绝英国法,欢迎法国,这将遭受憎恶之苦,随后将牵连到和英国有关的许多事物上。肯特和斯托里(Story)在战胜上述偏见并确保我们接受英国普通法所采取的诸多手段中,最重要的是他们娴熟地运用了比较法,把普通法规则的一个理想形式认同为民法规则的一个理想形式,并阐明了每一个民法规则可被认同为一个普遍认知到的自然法。

只要适用于美国自然的、政治的、社会的和经济的等等条件的普通法就可被接纳。在这一理论中,以一种更晚近的和特定化的形式(正是以这一形式,并根据对"美国政府的性质"或"美国制度的性质"的遵守,法律律令才被甄别出来),自然法理论更多地具有了 17 世纪的创造精神。事实上,在我们的古典时代,在通过司法方式发展美国普通法方面,具有原创性的东西就是通过这些理念而取得的。根据这些理念,法院拒绝了在英国判例集、商法著述和比较法中所发现的不便宜之处。对自然法的其他识别方式就是借用并改造其他法体系的手段,在这样做的每一个场合,这些理论就成为把我们本土的政治和社会制度发展为法律素材的能动力量。但是在世纪终了之前,可适用性的学说(the doctrine of applicability)已经发挥作用了,而且遵守美国政府与制度之性质的理念已成为压制社会立法的手段,其方式就在于用适合我们制度形成期之乡村社会和拓荒社会的东西来检测社会立法。

在自然法已失去活力之后,自然法理论很快就进入了一个衰退期。在自然法理论一开始就呈现给我们的多数形式中,只有在以下意义上它还是具有创造性的,即它有助于借用和调适明确而周知的法律律令体。于是我们可以理解,在那一世纪末,自然法理论如何容易地成为法律成长的一个障碍,亦即要核查全部有意识的法律改进。我们需要特别注意这一衰退期的一个特征,即 19 世纪后期新卢梭主义的自然法。这一理论认为存在如下转换,即从实在法(即对普遍理想——它是真正的法——一个不完美宣告)到法律(即公意的一个宣告)命令理论的转换。经由这一思维模式(它在我们的政治思想中就像格劳秀斯式自然法理论在我们的法律思想中同样是经典的),法治似乎为其自身提供了一个哲学的证成。立法机关和司法机构的好几个领域都是公意机构。因此,"它被制定"这些言语就不仅赋予随之而生的结果以法律的效力,而且还赋予道德的效力。同样地,"它被考虑且被裁决"这些言语对于随之而生的结果是一个完全的道德保证。最专断的学说,亦即最不正常的和最不便宜的规则,当经由司法裁判而被赋予国家的特征时,都坚持公意的权威性宣告所具有的不可挑战的基础。

在发展和补充由英国普通法、欧陆商法著述和比较法所提供的法律素材方面,当法院被要求利用拓荒期美国的特殊社会和政治制度时,作为一个司法裁判理论,自然法就处于全盛时代,因为它是这样一个学说,即法庭不应再继续从事于一个既定的法律律令体本身,而是要从事于一个理想的、普遍的理性原则体,实在的法律律令体充其量只是这些原则的宣告。除此之外,对于可适合美国条件的标准、对于填补英国法律律令不能适用之处的缝隙,以及对于在没有英国法律素材可用之处采用欧陆商法和比较法,自然法理论也提供了一个方便的教义式证成(dogmatic justification)。当吸收英国法的过程完成时,当不再需要借用欧洲商法时,以及当不再需要比较法上的支持去加强英国规则和制度以反对偏见时,自然法理论就已经完成了它的工作。现如今,一个时期以来,自然法理论致力于证成被普遍认可的法律律令(尽管它们已存在着)、阻止改变并且把我们古典普通法的一个理想树立为自然的法秩序。

在 19 世纪后期,司法裁判理论已逐渐成为分析的或历史的,或既是分析的又是历史的理论。法学家把法律视为国家的命令,由法院机械地适用于司法中,或者将其视为一系列的传统法律律令,国家允许在缺乏其命令时暂且依据这些律令裁判案件,或者将其视为一系列关于人之行动经验和司法经验的构想,通过探究历史,我们就可发现关于这些构想的普遍的支配性原则。在权威性地规定的那些规则中,或者在具体体现于过去司法裁判的传统法律律令中,或者通过对历史上所发现之普遍行为模式的逻辑发展中,法庭找到了裁判的理据。在上述两种情形中,司法的功能或者是发现明确安排好的现存律令,或者是发展这样一个律令。它已经潜在地存在于历史上可以发现的普遍行为模式中,这需要用一个绝对的方法。它只允许在逻辑上确认实在的法律律令及其技术性适用,或只允许对潜在的法律律令及其技术性适用的逻辑演绎。

有四个因素促成了分析的理论,而这种理论在英国法律思想中曾占统治地位。第一个是民族主义的法理念,它兴起于宗教改革(the Reformation),被新教法律神学家发展成为他们反抗罗马以及罗马法之普遍权威的一部分,并在 18 世纪被绝对政府时代的政治理论发扬光大。新教的法律神学家寻求以每一个国家的法律——它被那个国家视为一个神授的制度——来代替罗马法和天主教教会法的世界帝国。这样一个理论正好适合于接踵而来的几个世纪,人们从中看到了现代国家的兴起。此外,在 17 世纪和 18 世纪,法国旧体制的君主制已成为欧洲的政治模式。通过把东罗马帝国从《国法大全》(Corpus Juris)之中获得的立法理论适用于路易十四王国,法律人已发现了能成为现代世界之经典公法的东西。在《法国民法典》达到了顶点的立法和法典化时期,法律似乎被主权者决定性地宣告为社会中最具权威性的理性。随着自然法理论的衰微,人们易于转向这样一个法理念,即法律是主权者的命令。

然而,当命令理论盛行于 19 世纪的时候,它们主要地被视为是对"识别前两个世纪自然法中的法律与道德"这个任务的反馈。在英格兰,边沁显然反抗布莱克斯通所辩护的自然法的这种特征。奥斯丁(Austin)也反对布莱克斯通,不厌其烦地批评他。作为边沁的信徒,由于他早期在军队的训练(因为他的命令和惩罚的理论完全是军事化的),由于他在现代罗马法及其解释、司法裁判和立法之东罗马式理论方面的训练,并且,作为一位大法官法庭的出庭律师,他把法律视为规则——诸如支配土地权益之创立和转让的那些规则——的总和,所以奥斯丁完全赞同命令论。此外,这个理论是两个世纪以来法律成长和自由地吸收英国法之外的素材的硕果,因此它满足了法律成熟期中一个体系化的、逻辑上协调化的,以及稳定化的法律科学的需要。

法律是明示的或暗示的主权者之命令的总和,从该法理论开始,英美分析理论就到了这样一个认识的阶段,即法律是主权者强制履行律令的总和,并形成了如下一种法理论,即法律是法庭上得以承认并强制执行的律令体。需要注意的是,这一学说的晚近形式怎样源自法官在决定普通法中的作用,怎样忽略了只是作为裁判规则之法律的作用,以及怎样忽略了法秩序实际运转中的行政因素。确实,在 19 世纪的四五十年代,分析的理论是一个有关英国不动产(real property)法的理论,而且它普遍地借助查士丁尼文本中的东罗马式理念的帮助。该理论并不是在解释任何时候的司法裁判之真实事实(actual facts),尽管它意图把其自身界定为在分析法庭上实际获得的那些律令。

在奥斯丁看来,司法裁判可以适用一个明确的权威文本,或适用一个司法裁判所的规定以及立法机关所默许的明确规则;或者,通过把解决特定争议的根据建立在当下的普遍行为习惯或实在道德的基础之上,司法裁判就可以把这些根据转化为法律规则。因此,在一个普遍的理想的自然法中,奥斯丁的前辈们为司法裁判找到了一个终极的、绝对的基础;而正是在这些地方,在国家的命令中或(当其缺乏命令时)从普遍行为习惯与实在道德中,奥斯丁找到了一个直接而确定的基础,而这些习惯与道德作为手边明确而肯定的素材,能被用于扩展明确的和蕴涵的主权者命令的范围。

奥斯丁认为,"当习惯因法官的裁判变成规则时,源自于习惯的那些法律规则是至高无上的立法机构的默示命令"。他主要是想表明,习惯法——亦即法体系中的传统因素——本身没有独立于国家的内在权威。正是在奥斯丁获得其教授职位之前的同样研究领域中,德国兴起的历史学派推进了习惯的内在约束性力量;而习惯是正在显露着的经验,权利理念或自由理念正展现于这一经验中。此外,立法、司法裁判和法律著述只是对习惯的宣告与塑造。在某种意义上,这一学说是一个被改变了的自然法理论的形式,因为它把习惯放在了先前世纪放置理性的地方。在某种意义上,历史学派源自于这样一个习惯做法,即把罗马法——通过法庭上的习惯性接受,罗马法在西欧具有了效力——视为一个具有优先性的普遍律令体。在某种意义上,历史学派与那一时代的浪漫思想紧密相关,这一思想试图让任何事情都参照人民精神的自发运动;通过来自人民整体的一个无意识演化,这个运动产生了语言、文学、制度和法律。在有关英国法的古典论者那里,也存在一个关于习惯之内在义务性约束力的类似学说,它源自于中世纪,并在王权与普通法法庭的竞争中被柯克所强化。奥斯丁拒绝了这些学说,他认为,习惯没有且它自身也不具有这样的约束力;但是,万一习惯被司法裁判所采用,并且在特定案件中被作为一个判决的根据,那么它就变成有约束力的了。

奥斯丁认为,通过司法裁判才把实在道德转变为法律;他的这个理论实际上是以上述同样的方式对 17 世纪和 18 世纪如下一个信条的攻击,即道德规则本身具有内在的法律效力。根据自然法理论,道德规则本身对于理性的道德实体是有约束力的,因此是真正的法律;实在法规则寻求赋予道德规则以实效,而且在它们相互符合的程度上,实在法规则从道德规则中获得了其真正的效力。相反,奥斯丁认为,道德规则本身绝不是法律规则。只有法院将其适用到案件的裁判中,并以国家的惩罚为后盾,道德规则才具有法律意义。因此,道德规则是从实在道德转变为法律的。

我们将会看到,奥斯丁并不是在建构一个司法裁判的理论,正像他一直在寻求把那些对他有教益的理论都奠定在一个更为合理的分析基础之上。只有说明了那些他必须与之论战的理论,他才能被理解。他清楚地看到,在法律体系中,命令因素的权威和传统因素的权威,其直接的实践基础是一样的。传统因素不能主张一个更高的内在权威。二者的差异在于其所构想的机构不同,而不在于法律义务的来源不同。

习惯通过司法裁判而转变为法律,当我们检视这一命题时,我们可以轻而易举地发现,对于习惯来说,如果我们所指的是普遍行为的习惯,那么这就很少是真实情况。有一些情形,比如美国中西部的一些州的采矿和灌溉法、商人法的更为早期的发展状况以及关于划线支票(crossing of cheques)的英国规则,在其中,普遍行动的习惯在现时代已成为法律。另一方面,有关通过结算的支票托收的习惯对于已确定的司法裁判过程不产生影响,而且有关合伙的商人习惯对这种法律观——它源自于罗马并延续到与当下的商业合伙无关的一类社团——并不产生影响。关于思考的职业习惯、关于法律目的的职业传统以及关于社会秩序和法律秩序的职业理想,比起普遍行为习惯,是更为原初的裁判素材。请选取任何一个 19 世纪重要的司法裁判,比如 Tulk v. Moxhay,它为关于地役权的法律增添了一个新的知识范围。当然,并没有一个普遍行为习惯支撑那一案件的学理。科特汉姆勋爵(Lord Cottenham)确实使之依赖于一个道德原理。但是,表明这一点始终都是容易的,即他的原则并不支持他的结果,而且为了证成一个可由另一方式达致的结论,他诉诸这一原则。与其说是奥斯丁称为实在道德的那些特定规则被法院所采纳并通过司法裁判转化为法律,还不如说是手边法律素材的被选择和形塑,再通过类比而加以发展,并依照特定时空的一般道德理想以及有关法律目的和社会法律秩序的理想图景来补其不足。错误就在于假设,即我们始于一类明确的律令,通过国家惩罚作为后盾,又把它们转变为另一类明确的律令。这一过程绝不如此简单。

在我的第一个演讲中,我提到了这样一个分析的信条,即存在关于法律的"一个纯粹的事实"(a pure fact),亦即法理学只关涉到这一纯粹的事实——法律存在(the law that is);此外,法理学不再前进一步,不再去探究法律为什么存在、怎样存在以及法律做了什么。我也极力主张,法律的这一"纯粹事实"是一个幻想,因为我们总是在探寻包含在应当是什么的图景中的东西,而无论应当的东西是逻辑的、政治的还是伦理的。但是对于分析法学家来说,应当的东西整体上是一个立法的问题,距离律师和法官的世界相当遥远。因此格雷认为,当一个争议点在一个给定的司法管辖中仍旧未决时,这是一个法理学问题,但是当这个争议点在司法上已被判断时,那么它就不再从属于法学家的科学研究了,而是进入到立者者的领域中。在每一个国家中,那些令人印象深刻的被推翻的案例也许会质疑这一命题。但是,即使这个判决成了一个先例,要是法院多年以后被要求类推适用它,或者在它与作为法律推理之基础——一个判决的理据就建立在这个基础之上——的其他某个裁决之间做决定,又该怎么办呢?法院必须绝对地通过类推的方式来适用它,以至于无论如何都无须再探究了吗?法院必须通过某个技术性的方式——这一方式将把每一种类推形式放置于一个完全确定的且被分派好的领域中——在相竞争的类推方式之间做出选择吗?单个的判决不仅要排除掉直接包含在类推中的争议点,而且还要排除掉类推中所有附随的争议点吗?分析法学家意图继续主张"纯粹的事实"。让我们诉诸事实。在 19 世纪的法律最僵化的阶段,即使在法律的最稳定的部分即不动产法中,上述看法从未是完全正确的;而且在当代法律不止一个的重要部门中,这一看法也是不正确的。分析法学家正在给予我们其关于法律应当是什么的理想,并把法律等同于这一理想;这就正像法哲学家曾给予我们一个伦理自然法的理想,而且还把法庭上可获得的法律等同于这一理想。

　　我们必须不能忽略的一点是,19 世纪的分析法学家正处于孟德斯鸠权力分立之信条的影响之下。因此分析法学家认为,现代社会中司法上的创造性活动最好被视为法律发展的一个相对原始阶段的残留物,这个阶段正处于权力分立已建立之前。分析法学家还认为,直到关于明确之命令的一个完整体系已经建立起来,上述缺陷还将因"法官创造规则"这样一个原始设置而被放大,国家还会暗暗地暂时强化这一设置,直到它设法颁布明确的命令为止。分析法学家把权力分立接受为一个基本的分析信条,于是他推理道:在把分析的理论适用于普通法国家的司法裁判时,存在着一个困难,因为后者仍旧拥有关于国家史上一个更古老条件的诸多特征,在那里司法的、立法的和行政的功能混淆在一起,而未加区分;然而我的理论适宜于充分发达的法律,在其中这些功能被仔细地区分开来。分析法学家认为,如果法律和道德的领域紧密相连,那么这是因为,尽管在一个理论上充分发达的法体系中,司法和立法的功能是完全分离的,但是这一分离在实践中并未得以完全实现。只要分离是完全的,法律就是面向法院的,而道德就是面向立法机关的。只要分离是不完全的,而且还是在这样一个(正如分析法学家所认为的)一再紧缩的领域——法官在这个领域不仅必须执行法律还必须制定法律——中,那么道德规范就必须成为法律,而这样的法律应当作为裁判的规则而存在,但这一点并非如此。

　　你将会一直注意到,当分析法学家在论证时,他实际上承认,其并未在纯粹事实的基础上进行论证。他并不是要抛弃所有的理想,也并不是完全地依照"实然法"。他所要求的是一个完全的分析式的权力分立,以及一个完全的法律规则——它们对于任何案件来说都是充分的——之存在的可能性。关于前者,法院早已停止执行死板的分析路线;而且我们已经逐渐看到,一旦我们超越某些典型的情境,就只存在支撑所有劳动分工的实践考量因素;也就是说,如果其他条件不变,国家机构完成一个确定的任务,这比起试图完成许多不同的任务,能够更好地发挥作用。关于后者,许多法律经验已显示了其无效性。每一部法律和每一个法典将会不断地改变、解释和修订,直到世界静止下来,生命停止活动而不再变化。社会也不会保持足够长期的静止状态以至于可以建立一个甚至只是一时一地的完全的规则体。

　　分析法学家不但假定,可通过一个完全机械的过程来发现实在的法律律令——它们是由国家事先明确规定好的,而在偶发的紧急情况下,把确定的既有普遍行为习惯和实在道德规则转化为法律律令。这个做法只是扩展了这些律令——而且还假定,这可以同样机械地适用所发现的律令。正如分析法学家坚持要严格地把道德从司法考量因素中排除,并把所有的关于法律应当是什么的问题交付给一个独立的立法科学;同样地,基于类似的理由,分析法学家坚持要在司法裁判中排除行政因素,并认为法律的适用是一个完全逻辑的工程。这些观念的明智之处在于,它们回应了这样一种需要,即要超越诺丁汉勋爵甚或更晚时代的衡平法院中以及都铎王朝和斯图亚特王朝执行庭(executive tribunal)中存在的个人行政自由裁量(individual administrative discretion)。在美国,这些观念也是明智的,因为它们回应了殖民地时期和紧接着独立革命之后时期的行政和立法正义问题。但是,这样一个有关司法适用问题的说明,绝非是一个关于司法正义之"纯粹事实"的分析。纵观 19 世纪,通过对州衡平法院首席法官之自由裁量的边缘化、赋予陪审团做出一般性裁定的权力、某些法律标准[诸如适当注意的标准、公用事业公司的合理服务和合理附随设施的标准、受信托者之正当行为标准、对贸易管制中和盖印契约(covenants)相关之交易的合理保护标准],以选择或查明一个规则为幌子而扩大法律适用空间以及通过赋予地方法官在微小案件中的广泛权力。尽管存在着这个分析的理论,我们还是在法律律令之适用的个别化(individualization)方面斩获甚多。在刑法中,我们有一系列个别化的和缓和化的机制:关于虐待的自由裁量、大陪审团(grand jury)的权力、撤回诉讼、总括裁断(general verdict)①以及判决中的司法自由裁量。对于所有的这些来说,现在通过行政裁判所(administrative tribunal)②,我们正在取得广泛的适用权力(powers of application)。确实,在 19 世纪我们曾非常羡慕这些个别化机制,并寻求把行使司法自由裁量权的诸原则转变为不能更改的司法权规则和程序规则。因此,通过为每一类案件——根据经典的英国衡平法,在每一类这样的案件中,州衡平法院的首席法官都要针对特定救济的实际障碍而权衡特殊情境的困难程度——规定一个司法权规则,美国的州法院为限制衡平法的适用努力奋斗了好久。对法律上当然过失(抛开一些具体的情形)的详细规则,我们的上诉法院一直以来都在寻求写下完整的一章。当人们没有停下来、观看并聆听就通过一个铁轨,这就是法律上的当然过失。从一辆正在行驶的汽车上下车、身体的一部分从汽车上伸出来、站在一辆正在行驶的汽车的平台或脚踏板上等诸如此类的行为,都属于法律上的当然过失。审案法官的普通法上的权力就被关于诉讼规则和证据规则的一个精心的设置取代了。在许多司法管辖领域,法院的管辖范围受到了严格的限制,并由上诉审裁处(appellate tribunal)以学术严谨性来进行详细审查。以同样的精神,立法者试图通过关于犯罪等级(degrees of crime)的精巧体系来约束司法判决。上一代的法律著述中遍布这些情况。现在,我们大多数人都会承认,上述根除法律之司法适用中的行政因素的诸多尝试已经完全失败了。时代持续需要实际案件中的结果,而不仅仅需要抽象意义上的正义和一般性的规则;此外,通过持续更大规模地发展行政裁判所,立法机构寻求满足上述需求。

---

① 总括裁断(general verdict):指陪审团做出的概括地宣布原告胜诉或被告胜诉或者刑事被告人有罪或无罪的裁断。不同于特别裁断(special verdict)。参见薛波主编:《元照英美法词典》,潘汉典总审订,北京大学出版社 2013 年版,"general verdict"词条的解释,第 600 页。——译者注

② 行政裁判所(administrative tribunal):在美国,指区别于纯粹的行政机关,有权对相关问题进行审理,行使一定司法职能的行政机关。参见薛波主编:《元照英美法词典》,潘汉典总审订,北京大学出版社 2013 年版,"administrative tribunal"词条的解释,第 36 页。——译者注

19 世纪关于司法裁判的分析理论,不仅对其所意图分析的过程做了一个不正确的说明,而且还敦促法院与律师们为不可能之事而努力奋斗,从而实质地伤害了这一过程,并因此导致大量对司法正义的不满,而当下行政正义的盛行表明这种不满达到了顶点。

但是在实际运行中,分析法理论最令人不满的特征是众所周知的观念法理学(the jurisprudence of conceptions),即这样一种方法:它根据过去的法律经验严格界定某些法律观念,并期望参照这些观念,在相当不同的条件下以及其他社会中适用与这些观念明确相连的规则,从而一劳永逸地裁决未来的案件。因此,通过参照在公元 3 世纪的罗马就被赋予形式的那些观念,能够对无论什么样的法律问题寻找一个普遍的解决方案,这曾成为 19 世纪历史—分析的罗马主义者(historical-analytical Romanist)引以为豪的事。17 世纪的英国法回溯了《(判例)年鉴》中最简易的理想形式,因此基于这一法律,就能够解决任何法律问题,这曾成为历史—分析的普通法法律人的观念。在这一观念中,经营商业的新形式、威胁一般安全的新机构、社团的新形式和新目的、人类关系的新观念以及新的社会习惯,都是不重要的。这里只有抽象的、普遍的法律观念。同样地,个案中的判决结果也都是无关紧要的。按照普罗克汝斯特斯(Procrustes)①的方式,把案件适用于上述观念中就是法官的职责。

历史—分析的观念盛行于上一代人的实践中,有许多例子表明这一方式。确定竞合权利诉讼(interpleader)的当事人长久以来困窘于"相互关系(privity)"②的要求,这付出了阻却双重烦恼之公平原则的代价。这一要求演绎自普通法请求返还不动产之诉中的确定竞合权利诉讼。机械地适用这一要求,就限制了对一个重要的救济措施的适用,而且也是在不公正地对待许多诉讼当事人。以相同的方式,从防止滥诉诉状(bill of peace)③的

---

① 普罗克汝斯特斯(Procrustes)是希腊神话中的一个妖怪,平时以和善的面目出现,殷勤地招呼旅行者到他家,以最好的饭菜招待他们。但他有一个特殊的癖好,每次有旅行者到他家,他都让他们睡在一张特别的床上。他追求完美,如果客人的身高比床长就砍掉四肢,如果更短就拉伸身体,从而使身体和床完美结合。因此,希腊文 Procrustes 的意思就是"拉长者""暴虐者",与汉语"削足适履"表达的含义相近。"普罗克汝斯特斯之床"(The Bed of Procrustes)的故事于是就具有某种哲学上的意义,Nassim Nicholas Taleb 的研究认为,现代文明具有傲慢的一面,就像普罗克汝斯特斯的床一样,强行要求人们符合各种规范,而不考虑其做法的合理性。参见 Nassim Nicholas Taleb, *The Bed of Procrustes:Philosophical and Practical Aphorisms*, Random House, 1st Printing Edition, 2010。在这里,庞德借用这个词表达的意思是,无论案件是否与既有观念相匹配,这种观念论法理学的司法理论都要强行使二者完美结合,而不惜拉长或砍掉不一致的部分。——译者注

② 确定竞合权利诉讼(interpleader)指的是,在有两人或两人以上对由第三人持有的财产提出同一权利主张时,确定该财产究竟应属谁的诉讼程序。相互关系(privity)即法律关系,指在契约当事人、遗嘱执行人与立遗嘱人、财产转让人与受让人、继承人与被继承人、主债务人与担保人等法律关系当事人之间存在的对同一财产权利的相互关系、共同关系或连续关系。分别参见薛波主编:《元照英美法词典》,潘汉典总审订,北京大学出版社 2013 年版,"interpleader""privity"词条的解释,第 721,1096 页。——译者注

③ 防止滥诉诉状(bill of peace)指的是,衡平法上的一种诉状,当原告就同一权利可能与不同的人、在不同时间、以不同的诉讼发生争议时,可提出此诉状,请求法院一劳永逸地裁决该问题,禁止他人就同一请求再行起诉。参见薛波主编:《元照英美法词典》,潘汉典总审订,北京大学出版社 2013 年版,"bill of peace"词条的解释,第 150 页。——译者注

第一个案件的诸多事实中所做的一个分析式演绎推理，不仅限制了那一救济措施，而且还持续地为诉讼当事人带来困扰。此外，机械地适用一个救济之相互性（mutuality of remedy）①的公式，亦即从那些基本的案件——在其中，凭借蕴涵在法律中以及对价无效（failure of consideration）之学说中的所谓条件，衡平法院尝试去做普通法院试图要做的事——中所做的一个过于有限的归纳，妨碍司法将近一个世纪，并在当下不止一个司法管辖领域中，仍旧把正当理由（just causes）排除在法庭之外。

通过把立法强制框入历史—分析的诸观念——这些观念是机械地发展出来的，而没有参照法律的目的或行动的后果——之中，于是在关于法令（比如众所周知的坎贝尔勋爵法）运行的司法限制中，我们可以看到另一个类型的例子。如果加拿大一位丧偶的母亲依赖于她在美国的小儿子的收入生活，并假使她小儿子受到不法伤害并因此再无能力赡养她，那么她能够取得损害赔偿；但是，如果他被不法谋害，那么她就不能取得损害赔偿。如果根据法律唯一的一个受益人是正式的诉讼当事人，对被告所引起的不法致死他也与有过失，其错误行为就可阻却获得损害赔偿；但是，如果他并不是一个正式诉讼当事人，或者不是唯一的受益人，那么他的与有过失的行为就不产生法律效果。

在这样一个国家——它仍旧否认惊吓与单纯精神伤害的损害赔偿，而不管它们怎样显示出身体后果（physical consequences），除非在惊吓或精神伤害应受苛责地产生的当时就存在伤害的意图或某种身体影响——的许多案件中，我们也可以看到其他一些例子。在此，当身体的完整性只包含物理意义上的身体（the physical person）的完整性而不包括内心的宁静时，关于身体完整性之法律权利的一个分析的观念，其创制之目的就是为了解释陪审团审判的一个实际结果，以及在现代心理学出现之前我们关于心灵与身体的诸多知识局限。由于这些法律观念被视为自足的，而且尤其是与生活事实相连，所以这一观念被持续机械地适用，尽管在现代科学看来，其前提假设是错误的。请再比较一下已详加讨论的伤害怀胎母亲（孩子因此生而残疾）的案例。在这里，否认损害赔偿的看法对这样一个观念感兴趣，即法律人格（legal personality）始于出生。我们可以同意，在此类情形中，小心谨慎是必要的，因为要证明对母亲的伤害与孩子出生时的状况之间存在着关联，确有困难。但是不存在这样一种想法，即把这一问题留待医学知识去解决。规则将不会改变，尽管医学知识在改善。根据独立于任何只是纯粹法律考量因素的法律观念，规则必须是一劳永逸地确定的。

在如下这些情形中，我们也可以发现上文所提到的例子：两个人在同一个事故中受伤，其中一个可以获得损害赔偿，而另一个人则不能。因此，假设两位妇女在一个房间里，

---

① 救济之相互性（mutuality of remedy）指的是，在衡平法上，如果合同一方当事人与对方当事人未在相同范围内受到约束，或其救济并非同样广泛，则其可能无法享有衡平法上的救济权。参见薛波主编：《元照英美法词典》，潘汉典总审订，北京大学出版社 2013 年版，"mutuality of remedy"词条的解释，第 940 页。——译者注

一辆卡车过失操作，撞到房门上，且两人都受到了惊吓而患了歇斯底里症。如果其中一个是房屋所有人，另一个是她客人，那么法院的判决将只会允许房屋所有人因疾病获得赔偿，客人就不能，因为前者的赔偿是作为侵害其土地的一个附加的损害项目。再举一例，如果一匹马平时并不表现出有劣性，但擅自闯入他人土地并意外地在这个土地上踢伤了土地所有人和第三人，正如某些人所认为的，前者能够获得损害赔偿，而后者不能。或者，如果在鼓风作业中，主人已尽到适当注意之要求了，石头还是被吹到了邻居的土地上并意外地击中了土地所有人和另一个人，那么结果似乎就是，土地所有人可以把侵害其人身的损害添加到侵犯其土地的损害赔偿中去，而另外那个人则不能获得任何损害赔偿。此外，根据英国的裁判，作为"只存在交易各方之间的责任"这样一个观念的结果，如果一家工厂卖了一辆有瑕疵的汽车，其制造存在过失，那么，假使这辆汽车在开的时候损坏了，并伤害了一位直接买主(an immediate purchaser)，他就可以获得损害赔偿。然而，除了这位直接买主，无人可以获得损害赔偿，除非在购买汽车时，直接买主告诉厂家说，汽车是为另外一个人买的，而且那个人驾车外出并且受伤。

在法律中，这些事情不再被视为 18 世纪中叶的那种情况。转移过失(imputed negligence)①几乎已消失。在纽约，确定竞合权利诉讼中的"相互关系"逐渐被废弃，而且救济之相互性的信条也不再支持允诺的强制履行。在上文所举的鼓风案中，上诉法院在很久以前就允许偶然地踏入土地的那个人也能获得损害赔偿。在汽车案中，英国法庭所做的那个武断的区分被上诉法院拒绝了，而且在 10 年之内就为这一主题找到了一个更好的基础。最近有这样一个案子：一块踏板从一个铁路用地权(a railroad right of way)中伸出来，铁路跨过一道河，而公众有在河里游泳的权利。确实，当审理这个案子的法院被要求接受那些法律观念，并被要求判定：在这个踏板添加到铁路用地权之中并因此成为一个固定装置时，站在踏板的河上那一端的一个人在技术上就是一位侵入者，并因此要免除铁道公司的过失行为；这时，法院就公开谴责观念论法理学，并拒绝认定固定装置的观念以及当事人侵入的观念。

在南北战争(the Civil War)之后的稳定时期，司法裁判的历史理论开始影响美国法律，并在 19 世纪的最后 10 年和 20 世纪早期占据支配地位。在法律中，正如在其他每一件事情中，19 世纪都是历史的世纪。法律的历史理论是典型的 19 世纪理论。它后来也伴随着我们，这只是因为，遵循文艺复兴和宗教改革的创新能量在其他土地上被耗尽后，在美国法律中，还有创造性的工作需要做。因为历史法学是一个关于法律主体之消极的、限制性的思维模式，这种模式是对哲学时代积极的、创造性思维的反动。更直接地说，历

---

① 转移过失(imputed negligence)指的是，基于双方当事人之间的关系，可使一方的过失由另一方负责，例如，代理人在授权范围内的过失可由被代理人负责。转移过失也是否认过失责任的一个理由，即提出原告第三人负有共同过失(concurrent negligence)，从而被告可获得与有过失(contributory negligence)的抗辩。参见薛波主编：《元照英美法词典》，潘汉典总审订，北京大学出版社 2013 年版，"imputed negligence"的解释，第 671 页。——译者注

史法学是对如下这种自信的一种拨乱反正,即可以忽视以法国大革命为标志特征的那个时空的传统法律制度和法律状况。显而易见,在 19 世纪前期,我们还没有准备好接受它。但是在那个世纪的末尾,我们热切地接受它,而这时它在欧洲已日薄西山了。

历史理论有两个特征尤其需要注意。首先,它把一项裁判视为一个发展过程——在此过程中,一种理念正在展现或实现其自身——的暂时结果。根据一种看法,在法律历史中展现或实现自身的那个理念是一个正当的理念,即一个伦理理念,因此法律历史在本质上是一个伦理现象。根据另一种看法,这种理念是一种自由的理念,即一种政治理念,因此法律历史是一个政治现象。在上述每一个版本的看法中,通过回到历史来规划一个时代的法律分析,并进一步使历史成为所有时代之法律发展的严格标准,于是实际结果就是束缚在法律经验主义上,并限制了在司法上通过试错来发现可行的规则。这一理念,无论是正当还是自由,从形而上学法学家那里获得了其哲学内容,并从特定时空之社会理想中获得其法律内容。因此,正当和自由似乎意味着最大化地实现抽象个人之自由的自我主张(individual free self-assertion)的一个条件,而且个人的自由意志似乎是法律科学的核心要旨。

这一形而上学的法律目的观念首先在契约法上影响了英国教科书的作者们。他们坚持不懈地试图使法律吻合萨维尼的意思表示理论,法律使得这一意志(will)发生效力,因此也就通过使得声明人的意志在外部世界生效而实现了他的自由。不止一次,这些作者们成功地使法院认可他们,而且美国作者们当前也采纳了这种部分来自于英国教科书、部分来自于英国裁判的理论。从如下做法中,我们也许可以看到关于上述情形的另一个例子:在 19 世纪,曾试图根据赋予各缔约方之意志以法律效力的当代罗马法理论,来重述关于公共事业(public callings)的普通法。通过"无过失则无责任"(no liability without fault)这一现代罗马法的一般规则来改造英美侵权法,这样一个企图甚至取得了更大的成功。对于解释普通法中侵权行为责任的所有现象来说,这个一般规则从来都是不够的。但是,与这个一般规则不相一致的那些现象被宣布为"历史上的异常",此外,这一形而上学—分析的(the metaphysical-analytical)理念正通过法律责任的整体演化变为现实,并正在现代法律中达致其最完全的发展。当我们聚焦于实际现象而不是去聚焦于证明一个形而上学的责任观来检视历史时,我们足以清楚地看到,这一理论和真实历史的相关性与分析的理论和法律之"纯粹事实"的相关性,在程度上是一样的。

后来,亨利·梅因爵士的巨大权威强化了这一形而上学的历史思维。在他看来,诠释是政治性的。正在法律中实现的那个理念是自由,即自由的自我主张。这一理念正得以实现的那个方式是一个从身份到契约的进步。法律已经且必须持续地远离一些制度、规则和学说,在它们之中,一个人的法律权利和义务是他能从中发现其自身的那个条件的诸多后果。法律已经且必须持续趋向某些制度、规则和学说,在它们之中,法律权利产生于一个有意识的、意志自由的个体,而法律义务是所意图之行动的诸多后果。这一普遍原理完全奠基于罗马法律史,但是当适用于英国法时,就易于显示出这一普遍原理的不充分之处。同样也容易看出来的是，正如我们所知，近来全世界的立法和判决的整个过程都与这一普遍原理相抵触。但是，它为上一代人的法律科学所接受；此外，法官认为其裁决只是从身份到契约之普遍进步中的一些单独步骤。当我们深思熟虑地认识到这一点时，我们也许就理解了为什么从 1890 年至 1910 年美国州法院是如此信心满满、固执己见地认为，现代社会性的立法是违宪的。

历史理论的第二个特征是被称为司法悲观主义的东西，即深信立法无益，并确信，要通过有意识的努力而改进法律是不可能的。首先，历史法学家是教师，而自然法学派的法学家是政治家、外交官和法官。自然法学派的法学家认为，他们能够通过运用其理性而建构出普世法的方案、传授建构性立法的原则并信任诉讼，而历史法学家认为，法律只能通过研究历史而被发现，不信任立法且反对诉讼，这两种认识并不完全是一个他们所生活并进行创作的时代的问题。此外，在这里，历史法学家也是对法典化时代过于自信的立法行为的一种反动；是对忽略过去和如下确信之信念的一种反动，即基于界定了法国大革命之立法特征的那个理据，所有的法律事情能够在一夜之间重新解决。

对要求法律成长的社会大众来说，很少有什么事情比历史思维模式下法律职业中最坚定的那些人的态度更为恼人。在这些人看来，立法（即外行人对改进法律的信赖）是没有价值的。立法寻求制造出不能被制造的东西。法律科学同样是无能为力的。我们也许只能在行为经验和司法经验中看到这一理念的必然展现。司法裁决可以不被要求改变。它必须沿着历史上所确定的路线而必然运作。所有偏离这些路线的企图，无论是通过立法还是通过法律思辨或司法裁判，最终都无法实现。如果是通过立法，这些企图都是违宪的。如果是通过法律思辨，这些企图都是徒然的乌托邦幻想。如果是通过司法裁判，这些企图都是抵触真正的法律的。幸运的是，此类学说比起 20 年前的光景已远不为人所知了；现在，它遭遇了立法的不可阻挡之势、撤销判决的初步方案以及行政裁判所的倍增。

我应当是最后一个质疑历史对于正确理解法律素材及其使用的重要性的人。但是 20 世纪的历史法理论并不是历史的，而是形而上学的。历史法理论认为法律历史是绝对地被给予的；此外，它还为秩序创造了一种理想的历史。历史法理论把制度和学说的历史诠释为去证实形而上学的某些结果。不止一次，基于一个形而上学的历史观所辩护的某些罗马主义观念，历史法理论拒绝历史上真实的普通法原则。因此，普通法上基本的（家庭）关系观念因带有身份性质而被拒绝，并被一个罗马主义的契约观——它与历史上的普通法完全不相一致——所取代。普通法史的无过错责任（liabilities without fault）被打上了反常的烙印。经商人提议所形成的立法以及表达了商业活动之需要的立法被阻止了，这是因为立法是以损害这个罗马法原则——即无人能够转移一个超过他所拥有的更佳的所有权——的前提下而拓展了可沟通性（negotiability）的理念，尽管这样一个人——他有权转移其依法占有的财产给可以安全持有的另一个人——的权利在我们法律中拥有和罗马法上同样好的历史保证。让我再重复一遍，我们所争吵的并不是历史，而是 19 世纪的历史学派及其对历史的形而上学诠释。

实证主义理论也许用三言两语就可以打发。美国式实证主义多半只是强化了占支配地位的历史法律科学的诸多理念。法律发展的普遍规律无法以历史的方式来发现,也无法以形而上学的方式来说明。它们要通过观察和演绎来发现。它们并非形而上学的,而是物理的、生物的或经济的。但是法律实证主义者的资料来自历史法学家,并因此通过历史法学家的形而上学的观点而被看到。因此,观察和演绎确立了同样不容变更的发展路线,这些路线经由历史和形而上学而得以界定。无论第十四修正案是斯宾塞的宣告还是梅因爵士的宣告,结果都是一样的。只有法律实证主义的经济形式提出了新东西。而且幸运的是,那一经济形式把实证主义嫁接于分析法学而不是历史法学,所以对司法裁判没有影响。我高兴地认为,是因为一个更加反社会的立法理论和司法裁判理论就不能被构想出来了。这样一个理论——即立法者和法院只是实现统治阶级意志的代言人,亦即以社会和经济上之统治阶级的自利为基点的一个法律理论,也就是如下理论:当一个阶级正在通过损害前强势阶级从而在经济和社会秩序中获得优势地位时,法学家也许确实只是观察和记录充满绝望冲突的过渡阶段的诸多现象——比起近来对 18 世纪原子论个人主义(近来立法十分害怕它)的任何修正与改造,都对一般安全带来更大威胁。

在评论 19 世纪流行的司法裁判理论时,我们将会看到,我们始于一个创造性的理论,我们用之创制美国普通法。这主要利用了英国的法律素材,但是大量且有效地运用了比较法,并把它们大批地翻译成新世界之政治和社会理想的法律律令。正如建构性工作所进行的那样,创造性理论实际上在变化着。创造性理论在其后期变成了一个稳定性因素,此外 19 世纪末,在创造性理论仍旧苟延残喘之处,它变成了一个阻碍性的力量。在 19 世纪下半叶,创造性理论的位置被分析的和历史的理论取代了。这些理论依赖于以下四个假设:(1)诉讼案件之司法裁判的理据已事先存在于法律律令的整体中;(2)为一个特定案件探寻法律依据的过程是机械式的;(3)将法律依据适用到一个特定案件的过程同样也是机械式的、僵化的;(4)司法完全是这样一个过程:发现事先存在的法律上确定的判决理据、赋予这些理据以事先确定的意义并以逻辑的精确性来适用它们。这些假设与实际情形差异很大,然而它们代表了 19 世纪所努力遵守的司法裁判的一个理想。此外,它们还代表了司法出于某些目的并在某些关联中应当遵守的一个理想。我们的错误在于把这一理想——它适宜于财产和商业交易——扩展到整个法律领域。尤其错误的是,我们把这一理想适用于行为,并适用于企业行为。在此,个别化的要求是持续性的,而且还在通过设置行政委员会而造成对司法正义的连续侵害。就各方面而言,我们都不应当放弃 19 世纪的这个理想。当我们设计它时,它对法律秩序而言是一个与众不同的收获,即使它并不是完全充分的。个人生活中的社会利益迫切要求更好的保护,而财产理论和契约理论对这一任务来说都是不充分的。我们必须学会怎样分割法律秩序的领域。我们必须发现一个科学的理论,它将确保经济秩序所要求的确定性,然而又允许个人生活所要求的灵活性。

思维导向：利益衡量方法的重新定位

——从指导性案例 21 号切入

孙光宁*

摘　要：作为一种重要的法律方法，利益衡量因其主观性较强等特点而难以确定精确的操作方式与步骤。更加现实的选择是将利益衡量定位为一种司法过程中的思维导向。通过对指导性案例 21 号的分析可以看到，此种定位的利益衡量在司法过程中发挥作用大致有两个阶段：首先基于利益位阶关系确定基本判决走向，然后通过其他操作性更强的法律方法（例如文义解释、体系解释、目的性限缩等）进行验证、修正和完善。在现有的其他指导性案例中，利益衡量也以多种样态广泛存在，由此我们可以大致总结作为思维导向的利益衡量所应当具备的一些适用方式。利益衡量归根结底仍然依赖于法官的个人素质，尤其是法律方法论素质。通过对指导性案例的研习，能够帮助法官提升以利益衡量为思维导向、形成高质量判决的能力。

关键词：利益衡量；指导性案例；利益位阶；公共利益；法律解释；法律推理

随着法律体系基本建成，中国法治深入发展的重心更多地侧重于司法领域。面对着纷繁复杂的社会纠纷，司法过程很大程度上是一个对多种利益进行确认和重新分配的过程。因此，这一过程不可避免地包含着司法者对相关利益的解读、界定和认可，从法律方法论的角度来说，以上情况都使得"利益衡量"成为一种重要的法律方法。[1] 但是，这种定位上的利益衡量面临着很多操作和适用上的困境。一方面，在理论梳理和引介上，虽然有着大量以利益衡量为名展开的研究，但是，在这虚假繁荣的背后，因第一手资料的欠缺，学界对这一理论所导致的对何为利益衡量论、如何进行利益衡量等基本问题存在

---

　　* 山东大学威海校区法学院副教授，博士生导师，山东大学（威海）法律方法论基地研究人员。本文是笔者主持的 2015 年国家社会科学基金青年项目"指导性案例在统一法律适用中的运用方法研究"（15CFX006）的阶段性成果。

　　① 目前，国内法律方法的很多教材和专著都将利益衡量作为一种独立的法律方法，参见陈金钊主编《法律方法论》（北京大学出版社 2013 年版）第六章，杨仁寿著《法学方法论》（第 2 版）（中国政法大学出版社 2012 年版）第七章，王利明著《法学方法论》（中国人民大学出版社 2011 年版）第十二章，梁慧星著《裁判的方法》（第 2 版）（法律出版社 2012 年版）第五讲，陈林林著《裁判的进路与方法——司法论证理论导论》（中国政法大学出版社 2007 年版）第三章，孔祥俊著《司法理念与裁判方法》（法律出版社 2006 年版）第八章等。

大量误解。① 另一方面,在利益衡量的实践运用中,该理论也存在着不少难以解决的困难,例如主观性太强,缺乏有效的制度和规则规制;由于深受法律经济学的影响,利益衡量往往直接甚至全部体现为经济利益上的衡量。然而,单纯适用法律经济分析的方法是有缺陷的,至少是不全面的。② 而且,利益衡量的核心问题——衡量标准问题也无法形成统一结论。③ 虽然也有学者总结了适用利益衡量的理想操作模式④,但是,这种过于"理想"的模式仍然无法解决利益衡量在具体适用中的操作难题。在司法实践中,运用利益衡量能否达到符合理性的实质正义,取决于理论研究状况、社会价值观、法官素质、司法环境等诸多因素。毋庸讳言,利益衡量方法在我国的司法实践中尚存在许多不尽如人意之处,呈现出无序和混乱状态。主要表现为不具备适用前提、衡量方法不恰当和论证说理不充分等等。⑤ 换言之,虽然法官在司法过程中每时每刻都在进行着利益衡量的思考,但是,也正是这种无处不在的状态使得利益衡量难以总结出比较明确而细致的操作步骤与规程。我们不能完全排除在理论上为利益衡量设计出完美操作步骤的尝试及成功的可能,但是,就目前的司法理论来说,在无法排除法官主观性的背景下,利益衡量始终要面临着具体适用上的困境。我国司法实践中相关的不足,也仅仅是该困境的具体表现。

既然利益衡量理论在具体操作和适用上面临着难以解决的困境,而审判实践又需要对涉案利益进行裁判,那么,更为现实的选择就是将利益衡量视为一种思维上的导向,这是解决以上困境的"退而求其次"的对策。这种整体思路上的转换不再将利益衡量视为一种操作过程,而将其定位为适用其他更具有操作性的法律方法(例如法律解释方法)之后形成的结果导向,也即其他法律方法的适用场合与条件。基于此种对利益衡量理论的定位,我们不必殚精竭虑地为利益衡量去总结、规定或者创制某些具体步骤或者规则,而是在需要对涉案的多种利益关系进行处理时,适用其他更具操作性的法律方法来获得利益衡量的结果导向。利益衡量的精神和理念贯穿于具体法律方法的适用之中,发挥着宏观导向的作用。

将利益衡量定位为一种思维导向,而非具体操作步骤,有其独特的价值和优势,至少可以表现在以下几个方面。首先,这种定位回避了烦琐甚至有些冗余的理论分析。法律方法是为司法者做出裁判提供理论上的参考和帮助,并非直接代替司法者的思考,为利益衡量设计过于"精密"的操作步骤,只会让司法者望而却步、敬而远之,无法真正发挥自身的理论作用。其次,利益衡量的思维导向定位能够发挥出法律方法的"团队优势"。除了

---

① 夏晨旭、张利春:《利益衡量论研究的回顾与反思》,载《山东社会科学》2010 年第 1 期,第 71 页。

② 邹雄:《环境侵权救济研究》,中国环境科学出版社 2004 年版,第 46-47 页。

③ 焦宝乾:《衡量的难题——对几种利益衡量标准的探讨》,载《杭州师范大学学报》(社会科学版)2010 年第 5 期,第 16 页。

④ 赵玉增等:《法律方法:基础理论研究》,山东人民出版社 2010 年版,第 249 页。

⑤ 肖启明:《阻却、突围与规制——司法裁判视角下我国利益衡量的进路》,吕伯涛主编:《司法能力建设的新视角:司法能力建设与司法体制改革研究》,人民法院出版社 2006 年版,第 506-507 页。

利益衡量之外，法律方法的体系还包括法律解释、法律论证、法律推理等，这些方法具有操作性更强、精细化更为明显的优势。将利益衡量定位为整体思维导向，恰恰能够与以上几种法律方法形成合力，在取长补短中发挥法律方法的整体优势。如果仍然努力为利益衡量设计精细的操作步骤，那么，不仅无法形成以上合力，而且这种重复建设也很容易与其他法律方法发生冲突。第三，将利益衡量视为思维导向，能够在一定程度上鼓励法官的创造性和能动性。规则越精细，对于适用者的约束越大。对于大多数普通案件来说，基本的法律解释方法或者法律推理方法就能够解决，无须使用利益衡量。换言之，需要运用利益衡量的场合多是带有一些疑难色彩的案件，例如法律没有直接规定或者规定比较模糊、空白甚至冲突。法官需要运用自由裁量权等因素进行综合判断其中的利益关系及其取舍，其实质是对于最终裁判结果的整体认定和选择，过于精细的利益衡量操作步骤反而会约束法官在疑难案件中的创造性。

为了更加细致地证成以上利益衡量的定位，本文将通过指导性案例 21 号展开具体论证，从该案例切入主要是基于以下考虑。(1)指导性案例具有较高的质量。根据最高人民法院 2010 年底发布的《关于案例指导工作的规定》，每一个指导性案例的遴选都要经过层层推荐和把关，最终由最高人民法院统一发布。这一程序基本上能够保证指导性案例是司法实践中具有典型性的优秀案例，体现了司法者的经验、智慧和实践理性，能够为利益衡量的实践应用提供优质素材。(2)指导性案例具有正式效力。最高人民法院《关于案例指导工作的规定》第 7 条明确规定："最高人民法院发布的指导性案例，各级人民法院审判类似案例时应当参照。""应当参照"就是指导性案例效力的官方界定，虽然对此种界定仍然存在着一定争议，但是，毕竟能够使法官在裁判案件时以正式的方式参照指导性案例。如果能够在类似案件中将"应当参照"落到实处，那么，指导性案例对审判工作的影响将十分深远。对于地方法院的法官来说，研习相关指导性案例，能够获得如何贯彻利益衡量的生动认知，提升其准确运用利益衡量的能力和水平。这对于推动审判过程提高审判质量具有十分重要的意义。(3)指导性案例 21 号的典型性。法官在该案裁判理由部分专门对涉案的相关利益及其关系进行了界定和比较，并最终在权衡的基础上做出了裁判结果。可以说，指导性案例 21 号是集中体现利益衡量的典型案件，值得我们细致分析利益衡量的实践运用，并从中总结出带有共性的规律性内容，为司法者运用该理论提供理论参考和帮助。在社会中的复杂利益冲突越发频繁地涌向法院的背景下，对该案例的细致分析有着特殊的重要性和示范意义。

一、基于利益衡量的裁判结果指向

在指导性案例 21 号中，呼和浩特市人民防空办公室认为，该市秋实房地产公司开发的经济适用房工程应当按照相关法律规定,修建战时可用于防空的地下室,但是该公司经人防办通知后仍然没有修建地下室,也没有缴纳相关建设费。该人防办决定向秋实公司征收"防空地下室易地建设费"(以下简称防空建设费),秋实公司不服此决定而提起诉讼。两级法院都维持了该行政决定。① 从直接的涉案利益主体来说,一方是秋实公司,另一方为人防办。前者主要代表私人的经济利益,而后者主要代表国防安全利益,是公共利益的一个具体表现和组成部分。但是,更加细致地分析涉案的房地产工程可以看到,经济适用房的住户实质上也属于该案的利益主体,而该案的核心问题——秋实公司是否应当缴纳防空建设费,也与该利益主体有着直接关联。

虽然指导性案例 21 号是行政诉讼案件,但是,该案实质上属于不同社会利益主体之间的权利认定和分配问题,更加接近于民事案件的裁判思路。"实际上,行政法的许多概念、规则、原则,都是从'公共利益'这一总的要求出发从私法中借鉴出来的。"②因此,在涉及公共利益与私人利益之间的衡量时,我们完全可以借鉴私法领域中裁判民商事案件的方法论资源。一般认为,多样的利益之间存在着比较固定的位阶关系,而社会公共利益优先于个体财产利益的规则就是其中的基本内容。在指导性案例 21 号中,秋实公司的经济利益属于个体财产利益,而人防办强调的国防利益则大致属于社会公共利益的方面。该案的争议问题在于,秋实公司所开发的经济适用房项目,是为了满足低收入家庭的住房需求,虽然其中带有私人经济利益的色彩,但是,惠及众多低收入群体的经济适用房项目也明显具有社会公共利益的属性。在抽象意义上,社会公众利益和个人经济利益完全实现良性互动,在保护上并不存在根本性的冲突和矛盾:一方面,个体财产利益的有效维护依赖于良好的社会公共环境,只有在社会公共利益得以良好实现的社会,个体财产利益才能得到最有效的保护和最大化的实现;另一方面,个体财产利益的有效保护,也利于促进社会公共利益目标的实现。③ 但是,具体的司法实践并非抽象的理论设计那般完美,个体经济利益和社会公共利益之间仍然会出现错综复杂的关系,如何在具体案件中厘清和界定这些关系,都是对司法者提出的挑战。

就指导性案例 21 号来说,在秋实公司所开发的经济适用房项目上,同时体现了个体经济利益和社会公共利益的双重属性,司法者需要判定其与人防办所代表的另一种社会公共利益(国防安全利益)之间的关系。当然,对于司法者来说,在法律有明文规定的时候直接适用该规定,是判定利益位阶关系的直接方式。但是,对于指导性案例 21 号来说,此种解决思路难以直接发挥效果。

---

① 载《人民法院报》2013 年 11 月 26 日,第 4 版。
② 沈宗灵:《比较法总论》,北京大学出版社 1987 年版,第 109 页。
③ 王利明:《民法上的利益位阶及其考量》,载《法学家》2014 年第 1 期,第 86 页。

从秋实公司的利益出发,开发经济适用房一直享受了多种法律法规的政策优惠。国务院《关于解决城市低收入家庭住房困难的若干意见》第十六条规定,"廉租住房和经济适用住房建设、棚户区改造、旧住宅区整治一律免收城市基础设施配套费等各种行政事业性收费和政府性基金"。建设部等七部委《经济适用住房管理办法》第八条规定,"经济适用住房建设项目免收城市基础设施配套费等各种行政事业性收费和政府性基金"。基于以上两条规定,秋实公司认为防空建设费也属于上述行政事业性收费的类型,人防办的决定缺乏法律依据。

单独从以上两条法律依据来看,开发经济适用房的秋实公司的确能够自圆其说。但是,法官需要更加全面地分析整体案情,才能够真正实现"兼听则明"的效果。本案案情的特殊之处在于,秋实公司在开发经济适用房时,其建设行为存在着一定违法之处。《中华人民共和国人民防空法》第二十二条规定:"城市新建民用建筑,按照国家有关规定修建战时可用于防空的地下室。"由国家国防委员会等部门发布的《人民防空工程建设管理规定》第四十五条至第四十八条针对防空地下室建设问题进行了规定,主要内容是城市新建民用建筑应当按照一定比例修建专用的防空地下室,如果有法律规定的特殊原因不宜修建的,经批准后可以不修建,但是应当缴纳防空建设费。结合本案案情来说,秋实公司开发的经济适用房项目,属于城市新建民用建筑,应当建设防空地下室。秋实公司未修建防空地下室的行为属于违法行为。而有利于秋实公司的两条规定都没有明确,建设经济适用房中的违法行为是否也属于能够免除行政事业性收费的范围。简而言之,在关于经济适用房建设的相关规定中,没有直接条文规定违法建设行为能否免除各项行政事业性收费。

法律规定不明确是造成疑难案件的主要原因之一,也正是利益衡量发挥作用的场合,需要法官发挥其创造性和能动性。本案的主审法官对其中涉及的利益关系进行了区分,并对涉案利益进行衡量之后做出了裁判。在裁判理由部分,主审法官首先总结了基于前述法律规定能够得出的结论:"只有在法律法规规定不宜修建防空地下室的情况下,经济适用住房等保障性住房建设项目才可以不修建防空地下室,并适用免除缴纳防空地下室易地建设费的有关规定。"其后,列出了对裁判本案最为关键的理由:"免缴防空地下室易地建设费有关规定适用的对象不应包括违法建设行为,否则就会造成违法成本小于守法成本的情形,违反立法目的,不利于维护国防安全和人民群众的根本利益。"该理由对涉案的利益确定了衡量之后的结果:从属性位阶上来说,国防安全和人民群众的公共利益优先;从数量比较的角度来说,违法成本应当高于守法成本。

以上核心裁判理由也得到了最高人民法院的肯定和认可:"如果建设单位违反法律规定,逃避人防地下室建设义务,还能享受免收易地建设费的优惠规定,必然会助长不法企业钻法律空子,逃避法定义务,损害国家利益、公共利益……必然导致大量不法企业在有条件建设防空地下室时不依法修建,在战时将严重威胁到国家利益和低收入家庭的生命和财产安全。"①从利益衡量的角度来说,本案裁判理由中对涉案利益的分析和决断是其被最高人民法院遴选为指导性案例的关键,在法律规定不明的背景下,基于利益衡量对疑难案件做出裁判,显示了司法者的高超智慧。

虽然裁判理由的论述是一种从前提到结论的顺序,但是,从利益衡量结果的形成过程来看,往往是法官根据"法律感"先形成结论,然后再进行细致的分析和论述以佐证该结论,这很可能才是司法过程的真相。"利益衡量的操作规则,可以概括为:实质判断加上法律依据。在做出实质哪一方应当受保护之后,寻找法律根据,如果找到了法律根据,仍将该法律根据(法律规则)作为大前提,本案事实作为小前提,依逻辑三段论推理,得出本案判决。如果做出实质判断后,无论如何也找不到法律依据,亦即此实质判断难以做到合法化,这种情形,应当检讨实质判断是否正确,重新进行实质判断。"②结论先行是利益衡量在司法实践中运用的典型特征,这一点也受到了对利益衡量特别关注的日本学者的肯定:无论是加藤一郎还是星野英一都认为,纠纷是利益之争,裁判是对冲突利益的妥当安置,并且,裁判最终要依靠实质的利益衡量,而非形式的法律构成来决定(实质决定论);这种思维的基本构造是先通过实质的利益衡量得出结论,然后再基于检验结论的对错、增强结论的说服力等考虑,通过找法、法律解释等操作,为其披上法律的外衣(结论先行论、法律思维二阶段论)。③利益衡量的这种特点非常符合其思维导向的定位:法官进行实质衡量之后大致确定裁判结果指向,而将其他更加细致的分析过程借助其他法律方法(如法律解释等)进行。

具体到指导性案例 21 号来说,利益衡量的实际过程很可能是法官基于其长期的司法经验和认知,形成判决结论之后在裁判理由部分进行细致说明。在这个过程中,"法律感"或者司法经验和认知发挥着十分重要的作用。虽然我们无法在理论上为每个案件概括出法律感的具体内容,但是,结合具体案情还是能够为法律感的来源寻找某些线索。例如,指导性案例 21 号的核心争议问题就是在法律没有明确规定的情况下,经济适用房工程中的违法建设行为是否也属于免收行政事业性收费的范围。针对违法行为及其产生的利益,有基本的法律原则进行规制:任何人不应从自己的错误行为中获利。德沃金在其《法律帝国》一书中,已经通过 Riggs v. Palmer 一案对该原则进行了细致分析。④ 该原则具有十分基础的地位,被法律职业群体普遍认知和认可,面对着指导性案例 21 号的核心争议问题,具有该原则知识背景的法官能够由此大致形成利益衡量的处理结果,进而确定裁判结果的基本走向。

---

① 最高人民法院案例指导工作办公室:《指导案例 21 号〈内蒙古秋实房地产开发有限责任公司诉呼和浩特市人民防空办公室人防行政征收案〉——违法不建防空地下室应缴纳防空地下室异地建设费》,吕山主编:《中国法律评论》(第 1 卷),法律出版社 2014 年版,第 187 页。
② 梁慧星:《裁判的方法》,法律出版社 2003 年版,第 187 页。
③ 张利春:《日本民法解释学中的利益衡量理论研究》,法律出版社 2013 年版,第 532 页。
④ 〔美〕德沃金:《法律帝国》,李长青译,中国大百科全书出版社 1996 年版,第 19 页。

二、利益衡量导向下的裁判理由论证

现代心理学的研究成果已经表明，判断的结果往往在最初接触基本信息的时候就已经形成了。在司法实践中，不仅利益衡量有着结论先行的特点，甚至整个司法过程也都遵循着这一规律。在法律推理方法的体系中，这一过程被称为"设证推理"(abduction，即回溯推理、溯因推理)。"设证是在每次包摄(即涵摄)之前就进行了。然而精明的法律人几乎都系敏捷而不假反思地在实施这种推论，以致这种推论并未被意识到。"①但是，利益衡量的结论先行特点并不能必然保证结论的正确性，这也是学者们对利益衡量存在一定警惕并提出规制措施的原因。"利益衡量作为法院判决疑难案件的常用方法，没有可确定和可预测的操作程序，主要靠法官或裁判者的自由裁量。从目前实践的情况来看，由于概念过宽等原因，利益衡量极易被滥用。"②为了保证最终裁判结论的合法性、合理性与正当性，对于作为思维导向的利益衡量，我们还需要运用其他更加微观和细致的法律方法进行检测和验证，特别是对其中不合适的地方进行修正和完善。具体到指导性案例 21 号来说，虽然最初能够确定对公共利益应当进行优先保护，但是，这一结论仍然需要经受整个司法过程的检验，尤其是秋实公司一方可能提出更为有力的理由来推翻原初结论。在遵循利益衡量导向的基础上，我们还需要运用多种法律方法进行证成。

(一)文义解释及其缺陷

虽然法律解释有众多具体方法，但是，文义解释方法的优先性已经成为基本共识。文义解释的基本含义是按照法律规范所使用语言文字的一般含义来阐释其意义。无论是为了维护基本法治秩序的目的，还是从提高审判效率的角度来说，法官都应当首先使用文义解释方法。③ 法律规范的一般含义也是诉讼各方参与者能够提出的首要法律理由。在指导性案例 21 号中，无论是秋实公司还是法官，都以明确的法律规范为基础展开论证或者说理，这都能够体现文义解释的优先性。

但是，文义解释方法也有自己固有的缺陷，法律规范意义及其相互关系不明，就是其中的典型代表。在绝大多数普通案件中，法律规范和案件事实大致能够对应，法官适用文义解释方法就能够为判决结论提供正当理由。而对于带有一定疑难色彩的案件来说，法律规范和案件事实往往难以准确对应，或者法律规范内部相互关系不明，这就使得单独依

---

① [德]考夫曼:《法律哲学》,刘幸义等译,法律出版社 2004 年版,第 113 页。

② 焦宝乾、彭金玉:《利益衡量艺术及其规制》,载《法治研究》2010 年第 11 期,第 88 页。

③ 陈金钊:《文义解释:法律方法的优位选择》,载《文史哲》2005 年第 6 期,第 144-146 页。

靠字面含义无法解决案件。需要进行利益衡量的案件大多属于这一情形。正如上文中已经分析的,无论是《经济适用住房管理办法》,还是《关于解决城市低收入家庭住房困难的若干意见》,都没有明确经济适用房开发中的违法行为能否免除行政事业性收费,起码在字面上无法得到直接的答案。

也正是因为文义解释存在着缺陷,才需要运用其他解释方法,共同作用形成裁判结果。"文义因素首先确定法律解释活动的范围,接着历史因素对此范围进一步加以确定,同时并对法律的内容,即其规定做一提示。紧接着体系因素与目的因素开始在这个范围内进行规范意旨的发现或确定工作。这时候,'合宪性'因素也做了一些参与。最后,终于获得了解释结果。"[1]虽然法官需要首选文义解释方法,但是,在文义解释无法完成裁判任务的时候,案件出现了疑难,法官以利益衡量为整体思维导向时,借助于其他解释方法便成为现实的选择。

(二)体系解释方法

体系解释方法强调的是将法律规范置于整个法律体系之中进行考察,通过其与其他法律规范之间的关系阐释其含义,又被称为系统解释。"系统解释要求在法规的背景下对一个法律原理加以理解,而不是单独对其进行考察。"[2]在单独理解法律规范的含义发生困难时,结合其所处的法律规范系统作为背景,能够帮助法官更加准确地理解其含义。"法律条文只有当它处于与它有关的所有条文的整体之中才显出其真正的含义,或它所出现的项目会明确该条文的真正含义。有时,把它与其他的条文——同一法令或同一法典的其他条款——加以比较,其含义也就明确了。"[3]随着数量上的不断增加,法律规范内部的相互关系中,除了冲突之外,还会有印证与合作,体系解释方法正是后者的体现。

在指导性案例 21 号中,涉案的利益主体及争议的核心问题都需要运用多种法律规范,如何处理其相互关系、从而准确地找到最为合适的法律规范作为裁判依据,是法官需要面对的难题之一。以发布者为标准确定的位阶关系来看,《中华人民共和国人民防空法》《关于解决城市低收入家庭住房困难的若干意见》《人民防空工程建设管理规定》和《经济适用住房管理办法》大致按照效力高低进行排序。在实体内容上,下位法律规范不能违背上位法律规范的直接明确规定,这是《立法法》等法律以及法律适用基本原理的要求。在本文前一部分的分析中可以看到,以上四种法律依据中,低位阶的规范性文件并没有直接明确,是否将经济适用房项目中的违法建设行为排除在免收行政事业性收费范围之外。而位阶较高的规范性文件(尤其是效力最高的《人民防空法》)则明确,任何种类的城市新

---

① 黄茂荣:《法学方法与现代民法》,中国政法大学出版社 2001 年版,第 288 页。

② [德]霍恩:《法律科学与法哲学导论》,罗莉译,法律出版社 2005 年版,第 134 页。

③ [法]布律尔:《法律社会学》,许钧译,上海人民出版社 1987 年版,第 70 页。

建民用建筑都应当按照规定建设防空地下室,并没有例外的存在。特殊的情况是,在不适宜建设防空地下室的建筑中,应当缴纳防空地下室异地建设费,在异地建设防空地下室。

通过对以上主要法律依据相互关系的梳理可以看到,低位阶法律依据不明,高位阶法律依据没有排除例外。由此,只要存在着城市新建民用建筑(包括经济适用房),建设单位就应当建设防空地下室或者缴纳异地建设费。基于法律体系内相关法律规范的位阶关系,我们也能够看到本案裁判结论的合法性与合理性。这一点也得到了其他规范性文件的支持和肯定。[1] 从利益衡量的角度来说,高位阶的法律规范所适用的范围更广,相应地也会关注更大范围内群体的公共利益,低位阶的法律规范则相反。需要经济适用房的群众,包含在国防利益所针对的群众之中,后者的利益位阶也更高。因此,在运用体系解释方法阐释意义不明的法律规范时,优先适用高位阶法律依据,与照顾更广泛、更关键的利益群体,在本质上是一致的。

(三)目的性限缩(漏洞补充)

在指导性案例 21 号的裁判理由中,法官对于主要法律依据中并没有直接明确的违法建设行为(应建设防空地下室而没有建设)排除在免除缴纳行政事业性收费范围之外,实质上缩小了"建设行为"的范围,而将其仅仅限定于合法建设行为。最高人民法院与之持有一致立场:《关于解决城市低收入家庭住房困难的若干意见》和《经济适用住房管理办法》的相关规定,"从字面看,没有明确适用对象,似乎保障性住房建设一律免收各种行政事业性收费,包括防空地下室易地建设费。但上述两项规定的立法本意是政府通过提供政策优惠,降低保障性住房建设成本,鼓励房地产开发商建设保障性住房项目,从而满足低收入住房困难家庭的购房需求。因此,其免除的行政事业性收费,应当指向的是建设单位的合法建设行为,建设单位违法建设产生的法定义务不应列为免除的对象"。[2] 在这段分析中,最为关键的理由在于"立法本意"。这种基于立法的本意或者目的而对特定法律规范的适用范围进行缩减的法律方法,被称为"目的性限缩"。

在法律方法的体系内,目的性限缩是补充法律漏洞的基本方法之一。法律漏洞的基本分类之一就是开放的漏洞和隐藏的漏洞,前者的含义是:"就特定类型事件,法律欠

---

① 例如《国务院中央军委关于进一步推进人民防空事业发展的若干意见》第九条规定:"城市新建民用建筑要依法修建防空地下室,确因地质等原因难以修建的要按规定缴纳易地建设费。对未按规定修建防空地下室、未按规定缴纳易地建设费的,人民防空部门要严格依法处理。规划部门要严格按照城市控制性详细规划和规划条件核发民用建筑项目建设工程规划许可证,不符合人民防空防护要求的不得发放。任何地方和部门不得将少建、不建防空地下室或减免易地建设费作为招商引资的优惠条件。"

② 最高人民法院案例指导工作办公室:《指导案例 21 号〈内蒙古秋实房地产开发有限责任公司诉呼和浩特市人民防空办公室人防行政征收案〉——违法不建防空地下室应缴纳防空地下室异地建设费》,吕山主编:《中国法律评论》(第 1 卷),法律出版社 2014 年版,第 186 页。

缺——依其目的本应包含之——适用规则时,即有'开放的'漏洞存在。"①填补开放法律漏洞的主要方法是类推适用。目的性限缩则主要针对隐藏的漏洞。"法律文义所涵盖之案型,有时衡诸该规定之立法意旨,显然过广,以致将不同之案型,同置于一个法律规定下……将原为法律文义所涵盖之案型,排除于该法律之适用范围外,故其法律适用之性质,属于法律补充。就这种法律补充,学说上称为'目的性的限缩'。"②由于立法的有限性,一些法律规范的用词或者用语涵盖范围较广,但是,在面对具体案件时,如果完全依据这种过于宽泛的界定,又会造成违背立法原意的消极结果。此时,司法者需要对前述过于宽泛的界定进行限缩,这种"笼统"也是成文法需要进行解释的原因之一。"笼统(generality),或者说包容过广(overinclusiveness)和包容过窄(underinclusiveness),指基于法律的目的、一般的'背景'原则等因素的考虑,法律用语相对于具体的案件事实显得过于笼统——包容过广或过窄。因此,为了在个案中获得最佳解释,就需要限制或背离法律用语的字面含义。"③

在最高人民法院对指导性案例 21 号的解读中,《关于解决城市低收入家庭住房困难的若干意见》和《经济适用住房管理办法》所规定的优惠政策,主要目的是用来鼓励像秋实公司这样的开发商积极主动地建设经济适用房项目。但是,这种鼓励并非没有任何条件限制,当开发商采取违法的建设行为来开发经济适用房项目时,即使在短期内暂时能够完成工程,也会在将来危及社会公众(尤其是经济适用房住户)的长远利益,这违背以上规范性文件的初衷。"如果某个法院对立法者追求的东西比较肯定,那么,就只有在法院对总体立法有某些原则性反对意见时,它才能因立法未能一丝不苟地清楚表达其目的而拒绝实施立法者的目的。"④在通常情况下,法官对大多数案件的审判都要尊重,甚至要严格遵守立法目的。对本案来说,在利益的平衡和博弈中,相关规范性文件所追求的目的,是实现社会公众的长远利益。作为思维导向,利益衡量已经内化在立法目的之中。这也成为法官在指导性案例 21 号中对建设行为进行目的性限缩的根本原因。

在法律规定不明时,依据目的进行选择和应对,是司法者常用的法律方法,在其他指导性案例中也有类似的情况。例如指导性案例 13 号中,裁判理由认为,非法买卖毒害性物质,无须同时具备买进和卖出两种行为,只需要其中一种即可构成"非法"买卖。这实质上也是基于立法的目的对法律规范文义进行了限缩(将两种行为同时具备缩减为单一行为),因为该罪名的目的正是惩罚那些逃避相关部门监管,破坏危险化学品管理秩序的行为,最终目的仍然是为了保护人民群众的生命、财产和健康安全。⑤ 基于目的的不同层

① [德]拉伦茨:《法学方法论》,陈爱娥译,商务印书馆 2003 年版,第 254 页。
② 黄茂荣:《法学方法与现代民法》,中国政法大学出版社 2001 年版,第 397 页。
③ 张志铭:《法律解释操作分析》,中国政法大学出版社 1999 年版,第 131 页。
④ [美]波斯纳:《法理学问题》,苏力译,中国政法大学出版社 2001 年版,第 365 页。
⑤ 载《人民法院报》2013 年 2 月 7 日,第 3 版。

次,目的性限缩也由此可以分为若干种类,包括:(1)依据某一法律规定的目的和意图;(2)依据若干法律规定组成的法律制度的目的;(3)依据法律的立法宗旨。① 指导性案例21号的裁判理由大致属于第(2)种类型。需要特别说明的是,法官进行目的性限缩时,需要把握限缩的"度",不能过度缩小法律规范所涵盖的范围。"法院为目的性限缩的补充时,必须将原文义所涵盖的类型,加以审视,分为合乎规范意旨之类型,与其外之类型,而后依限缩的剔除作用,将不合乎规范意旨部分的类型,排除在该法律的适用范围之外,其补充的过程始告完成。"②对于这种类型化的过程,指导性案例21号的裁判理由以及最高人民法院的解读,仅仅将建设行为划分为合法与违法两种。如果地方法院的法官要参照适用目的性限缩的方法,那么,可能还需要根据具体案情进行其他类型的划分,而不应仅仅局限于合法与违法两种。

(四)法律原则的隐性适用

在司法实践中,大多数案件都是依据法律规则进行裁判,法律规则也是法律方法重点适用的对象。但是,这并不意味着法律原则无法对司法过程和结果产生影响。在特定的案件(尤其是疑难案件)中,法律原则还是会起到重要作用的,虽然未必以直接显性的方式。在指导性案例21号中,"任何人不应从自己的错误行为中获利"原则就是如此。

在面对着多种法律依据及复杂关系时,司法者需要对其进行总体把握,进而选择最为合适和恰当的法律依据,此时,法律原则就能够发挥这种指引作用。"如果在一个案件中涉及多个条文,或者法官在多个条文之间选择时发生冲突,那么法官等法律人就可以用原则确定一种法律关系或协调法律条文之间的冲突。这正是原则统领具体法律条文的含义之所在。法律原则所体现的价值倾向及涵盖面宽的特点,使其正好在此处发挥提纲挈领的作用。法律原则作为对思维者的一种约束,规范着解释者的思维走向,发挥协调作用。"③在指导性案例21号中,双方当事人都提出了有力的法律依据进行论证,在单独分析这些法律依据时也大体能够自圆其说。但是,作为居中者的法官需要进行整体把握。如前所述,利益衡量的结论往往是在最初接触到案件基本信息时就已经酝酿着判决的宏观走向,而作为法律感的重要内容,法律原则实质上此时以间接的方式帮助司法者进行了利益衡量的构建,是利益衡量导向的组成部分之一。

当然,本案中,"任何人不应从自己的错误行为中获利"原则并没有直接出现在裁判理由之中,因为法律原则的直接适用需要具备多种条件。这些条件大致包括:(1)只有穷尽法律规则的时候,才能适用法律原则;(2)法律原则不得径行适用,除非旨在实现个案正

---

① 王利明:《法学方法论》,中国人民大学出版社2012年版,第513页。
② 杨仁寿:《法学方法论》,中国政法大学出版社1999年版,第153页。
③ 陈金钊:《作为方法的原则》,载《苏州大学学报》(哲学社会科学版)2004年第6期,第24页。

义;(3)若无更强理由,不适用法律原则。① 虽然这三个条件并不处于同一层面上,也无须同时满足,②但是,可以肯定,法律原则在司法过程中的直接适用往往面临着很多困难和负担,适用者需要进行大量的论证和说理。这对于当下占有社会资源并不充分、权威性有所欠缺的中国法官来说,是高风险的审判方式。因此,即使在最初通过法律原则等方式确定了利益衡量的结果,法官们仍然不会选择将法律原则直接作为裁判的理由,而是选择在法律原则的指导下分析并确认法律规则之间的关系,并以此作为裁判依据。

需要特别说明的是,除了广泛认可的"任何人不应从自己的错误行为中获利"原则之外,还有一些其他行政法原则也在指导性案例 21 号中以隐性方式发挥着类似作用。例如公共利益原则。二战后,世界各国开始普遍制定行政程序法,以公正为原则,权利保障为目的,《葡萄牙行政程序法典》直接规定谋求公共利益及保护公民权益原则。③ 虽然理论界对于如何界定公共利益从未形成一致意见,但是,这并不能否认公共利益原则在行政法中的重要性。"公共利益的意义表现在它是行政法的核心概念,是行政法的运用、解释和权衡的普遍原则。"④更重要的是,在抽象意义上无法界定的公共利益,却可以在具体个案中通过利益衡量而获得确定的内容,指导性案例 21 号就是例证。公共利益优先于个人经济利益已经成为较为固定的利益位阶关系,行政诉讼案件自然也应当遵守公共利益原则。本案所有裁判理由,都指向将公共利益置于优先的地位,无论是国防安全利益还是居住经济适用房的社会公众利益,都是法官推崇公共利益原则的具体体现。同"任何人不应从自己的错误行为中获利"原则的适用方式一样,公共利益原则也是以隐性的形态在利益衡量的过程中发挥潜在作用,而没有直接表述在判决理由之中。当然,这并不妨碍最终的判决结果在实体意义上巩固、推动和增强公共利益。

再如比例原则,广义上比例原则包括妥当性原则、必要性原则和均衡性原则。其中,均衡性原则又被称为狭义比例原则,或者法益衡量原则,强调的是在造成的损失和获得的利益之间存在着相应的比例关系。比例原则中利益衡量的主体是以司法权为中心而展开的。比例原则的适用过程中,必将面对诸多冲突的利益,进而在不能同时满足各利益的情形下,需要对各种利益进行衡量。⑤ 对于指导性案例 21 号来说,法官需要在综合比较私人利益和公共利益的基础上,确定以较小的惩罚和损失来实现较大的利益。"行政审判中适用比例原则是人民法院在均衡保护的层面上对公共利益和个人利益进行权衡,以选择一种既为实现公共利益所绝对必要,也对行政相对人限制和利益损害最小的手段。因此,

---

① 舒国滢:《法律原则适用中的难题何在》,载《苏州大学学报》(哲学社会科学版)2004 年第 6 期,第 19 页。
② 雷磊:《法律原则如何适用?》,舒国滢主编:《法学方法论论丛》(第 1 卷),中国法制出版社 2012 年版,第 231 页。
③ 王学辉:《行政程序法精要》,群众出版社 2001 年版,第 169 页。
④ [德]沃尔夫、巴霍夫、施托贝尔:《行政法》,高家伟译,商务印书馆 2002 年版,第 324 页。
⑤ 王书成:《论比例原则中的利益衡量》,载《甘肃政法学院学报》2008 年第 2 期,第 25 页。

它实质上是一种利益衡量的过程和方式。"①从这个意义上说，指导性案例 21 号中比例原则的适用，再次展现了利益衡量作为思维导向的地位和作用。

以上几个方面的分析，都是运用操作性比较强的具体法律方法来检验和巩固最初利益衡量所形成的基本判决性质。当然，能够发挥这一作用的具体法律方法还有很多，例如当然解释方法：根据"举轻以明重"，在合法的建设行为都需要建设防空地下室或者缴纳易地建设费的情况下，违法的建设行为就更应当尽此义务。再如，与目的性限缩密切联系的目的解释方法，将涉案的多种法律和规范性文件的目的进行整合之后，以此为依据也可以得到本案的最终结论。可以说，在法官根据作为导向的利益衡量确定判决的基本结论之后，适用更具操作性的其他法律方法也能够形成支持该判决结论的理由（虽然未必都表述在判决理由之中），这样就能够进一步确认利用利益衡量确定的判决结果。

当然，虽然对指导性案例 21 号的前述分析能够形成一致结论，进而巩固利益衡量的结论，这并不意味着每个案件都是如此。如果法官利用不同法律方法分析同一案件的利益衡量结论，却得出了不同甚至相左的结论，那么，就需要根据这些差异结论对最初的利益衡量结论进行修正和完善，最终尽可能地形成一致结论。对该问题的分析可能需要借助于更加复杂和有代表性的案件，已经超越了对指导性案例 21 号的探讨，有待另文细致阐述。

三、利益衡量的多样存在及其具体适用方式

作为一种思维导向，利益衡量普遍存在于司法过程之中，法官总是在对各种利益的确认和取舍中形成裁判结论。指导性案例 21 号是行政诉讼案件，但是，其对利益关系的处理方式与民事案件并没有实质意义上的区别，二者的区别很大程度上只是在于处理的内容和对象不同。"行政法作为公法，其规则的产生并非创造之作，而是从私法中发展、演变出来的；但行政法之所以与私法大相径庭，其间的差异决定性原因在于'公共利益'。"②表面上看，将民事案件中的利益衡量扩展到行政案件，是指导性案例 21 号的创新，实质上二者在源流关系上就相当一致。这也再次体现了利益衡量作为整体思维导向的地位。截止到 2018 年底，最高人民法院已经发布了 20 批 106 个指导性案例，涵盖了主要的部门法，使得指导性案例初具规模。除了指导性案例 21 号之外，最高人民法院公布的很多其他指导性案例也通过不同方式，体现着利益衡量的思维导向作用。我们可以将其大致分为实体法和程序法两个基本类别。

---

① 冯建平：《公益与私益的衡量：论比例原则及其在行政审判中的适用》，《法律适用》2006 年第 5 期，第 65 页。
② 刘莘、陶攀：《公共利益概念辨》，郭道晖主编：《岳麓法学评论》（第六卷），湖南大学出版社 2005 年版，第 39 页。

一方面,由于利益衡量主要是针对实体裁判结果,因此,指导性案例中利益衡量的导向作用直接体现在实体法的运用之中。传统民商事领域是利益衡量的发源地和主要运用场所,利益衡量在该领域中表现得比较突出。例如指导性案例 8 号中,争议的核心问题是,公司在正常盈利的情况下,能否因为出现管理上的"僵局"(公司治理结构失灵)而解散,裁判结果肯定了解散公司的结论。① 这一结论也包含着利益衡量的导向:虽然短期来看,解散正在经营的公司会产生一些消极后果,但是,公司治理结构的规范化能够在长远的角度保证市场经济更加健康。在短期利益和长远利益的博弈中,司法判决选择了后者。在行政案件中,一般来说行政机关往往代表着公共利益,但是,公共利益的优先性并非绝对,特别是在行政机关滥用行政权力,损害公民个体利益时,就不应再继续坚持原有的利益位阶关系,这正是指导性案例 6 号所针对的问题。在该案中,法官充分挖掘了《行政处罚法》第四十二条中"等"字的含义,将"没收较高数额的财产"也纳入到"等"字的范围之中,进而强调行政机关针对该类处罚也应当告知听证权利。② 这种裁判结果虽然在挖掘法律规范的边缘意义上显得有些剑走偏锋,但是在实质上维护了行政相对人的听证权利,有利于规制行政机关的处罚行为,在最根本的目的上仍然是保护最广泛的公共利益。特别需要指出的是,传统司法观念并不重视甚至力图削减利益衡量在刑事司法中的运用,但是,基于社会的情势变更、对个案正义的满足以及在出现复数解释时选择的需要,刑事司法领域中也需要进行细致的利益衡量。③ 指导性案例 4 号和 12 号都是故意杀人案件,在对多种从重和从轻情节进行综合衡量之后,这两个案件都判处死刑缓期执行,同时限制减刑。两案的判决也都经历了再审的过程,从死刑立即执行到死刑缓期执行的变化也是为了在最大限度上实现社会整体利益的提升,既能够有效打击犯罪,又能够有效改造罪犯,实现法律效果和社会效果的统一。

另一方面,指导性案例还提供了程序法灵活运用的思路,从而间接地在实体结果上进行利益衡量。法官基于利益衡量导向,能够形成对案件基本性质和结果的判断,但是,仍然需要多种方式实现或者验证该判断。除了实体法上的分析之外,利用程序法也能够间接地实现该目的,从已有的指导性案例来看,这种方式大致可以分为两类。(1)利用实体制度中直接规定的程序。例如指导性案例 20 号,裁判理由认为,从专利申请公开到专利权被正式授予,中间状态被称为临时保护期,在临时保护期内使用专利的行为,延续到专利正式被授予后,也不是侵权行为,只是应支付必要的费用。基于《专利法》规定的申请程

---

① 最高人民法院案例指导办公室:《〈林方清诉常熟市凯莱实业有限公司、戴小明公司解散纠纷案〉的理解与参照》,载《人民司法》2012 年第 15 期,第 45 页。

② 孙光宁:《法律规范的意义边缘及其解释方法——以指导性案例 6 号为例》,载《法制与社会发展》2013 年第 4 期,第 57 页。

③ 任彦君:《论利益衡量方法在我国刑事裁判中的运用》,载《法学评论》2013 年第 5 期,第 42 页。

序,临时保护期属于一种过渡的中间状态,是为了调和申请人和使用人之间的利益关系。① 这实质上是法官准确解读了实体法规定程序中所包含的、利益衡量结果,并在此基础上做出了裁判。(2)灵活运用程序法提供的具体方法,比较典型的方式是证明责任的分配。虽然民事诉讼中"谁主张谁举证"是基本原则,但是,具体个案的情况要更加复杂。例如,指导性案例 17 号中,法院的生效裁判认为:"被告合力华通公司没有证据证明张莉购买该车用于经营或其他非生活消费,故张莉购买汽车的行为属于生活消费需要,应当适用《中华人民共和国消费者权益保护法》。"②对于汽车能否属于《消费者权益保护法》中的"生活消费"一直存有争议,该案例的裁判结论给出了肯定的答案,而且其方式是将举证责任交由经营者一方,这就减轻了弱势方消费者的举证困难,实现了二者的利益平衡。类似的情况发生在指导性案例 23 号中,同样是消费者案件,法院生效裁判认为:"原、被告双方对孙银山从欧尚超市江宁店购买香肠这一事实不持异议,据此可以认定孙银山实施了购买商品的行为,且孙银山并未将所购香肠用于再次销售经营,欧尚超市江宁店也未提供证据证明其购买商品是为了生产经营。"③在利益衡量的思维导向下,法官更多地通过举证责任的分配来照顾弱势一方。这种程序法上的灵活适用,最终仍然是为了实现整体上的实体利益平衡。

从以上对已有指导性案例的分析可以看到,利益衡量导向有着多种存在样态,是法官在司法实践中需要特别关注的。但是,由于利益衡量是一种主观心理状态的结果,很难通过统一的步骤和程式进行规制。虽然指导性案例能够为此提供一些可资借鉴的资源,但是,总体上,为利益衡量设定严格适用方式的尝试,大多过于理想、繁复而难以落实,经常被司法者忽视或者放弃。换言之,利益衡量的具体适用方式应当更多的是描述意义上的,而非规范意义上的,是对司法者的建议和参照,而不是指示和命令。具体来说,法官在以利益衡量为思维导向时,至少需要着重注意以下几个方面。

第一,明确涉案利益的主体、类型与性质。司法过程多是由一方提出针对另一方的诉讼,表面看起来利益的主体比较明显而直接,在简单案件中也的确如此。但是,对于需要全盘分析和了解案情的法官来说,司法过程是相当复杂的,涉及的利益关系经常并不局限于当事人,主要诉讼法类型中的"有利害关系的第三人"就是这一情况的制度表达。"一旦冲突发生,为重建法律和平状态,或者一种权利必须向另一种权利(或有关的利益)让步,或者两者在某一程度上必须各自让步。于此,司法裁判根据它在具体情况下赋予各法益的'重要性',来从事权利或法益的'衡量'。然而,'衡量'也好,'称量'也罢,这些都是形象化的说法;于此涉及的并非数学上可得测量的大小,毋宁是评价行为的结果。"④更重要的

---

① 载《人民法院报》2013 年 11 月 26 日,第 4 版。
② 载《人民法院报》2013 年 11 月 26 日,第 3 版。
③ 载《人民法院报》2014 年 1 月 29 日,第 3 版。
④ [德]拉伦茨:《法学方法论》,陈爱娥译,商务印书馆 2003 年版,第 279 页。

是,同一利益主体的同一行为可能带有多种性质,例如指导性案例 21 号中,秋实公司建设经济适用房的行为,既包含了公共利益,也包含着个体经济利益。这种复杂的情况给法官的决策带来了一定困难,也使得法官不能依据利益衡量导向"一步到位"地获得裁判结果。明确利益主体、类型和性质,仅仅是必要的前提,法官还需要进行后续思考和探知。

第二,在确定多种利益及其关系的基础上,形成基本的裁判结果倾向。在大多数普通案件中,利益衡量的位阶关系已经由立法者事先确定,司法者只要尊重立法者的意图即可。在这种一般情况中,法官尊重的是客观的"制度利益"。当制度能较好地体现社会公共利益时,该制度利益就不能被破坏,只能作价值补充和漏洞补充。但是当制度利益已不能反映社会公共利益时,制度利益就不值得保护,应该大胆地打破它。根据制度利益与社会公共利益的关系,利益衡量在具体案件中的展开可分为三种情形:(1)制度利益无缺陷时的衡量;(2)制度利益存在缺陷时的衡量;(3)制度利益违背社会公共利益时的衡量。① 在这些带有疑难色彩的案件中,法官需要发挥能动性,在利益衡量导向下确定裁判结果。法官此时进行利益衡量的标准或者动力就是自己的"法感"(法律感)。耶林认为,在处理个案时,法官要先"听听你们法律感觉的声音,然后才开始作法律上的理由构成。如果论证的结果跟法律感觉不一致,那么这项说理就没有价值"。考夫曼也认为,在个案的判断上,反思地预先采取结论,作为暂时的假设,作为诠释学的先前理解,对法官来说是不可避免的。基于以上的观点,法感的功能在于:作为一种正确的先前理解的能力,具有设证的特性,它可以帮助得到一个初步的、暂时性或假设性的解决问题的方向。② 在制度利益的预先设计缺位或者严重不当的情况下,法官需要运用法感来确定判决方向。而法感的来源与法官个人有着直接联系,教育经历、业务素质、经验、教训等等,这些混杂的因素都可能对法感产生影响,但又很难说是决定性影响。外在因素能够形成一定的规制,例如实体法和程序法的相关规定,法官的待遇保障与业务培训,法律职业共同体的整体自律等等,但是,这些外在因素的作用也是非常有限、非决定性的。法官在这个阶段基于利益衡量导向形成的判决方向,是一种主观的初步认定,有待于后续的司法程序进行修正和完善。

第三,通过在具体的裁判论证理由之间形成融贯关系,来检验、补充和完善初步形成的裁判结论。通过对指导性案例 21 号的分析可以看到,无论法官使用何种具体的法律方法,都能够形成比较一致的结论。这些适用结论都能够成为支持最终判决结论的正当理由,它们之间形成了融贯关系。融贯关系具有这样一些特征:(1)它在逻辑上是一致的;(2)它阐明了一种高度的或然的一致性;(3)它阐明了很多在信念体系各组成部分之间的相对较强的推论性联系;(4)它是相对统一的,比如说,它没有分裂为相对没有联系的子系

---

① 梁上上:《利益的层次结构与利益衡量的展开——兼评加藤一郎的利益衡量论》,载《法学研究》2002 年第 1 期,第 59 页。

② 吴从周:《初探法感——以民事案例出发思考其在法官判决中之地位》,舒国滢主编:《法学方法论论丛》(第 2 卷),中国法制出版社 2014 年版,第 117 页。

统；(5)它几乎没有包含无法解释的异常现象；(6)它提出了一种相对稳定的、到最后仍然是融贯的世界观；(7)它满足了观察的需要，这意味着它必须包含把一种高度的可靠性归因于数量合理的认识上自发信念的法律。[①] 可以说，融贯关系意味着一系列理由之间不仅没有内部矛盾，而且能够相互印证和支持，共同证成同一结论。我们完全可以用适用不同法律方法形成结论之间的融贯关系，来检验利益衡量导向最初形成的判决结论。"一项法律教义学的规范主张（与/或一项解释主张）的有效性因而并不是符合论意义上的真理，毋宁是在融贯论意义上才为真。即使是一项模糊的规范，也总是如此。"[②]强调严格依法裁判的法律教义学是法律方法的理论归属，在既有的法律规范无法提供合适答案的前提下，利益衡量的初步结论也很难以其为依据进行检验。因此，通过诸多裁判理由之间的融贯关系进行检验，则是比较现实的稳妥途径。

第四，充分发挥司法程序的多种功能，尤其是发挥当事人的积极参与作用，也能够印证或者修正利益衡量的最初结论。前两个阶段都是以法官为主体，而司法程序的运行则使得当事人具有了充分表达自身意见的机会，能够完善法官对案件的解读，包括印证或者修正利益衡量的初步结论。"程序的正当过程的最低标准是：公民的权利义务将因为决定而受到影响，在决定之前他必须有行使陈述权和知情权的公正的机会。"[③]在有充分机会表达其利益诉求和支持理由之后，法官会进行"去伪存真"的辨识工作，选择那些更加全面、有说服力或者与前述论证理由形成融贯关系的内容，作为修正利益衡量结论的参考，发挥司法过程"兼听则明"的功能。此时利益衡量的结论是由多方主体进行理性商谈后获得的综合性结论。较之于前述法官所形成的独断式结论，这种综合结论更加全面和细致，能够集合利益相关者的智慧，在形式上和实体上为最终的判决结论提供正当性基础。针对利益衡量的现有研究成果中，为利益衡量设计精致步骤的探索屡见不鲜，但是却很少有统一答案。

第三和第四方面排斥了这种"出力不讨好"的方式，充分发挥利益衡量的宏观导向作用，而将细致论证交由其他法律方法，从实体和程序两个方面验证和修正利益衡量导向确定的原初结论。可以说，第三和第四方面为司法者适用利益衡量提供了一种比较简洁有效的途径，也成为整个适用过程中的关键环节。

第五，对利益衡量的导向作用保持必要的警惕。虽然我们可以大致描述利益衡量导向的一般适用方式和步骤，但是，利益衡量归根到底仍然是法官的主观心理状态，相对的自由意志也难以简单地、直接地通过外部因素进行制约。更重要的是，利益衡量导向所形

---

① ［瑞典］亚历山大·佩岑尼克：《法律科学：作为法律知识和法律渊源的法律学说》，桂晓伟译，武汉大学出版社2009年版，第208页。

② ［芬兰］阿尔尼奥、［德］阿列克西、［瑞典］佩岑尼克：《法律论证的基础》，冯威译，舒国滢主编：《法学方法论论丛》(第2卷)，中国法制出版社2014年版，第64页。

③ 季卫东：《法治秩序的建构》，中国政法大学出版社1999年版，第24页。

成的,仅仅是初步结论,仍然需要修正和完善。即使经验再丰富、具有高超实践理性的法官,也不能保证利用法感初次进行利益衡量时就能够获得最终答案。因此,我们需要对利益衡量所能够发挥的作用,保持适度的警惕,尤其是针对其中可能产生的某些消极倾向。例如"唯实体结果论":法官过于相信先入为主的初步结论,在司法过程中戴着有色眼镜进行选择,仅仅确定那些支持自己初步结论的理由和观点,忽视甚至压制那些相反观点。这种倾向在司法实践中并不少见,过分裁剪案件事实和相关证据是"唯实体结果论"的典型做法,也是大量错案产生的原因。再者,法官在进行利益衡量时,也要注意不能超越法律规范的文义,这是保守判决合法性的底线要求。一旦超越文义解释所确定的最大规范含义范围,最终的判决将缺少直接的合法依据,连形式合法性的外在条件都无法满足。另外,利益衡量的实践运用也不能机械适用利益位阶关系,因为所有的利益位阶关系都是原则性的、一般意义上的,未必能够在每个案件中得到完美的适用。例如,由强制拆迁所引发的行政诉讼中,往往行政机关代表着公共利益,相对人一方主要代表着个人经济利益,但是,法官不能简单地适用"公共利益高于个人经济利益"的位阶关系一判了之,而是应当具体考察行政行为的合法性与合理性,尤其是要突出地保护弱势一方的合法权益。如果不顾具体案情而直接适用利益位阶关系,最终的判决结果可能导致两败俱伤的悲剧。基于片面强调公共利益所导致的弊端,也有学者提出行政诉讼应当遵循"个人利益和公共利益相统一"的原则①。简而言之,正是因为利益衡量导向可能会使得法官陷入以上误区,我们才特别需要对利益衡量的实践运用保持必要的警惕。

由以上几个方面可以看到,立法者确定的制度利益关系、司法者在个案中初步认定的利益关系,以及当事人提出的利益诉求,这三个部分实质上都包含着特定纠纷中利益衡量的处理结果,并在司法过程中通过相互沟通和商谈确定最终的衡量结果。这是利益衡量应然的具体适用方式。其中,法官发挥着主导作用,辅之以当事人的积极参与,是利益衡量最终获得妥当结果的重要保障。

四、结语:利益衡量与司法者的方法论素质

"我国的法官队伍素质虽然得到了很大的提高,但是还存在人员素质不均衡的情况,许多基层法院的法官素质还不高,让他们进行利益衡量实在是勉为其难。从目前的审判实践看,法官判案遵循最高人民法院的司法解释,遇到问题也习惯于向上寻求批复和解释。最高人民法院制定统一的司法解释,有利于法治的统一,但在一定程度上束缚了法官

---

① 〔美〕路易斯·亨金:《宪政·民主·对外事务》,邓正来译,三联书店 1996 年版,第 151-154 页。

的思维,法官们多不敢越雷池。"①这种观点实质上仍然是将利益衡量定位于具体的操作步骤和规程。但是,作为司法者的主观状态,利益衡量存在于司法过程的各个环节之中,法官进行利益衡量不是"勉为其难"而是"顺其自然"。问题的关键在于对利益衡量进行准确定位:在普通案件中,法官依据立法者事先确定的制度利益关系进行审判,而在疑难案件中,法官以利益衡量为导向,基于法感形成初步结论,并在司法过程的商谈和博弈中对初步结论进行修正和完善。这种定位能够使得法官在利益衡量的适用中扬长避短,充分发挥其导向作用,减少其不确定性带来的操作缺陷。

无论是最初形成利益衡量的结论,还是在后续司法过程中对该结论进行修正和完善,都需要法官具备相应的方法论素质。前一个方面体现的是长期积累的业务能力,后一个方面则体现的是在个案中的运用能力。对于个案的审判工作来说,后一个方面更重要,但是,对于推动整个司法过程和结果的质量来说,具备更高的方法论素质则更具长远意义。目前,司法实践中的法官大多以自发的、经验积累的方式适用法律方法,还远远没有达到自觉的程度。国内法律方法论的研究已经初具规模,能够为法官提升方法论素质发挥推动作用。作为审判能力中最重要的组成部分之一,法律方法论素质是每个司法者都应掌握并在实践中不断提升的。具备了方法论素质的司法者能够更好地将案件事实与法律规范相结合,也能够基于利益衡量导向形成更加准确的结论,指导性案例 21 号就已经展示了这一点。而每个指导性案例都包含着运用法律方法的经验和智慧,研习指导性案例能够帮助法官提升法律方法论素质。归根结底,无论是作为思维导向,还是对初步结论进行检验、修正和完善,利益衡量的主观性都决定了其对法官个人能力的依赖。因此,高素质的法官对于保证利益衡量导向的结论、限制其主观恣意来说,也许才是最重要的。

---

① 方菲、何震:《论司法审判中的利益衡量》,载《学术探索》2005 年第 6 期,第 37 页。

学术专论

社会学与自然法

[美]菲利普·塞尔兹尼克　著* 　莫林　译**

　　在当代社会学家中，自然法的名声并不太好。这一短语令人联想到充斥着绝对主义、神学谕令和含混不清、无法操作的"神秘"理念，以及对历史和人类境遇之多样性的无知的那个世界。这令人遗憾，因为社会学本应与自然法哲学有着密切联系。它们二者在精神上都是反形式主义的(anti-formalist)。社会学的视野超越于既存事物和直接表象，深入潜在和初始情形；自然法哲学担负着研究"自然"的使命，将自然视为比一时一代的暂时判断更为恒久和普遍的事物的源头。

　　作为法律社会学(sociology of law)的主要著者之一，欧根·埃利希(Eugen Ehrlich)曾指出他对法律的探究绝不仅仅在正式制度中确立其基本方位(cardinal point)，而是将其纳入人类联合体的"内在秩序"以及群体生活的自然背景和适应性结果(adaptive outcomes)。① "无论在当下还是任何其他时期"，埃利希写道："法律发展的重心不在于立法，不在于法律科学，不在于司法判决，而在于社会本身。"② 这一观点本身并非自然法观点，但它的确反映了社会学对如下观点的普遍强调：要从为处理这些事务而被创立的具体制度之外发现教育、政治、宗教以及其他社会活动。社会学将这些现象定位于"社会中"，意即一种更加非正式和更为自生自发的群体和过程。一个必然的、通常并未被阐明的最终结论是，在超越正式安排的视域下，社会学家正在辨识某些接近于"自然"秩序的事物。

　　当前，大多数社会学家在论述法律秩序时，仍会同意埃利希的观点："法律发展的重心"在于不断变化的生活方式和不断变迁的社会组织。尽管如此，他们会主张，将每一种秩序都称为"法律"乃是无根据和没什么实际价值的；对法律发展的研究，包括法律未来可能的变化，并未包含对正义理论的承诺。他们对接受如下关于法律的区分——通常意义上的法律，和对法律发展和稳定产生全面影响的法律渊源——已做好相当充分的准备。

---

* 菲利普·塞尔兹尼克(Philip Selznick，1919—2010)，美国加州大学伯克利分校教授、社会学家，第二次世界大战后美国法律社会学的主要代表人物之一。

** 西南政法大学行政法学院博士研究生。

① [奥地利]欧根·埃利希：《法社会学基本原理》，Walter L. Moll 译，哈佛大学出版社 1936 年版。

② 同上注，第十四章。在该书前言中，埃利希将这句话作为全书的总结。

通过这种方式,社会学家希望避免似乎无止境的关于术语的讨论和令人烦恼的哲学问题。

这种思考方式似乎是富有魅力和益处的,实际上也在法律和社会的相关研究中被广泛运用。但在某些非常重要的方面,这种观点显得表面化,并存在深层次错误。在本文中,我将尝试论述这种看法的原因,并说明为什么我相信要恰当理解法律和实现社会学的许诺,自然法哲学的现代版本乃是必需的。这里所说的自然法乃是一种法律哲学,而非一般的伦理体系。

为完成这一任务,我做出两个基本承诺。其一,对自然主义(naturalism)的承诺。我的方法自称(purports)在所有方面与科学探究的精神和逻辑一致。我仅提供如下告诫(caveat),即正是约翰·杜威的哲学实用主义(philosophical pragmatism),而非更狭隘的实证主义,构建了我关于自然主义的理论框架。第二个承诺乃是针对自然法的苛刻概念(demanding concept of natural law)。我们正谈及的不仅仅是法律渊源或法律的道德基础的名头(name)。自然法也不仅仅是"应然之法"。若要意指任何有意义的内容,自然法自身必然在法律上是有效的,在某种意义上拥有法律上的权威。

首先,我将考察社会学中的自然法思想面临的两个障碍:事实与价值的分离和道德相对主义(moral relativism)学说。然后,我将分析合法性及实证法的含义。最后,转向自然法在涉及社会学探究方面呈现出来的某些特征。

一、社会学中的主导性理念

当代社会学的主流趋势已朝着实证主义发展,尤其倾向于对经验观察和测量技术前所未有的强调。为力求达致客观性、思维的清晰和保持科学的体面,社会学对推论性探究方法尤其是道德哲学产生了强烈的排斥情绪。至少,这些古老的思虑(preoccupations)被认为在现代社会学中没有一席之地,无论它们作为文献(literature)还残存什么其他价值。这一思想运动有许多值得评述之处。同时,正因为这是一场"运动",从而包含了许多虚幻并常常服务于封闭心灵而非打开视野。这是关于社会学研究的程序性原则(procedural canon),据此原则,对事实的研究必须受到悉心保护以免遭受观察者价值倾向的污染。这一方法论上的要求引出了一种准形而上学(quasi-metaphysical)的信条,即事实与价值分属不同的领域(alien spheres)。

出现事实与价值的两分,其原因不难理解。的确,教学的首个必要性之一在于使单纯的心灵(unsophisticated minds)意识到将世界实际是怎样与他们期望世界是怎样这两者区分开来的必要性。作为教学者,我们当然有义务引导学生更为现实地理解这个世界,这就时常要求学生面对残酷的真相,并将旧有的、相当大程度上受私人需求和愿望影响的思维习惯搁置一旁。再者,科学的进步似乎要求尊重自然的自治和自主性,并认识到存在着的诸多结构与运行着的各种力量,这些结构与力量的存在绝不依赖于人类的意识或创造。正因这些相似的原因,将主观偏好与客观观察分离开来并强调规范性陈述与事实性陈述之间的逻辑区分,便具有重要意义。

但是,初学者的需要毕竟不能永远支配学者和老师的思想。教学同样意味着,如果需要,忘却我们聪慧的年轻人的简单和令人宽慰的思维模式。因此这必然要求事实与价值的两分。这并不是说该原则缺少任何价值,而是意味着它所要求的实在太多。如果说社会科学就是有效地应对社会生活的一些最重要的面向或维度,那么,我们必须限制这些要求。

关于事实与价值的整个问题太过庞大,因而难以在这里阐述清楚。但我将通过对一个产生事实与价值重要交汇的领域进行简要分析,尝试促进这一方面的探讨并同时推进本文的论证。此外,我还关注"社会世界"(social world)中的某些现象,恰是这些现象的本质包含着价值理念的实现。

社会科学家并未受到一种"常态行为"(norm)或行为标准的观念的困扰。大量的人类学或社会学著作已致力于说明和分析规范(norm)及规范系统。一种文化上的规定存在和变化着,并通过某些确定的途径与其他规定发生联系——社会科学家处理这些事实是颇为淡然的,不夹带一丝不安的良心(uneasy conscience)。从观察者的立场上看,规则不过是实际存在的数据,仅此而已。

但假设我们对以下事物充满兴趣——友谊、学术研究、政治才能、爱情、父亲身份、公民资格、共识、理性、公共意见、文化(就其通常和充满价值意味的意义而言)、民主——这些事物以及其他大量的相似现象,从一种特殊和"强"意义的角度看,都可称为"规范系统"(normative systems)。我所要讨论的,不仅仅限于一系列相关的规范。民主制度便是一个规范系统,因为在其中,大量复杂的行为和许多具体的规范,都受一个主导性理念(master ideal)的支配。行为、感觉、思想以及组织都因承诺实现民主价值而被联合起来。在没有理解所要趋近的理想状态为何的情况下,要认识任何此类现象是不可能的。此外,我们还必须弄清这一系统内产生了何种力量,以及那些为阻碍或促进理念实现而加诸其上的压力究竟为何。[1]

在一个规范系统中,主导性理念与各个单独的规范之间的关系或许相当复杂。例如,有人可能提出如下论断,认为在某些情形下,最大限度地增加投票人数——无论在能力或利益方面有何差异——将侵损而非促进民主理念的发展。这也是强调"规范系统"与"一系列互相关联的规范"两者之间差异的原因之一。规范系统是真实存在的(a living reality),是一组致力于解决问题的个体和群体(problem-solving individuals and groups)。

---

[1]　比较列奥·施特劳斯(Leo Strauss)在《自然权利与历史》一书中对马克斯·韦伯(Max Weber)的批评。见《自然权利与历史》,芝加哥大学出版社1953年版,第49页以下。

当新环境和新机会导致该系统与其主导性理念之间的关系发生改变时,其要素也会随之改变。换言之,适用于友谊价值或民主理念的规范并非直接源于主导性理念,而更多来自关于人类与制度的知识。唯有如此我们才能获知实现理念所必需的具体规范。

关于友谊的研究无法长期回避对特定社会连带(social bond)趋近于该理念的程度进行评估。同样,不去具体阐明友谊理念的构成要素——该理念要求何种回应方式和义务模式——也是不恰当的。这一切均需与观察者所持的客观公正视角相一致。观察者无须对争议中的价值担负什么个人责任,至少在当下和最近情况中如此。他或许会相当客观而无偏狭地评估理念及其实现手段之间可能存在的联系和不一致。

这种观点或许正确,但社会科学家在处理规范系统时却表现出令人不解的不情愿。这一意向(disposition)是将特定现象拆解(reduce)成无须调查者评估便可被研究的事务安排(arrangements),即使当这样的评估仅仅涉及运用一种文化上的、关于某一隐含理念被实现的程度的界定标准。因此,在客观性与严谨性的名义下,"友谊"这一概念很大程度上并未被分析,关于互惠性选择(reciprocal choice)或差别性联合(differential association)的社会交往研究便成为探究的主线。当然,这些方法较少谈及这种关系的特质,与其说因为他们缺乏这样做的能力,不如说是因为这些研究并非是一种可能适合于此种研究的规范性视角。同样,关于公共意见的研究——不仅仅意指"投票"——也只是在寻求稳定的反馈模式(patterns of response)和潜在的公众看法和价值,并不特别关心作为规范性概念的公共意见。加之,"文化"一词在社会科学家那里也更受欢迎,因为他们已能除去该词的规范性意义并摒弃这样一种观点:"文化"概念与一些卓越内涵(excellence)有关。

尽管如此,这一叙事(story)也有另外一面。在与经验研究之主流趋势相反的理论视野中,某些对规范系统的承认的确存在。这并非社会科学中关于友谊或爱情的理论,但我们也的确有着"基本关系"(primary relation)的观念,爱情和友谊是其中的典型事例。何谓"基本关系"?这是一种以整个人类的自由和自生自发交互行动为标志的社会联系(social bond),区别于仅部分参与社会情势(social situation)决定的个体间受限(constrained)而审慎(guarded)的近距离接触(arms-length contact)。在基本关系中,交流是深入而广泛的;个体参与此种实践,是将其作为直接获得个人安全与富足的一种手段,无其他目的。这种粗略而隐晦的表述非常接近于大多数社会学家所接受的形式。然而,它清晰表达了一种仅仅在活生生的人类(living persons)实际经验中未被完全实现的理想。

这个例子允许我们阐明评估在观察和分析规范系统时发挥的作用。规范性概念或模式告诉我们基本关系的性质为何。唯有意识到这一点,我们才能恰当地对观察结果进行分类或识别出发挥作用的显著力量。要确切表达这一理念,基本关系是社会心理学相关理论之一部分。而这种阐述实际上将避免使用道德语言(language of morality)。它将具体说明社会和心理状态,例如交流的质量。不过,这一模式在智识领域的功能

(intellectual function)乃是为了提供一种社会问题的诊断框架，包括针对被研究之实践进行评估的标准。核心家庭（nuclear family）很大程度上立基于基本关系，但在代际交流日益衰弱，权威需要非人格化的判断和准则作为支撑之际，基本关系理念的实现便会受到限制。

无论评估对象为何，评估总是从被研究的规范系统之立场出发。研习规范系统的学生无须就该系统的可欲性负有什么个人责任。我们或许都同意，基本关系是一个好东西，它所实现的价值均为"真正的"（genuine）价值，但社会科学家的任务恰是要避免"基本关系总是一件好东西"这一道德说教式谬误（moralistic fallacy）。在需要非个人化和客观性的地方，与基本关系相关的亲近（intimacy）和责任（commitment）可能并不恰当。另一不同的观念，意即"官方"行为，便被唤起。同样，这一观念要求颇高，仅可能在实践中获得部分实现。从一些自称可操作的规范系统之立场出发的研究者在进行评估时，可对该环境下是否应努力达成某些系统理念（system's ideals）这一问题保持相当客观超然的态度。实际上，社会科学家应能够对某一语境（context）是否适应于某一制度或支持特定规范系统这一问题发表看法。总之，在这种环境下，试图建立一段友谊，经营维持一所大学，或构建一个民主体制可能仅导致扭曲这些现象所体现的理念。

这些关于客观性的评论并无碍于如下观点：某些理念可以成为一种客观道德秩序的要素。无论在既定语境下我们怎样考虑"友谊"或"爱情"的恰当性，我们依然可能得出结论：基本关系中固有的价值对人的良好生活甚至生存至关重要。这仅仅意味着，他必须发现价值之所在，而非意指这些价值总是适当的。亦有论述认为，规范系统是不可能的，至少难以付诸实践，除非其中包含某些为所有人承认含有普遍道德正当性的理念。这一立场确有许多价值，但对于我目前阐述的论证而言并非必要。

在社会学理论中，另一可为规范系统的相关性提供支持的例证是"公共意见"（public opinion）概念。同样，实证研究的发展趋势乃是将这一术语中立化，并将之分解为仅仅是特定群体中看法或观点的分布（distribution of attitudes）。但从概念上看，"公众"（public）通常区别于"人群"（crowd）或"大众"（mass），因为公众行为——包括公共意见的形成——拥有理性程度更高的组成部分和更好的自我意识。公众成员通常在关涉自身直接利益时才会理性行动，但亦潜在地、在更广义上考虑到公共利益。公共意见的形成需要理性辩论，而非仅是人云亦云（suggestibility）的结果或情感上的共鸣（emotional rapport）。

显然，这一有关公共意见的观点假定了一个组织和交互行动的规范导向体系（normatively oriented system）。根据这一将标准具体化的概念，我们得以避免从主观倾向出发对意见形成过程进行批判性分析，而是将之建基于理论之上。该理论陈述了若干条件，在这些条件下，作为独特现象的公共意见得以形成。这导致的必然结果是，我们实际观察到的意见状态将仅仅接近理论上的理念。

将理想状态具体化的概念在社会科学中已足以为人熟知，在其他领域亦是如此。任何类型学都必须——至少含蓄地——命名（designate）一种"纯粹的"或"理想的"状态，据称（purported）属于这一类型的事例可以比较。"模式"（model）这一术语意味着一种相似的逻辑。尽管如此，并非所有的类型或模式都是规范性的，也不必然牵涉到价值的实现。一旦涉及价值实现，社会科学家便似乎失去了模式建构的热情。这很可能与认识论上的教条——价值均为"主观性的"——引发的焦虑息息相关。

研究规范系统，是桥接事实与价值之间鸿沟的一种方式。同时，研究者的客观性和超然性亦能保持纯洁。我们能更好地准备理解现实世界中的潜在价值，这便是一个巨大收获。当我们意识到如父亲身份、性、领导地位以及许多其他现象都有一种"可被评价"（evaluation）的自然的潜在可能性，我们便正在进行这种评价。生物学意义上的亲子关系即将被转化为一种受理念引导的关系。这种情形之所以发生，并非由于社会习俗的专断，而是因为，除非一个引导性的理念出现，与亲子关系有关的生物功能（biologically functional）意义上的满足都将难以完全实现。同理，有关性及其实现的辩证法亦是如此。在另一层面上，遵循同样的逻辑，如果友谊要想取得实效和被实际满足，这一理念必须超越简单的主导状态，以涵括一种责任感。

如此看待行动和组织中的潜在价值，并不仅仅是要给道德说教者（moralizer）一些安抚。对研习社会学的学生而言，这种看法丰富了思想、提升了观察力。质言之，它对于解决当代社会学理论中的一些困境发挥着功用。因此"功能主义"（functionalism）在当下积聚了大量注意力。这种观点认为，社会行动及社会结构（social structure）的义项（items）在维续或消解一些发展中的事业（going concern）或系统时所发挥的作用应受到检视。那些明显或突兀的宣传可被解读为通过让社会成员保持忙碌而促进集体凝聚力的一种潜在方式；一种惩罚模式维续着共同良知；有选择地招募行政管理职员的做法削弱了既定政策，或使精英群体的态度进一步摇摆不定。功能分析方法在人格研究中最为人熟知，这类研究中，大量有关感知和行为的义项仅在它们对人格调节——包括神经官能调节——之维续做出的贡献被理解之际，义项才变得有意义。

在所有诸如此类的理解中，无论在人格抑或群体结构的层面，系统均须被预先假定（posited）。在一项理论被详细阐释以陈述该系统维持自身之"所需"的范围内，系统才能被理解。这些需求有时被称为"功能性必需品"（functional requisites）。但这有一个持续性难题。一个强劲而可理解的趋势是将维持一个系统所需要的东西和群体或个体最基本的生存需求等同起来。正是"生存"这一术语表明个体在生物学意义上的灭亡或群体的完全解体乃是不确定的。尽管如此，实际上，即便个体或群体能维续其生命，系统依然会逐渐消解。如果一个人在精神层面能摆脱对他人的依赖，系统便会发生改变。如果一个组织保持着其人事和预算甚至其形式上的身份，但其实际目标、行动能力、社会承诺、在共同体中扮演的角色发生了转变，该系统亦会随之变化。可以确定的是，如果生命要存续，一些系统是必不可少的;但如果要过某种类型的生活,其他系统亦是必需。公允地说,社会科学中最重要的分析模式与生命的基本存续(bare continuity)并不相关,而与组织的某些类型和层面相连。

大量诸如此类的系统在其组织和发展由某些主导性理念统领这一意义上,便是规范性的。一个为人熟知而广泛存在的例子便是经济和行政系统中作为统领性理念的理性。应当注意的是,在规范系统中,诸如"维续"和"生存"这样的术语是互有关联的,但并非足够。当其出现时,它们并未使我们做好准备观察该系统逐步实现其内在理念这一进化式发展历程。

在研究规范系统甚至系统的自我实现(self-realization)方面,社会学已努力多年[马克斯·韦伯关于现代制度中理性的逐渐展开(unfolding of rationality)的经典著作即为例证];但我们还未透彻思索过这一智识关怀的可能影响。当这样做时,我们似乎理所当然地意识到,一个系统能经由其独特的功能(competence)或杰出性(excellence),抑或其特殊的内在张力和脆弱性(vulnerabilities),而得到精确认识。

我带着预谋的恶意(malice prepense)做出这番评论。这些评论意味着,就研究作为规范秩序的法律而言,社会学上的探究已能提供足够保证。这亦是社会学和自然法达成和解的首要的、必不可少的步骤。

二、相对主义和人类本质

让社会科学家接受自然法的第二个障碍是广泛存在的、对道德相对主义的许诺。但无论如何,自然法哲学并不是相对主义的。至少,它承认这样一种观点:人的普遍属性,以及相伴而生的正义原则,是能被发现和认识的。这并不必然意味这样一种归纳已被认识,而仅仅意指其可被认知。

针对这一问题,一本现代社会学及其相关主题的读物应能告诉我们什么? 在这里,我们必须牢记社会学发展置身其中的充满争议的环境。我们也必须记住那些引导这一领域的写作和教学的道德冲动以及高尚的教育志趣。对一种原子式的、个体性的人类形象的反叛,以及作为人类意志——尽管是不甚完美的意志——之产物的社会观必然得出的结论,促进了社会学的发展。社会乃是依赖性变量(dependent variable),由从一开始便被赋有心灵和自我的存在物所创造。社会学理论曾受到如下观点的抵制,这一观点强调社会的"创造性"角色,尤其在使那些专属于人的自我意识、理性以及象征性想象(symbolic imagination)的诸特性成为可能的方面。这一路径事实上被证实为非常重要,各个具体领域中大量极具价值的著作,皆源于这一路径。同时,这一路径强有力地让下述观念更具说服力——的确不存在"人类本质"这样的事物,换言之,人类或许拥有历史,但并不拥有本质。

社会学家、社会心理学家以及人类学家在道德和教育方面的目标极大地促进了相对主义的发展。这些社会科学家接受了自由化的使命（liberalizing mission），许多人还为此带着令人钦佩的热情。他们追求着包含更多宽容、同情性理解和更富深刻意义的人类共同体。这一宽广视野和宽容精神乃是通过对人类依赖其社会环境这一重要特性的强调而获得的。如果我们意识到人的成就和他致力的目标，他们所尊重和恐惧的事物皆深刻而决定性地受到他们成长条件的影响，那么显然，同情性理解应被鼓励。如果我们承认文化的极端多样性，承认共同体在解决生存问题和设计有价值的生活方式方面表现出来的多样性和创造力，那么，我们的狭隘观点（parochial views）将被修正，我们将赞同人类经验的丰富性。毕竟，将人类自身的存在方式处理为"自然的"以及视之为源于"人类本性"的简单化倾向往往会受到驳斥。这一理解将有助于自由和启蒙。它会产生具有良好效果的学说，促进社会条件的转型，以纠正道德弊病，将责任中心（locus of responsibility）从个体转移至组织化的社会。

尽管如此，针对这一智识运动的一项关键审查表明，有关人类本性和道德相对主义的全新结论，既不具备理论上的坚实基础，亦缺乏经验证据的明确支撑。在具体情形中，基于文化多样性的论证是最不具有决定性的。的确，文化的多样性令人印象深刻，尤其对研究生而言。对于任何嘲笑怪异行为和叫他人"东南亚佬"的倾向而言，这是一剂非常有价值的解毒剂。无疑，此前许多辨识人性之本质特征的努力，如人本性上是贪婪或好斗的，已逐渐让人怀疑。但如果此前的归纳是错的，那么新的以及更复杂精细的归纳早晚会被证明为合理的。

人们通常承认，统一性蕴于多样性之中——这一观点被一些人类学家称为"人类的心灵统一"（psychic unity of mankind）。这一共识在某些情形下是比较容易达成的，如我们在谈及动因，如饥饿或性，抑或潜力，如学习和使用语言的能力时。但人的心灵统一还有其他特征（确切而言，并非特别通过习得而来），这些特征与社会组织中的普遍事物和人类普世价值有着更直接的关联。尤记得那种诸如探究尊重（包括自尊）、爱情、焦虑的止歇（surcease of anxiety）的那种激发力量，以及诸如性和爱之结合、社会洞察力与理解力的扩展、理性、真正的创造性等种种潜力。人有着与道德相关的需求、弱点和潜力的论点，该论点在人类学上有着证据支持，而非相反。加之，如果存在许多不同的赢得自尊的途径，也不必然导致一项针对这些途径的研究就不会展现出某些共同特性。人类尊严及其赖以维持的条件，将是一个值得持久探索的恰当主题。但一直以来并没有多少人对此感兴趣。

在文化相对主义学说中有一个奇怪的悖论。正是推进这些学说的推动力预设了一种与道德相关的普遍人性。这一学说的全部要点就在于促进对作为人的他人的尊重。作为基础的预设乃是，无论其生活方式如何差异，所有人都需要并值得尊重。如果这不是一个关于人类本性的理论，那又是什么？其次，这一学说假设存在诸种一般原则以有效地表征尊重，尽管对每种文化而言在细节上可能差异纷呈。悖论在于，一种道德推动力，一种谋求谦逊和同情理解的努力，已成为道德判断的障碍之一。但这也是必然的。更加仔细地考量关于人类本性的结论内含于文化相对主义学说之中，亦能经由比较研究获致，能够消除这一悖论并使自由的探究摆脱某些难缠的障碍。

我的结论是，现代社会科学的种种发现并不否认如下观点，即尽管存在社会环境的影响以及文化的多样性因素，对人类本性的概括仍然是可能的。据我们所知，现在没有什么事物在阻碍对"适于人类本性之目的"的界定以及发现道德判断之客观标准的努力。这并不意味着离开了科学探究方法，"恰当目的"和"客观标准"就无从知晓。而是意指，从原则上看，心灵健康及良好状态是能被界定的；那些削弱或增进心灵健康的条件能够被科学地发现。这还意味着，所有诸如此类的结论随着我们工作的推进能得到进一步的修订。

我们现在能否得出人性由什么组成的答案其实并不重要。虽然并非完全一无所知，但现在的任何概念构建都仍然相当粗略。关键点在于，我们必须避免任何阻碍探索的教条。在理论基础和实证基础均严重缺乏的情况下，当相对主义坚持关于人性的研究不过是一种妄想（chimera）或愚蠢的想象，这一主义便是有害的。说我们"知道"并不存在这样的事物，以及探寻这些事物无所助益，便是放弃科学的自我纠正手段。这也意味着忽视关于人类心灵统一体的许多证据。

三、实证法与法律秩序

关于法律的大多数定义——这些定义并非像有些时候说的那样真的纷繁多样——提醒我们，在上述讨论的意义上，我们正在处理一套规范系统以及一个主导性理念。阿奎那或许表达得最为明确，他称法律为"一套致力于共同善的理性法则（ordinance of reason），由照料整个共同体的人所制定和颁布"。但即便是格雷（Gray）和霍姆斯（Holmes）避免规范性定义的努力也确实有所削弱，特别在他们强调"法院，意即共同体的裁判机构为确定法律权利和法律义务而订立的规则"，抑或，按照霍姆斯公式（Holmesian formula），"对法院事实上将要做什么的预测，而非其他什么虚夸之物，正是我所说的法律"之时。因为"法院"或"裁判机构"之词意充斥着大量规范性含义，例如适当的组织模式、独立而非曲意逢迎以及提供有理有据的判决等诸多理念。

为法律拟定一个一般性定义实际上很难避免指向规范性标准的术语。之所以如此，原因在于法律这一现象本身就是由诸多力图实现的价值来界定的，离开这些价值法律便没有存在的依据。这些价值被冠以"合法性"之名，有时又被称为"法治"或更为简单的"法律秩序"。合法性是一个复杂的理念，包括诸多评判和批评那些所谓为"法律"决定的标准，无论这些决定是由立法机关抑或司法机关做出，也不论是在详细阐明一项规则还是将其适用于具体案件。

"合法性"或"法治"的关键要素,在于通过民意秩序(civic order)的理性原则对公权力(official power)进行治理。公权行为即便在最高权威层级,也会被纳入一张已获接受的一般规则之网,并受其约束。在这一理念存在之处,任何权力都不能免于批评,也不能完全自由地按自己的喜好去行事,无论其意图多么良好。合法性施加了一个客观的限制、测试、遵循标准,以及——并非次要的——理念实现的环境。

合法性概念已足够宽泛,但还不及正义概念宽广。正义亦是这样超越法律秩序之上。正义也许涉及财富分配、私人侵害的责任分担、犯罪或亲权的界定,等等。这些议题或许是一些政治决策问题,法律也许只用于执行决策。但决策并不主要是法律性的,许多替代性安排在法治框架下也是可能的。从正义角度看,政府应在多大程度上干预和指导社会经济生活是一个政治考量问题;而一旦政府决定实施更广泛的控制或涉入新的生活场域,其该如何行动便很快引致合法性问题。

合法性理念与规则的制定途径和运用方式有关,但大多数情况下,它并不规定法律规则和学说的内容。大部分规则,包括法官造法形成的规则,表达的都是政策选择,而这些选择并不仅仅由合法性的要求所决定。司法考量中的合同是否应被支持;一名交通事故案件中的被告是否应由于原告的疏忽亦促进了危害结果的发生而被免责;少数群体是否应被免于本该适用于其行为的责任——普通法处理的这些以及其他种种议题基本上都是一般的公共政策事务。从实践目的上看,特别是因为这些问题发生在争议裁决过程中,大量的政策事务其实是由法院在立法决策不在场的情况下裁定的,或为立法决策提供补益。在做出决定和设计实体规则的过程中,法院会考虑超越合法性理念之上的正义维度。合法性是正义的一部分,但仅仅是一部分。它的确是法学家关注的特殊领域,却非他们唯一的关切。另一方面,当法学家在合法性理念作为讨论焦点的领域之外行事时,法院便和其他政府机构一道共同承担起施行正义的职责。法律应如何规定或某一案件该如何裁决,并不仅仅单由合法性决定。这也取决于所涉主题的实质以及争议未决的诉求及利益。导致的结果是否公正,不仅仅取决于合法性。

尽管如此,在很多情况下,合法性理念也确实决定着某一法律规则或法律学说的内容。这种情况通常出现在规则之目的正在推行这一理念之际,最突出的实例便是关于起诉和证据之程序性规定的详细说明。此外,有关成文法解释的原则,包括许多宪法性法律,也直接致力于创造和维续"合法状态"这一目的。这些规则中的一部分在下述意义上乃"仅仅"是程序性的:它们乃是专断的便利手段(arbitrary conveniences),因为某些装置的必需性而被选择;也正因为如此,其他一些程序可能会被替代。另一些规则对合法性理念意图保护的实体性权利而言至关重要。这些权利包括所有那些我们称为民事权利、政治体成员作为完全意义上的公民而行动的权利,以及免于压制、专断性公权力的自由。再次,合法性理念并不旨在保护个体以对抗所有权力,而仅仅对抗那些带有权威色彩的行动主体对权力的滥用。当然,在社会中,我们或许必须扩展关于"官方"行动主体的观念。

或许以合法性理念为指导的最为困难的领域,乃是司法推理过程本身。当然,从本质上说,这属于程序法的一部分,但有着特殊的费解之处和特别的意义。这里的关键问题在于证明司法创制(judicial creativity)活动是"合法"的。创制活动(creativity)始终存在的事实——无论我们为其赋予何名——已不再引致激烈争论。但是,尚存疑难之处在于,是否存在某些超越法院之纯粹权威之上的事物或对晦暗不明的"正义感"的信赖,以支持这样一种观点——法官创制的政策拥有合法性的标签。

解决这一问题的途径之一是对法律传统,以及对已获认可的概念、原则、学说和规则的主要部分给予特别强调。通过研究这些既存的法律素材,法律在某种"弱"意义上可称是"被发现"的;同时,法律创制才能成为可能。通过采用为人熟知的概念建立连接过去的桥梁,并意图创造(虽并不能保证)一条顺畅的、渐进的转变路径,以从已获接受的政策转至另一政策。通过这种方式,法律技艺——这一概念通过其与法律素材之某一部分的限度和潜力,以及某些裁决模式之间的相似性而获得界定——可通过扩展正当性之职责(mantle of legitimacy)而缓和社会变迁。一项新的政策,如果能被纳入契约学说或切合于侵权法,便拥有特定的"法律"性质,这不过是因为它与特定概念相连。似乎可公允地说,法律的此种特殊功能被弱化了,因为对法律职业而言,这一功能的吸引力有所削弱。原因部分在于现代法律职业在避免语言晦涩、使政策目的清晰明了,以及在批评传统的法律分类方面所投入的兴趣。不过,有人或许会问,法律概念在界定法院获得的隐性委托权(implicit delegation)时所扮演的角色,是否已获得足够关注。这或许被想象成一种有效安排,社会借此允许法院在由已获认可的法律概念合集划定的范围内制定政策。有一种假设认为,这些概念是有限度的,而非无限;法律推理和司法行为包含着某些内在限制(built-in restraints);立法机构并没有做出相反行为。

另一解决途径是强调合法性理念中自然理性(natural reason)——而非法律的"人为理性"(artificial reason)——的作用。在合法性的诸多特性中,其中之一乃是承诺追寻真理,追求思维的一致性,致力于对相关证据的逻辑分析和对被纳入事项的分门别类,以及有说服力的类比。在此种意义上,便不存在什么特殊的法律推理,有的仅是关于理性评估和科学探究活动的普遍逻辑。科学理念与合法性理念并非同一,但二者确有很多重合之处。如此,在法律权威中,以良好的推理——包括关于人类特性(human personality)、人类群体和人类组织的正确知识——为基础的司法判决,便可获致。

法律的含义(meaning)包含了合法性理念。尽管还未完全得以详尽阐发和具体描述,这一理念仍然是关于法律秩序的组成部分——尤其是特定规则和判决——的批判性评判(critical judgment)的源泉。当法律之一部分未能达到该理念设定的标准,在这一范围内该法律便缺少合法性。但是,这并不必然令其不再是法律;它或许是低劣的法律(inferior law),然而却恰当地命令所有承诺遵循作为整体的法律秩序的人给予尊重和承担责任。

同时,一套成熟的法律体系将会发展出广泛传播合法性理念和摒除违法要素的诸种途径。

法律概念的微妙性和模糊范围,以及法律素材的多样性,应使任何试图在某些简单方案框架内界定法律的努力斟酌再三。尝试寻找这样一种方案往往导致对法律中更难界定的部分有所忽视,而对具体规则关注过甚。但即便对法律的粗略观察也会提醒我们,法律包含比规则多得多的东西。那些杂乱而含混地被附上"概念""学说"以及"原则"等标签的法律概念,在权威性裁决中处于关键位置。"信赖利益损害"(detrimental reliance)、"诱引性妨害行为"(attractive nuisance)、"合理怀疑""穷尽救济途径""代理"以及"州际贸易"便是其中的常见概念,这些概念据称涵摄(grasp)了某些真相,并为具体规则的详尽阐释提供基础。另外,当然存在着更多一般性概念或原则,表达着诸如"有序的自由"(ordered liberty)所必需的条件或者罪犯乃是个体而非集体等种种意涵。将这些表述仅仅说成一种法律"渊源"(source)是无甚意义的;它们被过于紧密地织入法律思想的基本结构,并在决策中扮演过于直接的角色。

法律中的多样性亦通过其他方式清晰呈现出来。例如,我们或许会谈及功能上的多样性:法律被用来组织公共事业,建立可强制施行的道德标准,在维续发展中的事业时调和各种差异,安排合同关系或婚姻关系的解除;制定公共拨款计划;开展调查;对某些私人联合组织进行规制,解散其他组织,等等。这些及其他功能仍有待进行合乎需要的分类和系统研究。显然,这样的研究乃是建构一种有效的法律理论的先决条件。

在法律宣告(legal pronouncements)所具有的权威中,同样存在众所周知的性质上的差异。如果某些意见被分割,或者法学研究所密切关注的诸概念之间出现明显的混同;如果规则或概念仅仅建基于已获认同的传统之上;更或一条具体规则与某一法律分支的一般原则发生龃龉——如此,这些观点或判决的权威性便遭到削弱。如果所有法律都具有权威性,那么其中一部分会比其他部分更具权威性。

这些考量亦支持了富勒的如下观点:法律秩序拥有一种隐含或内在的道德性[①],这一道德性由独特的理念和目的所界定。当然,这么说并不是要终止研究,相反,实则要开启之。我们必须学会对如下两类情形做出更明确的区分:一种是仅仅作为糟糕的公共政策的"恶法"(bad law),另一种是法律之所以"恶",乃是因为其违背或未完全实现合法性理念。对于公共目的如何影响法律原则这一问题,我们必须获致一种更好的理解;正如当我们意识到在刑事司法领域,社会将联结得更为紧密,从而普遍要求在刑事案件中加强对犯罪意图的举证以及禁止任何追溯性立法。

如果法律秩序包含一组标准和一种可供批评与重构的内在根基,这样便为一种可行

[①] 朗·L. 富勒:《实证主义与忠于法律——答哈特教授》(Positivism and Fidelity to Law—A Reply to Professor Hart),《哈佛法律评论》71 卷,第 645 页,1958 年。

的正义理论奠定了关键基础。在其对自然法立场持同情态度的论述中①,莫里斯·科恩(Morris Cohen)基本正确地论证道:我们必须能够从诉诸"实然法"(the law that is)转变为诉诸"应然法"(the law that ought to be),从诉诸"实证法"(positive law)转变为诉诸正义原则(principles of justice)。但他并未真正意识到,至少某些正义原则乃是合法性理念的组成部分,因而也属于"实然法"之一部分。在许多情况下,我们诉诸的对象,往往从法律中的具体规则或概念转向其他概念,以及同样作为法律之组成部分的更一般的原则。这一过程有时被称为从"规则"到"作为整体的法"("法律体系")②,这一路径有其优势。但若此一路径意味着"作为整体的法"是某种脱离实体和难以具体化的东西,特别当我们实际上意指合法性的一般原则与更为具体的法律材料之间存在对立关系时,这一路径便凸显出了局限性。无论作为具体的规则还是作为整体的法律,两者均隶属于一套规范系统,这一规范系统的"存在"包含了批判性原则和发展进化的潜在可能性。

因此,我们可根据该方法赋予"实证法"以恰当地位与意义。"实证法"意指那些被恰当组织起来的权威体系所界定的公共义务。这并非法律的全部,亦可能导致恶法。当某些权威性实体确立了某一特定结论——这一结论以一种明确无疑的规则或恰当提交的判决形式表示出来——那么我们可称法律是"实证的"。这一界定与霍姆斯的提议不同,霍姆斯认为法律乃是法院将要做之事,也由此假定了他如此界定实证法。而就我而言,我所强调的乃是法院已做出的行为,因为法院将做什么或许取决于法律素材的整体内容。

实证法是经由解决法律问题而形成的产物。法律秩序有生产实证法的任务,以作为社会规制其成员行为和解决争端的最佳努力。我们所做的不过是受法律原则的不完全引导,或许因为这些原则本身是不完备的,但却维续了法律的存在。如此,法律便要求获得遵从。实证法导致个人不再能针对具体问题进行个人倾向选择和判断。当然,暂停某些个人判断,并不必然意味着不能有自己的判断,只是其他一些人的判断成为个体行为的权威性指导。在此一意义下,暂停个人判断的效力便是正当的,因为对实证法的遵从对于该系统整体的存续和完整性均是必要的。一个系统要正常运转,如下措施必不可少,即仅有被特别指定的个体才能通过修改或重新解释实证法,或在特定案件中其他规定仍有效力的情况下通过调整其效力运作方式,而免于实证法的调控。

遵从实在法而不考虑个人私性的判断,并不意味对理性的背弃。相反,如同长久以来所正确理解的那样,遵循实在法乃是对作为整体的规范系统进行理性认同的一项自然结果。这绝非摈除了对实证法进行批评或验证的可能性,包括宣称其空洞和无效。但是,批判、评测或修正是在更宽广的法律秩序的框架下进行的,并在它们互相关联时诉诸各自的

---

① Morris R. Cohen, *Reason and Nature*, Glencoe, Ⅲ.: The Free Press, 1953, p. 408.
② 参见罗斯科·庞德:《法理学》(第二卷),封丽霞译,法律出版社 2007 年版,第 106 页。亦注意其在第 107 页的评论:"我们所考量的这一意义上的法律由规范、技术和理念组成:一种由**权威性**技术(机构)参照**权威性**传统理念或以此为背景发展和运用的**权威性**规范体系。"(强调为原作者所加)

理念和目的的指导。其中尤为重要的乃是法律官员——包括私人法律顾问——批判性回应实证法的义务。

显然,实证法包含专断因素。对于必须遵守它的人而言,实证法在某种程度上不过是一种赤裸裸的事实或命令。这种专断要素虽然是必要和不可避免的,但却与合法性理念相龃龉。因此,法律秩序的恰当目标,以及法学家的独特贡献,乃是不断减少实证法的专断性程度。这一法则与自然科学中的情形类似,自然科学的目的,是降低经验主义在其中的影响程度,也即在科学知识的语境中,减少仅根据现实获得、而在理论上缺乏依据的结论的数量。

如果减少专断性被认为是法理学的中心任务,那么从长远看,自然法哲学便是努力的方向。无论自然法哲学的面貌如何多样或暴露出或多或少的具体局限,自然法的概念仍幸存下来,并随着时间的推移而逐渐发扬光大。这一切均肇因于最大限度地减少法律秩序中的专断意志这一要求。这一哲学的基本目的在于将法律置于理性的基础之上。然而,接下来的问题是,我们将如何理解"理性"的含义?我将这一概念与杜威的"智识"(intelligence)概念进行比较;根据他的基本教导,"智识"意指科学地探究,包括对恰当结果和价值的探求,乃是通往正义科学或自然法的路径。

四、自然法

作为一种学说或视角,自然法的首要原则是:专断性意志并非法律的最终渊源。这一理念认为,诉诸合法性原则或正义原则是始终可行的。此一诉求假定,每一法律秩序,就其作为一个整体的范围,均有其内在的组织法则(implicit constitution)。按此方式理解,自然法便不仅仅是一种"方法"。它的确是一种方法,因为它提供一种引导我们进行探究的规则或指导。但它同样包含以下内容:对表达正当统治之条件的诸原则的最终构建进行研究。科学同样整合了方法和内容。即使当我们强调方法时,围绕作为智识事业的科学的诸多要求,我们亦能得出若干结论。与此相似,自由主义和保守主义是政治思想与政治实践的方法,但它们同样预设了某些关于人类和社会的一般真实情状。

当探究自然法得出的若干结论成为批评既存实在法的原则时,方法和内容便被结合为一。此类结论并不比任何科学上的总结更加不容置疑或具备永恒性。另外,一个容许修正的结论并不必然是危险的,它在理论上或许有着坚实的基础,并获得了证据的有效支持。因此,这些结论并不缺乏指导人类行为的理性权威。

就"自然法"一词而言,这一字眼蕴含着引出关于自然之结论的关切。换言之,自然法预设了"探究"方式。这包含了一种责任,以遵循可靠的思维方式之中的若干理念和原则。当然,这并不意味法律规则或法律学说与(自然)科学上的归纳是同类事物。后者在颇为不同的意义上意指某种具体的法则(laws)。法律规范或法律原则只有在下述范围内才可称为"自然法"——以科学的归纳总结为基础,并将自身建基于关于人、群体以及法律本身的效果的确获保障的主张之上。

以此种方式表述这一对象似乎显得过于简单。那些寻求改进法律学说和推进司法工作的人,大部分都不会质疑对在法律环境下人们将如何行动这一方面拥有更多知识的重要性。有关防治有害行为和刑事法律的研究,关于司法行为、仲裁以及在工业组织中与法律相关的若干变迁方面的研究,均是受欢迎的。在这些研究没有涉及关于合法性的基本理念,因而也没有涉及法律秩序的组织问题时,便足够安全。尽管如此,总体而言,为什么大部分一般法律概念——诸如平等、合理性、公平等——作为较狭义的法律关注对象,不能在科学调查的基础上成为批评对象,其理由尚不明朗。当这些事务出现时,所有的简单化便消失了,对法律的诉求便不那么容易重新展开。

无论我们所关切的事务范围为何,自然法探究预设了一组理念或价值。在最宽泛的意义上,即社会中的人之福祉;对法律的检视乃是为了评估法律对这一福祉的潜在贡献。自然法探究的一个更具体的目的在于研究作为规范系统的法律秩序的结构,以及探明这一系统会怎样趋近于自身内在理念。因此,存在两种法律评测方法:首先,将法律与人类需求的相关结论,包括人类对良好运转之社会的需求进行比较;其次,将法律与有关法律秩序之要求的已获验证的结论进行比较。在某种程度上,后者实际上包含了前者,因为法律秩序的要求之一便是通过保护和促进社会生活的某些重要方面来服务于人类良好生活的能力。

在一关键节点上,限定我们智识上的负担似乎是明智的。这并不必然要求自然法的支持者证明或主张人之作为人有着任何内在义务,包括生存或趋善避恶的义务。从其他立场上看,这或许如此,但对于自然法视角而言却非必需。的确,人作为父亲或公民的义务取决于社会及法律规定,但那是一种较狭隘的主张。此外,我更愿意转变强调重心。基于自然法立场,义务存在于法律秩序中。一种法律秩序要形成,则必须服务于人类的恰当目的。它必然不能降低人类的价值或使其堕落,也不能剥夺人类尊严和身份所不可或缺的东西。法律并不能自由决定任何特定的人是否有责任过一种生活或善的生活。在任何理论中,法律的存在恰是为了确保那些保护生活的最低条件得以建立。作为主导性理念的正义和合法性可观地拓宽了这一责任范围。但是拓展还是有限,却是系统的责任。

正如我此前指出的,社会学家熟悉"功能"分析的观点并没什么奇怪。功能主义在表达"一项持续的重要事务所提出的要求"这一意义时,必须辨识所研究对象中什么对系统来说是必不可少的,然后研究得出在某具体的行动或成就层面维持该系统所需要的东西。这一具体化层面并不必然是一种专断倾向;它至少部分由诸如什么"是"核心家族或贸易联盟或工业社会等理论设定。研究某一类型的社会,就是学习它的独特结构之所在、它的能力限度以及它趋向于摧毁或转变的过程中产生的力量。这一分析过程没有什么必须展示所有参与者需要该系统或存在维持义务的必要。但如果系统要得到维持,那么某些要求——考虑到其自然过程——必须被满足。

至此我所论证的内容有：

(1)自然法预设了科学探究；

(2)自然法预设了一个观念上的终点(end-in-view)，一个引导探究的主导性理念；

(3)自然法寻求并吸纳关于与道德相关的人类本性的恒久真理，例如，自尊的需要；

(4)自然法寻求并吸纳关于与道德相关的社会本质的恒久真理，例如，对社会权力的分配和使用；

(5)自然法寻求并吸纳关于法律秩序的本质和要求的恒久真理。

显然，自然法的权威及其发展必须有赖于社会科学的进步。社会知识匮乏之处，如在围绕普遍意识或政治现象建构起来的理论基础良好并经过实践验证的结论方面，自然法的权威亦必然受限。正因为如此，自然法学派有着批评社会科学的权利和义务，使社会科学的成果更为丰富，内容更加精细。

发现关于人和社会的普遍真理面临诸多困难，对这些困难的一种回应乃是强调自然法的"灵活性"或"内容的可变性"(这或许也是一种对批评自然法哲学的绝对主义和教条化性质的防卫性回应)。这里有一个非常重要的洞见，但必须被置于适当视角之下。的确，自然法预设了不断变化的法律规范，但这并未要求放弃对普遍性或有保证情况下的规范主张的探索。社会学和自然法之间的关系若要被正确理解，领悟这一点是必不可少的。

为什么自然法要预设不断变化的规范？原因在于，自然法的基本承诺对象乃是一个统领性理念，而非一组具体的命令。这一理念在历史中而非历史外实现。但历史提出了自己的要求。即便我们知道合法性的含义，我们也必须研究出一般原则和不断变化的社会结构之间的关系。新的环境并不必然改变原则，但新环境可能确实要求构建新的法律规则并改变旧有规则。

在由统领性理念主导的系统中，许多具体规范——有时作为系统的一部分——可能被消解。检验标准是它们是否有助于统领性理念的实现。许多规范进化或被设置成相当具体的情形纳入考量；当这些情形改变时，规范或会失去对系统的价值。因此，系统的统领性理念可能是行政理性，但具体规范将随着事务目的以及发展阶段而有所变化。例如，关于去中心化的规范并不总是服务于行政理性的目标，但这一目标对于恰当规范的选择依然有着重要影响。

关于自然法内容变动不居的观念，有两种有效的解释方式：(1)随着探索的推进，总是可能对合法性的基本前提，包括关于人类本性和社会生活的基础性假设，进行修正；(2)随着社会变迁，新规则和新学说的需要产生了，以便自然法原则通过适应于新要求、新环境和新机遇而付诸实施。这些观点要求我们将自然法与永远稳定的不切实际的幻想剥离开来，亦要求我们拒斥如下观念：自然法一定要么是可直接运用的道德准则或行为规范，要么什么都不是。一系列原则不是行为规范，正如节能原则并不是具体的物理理论一样。自然法为行为规范的设计和批评提供权威性材料,采用的方式如同宪法原则影响立法和法官造法一样。

简要以自然法中的持续性与变动性的辩证法为例证,或许有所助益。与此同时,我们也能发现社会学探究与此存在某种关联。让我们考察一下"信托责任"(fiduciary responsibility)概念。这一法律概念内在地包含如下原则:在为他人利益之情形下行使权利,因而拥有权利之人必须以与其权限的信托基础相一致的方式行事。① 受信托人不能像仅仅作为合同关系中的债权人那样对待受益人。他负有符合所设定身份的忠诚和善意义务。不同的信托关系要求不同的义务,但它们有着共同特征。

经过相当多的分析和检验后,此处表达的一般原则会作为自然法文献的一部分而出现。它既基于正义理念,也以某些实证理论为基础——这些理论关注着某些条件下困扰人类的诱惑。这些结论值得进一步探究并应获得必要纠正。尽管原则始终存在,如何通过将其融入具体规则和学说而令其得以实施的问题仍旧悬而未决。

从传统上看,信托责任原则曾主要用于财产法。实际上,(财产的)受托人是受信托人的一类,名义上享有财产权,并承担为他人利益而持有或使用财产的法律义务。有相当详尽的规则及相关概念、学说说明多种信托是如何产生的,并具体阐明了受托人的权利和责任。当然,对更宽泛原则的运用反映了特定历史时期经济与社会生活的需要,如投资资金的集中,家庭和少数群体的利益保护,以及对那些公共信托得以创建的利益主体的保障。社会需求与公平概念一道,决定了何种具体权利将获得保护,实证法应体现何种规范,应接受何种法律概念以引导和证明新规则构建的正当性。同时,法律发展或多或少受到了某种意识的限制,这种意识觉察到了作为社会控制工具的实证法的限度。

有很好的理由可以解释为什么在任何既定时期内信托责任的一般原则并非只要信托权限存在就一定会被普遍或自动适用。它能被运用的情形可能并非足够重要,足以证明施行正式控制的社会成本的合理性。这样的控制可能因为法律资源和技术的欠缺而无效;也许还存在其他价值,诸如群体生活的自治,这一价值或许优于基于其上的对正义的需求。然而在法律中,正义原则仍保持潜在状态,作为权威性法律素材的一部分,在需要之际得以运用。

新的历史发展,尤其是大规模官僚体系的兴起,或许赋予信托责任原则在法律中更充分的角色。这一原则已在对公司董事的行为进行规制中应用了一段时间。从技术上言,董事并非受托人,但在某种意义上他是一名受信托人的观点,却并未受到严重质疑。若要问信托关系是否从董事扩展至作为机构的公司法人,扩展至股东抑或其他种类受益人,包括债权人、受雇人、顾客和一般公众,疑难便产生了。一些观点认为,所有这些利益(interests)都具有罗马法上的"利益"(beneficium)的部分特性,尽管构建有效的责任规范

---

① 这一表述并不必然涵括"信托义务"这一法律概念可能包含的所有义务或关系。

以满足如此多样的诉求将十分困难。即便如此，重点却在于，信托责任原则与明确的"物"(res)或财产利益的联系不再清晰，正如信托法中所理解的那样。公司董事的责任更为分散，无论针对主要事务抑或受益人，皆是如此。

部分行业已采取一些措施，将信托责任原则运用于贸易联盟的领导人。[①]愈发明晰的是，至少贸易联盟的"国际性"已朝着一种官僚化方向演进，伴随着自我终身任职(self-perpetuating)的领导人体制，和本质上处于被动地位的组织成员通过"购买"方式获得相应服务。当然，这还不是全部实情，但它已足够真实地证明，新的针对过度干涉和联盟部门之潜在专制倾向的法律防卫措施及其发展乃是正当合理的。而社会学上的实情是，现代大型贸易联盟，正如现代大企业一样，无法通过内部民主程序进行足够有效的控制。之所以如此，原因在于社会组织内部的根本性变革，而非领导人都是些贪赃枉法之徒或组织成员在道德上软弱无力。组织成员的性质已被深刻改变。贸易联盟的成员并不认为有效参与的需求就一定高于针对如下事务所应支付的对价：支持组织权力和获得联盟职员的专业服务。的确，这一变化的彻底程度可能不及"持股"的含义变迁，但二者方向则是一致的。

这一来导致的结果是，大型企业的成员或所有者放弃了对企业的有效控制，转而需要外部支持以保障其利益。通过援引信托责任原则，这样的支持便可获得。在司法或立法领域，这种方法不会总是有效，而是取决于这些情形下对该原则的运用是否满足了其他需要，包括与相关法律规则和有效的司法管理是否保持一致。但自然法原则能成为法律技艺(legal craftsmanship)的启动节点。

对这样一种原则的运用往往取决于所谓的"制度评估"。笔者还记得针对复杂企业或企业类型的研究，诸如学校、教会、政党、公司或政府机构。制度评估的目的在于确定哪些目标或对象能被归因于企业、它所拥有的能力、生存策略、独特的弱点、对其成员之生活的独特意义，以及它可能的进化路线。制度评估是社会科学重要的实践和理论目标之一，针对大型组织的社会学研究能做出非常重要的贡献。这一探索路径的发展仍非常落后，但对于法律秩序之需求要求我们竭尽全力利用好现有的智识工具。这也正是当前关于公司董事和贸易联盟领导人之责任的讨论中所揭示的。

作为创设负责任的领导角色的一种法律途径，信托原则或许存在一个"竞争者"。这即是私人政府(private government)的概念。在对现代产业制度的评估中，一个结论在当下已逐渐成形，即大型的、稳定的商事企业和贸易联盟正发挥着显著的政府性功能。[②]如果这不仅仅是一个模糊的建议性观点，那么问题即是：正当性治理(just governance)的一

---

① 参见阿奇巴德·考克斯：《1959 年劳工改革法案下劳工联盟的内部事务》，载《密歇根法律评论》第 58 卷，1960年，第 827-829 页。

② 参见理查德·厄尔：《现代商业的意义》，哥伦比亚出版社，1960 年版，第三章；亦参见 A. A. Berle 和 Peter Drucker 的著作。批评性观点，可参见 Sheldon S. Wolin, *Politics and Vision*, Boston: Little, Brown, 1960, 第十章。

般原则是否应被运用于分析产业中权威要素的运作？是否应运用"正当程序"（due process）的概念和规范？这并不必然取决于如下学说：潜在的权力委托从"官方"政府游移至"私人"政府。这或许仅仅意味着，无论治理的功能被运用至何处，权威的行使均应有相应的限制。如果这一观点最终被阐明和采用，信托责任原则便不再是一个直接引导来源。但是，信托原则作为治理者责任的基础进而将仍为法律结果提供有助益的观点，也是值得讨论的。

关于责任和权威的一般理论属于自然法的一部分。该理论建基于逻辑和经验的共同基础之上，亦依赖于意义阐释和关于焦虑、志向、群体结构等的见解。在其要素经受了人类探索的检验，该理论仍然是法律秩序的永恒部分。但可责性权威原则（principles of responsible authority）怎样被运用以及被用于何处，既取决于社会需求和社会机遇，亦取决于决定一项特定规则是否将产生所欲求之效果的环境。

历史机遇的意义或许值得用一个特别的词汇进行描述。当我们考察大型组织的问题时，常被引向这种观点：私人权力的成长已创生出大量新的压迫可能性，这些机会成为寻求扩展法律保护范围的基础。我怀疑这是否符合现实，并且我认为这反映了关于法律发展的一个错误观点。我们的问题与其说是如何抵制压迫，不如说是如何实现机会。这并不是说压迫不存在，或压迫的新形式还未发展起来；而是如下事实更为重要：我们现在有一些机会，这些机会在将合法性的伦理植入经济秩序的更大部分之前，是不可利用的。将正当程序的理念扩展至私人联合体可能在任何时候都是一个值得追求的目标。但官僚体系内部秩序的发展导致这一目标的实现随着社会现实的自然演化而进入死胡同。法律理念并不总能完全实现，正义原则不会总是得到有效应用，但它们作为有生命力的潜在价值而被保留下来，等待着将使它们得以运用的历史条件的出现。

一项法律原则，包括自然法原则，皆属于错综复杂而相互依赖的整体。它并不是在与其他法律材料相隔绝的情形下被机械式地运用。出于这一原因，自然法的运用是审慎的。这并非一个陌生观点，正如研究司法审查的学生所熟知的。就像宪法解释那样，自然法预设了一种保守立场。过度的逻辑推演，对抽象理念包含的力量和权威过于自信，将因此而被缩减至最低程度。这也意味着，作为整体的法律体系，或其中某些尤为综合性的部分，这些领域中的规则或学说之变迁所带来的影响，将获得重视和强调。

审慎原则承认一种有利于实证法的、可被驳斥的假设。之所以如此，有两点原因。其一，这一假设有助于维持实证法制定系统的权威，并且对整个法律秩序的整体性和有效性亦有必要。其二，这一假定承认政治共同体的投资经验（funded experience）有着独特的优点，尽管并非绝对优点。实证法始终部分上是对专断意志和赤裸裸的强权政治的反映，但它也表征了共同体解决问题的经验。毕竟，它能作为一种达至理性共识的手段。因此实证法为自然法的发展做出了自己的重要贡献。作为通往自然法的道路，实证法的演进有一特别的理由要求获得尊敬，因为它是一种投资经历，能为法律权威的形成提供另一种维度。这是此前关于在实证法中"减轻专断性程度"之论述的必然结论。一旦这一任务完成,实证法辅助一般法律原则发展的能力将得到加强。

在这篇文章中,我概述了一些基本观点,为富有成效地阐述社会学与自然法哲学之间的关系提供基础。这要求既针对社会学也针对自然法观点进行批判性讨论。我已论证,社会学分析与关于由主导性理念统领的社会系统的研究——如法律秩序——相当兼容;道德判断的相对性对社会学视野下的人和社会而言并非不可或缺。我也给出了一种关于实证法的解释,以及关于与科学探究前提相一致的自然法的解释。而且,我还认为这一阐释描绘了自然法理路的关键真相。

法律社会学能从对自然法探究过程中暴露出的问题的研究中获得极大的、有价值的指导,对此我绝不怀疑。我亦相信,自然法哲学能从进一步增加其语境中的科学要素的努力中获益。一项严肃的、致力于构建和检验自然法原则的研究项目,可对增进理解正义之因由(cause of justice)和发现社会学视野下的"真实"(sociological truth)助益良多。

宪法、抵制与开放性：
比较法视角下对后国家时代宪制定义的思考

［意］朱塞佩·马丁尼科　著*　范继增　译**

摘　要:本文将从考察部分国家立宪经验为视角,研究开放性与宪法之间的关系,并且通过案例研究的方法探索宪法开放性概念的起源。从形式角度分析,开放性意味着通过宪法的方式,建立国内法律体系同域外法的"友好关系",或者依据宪法,建立同非本国立法者所立之法的良好关系。这些法律并非依据本国人民之意志所设立。作者将以此为背景展示如何通过比较法之方法克服宪法结构性与多元主义的二元对立理论。

一、前言

本文主要通过国家或者地区的立宪经验视角探讨宪制同开放性(openness)之间的理论关系,并以案例研究为平台寻找宪法开放性概念(constitutional openness)的起源。尽管《欧盟宪法条约》未能获得批准并且人们对《里斯本条约》内容倍感失望[①],学者[②]和以欧盟法院为首的欧盟机构并没有完全放弃用宪法词语定义欧洲一体化的努力。*Kadi I* 和 *Kadi II* 案[③]的判决结果以及《欧盟加入欧洲人权公约草案协议》[④]就是有力的证明。甚至,部分反对欧盟立宪的学者也认可欧盟需要用一部宪法解决现在的危机。[⑤]

---

* Giuseppe Martinico,意大利比萨圣安娜高等研究学院(Scuola Superiore Sant'anna,Pisa),比较宪法与欧盟法专业副教授。感谢 Martinico 副教授授权笔者翻译并发表本文。

** 范继增,男,四川大学法学院副教授。

① A. Somek,*Postconstitutional Treaty*,German Law Journal (2008),Vol. 8,p. 1121. 作者在本文中提出了后宪法条约的概念。

② R. Schütze,*European Constitutional Law*,Cambridge:Cambridge University Press,2012.

③ Case C-402/05 P. & Case C-415/05 P. [2008] ECR I-6351. Joined Cases C-584/10 P & C-593/10 P & C-595/10.同时参见 M. Avbelj, F. Fontanelli & G. Martinico (eds),*Kadi on Trail. A Multifaceted Analysis of the Kadi Judgment*,Abingdon:Routledge,2014。

④ Court of Justice of European Union,Opinion 2/13,http://curia. europa. eu/juris/liste. jsf? num=C-2/13.

⑤ M. Avbelj,Now Europe Needs a Constitution,http://verfassungsblog. de/now-europe-needs-a-constitution/.

很难回答现在是否再次燃起了民众对制定统一欧盟宪法的愿望。然而,这种情况至少可以证明学者在宪制的辩论领域并未有太多的发展。直到今天,当学者描述欧盟的宪法构架时都无法避免以"宪制"(constitutionalism),"多元主义"(pluralism)或者"多层级宪制主义"(multilevel constitutionalism)概念作为出发点。而另一方面,宪法怀疑论者也在用"宪制"的概念反对欧盟具有宪法属性。本文将会以比较宪法为视角对质疑欧盟具有宪法属性的观点进行分析,尤其是对"宪制"与"多元主义"间具有矛盾性观点的批判。

不少学者认为"宪制"与"多元主义"概念间是彼此对立的。[①] 宪制具有整体性和封闭性的特征,而多元主义因其具有的灵活性和开放性的特征而带有强烈的后国家主义色彩。本文将以比较法角度研究开放性和宪制之间的关系,从而探寻宪法开放主义的起源。在研究过程中,笔者主要以意大利《宪法》为视角。莫尔塔蒂(Mortati)将意大利《宪法》归为"起源于抵制理念(resistance)的宪法"[②]——立宪者在起草和修改宪法的过程中明确地抛弃了墨索里尼极权时代中所有的理念和观点。莫尔塔蒂认为《法国第四共和国宪法》以及《德国基本法》(宪法)也属于"起源于抵制理念的宪法"。卡罗扎(Carrozza)进一步将20世纪70年代的葡萄牙、西班牙和希腊的宪法也可归为抵制性宪法种类。[③]

开放性又是这些国家宪法文本的主要特征之一。值得注意的是宪法开放性根源于"现代国家宪法国际化"[④]的理念。宪法开放性是"宪法新趋势"(nouvelle tendances du droit constitutionnel)[⑤]的核心环节。因此,宪法的灵活调整能力与"宪制"之间具有一定的关联性。[⑥] 笔者将用"开放性"描述在国家宪法文本中承认的"友好性"法源。这些法源包括国内法律体系以外的规则或者非国家立法者制定的法律。

最近,克里施(Krisch)出版的《宪制之外:后国家法的多元主义结构》(*Beyond Constitutionalism:The Pluralist Structure of Postnational Law*)引起了宪法学者和国际公法学者的讨论。克里施提出的"宪制"定义成为了目前较为流行的观点之一,欧洲学者常将此定义用于研究国际公法领域的碎片化现象。在此学术背景下,笔者认为"宪制"和"多元主义"概念间具有承接性。这就意味着克里施将两者视为截然对立的理念不具有科

[①] N. Krisch, *Beyond Constitutionalism:The Pluralist Structure and Postnational Law*, Oxford:Oxford University Press,2010.

[②] C. Mortati,*Lezioni sulle forme di governo*,Padua:Cedam,1973,p. 222.

[③] P. Carrozza,Constitutionalism's Post-modern Opening,in M. Loughlin & N. Walker (eds),*The Paradox of Constitutionalism:Constituent Power and Constitutional Form*,Oxford:Oxford University Press,2007,p. 180.

[④] B. Mirkine-Guetzévitch, *Les Nouvelles Tendances du Droit Constitutionnel*, Giard, 1931, p. 48;B. Mirkine-Guetzévitch,*Les Tendances Internationalistes des Nouvelles Constitutions*,Revue Générale de Droit Internationale Public,1948,Vol. 52,p. 375.

[⑤] Ibid.

[⑥] G. Martinico,Lo spirito Polemico del Diritto Europeo. *Studio Sulle Ambizioni Costituzionali dell' Unione*,Rome:Aracne,2011,p. 27.

学性。宪制与多元主义在开放性的理念下具有共同的特征。通过比较法分析各国宪法有助于重新认识"宪制"与"多元主义"的关系，并且最终摒弃两者对立的理论。[①]

二、后国家性社会的宪制

克里施在"后国家性社会"（postnational society）和"后国家性法律"（postnational law）的背景下探讨了"多元主义"和"宪制"之间的关系。克里施认为"后国家性法律"是一种无法用传统国际法或者宪法解释的法律现象。[②] "后国家性法律"的另一个特征是由于传统的国际法与国内法二分法的过时，国际治理与国内治理已呈现出相互渗透的特征。[③] 克里施将"宪制"和"多元主义"作为"后国家性法律"的两种范式。[④] 克里施的著作和论文[⑤]充满了对两种范式的区分。[⑥] 尽管克里施认为结构主义视角下的"宪制"概念具有"整体性"和"等级性"的特征，"多元主义"理念能更好地描述后国家时代的法律特征。克里施运用"整体性"一词[⑦]并以建构性视角将"宪制"视为"建立一个全面的和正当的政治秩序"[⑧]。因此，宪制的"整体性"在此语境中意味着与多元开放截然对立的封闭等级性的法律秩序[⑨]：

"多元开放性可能会带来风险，但是它比僵硬的宪法结构在后国家政治环境下具有某些优势。多元主义更能适应社会的变化和变动。此外，多元主义更符合现代民主——这不仅体现为给予相抗衡的政治权威以更大的自由空间，同时也反映了难以决定何种权威

---

① 参见 F. Fabbrini, The Constitutionalization of International Law: A Comparative Federal Perspective, European Journal of Legal Studies (2013), Vol. 6, p. 7。

② Krisch supra n. 6, at 21. 克里施认为"由于国内宪制（domestic constitutionalism）是通过控制政治授权的方式将国家群体作为法律和政治的中心，因此其无法反映更为广泛的民众在跨国性问题的观点。国内宪制不仅无法涉及所有领域，而且其向外传递性也很弱"。

③ Krisch supra n. 6., at 3-4.

④ Ibid., at 12.

⑤ 例如，N. Krisch, Global Administrative Law and Constitutional Ambition, in P. Dobner & M. Loughlin (eds), The Twilight of Constitutionalism?, Oxford: Oxford University Press, 2010, p. 245; N. Krisch, The Case for Pluralism in Postnational Law, in G. de Búrca & JHH Weiler (eds), The Worlds of European Constitutionalism, Cambridge: Cambridge University Press, 2003, p. 203。

⑥ Krisch, supra n. 6, at 3. 克里施对"宪制"与"国际法"作了以下一段的描述："由于国际法与全球治理的效果日益显著，所以宪制面临着挑战，因此国家宪法与国内政治程序中的重要权限受到了限制。另一方面，由于国际法的合法性是建立在较弱的共识性基础之上，因此其无法完成更多的任务。尽管国际法有着不言而喻的重要性，但是其表现过于形式化和非民主化，因此需要更多的实质性的坚实基础。宪制可以弥补这个缺陷，然而更多的时候，宪制却不适合扩张权力；而且宪制对特定的政治传统也是一个关键的问题。"

⑦ Ibid., at 305.

⑧ Ibid., at 253.

⑨ Ibid., at 303-304; N. Walker, Beyond the Holistic Constitution, University of Edinburgh School of Law, Working Paper No. 2009/16.

可对跨国性事务的管辖。国家、地区和全球性的政体彼此间相互竞争,其结果取决于规范的设置和机构的忠诚。与宪制不同,多元主义不需要在各权威间建构一套等级秩序,它能够为不同的权威机构提供竞争空间,相互思考(mutual accommodation),并最终可能解决彼此的矛盾。因此,多元主义机构的开放性符合后国家性社会的开放性和流动性,而由同质理念塑造的宪制概念不具有这些特点。"①

由于"宪制"和"宪法化"(constitutionalization)具有多词义的属性,克里施将后者的概念归为三类:促使欧洲超国家政治合法化的宪法化过程;将超国家法纳入宪法等级的宪法化过程;给予参与和对话实践的宪法过程。②

与宪政多元主义③辩论的背景相同,所有的问题都指向了欧盟法(尽管克里施是在更大的背景中探讨该问题,但其主要还是对欧盟的探讨④)。的确,不少学者认为"宪制"和"多元主义"概念是首鼠两端,所以一些学者将"宪制多元主义"概念视为"相互矛盾"或者为充满了"后现代气息"⑤的建构。笔者将在本文的最后部分探讨为什么"宪制多元主义"在欧洲超国家立宪失败后仍然具有有效性。

在此背景下,克里施公开提及"立宪失败"⑥并将欧洲描述为后国家性背景的一部分。当谈及将"国内宪制"模式移植到全球法律秩序的可能性时,克里施对"现代宪制主义"的概念进行了深入的分析并强调法律移植将充满着风险。他从容纳不同法律秩序的法律多元主义观点出发:每个法律秩序都声称其具有最高的权威和独立性,并且不受任何顶层设计(overarching framework)的束缚。

---

① Krisch,supra n. 6,at 26.

② Ibid. ,at 29. 克里施指出"三种对于'宪法'或者'宪制'的理解主导着这场辩论。第一种对宪法化(constitutionalization)的理解是,伴随着针对欧洲政治秩序立法的增多,政治程序的规则逐渐地受到法律的制约。这并非是斯坦(Stein)对宪法化概念的唯一解释。对他而言,制定跨国宪法不仅是要增加立法的数量,同时也应该在欧洲范围内建立统一性的具有等级秩序性的宪法结构——一种被视为具有'联邦形态'特征的政治结构。第三种具有交流性(discursive)宪制主义思潮源于 20 世纪 90 年代末期,出于对传统宪制模式的不满和欧洲治理安排的考虑,一些学者开始设想某些可替代性的模式。在新模式中,宪法的基础是程序而非是制度性的形式或者结构"。

③ Ibid,at 29-31.

④ N. Walker,The Idea of Constitutionalism,Modern Law Review,2002,Vol. 65,p. 317;M. Poiares Maduro,Contrapunctual Europe's constitutional pluralism in action,in N. Walker (ed.),*Sovereignty in Transition*,Oxford:Hart Publishing,2003,p. 501;M. Poiares Maduro,Interpreting European Law:Judicial adjudication in a context of constitutional pluralism,European Journal of Legal Studies,2007,Vol. 1. 上述学者的文章对宪制多元主义做了论述。同时参见 A. Avbelj & J. Komárek (eds.),Four Visions of Constitutional Pluralism,EUI Working Paper,No. 28/2001.作者列举了对宪制多元主义概念的不同解释;N. Krisch,Europe's Constitutional Monstrosity,Oxford Journal of Legal Studies (2005),Vol. 25,p. 321. 作者认为"多元主义"和"宪制"是两个对立的概念。

⑤ J. Baquero Cruz,in Avbelj & Komárek,supra n. 24;M. Loughlin,Constitutional Pluralism:An oxymoron?,Global Constitutionalism,2014,Vol. 3,p. 9.

⑥ Krisch,supra n. 6,at 30.

克里施公开承认他更青睐"多元主义"的理念。这是因为多元主义允许适应性①、开放性②、制约与平衡③和最为重要的公共生活自治④。结社自由是公共生活自治的基础，也是实现"自我立法权利"的关键，这就意味着"集体意志在特定的情况下必须与个体的自我立法相吻合"⑤。该特征源于"平等性自治"原则，并将"公共自治"转化为克里施设想的多元法律主义的两个支柱——"平等性"和"宽容性"⑥。从理论角度分析，克里施的多元主义概念的基础是参与性和多元性动态（pluralist dynamics），因此不属于实质性概念范畴⑦，也不会对后国家社会价值产生影响（由于"宪制"的概念具有整体控制性，因此新的宪制理念或者制度具有社会价值属性）。依据克里施的概念重构设想，后国家时代背景下的各种法律秩序只可能以多元主义构架加以维护，因此开放性、动态性、伸缩性和流动性得以保障。基于"在多元法律秩序下每一个司法决定的效力都无法由单一的司法决定者评估或者来源于绝对权力的中央机构"⑧，多元主义所具有的特征就要尊重法律的差异性。缺乏绝对性的中央权力将意味着无法建立宪制等级秩序，因此非等级秩序（heterarchy）意味着多元主义可能性的存在。

三、对重构理论的质疑

克里施对"宪制"的定义面临着多方面的挑战。⑨ 首先，克里施的宪制定义属于"基础性宪制"（foundational constitutionalism）概念。"基础性宪制"是建构主义和革命性宪制，

---

① Krisch，supra n. 6，at 78-79. 克里施指出"正如其他以法律为基础的秩序，宪制与持续变化的社会环境产生了持续性冲突。无论冲突程度如何，宪法总是把政体与历史相捆绑，从而造成了与现实的矛盾。多元主义可以缓解此冲突，能够使法律较快地和通过减少形式化的方法适应新的环境：通过给予法律亚秩序（legal sub-order）自由空间与政治性重新定义的方式对法律产生影响"。

② Ibid.，at 81. "如果适应论是基于社会环境和它的发展轨迹的积极性视角，那么争论就来源于否定性的判断。这就意味着宪法结构仅是社会精英的产物，是权力的表达和社会的控制，在多元秩序之中分裂的元素和开放性可以为弱者提供更大的竞争空间。"

③ Ibid，at 86. "后国家时代治理可能导致法律秩序的相互冲突：具有有限性权力的权威做出的决定将受到来自其他权威力量的挑战，直到封闭性法律秩序的形成。这就导致了系统性多元法律体系内的制约与平衡。"

④ Ibid，at 103. "多元主义比其他的方法离政治秩序的基本理念——公共自治——更为接近：多元性、多样性特征、忠诚度和联系性使得后国家社会的特征能够更好地反映在相互承认彼此秩序的社会之中。"

⑤ Ibid，at 99.

⑥ P. Capps & D. Machin，The Problem of Global Law，Modern Law Review，2011，Vol. 74，pp. 797-798.

⑦ B. Kingsbury，N. Krisch & Richard B. Stewart，The Emergence of Global Administrative Law，Law and Contemporary Problems，2005，Vol. 68，p. 15；N. Krisch & B. Kingsbury，Introduction：Global Governance and Global Administrative Law in the International Legal Order，European Journal of International Law，2006，Vol. 17，p. 1. 作者们在研究"全球行政法"的过程中都依据程序性原则对研究对象进行分析。这些原则包括：程序公平、可控性和透明性。

⑧ Krisch，supra n. 6，at 296.

⑨ 参见 M. Sung Kuo，Beyond Constitutionalism by Nico Krisch，Law and Politics Books Review，2011，p. 247. 作者对克里施的重构理论进行了批判。

其目的是建立一个新的法律秩序,并且切断与旧有政权的关系①,因此从技术角度来讲,"基础性宪制"是法律革命基础。②

然而,克里施清楚地知道存在适用于后国家法律秩序的"薄宪制理论"③(thin constitutionalism)。但是,克里施一直都否认"薄宪制"理论在严格意义上属于宪制。实际上,当克里施论证多元主义优于宪制的原因时,他似乎将"宪制"绝对地等同于"基础性宪制"概念。因此,正如谢弗(Shaffer)所说,建构"薄宪制理论"将意味着无法将"宪制"与"多元主义"作绝对性区分④。克里施认为宪制是有等级性的、整体性的、革命的以及建构性的。但是,他在重建"宪制"概念的过程中未能考虑到宪制发展过程中的"演化性"传统⑤。演化性宪法与革命性宪法有着明显的不同:"革命性宪法是以宏观建设为目的,企图创造一个完全不同于旧时代的宪制秩序;相反,旧有的宪制秩序为演化性宪法发展提供了基础。"⑥对演化性宪法或者历史性宪法的观察可以使我们意识到"法典化、巩固(consolidation)与适应性比法律改革更具有主导性的动机。宪法反映了其本身之外的社会发展"⑦。

这种宪法思想可以被定义为"多元主义"(区别于一些作者提出的"宪法多元主义"的概念⑧),其意味着"建构主义"存在于任何一部"真正"的宪法之中。建构主义概念代表着

---

① H. Kelsen, *General Theory of Law and State*, London: Russell and Russell, 1945, p. 115; H. Kelsen, *The Pure Theory of Law*, Berkeley, CA: University of California Press, 1970, p. 208. 关于对凯尔森与革命的分析,请参见 G. Maher, Analytical Jurisprudence and Revolution (1981), http://archivos. juridicas. unam. mx/www/bjv/libros/1/468/33. pdf。

② Krisch, supra n. 6, at 47. "并且,革命完全取决于宪法。它们企图建立一种新形式的政府,一种新的合法性基础,并具有从根本上改变社会效果的能力。宪制体现出对人类有信心进行自我管理,相信人类具有设计政治制度的理性,并且可以从该制度中实现公共利益。多元主义反对通过一个共同的和具有顶层设计的政治框架将后现代治理进行融合,分配权力,并且在不同法律或者政治层级间提供解决冲突的途径。多元主义是在不同层级独立设定的法律之间进行非等级性的互动。在多元主义中并不存在解决法律冲突的机制性方法,冲突的解决方式只能依靠立法或者法律解释的竞合性和不同法律层级间的相互考虑。"

③ Ibid. , at 28. "如果仅是因为厚的宪制国内范式,那么宪制则可以解读为对后现代法律框架的研究。但是,多元主义方式将展现为什么需要与国家传统因素进行切割;为什么宪制程序性意义无法带入到后国家领域之中。然而,或许有人会说这种观点故意地将宪制和多元主义的矛盾夸大——宪制仅仅代表着有限性的理论,其反映的是实质性而非形式性法律概念,这就意味着宪制可以同多元主义相结合。这种解读方式意味着宪制仅具有价值性的内涵——民主、权利和法治——当将其置于后国家领域中时,宪制概念依然单薄。"

④ G. Shaffer, A Transnational Take on Krisch's Pluralist Structure of Postnational Law, European Journal of International Law, 2012, vol. 23, p. 578. 然而,谢弗对克里施批判的基础是后国家法的"国家中心主义"。谢弗指出"由于国家在跨国化过程中依然保留着合法性的权威,因此国家依然处在核心位置。因此,使用'后国家'来描述当代的政治背景会引起误解,尤其是在欧洲以外的地区。实际上,在克里施的研究中,他的国家观念比其他绝大多数的跨国法律秩序都处于中心地带。尽管克里施在他的著作一开始就注意到'国际机构、跨国公司以及跨国非政府组织'的重要性,但是他的案例研究并没有摆脱中心主义,也就是没有摆脱国家中心主义"。

⑤ Martinico, supra n. 11, at 27.

⑥ L. Besselink, The Notion and Nature of the European Constitutional after the Reform Treaty (2007), Working Paper, http://papers. ssrn. comsol3papers. cfm? abstract_id=1086189.

⑦ Ibid.

⑧ Krisch, supra n. 6.

"所有的社会机构是且应该是理性设计的产物"。① 哈耶克双重结构的观点可以同建构主义秩序相连接，即秩序可以分为两类：自发性秩序和建构性秩序②。对于很多欧洲大陆的学者来说③，宪法具有规范性和约束性的特征。由于宪法的目的是建立一个由基本价值构成的理想社会，因此宪法应该是以"建构主义"为导向的。例如，法国的《人权宣言》第16条④就规定了宪法以追求分权和人权保障，寻求变化以及运用社会力量等内容为共同目标。

　　然而，在没有运用上述重构理论的条件下，克里施只将某种特定的宪制定义考虑其中，并最终形成了革命性宪法。但是当多元主义的独特性与演化性宪法相融合时，结论就会改变。此外，多元主义并不必然比宪制拥有更大的开放性。很多研究结论都展现了多元主义在最后阶段具有封闭性。多元主义如同宪制一样会将隐藏性价值等级（hidden hierarchy of values）作为基础。⑤ 这就意味着多元主义也会面临相同的批评。⑥ 克里施的多元主义理论并无任何特殊之处，同时他也支持一种轻型宪制理论，因此这与"薄宪制理论"没有不同。总体来说，由于他的宪制定义与通行的观点相差甚远，所以许多宪法学者并不接受他的看法。笔者认为克里施解释的"宪制"与宪法学者的"宪制"并非相同。考虑到对宪法化在国际层面重辩论的起源，克里施的观点实际上发展了"宪制"的定义。在这场辩论中，宪制成为克服国际法碎片化的路径⑦：从长远角度分析，他们将创造统一和连

---

① F. A. Hayek, Law, *Legislation and Liberty*, Vol. 1, Rules and Order, Abingdon: Routledge, 1973, p. 5

② Ibid., at 20. "在这样一种情形下，当一个人认为某种现象是源于人类活动的结果并且不具有自然属性时，另一人会马上跳出来加以反驳。后者会认为此种现象并非人类设计的结果。"

③ 参见 A. von Bogdandy, The Past and Promise of Doctrinal Constructivism: A Strategy for Responding to the Challenges Facing Constitutional Scholarship in Europe, International Journal of Constitutional Law, 2009, Vol. 7, p. 364。

④ 参见法国《人权宣言》第16条："凡是权利无保障和分权未确立的国家就没有宪法。"

⑤ A. Galán & Petterson, The Limits of Normative Legal Pluralism: Review of Paul Schiff Betman, Global Legal Pluralism: A jurisprudence of Law Beyond Borders, International Journal of Constitutional Law, 2013, Vol. 11, p. 783. 罗森菲尔德（Rosenfeld）也对宪制的概念做了全面的梳理。M. Rosenfeld, *Just Interpretation: Law between Ethics and Politics*, Berkeley, CA: University of California Press, 1998). 对罗森菲尔德理论的研究，请参见 F. Viola, La Ragionevolezza Politica Secondo Rawls, in C. Vigna (ed.), *Etiche e Politiche della Post Modernità*, Milan: Vita e Pensiero, 2003, pp. 163—165; A. Schiavello, Interpretazioni Corrente? Riflessioni Critiche sul Pluralismo compresivo di Michel Rosenfeld, Diritto e Società2001, p. 245; M. Goldoni, The Politics of Global Legal Pluralism, Jura Gentium, Rivista di Filosofia del Diritto Internazionale e della Politica Globale, 2014, Vol. 11, p. 104。

⑥ M Sung Kuo, On the Constitutional Question in Global Governance: Global Administrative Law and the Conflict-law Approach in-comparison, Global Constitutionalism, 2013, Vol. 2, p. 440.

⑦ R. Deplano, Fragmentation and Constitutionalisation of International Law: A theoretical inquiry, European Journal of Legal Studies (2013), Vol. 6, p. 69. "尽管尚不存在一个普遍接受的定义，国际法学者认为国际法碎片化意味着国际法内某一具体领域的高度专业化的发展。"

贯的"秩序"。① 正如上面所说,其他的国际公法学者也会同意这一点。例如唐奥夫(Dunoff)和特拉切曼(Trachtman)说道:

> 由于没有中央性立法或者司法裁判机构,国际法体系出现了碎片化的态势。建立一个具有中央集权性的机构或者在不同规则和裁判间设定等级体制有助于使碎片化的国际法体系宪法化(constitutionalisation)。这就意味着宪法化是在混乱的规则或者机构体系中引入秩序和等级制度,至少可以成为调节混乱法律体系的机制。②

依据这个理论,"宪制应该被视为国际法领域内独立性的概念,而非国内领域的宪法概念"③。然而,问题是许多宪法学者却通常将宪制与等级性秩序紧密地结合。因此,克里施所说的"宪制"并没有得到宪法学者的认同。正如我们即将看到的那样,开放性是极其重要的。将宪制定义为"封闭性现象"的确不符合我们对宪制的通常性理解。相反,对现代宪法的观察至少可以使我们在两方面理解宪法的开放性。笔者将接下来主要探讨克里施的"多元主义"关键性因素中开放性的表现。笔者认为开放性是"后极权主义宪制"(post-totalitarian constitutionalism)的关键因素。由于意大利立宪过程吸引了无数的宪法学者的目光,我们不妨通过对意大利宪法的视角研究"后极权社会转型"的宪制特征。

四、处于抵制性和开放性之间的意大利宪制

开放性与抵制性是理解"后极权时代宪制"的关键词语。我们可以发现这种宪法的开放性实际上是不同民主力量政治妥协的产物,也可以将其视为对抗性程序的结果。开放性和对抗性的共同特征就是对极权主义的拒绝。基于对旧有的极权社会的拒绝和新社会的向往,我们能够理解为什么这类宪法带有强烈的纲领性特征。

部分的这类宪法提出了建构新的社会模式并充斥着原则性的宣言,反映了与旧社会

---

① J. Klabbers, International Legal Positivism in a Post-modern World, in J. Kammerhofer & D'Aspremont (eds.), *International Legal Positivism in a Post-Modern World*, Cambridge: Cambridge University Press, 2014, p. 266. 宪法化的目的为高度专业化后导致的国际法碎片化提供解决问题的路径。如果贸易律师只和贸易律师来往,安全专家只同安全专家交流,那么我们需要用胶水将分散的领域粘合在一起。国际法的宪法化就是一种胶水,它意味着不同的国际法领域会有法律冲突。国际法的宪法化反映出早期国际法理论视野的狭隘。(早期国际法主要强调主权和独立性)参见 J. Klabbers, Setting in Scene, in J. Klabbers, A. Peters & G. Ulfstein (eds.), The Constitutionalization of International Law, Oxford: Oxford University Press, 2009, p. 18。

② JL Dunoff & JP Trachtman, A Functional Approach to Global Constitutionalism, in JL Dunoff & JP Trachtman (eds.), *Ruling the World? Constitutionalism, International Law, and Global Governance*, Cambridge: Cambridge University Press, 2009, p. 8; M. Koskenniemi, The Fare of Public International Law: Between Technique and Polities, Modern Law Review, 2007, Vol. 70, p. 15.

③ Deplano, supra n. 50, at 68.

脱离的愿望。在一些案例中，有些"革命性"[①]宪法条款仅仅具有文字效力。正如意大利立宪会议委员皮罗·克拉玛德雷（Piero Calamandrei）所说，完全落实意大利《宪法》条款还需要一段时间。[②]

这些编入宪法的纲领性价值不仅是国内社会生活的基础，也是国际社会中建立国家间联系的导向。意大利《宪法》所反映的国际社会与国内社会在社会工程方面的延续性可以从另一个方面解释为宪法的开放性，从而有效地批判克里施的"宪制"定义。

意大利的立宪过程具有很多的独特性并且深刻影响了其他欧洲国家的立宪程序。意大利《宪法》的产生是国内三大政治力量在立宪过程中妥协的结果：自由党、基督教民主同盟和左翼社会主义—共产主义联盟。这些政党都参加了全国解放委员会，并且在反抗法西斯斗争中将他们的意识形态结合在一起。意大利抵抗运动始于同美国签订的卡西比莱（Cassibile）停战协议，止于1945年4月25日的意大利"解放日"。该运动与参加全国解放委员会的人员对后来的立宪委员会产生了深远的影响。

我们可以从意大利立宪模式中将宪法的开放性视为团结一切反法西斯力量的产物。[③] 法西斯的"父权主义理论"[④]在制定新宪法程序的过程中陷入了深刻的危机。与战后德国宪法不同，意大利立宪程序较少被外界了解，也较少受到外国的影响。但是这并不意味着意大利《宪法》与外界绝缘[⑤]，只是代表着意大利立宪委员会可以依照自己的意志制订宪法。[⑥]

---

① P. Calamandrei，Cenni Introduttivi Sulla Costituente e i Suoi Lavori，in P. Calamandrei & Alessandro Levi（eds.），*Communitario Sistematico alla Costituzione Italiana*，G. Barbera，1950，现在请参见 P. Calamandrei，*Scritti e Discorsi Politici*，Florence：La Nuova Italia，1966，Vol. II，421. Calamandrei 企图用"承诺性革命"（promised revolution）取代左派武装信奉的已失败了的革命概念。然而，从理论角度分析，前者由于切断了与历史的联系，因此更具有激进的意味。

② P. Calamandrei，La Costituzione e le Leggi per Attuarla，in AA. VV.，*Dieci anni Dopo：1945—1955*，Bari-Rome：Laterza，1955. 本文现在收录在 Opere giuridiche，Naples：Morano，1965 III，553。

③ M. Luciani，*Antifascismo e Nascita della Costituzione*，Politica del diritto，1991，p. 191；参见 G. Delledonne，La Resistenza in Assemblea Costituente e nel Testo Costituzionale Italiano del 1948（2009），10 Historia Constitucional，http：//www. historiaconstitucional. com/index. php/historiaconstitucional/article/view/231。

④ 参见 B. Croce，*Per una nuova Italia*. Scritti e discorsi（1943—1944），Naples：Ricciardi，1944。

⑤ Cited by S. Volterra，La Costituzione Italiana e Modelli Anglosassoni con Particolare Riguardo agli Stati Uniti，in U De Siervo（ed.），*Scelie della Costituente e Cultura Giuridica. I：Costituzione Italiana e Modelli Stranieri*，Bologna：Il Mulino，1980 p. 224；参见 DW Ellwood，L'alleato Nemico. *La Politica dell'Occupazione*，Milan：Feltrinelli，1977 263。

⑥ F. Bruno，I giuristi alla Costituente：l'opera di Costantino Mortati，in U De Siervo（ed），*Scelte della Costituente e Cultura Giuridica. II：Protagonisti e Momenti del Dibattito Costituzionale*，Bologna：Il Mulino，1980，p. 59. "相反，在接下来的几年中，美国对意大利的影响导致了埃利亚（Elia）所说的'排除协议'的产生。通过非字面的法律将共产党排除在政府之外并且使一切可替代性措施归为无效。"参见 I. Elia，*Entry "Governo"（forme di），Enciclopedia del Diritto*，Milan：Giuffrè，1970，Vol. XIX，657. 参见 M. Olivetti，Foreign Influences on the Italian Constitutional System，载第六届世界宪法大会论文集《宪制：旧概念与新世界》。奥利维蒂（Olivetti）指出"总体来说，外国对意大利立宪模式的影响主要通过政党、个人信仰和制宪委员会成员的专业程度等因素得以发挥，而不是像德国和日本政府被迫接受盟国的立宪模式"。

尽管立宪会议内部存在行政部门，但是政府从未向其提交任何的宪法草案或者具体的个别条款建议，仅帮助立宪委员会下设的小组委员会做一些重要的和非关键性的准备工作。① 我们有必要提及一下立宪委员会产生的过程。该委员会主要负责起草新的意大利《宪法》。依据 1944 年 6 月 25 日第 151 号立法令，立宪委员会需要在君主政体和共和政体之间做出选择。1946 年 3 月 16 日第 98 号立法令将政体选择的方式交由全民公投。第 99 号立法令同时赋予意大利公民选举立宪委员会成员的权利。意大利人民在 1946 年 6 月 2 日的公投中选择了共和政体并且选举了 556 名立宪会议的成员。75 名成员在梅卡奥·路易尼(Meuccio Ruini)的领导下负责起草宪法。② 宪法起草委员会分为三个小组：翁贝托·图皮尼(Umberto Tupini)领导的"公民宪法权利和义务"小组，翁贝托·塔拉奇尼(Umberto Tarracini)领导的"国家机关"小组，以及古斯塔沃·吉迪尼(Gustavo Ghidini)领导的"经济与社会关系"小组。第四小组则负责依据三个小组委员会商议结果起草宪法。意大利《宪法》于 1948 年 1 月 1 日生效。立宪会议皆为社会贤达人士③：康斯坦蒂诺·莫尔塔蒂(Costantino Mortati)为代表的技术工人、帕尔米罗·陶里亚蒂(Palmiro Togliatti)为代表的政治人士，以及以维托里奥·埃曼努尔·奥兰多(Vittorio Emanuele Orlando)为代表的公法学教授、总理和政治家。尽管他们的政治理念与社会背景不同，但是共同的历史遭遇使其具有抛弃旧有社会制度的共同理想。④

意大利共和国外交条款的制定是抛弃旧有政权的最好反映。意大利《宪法》第 11 条就明确地否定了"以战争方法奴役他国和解决争端"。《宪法》第 11 条同样承认"在国际平等基础上，意大利要限制自身的主权活动范围，以保证承担和平和公义世界秩序之必需"。

将和平原则写入意大利《宪法》有三点理由：由于意大利已不再是一个军事政权，因此应该放弃帝国主义外交政策⑤。其次，以唐·路易吉·斯特佐(Don Luigi Sterzo)为代表的道德主义者来说，战争乃是"不道德、非法和应该禁止的"⑥。最主要的原因是国内的政治秩序已经确立要建设一个"在国际领域中，提倡自由、平等和尊重个人"的国际秩序。⑦

---

① Bruno, supra n. 59, at 60.

② 参见 L. Elia, La Commissione dei 75, il Dibattito Costituzionale e l'elaborazione dello Schema di Costituzione, in AA. VV. Il *Parlamento Italiano 1861—1988*, Rome: Nuova Cei, 1989, Vol. XIV, 128.

③ E. Cheli IL problema storico della Costituente (1973) Politica del diritto 485.

④ P. Calamandrei, Discorso sulla Costituzione, http://www. napoliassise. it/costituzione/discorsosullacostituzione. pdf. 作者说道"如果想回到你们宪法诞生的地方，那么请你先到革命者被杀的山岗，被囚禁的监狱和他们被绞死的田野。你们应该到任何一个意大利人曾经为了自由和尊严牺牲的地方。年轻的意大利朋友们，你们应该去那里看看，那里才是我们宪法诞生的地方"。

⑤ 参见 P. Nenni, Una battaglia vinta (Rome: Leonardo, 1946), p. 104。

⑥ L. Sturzo, La Guerra, L'Italia e Intervistato, in I. Sturzo, *Politica di Questi Anni*: 1957—1959, Bologna: Zanichelli, 1954, p. 144.

⑦ A. Cassese, Politica estera e Relazioni Internazionali nel Disegno Emerso alla Assemblea Costituente, in U de Siervo (ed.), *Scelte della Costituente e Cultura Giuridica. I*: *Costituzione Italiano e Modelli Stranieri*, Bologna: Il Mulino, 1980, p. 519.

卡塞斯(Cassese)以比较法的方法在最后一种理由中追溯了意大利立宪的经验对其他欧洲国家的影响。[1]

五、外在的开放性

部分欧洲国家法律体系也带有意大利《宪法》的特征。宪法国际化和宪法抵制性有什么关联？国际化是对以极权主义为特征的法律国家主义(legal nationalism)的反映。这并无任何新意，法律与政治本来就是一个硬币的两面，政治乃是政治权力的动态反映。[2] 国际化开放可以表现为不同形式，既可以表现为遵守一般性公法原则(国际习惯法)，也可以表现为履行条约。在后者中，国家宪法往往对国际人权公约体现出开放的姿态。这是由于人权公约与国家宪法在价值和内容上具有一致性。西班牙和葡萄牙就是典型的案例。

很多学者[3]认为这种开放性对宪法具有两种功能效果。一方面，这将会强化宪法的原有内容，对宪法前言(Verfassung)规定的基本权利提供制度保障。另一方面，宪法开放性具有转型性功能，为宪法基本权利体系提供新的血液以满足社会发展的需要。当然，宪法开放性并非是漫无边际的。例如，部分宪法原则确定的宪法特征构成了不可侵犯的宪法价值体系，同时也构成了对宪法开放性的限制。在所有宪法体系中，维护本国的宪法特征要优先于确保宪法的开放性。在国家层面，宪法学者希望用不同方法定义本国的宪法核心原则，例如意大利《宪法》确立的"共和制度原则"(forma repubblicana[4])和德国《宪法》确立的永恒性条款[5](Ewigkeisklause[6])。

本国宪法条款具有的宪法开放性不仅体现为域外规则在本国领域内的法律效力，同时也是本国政府组织和参与国际合作的最重要的指导原则。这些宪法规范以通行于国际社会和国内政体之共同价值和原则为基础。这类宪法甚至管辖国内掌握公权力的人员在国外的活动情况，以确保宪法价值在跨国领域中的实现。从这个角度来说，意大利《宪法》具有独特性，然而也反映了普遍性的国际发展趋势。[7]

---

[1] 参见 A. Cassese, Modern Constitutions and International Law, Recueil de Cours, 1985, Vol. III, p. 331。

[2] N. Bobbio, entry "Diritto", in N. Bobbio, N. Matteucci & G. Pasquino (eds.), Dizionario della Politica, Turin：UTET, 1976, p. 334.

[3] A. Peters, Compensatory Constitutionalism：The Function and Potential of Fundamental International Norms and Structures, Leiden Journal of International Law, 2006, Vol. 19, p. 579.

[4] 详见意大利《宪法》第 179 条。

[5] 详见《德国基本法》第 79 条第 3 段。

[6] 参见 F. Palermo, La forma di Stato dell' Unione Europa. Per una Teoria Costituzionale dell'integrazione Sovranazionale, Padua：Cedam, 2005。

[7] Cassese, supra n. 67.

时至今日，国家宪法无法提供一份穷尽所有基本权利的清单。多数国家都没有选择列举冗长的基本权利清单的模式，而是通过援引国际法和超国家法的方式保证特定的宪法价值（constitutional goods）实施。此乃赛义斯·阿纳伊兹（Saiz Arnaiz）提出的宪法开放性[1]，并且对宪法解释产生了重要的作用。以意大利《宪法》为例，学者和法官们经过很长时间的讨论后认为《宪法》第 2 条确定的基本权利保障原则具有开放性的特征。[2] 这就为意大利宪法法院承认和保障新的宪法权利（信息权、隐私权和环境权）提供了宪法空间并且通过释宪的方法更新基本权利的内容，以确保人本主义原则（principio personalista）的实施。前欧洲社会主义国家纷纷在 20 世纪 90 年代制定新的宪法时，埃里克·斯坦（Eric Stein）提出"渐进式宪法国际化的模式"[3]。然而，由于这些国家的立宪程序仅在宏观上受到国际化的部分影响，因此仅完成了斯坦提出的"宪法国际化模式"1/5[4] 的进程。[5]

卡塞斯和斯坦认为中东欧宪法同意大利和德国的宪法具有共同的开放精神。[6] 德国《魏玛宪法》是现代宪法国际化趋势的转折点。《魏玛宪法》源于德国对于第一次世界大战残酷性的认识。《魏玛宪法》的前言（德意志人民，基于各联邦之团结与建立新的自由与公义帝国之启发，将维护国内外和平与促进社会之发展。此乃本《宪法》之宗旨）和《凡尔赛条约》第 227 将对外战争定义为"对国际道德和条约神圣性最大的侵犯"[7]就是魏玛共和国对战争反省的例证。

各种因素的结合产生了新的规范，其目的在于将内部与外部规范结合形成新的宪法秩序：《魏玛宪法》第 4 条规定"通行于国际社会的国际法规则在魏玛共和国法律体系内具有约束效力"。《魏玛宪法》第 162 条规定"德意志第二帝国承认国际法规定的工人权利，并承诺保障工人阶级享有社会权利的最低标准"。

《魏玛宪法》第 162 条反映了立宪者希望在连接国内与国际秩序中创建比较性的价

---

[1] A Saiz Arnaiz, La Apertura Constitucional al Derecho Internacional y europeo de los Derechos Humanos. *El articolo 10. 2 de la Constitución Española*, Madrid: CEPC, 1999.

[2] 意大利《宪法》第 2 条："意大利共和国承认和保障不受侵犯之权利。这些权利包括人之为人的个人权利和社会集体权利。"

[3] E. Stein, International Law in Internal Law: Toward Internationalization of Central-Eastern European Constitution?, American Journal of International Law, 1994, Vol. 88, p. 429.

[4] Ibid. , at 429.

[5] A. Lollini & F. Palermo, Comparative Law and the "Proceduralization" of the Constitution-Building Process, in J. Raue & P. Sutter (eds.), *Facet and Practices of State-building*, Leiden: Brill/Martinus Nijoff, 2009, p. 301.

[6] Cassese, supra n. 67, at 351; Stein, supra n. 76, at 427—429. 斯坦对卡塞斯的观点评论道："安东尼奥·卡塞斯将不同的现象结合到一起。一方面，他认为威权政权在革命和战争中的失败会导致民主的建立；另一方面，他特别地将'国家宪法的开放性'视为与国际法和国际社会的连接。"

[7] 参见《凡尔赛条约》第 7 部分，第 227 条。

值。1931 年西班牙《宪法》对议会参与国际事务做了开放性的规定。[①] 西班牙 1931 年《宪法》从第 7 条开始[②]就做了宪法条文的注解，尤其是第 65 条规定"所有西班牙议会通过、国联制定以及属于其他国际法的规范"都是"西班牙立法体系的一部分"。因此，卡塞斯认为"西班牙《宪法》为实施国内立法必须符合国际法规范创立义务"[③]，将侵犯国际法视为违反《宪法》。

最后，西班牙《宪法》规定的一系列议会在外交领域中的职权（签署国际条约和宣布战争[④]）也属于开放性宪法的内容。现行的《德国基本法》是一部确立对外开放性的经典宪法文本。其前言开宗明义地宣布了"德国人民在上帝和人类面前"的责任并且确认"在成为团结欧洲的平等一员的基础上促进国际和平"[⑤]。《德国基本法》第 25 条规定"国际法普遍规则具有超越和优于国内法的效力"。德国法院在司法实践中以"友好性国际法解释"[⑥]技术为基础使得国际法可以影响德国法的发展。

西班牙和葡萄牙《宪法》代表着另一波宪法国际化的趋势。这两个国家立宪在世界范围内具有共同的独特性，即区分一般性国际条约和特定领域的国际人权条约。以葡萄牙《宪法》为例，第 16 条[⑦]确认了国际人权条约对本国《宪法》有补充作用。葡萄牙《宪法》承认《世界人权宣言》具有解释宪法基本权利的效力，这似乎排除了《欧洲人权公约》的宪法效力，但是葡萄牙宪法法院经常将欧洲人权公约作为解释《宪法》的重要参照标准。[⑧]

依据西班牙《宪法》第 10 条第 2 款的规定[⑨]，国际人权条约在西班牙宪法体系中具有特殊的解释性功能。这意味着国际人权条约对宪法权利条款的实施具有解释性的导向功

---

① A. Cassese，Politica Estera e Relazioni Internazionali nel Disegno Emerso alla Assemblea Costituente，in U de Siervo（ed.），*Scelte della Costituente e Cultura Giuridica. I：Costituzione Italiana e Modelli Stranieri*，Bologna：Il Mulino，1980，p. 519. 参见西班牙 1931 年《宪法》第 5 条："议会设立负责外交事务的常务委员会，该委员会在议会休会期间照常开会与办公。即使在议会解散或者议员资格到期，委员会成员依从办公，直到新议会的产生。议会的会议并不公开，除非 2/3 的成员通过投票的方式要求举行公开的会议。议会依照同样的方法将建立一个与帝国政府具有同等政府位阶的委员会，负责保障议会的权利。委员会委员享有向政府质询的权利。"

② 1931 年西班牙《宪法》第 7 条："西班牙受国际法通行规范的制约，并且其为国内实体法的一部分。宪法和法律保障的基本权利的解释必须与《世界人权宣言》标准相一致。"

③ Cassese，supra n. 67.

④ 见西班牙 1931 年《宪法》第 77 条。

⑤ 见 1949 年《德国基本法》前言。

⑥ P. Dann & M. von Engelhardt，The Global Administrative Order through a German Lens：Perception and Influence of Legal Structure of Global Governance in Germany，German Law Journal，2011，Vol. 12，p. 1371."依据此种方法，任何的国内法都必须最大限度地与国际法相符合，并且不与欧盟法解释方法相冲突。由于任何法律都必须符合德国的国际法义务，因此此解释模式适用于一切国内规范。"

⑦ 葡萄牙《宪法》第 86 条规定"宪法所保障的权利并不排除依据其他法律设定的权利或者国际法规则的实施"。

⑧ F. Coutinho，Report on Portugal，in G. Martinico & O. Pollicino（eds.），*The National Judicial Treatment of the ECHR and EU Laws：A Comparative Constitutional Perspective*，Groningen：Europa Publishing，2010，p. 360.

⑨ 西班牙《宪法》第 10 条第 2 款："对西班牙宪法条款保障的基本权利和自由的解释应该符合《世界人权宣言》，国际条约和西班牙批准的其他国家间协议。"

能(即使宪法法院明确地指出人权条约不具有宪法性地位①)。这些二战前后欧洲宪法开放性的例证都无法与克里施描述的"宪制"概念相吻合。

六、宪法开放性与欧盟法

正如本文开篇所说,我们能够以宪法的角度解读欧盟。首先,从词语逻辑角度分析,如果认同宪制具有开放性,那么"宪制"与"多元主义"就不再成为一对矛盾,因此"宪制多元主义"的构词法应该是成立的。其次,最为重要的是欧盟法已经模糊了国际法与国内法的界限,并在宪法价值领域中形成了互动性。这种法律现象一方面要归功于欧盟法的直接效力,另一方面要归功于欧盟法院可以对涉及基本权利的案件进行判决以及《欧盟基本权利宪章》的生效(欧盟法院尚未将基本权利宪章的一切潜力开发出来②)。再次,正如前文所述,所有重要的欧盟一体化的宪法理论③都将欧盟宪法当成一个混合性的怪物④(monstrum compositum)。形成这个怪物的欧盟宪法原则一方面在超国家层面上发展,另一方面由各国的宪法原则对其进行补充。因此,可以认为国家法和欧盟法合力形成了欧盟宪法。⑤ 换而言之,鉴于该宪法理论并未排除成员国和成员国宪法的地位,因此欧盟宪制并不具有完全的排他性。我们应该将欧盟宪法理解为一部由成文原则和不成文原则组成的法典(corpus)——有时欧盟法原则规定在欧盟条约之中,有时候规定在成员国的宪法中(作为成员国共同的宪法传统⑥)——有时则源于欧盟法院的判决(声明具有法律的优先性⑦)。从这些定义中我们可以知道欧盟宪制不具有完全的排他性,其存在的目的

---

① 西班牙宪法法院,第 30/1991 号判决。

② 参见 F. Fontanelli, National Measures and the Application of the EU Charter of Fundamental Rights-Does curia. eu Know iura. eu, Human Rights Law Review, 2014, Vol. 14, p. 231; F. Fontanelli, Implementation of EU Law through Domestic Measures after Fransson: The Court of Justice Buys Time and "Non-preclusion" Troubles Loom Large, European Law Review, 2014, Vol. 39, p. 782.

③ G. Martinico, *The Tangled Complexity of the EU Constitutional Process: The Frustrating Knot of Europe*, Abington: Routledge, 2012, p. 19.

④ L. Besselink, *A Composite European Constitution*, Groningen: Europa Law Publishing, 2007.

⑤ J. E. Fossum & A. J. Menedez, The Theory of Constitutional Synthesis. A Constitutional Theory for a Democratic European Union, ARENA Working Paper, 15/2010. 宪制多元主义和多层级宪制主义都认为宪法是不同层级相互交往的结果。这个观点也体现在其他宪法理论中,例如宪法整合(constitutional syhthesis)理论:"从本质上说,宪法整合意味着已经设立宪法的国家通过宪法方式逐渐实现一体化的过程。在此过程中,参与的国家建立了超国家性的政治共同体。各国在不失去其身份特征和机构功能的前提下进行整合。"

⑥ A. Pizzorusso, Common Constitutional Traditions as Constitutional Law of Europe (2008), STALS Research Paper 1/2008, http://stals. sssup. it/files/stals_Pizzorusso. pdf.

⑦ 参见《欧盟法优先性宣言》。大会提醒各成员国政府,依据欧盟法院已形成的判例法,欧盟条约和以其为基础的欧盟法在成员国法律体系内具有优先适用的法律效力。欧盟法院判例所确定的优先适用性是欧盟法原则的基石。根据该法院判决,该原则是欧盟特征的固有内容。从 Costa vs. Enel 判决以来,欧盟法优先性只存在于判例法之中,从未被写入欧盟宪章,以后也不会被写入,但是欧盟法优先性原则将是不可动摇的欧盟法基本原则之一。

不是为了完全代替成员国的宪制。相反，欧盟宪制需要成员国宪法为其提供合理性的支持①（所以，宪法仍然保留着"塑造权力的功能"②）。实际上，所有欧盟宪法所包括的基本原则（体现在国内层面和国际层面）都是为了在国内和超国家领域中建构权力。③ 波亚雷斯·马杜罗（Poiares Maduro）曾经通过区分此宪制思想与国家宪制思想的方式对不承认存在超国家宪制的观点进行了批判。④ 马杜罗认为国家宪制仅是一种历史经验，无法与上溯的宪制模式相融合。尽管他没有明确指出超国家宪制等同于他的宪制理念，但是马杜罗强调两种宪制理念的交互性影响（国家宪制和超国家宪制）代表着理想的宪制模式：

　　在许多领域中，国内宪制依旧是宪法价值最好的代言人，但无法抵制欧盟宪制的集权和权力滥用。欧盟宪制赋予其宪法价值并非是为其提供优于国家宪制的一般权威。但是，欧盟宪制的确存在着一种诉求，那就是在成员国和欧盟法律多元秩序框架下提供彼此克服自身宪制缺陷的宪法价值。这也可以解释为什么欧盟宪制离理想宪制观念的距离更近。从本质上讲，欧盟宪制并不比国内宪制更能反映宪制的精髓，但是两者间的交互影响却更趋近于完美。此乃宪制多元主义内容和规范性的定义，将宪制多元主义和一般性宪制理论相连接。⑤

　　对于那些反对截然区分以历史为基础的国家宪制与交互性宪制⑥以及认为超国家宪制缺乏国内宪制发展的历史特征⑦的学者来说，区分两个宪制定义十分重要。

　　因此，欧盟宪制与国家宪制一同有力地促进了在各层级政府中维护欧盟宪法的重要原则。国家与超国家法律体系彼此影响使得欧盟宪制受成员国法律体系的影响。欧盟条约就可以证明这一点。《欧盟条约》第 6 条明确地将成员国的宪法内容和《欧洲人权公约》作为欧盟法一般原则的来源。欧盟基本权利宪章中有众多的条款引用了"成员国法律和

---

　　① Mirkine-Guetzévitch, supra n. 9.

　　② F. Rubio Llorente, *La forma de Poder. Estudios Sobre la Constitución*, Madrid: CEPC, 1997.

　　③ 基本权利保障是最为典型的领域，但是代际平衡也被视为国家与超国家层级间另一个共同承认的社会基本美德（fundamental good）。

　　④ M. Poiares Maduro, The Three Claims of Constitutional Pluralism, in A. Avbelj & J. Komárek (eds.), *Constitutional Pluralism in the European Union and Beyond*, Oxford: Hart Publishing, 2012, p. 67.

　　⑤ M. Poiares Maduro, The Three Claims of Constitutional Pluralism, in A. Avbelj & J. Komárek (eds.), *Constitutional Pluralism in the European Union and Beyond*, Oxford: Hart Publishing, 2012, p. 77.

　　⑥ M. Luciani, Costituzionalismo Irenico e Costituzionalismo Polemico (2006), http://archivio. rivistaaic. it/materiali/anticipazioni/costituzionalismo_irenico/index. html.

　　⑦ H. Brunkhorst, A Polity without a State? European Constitutionalism between the Evolution and Revolution, in EO. Eriksen, J. E. Fossum & A. J. Menendez (eds.), Developing a Constitution for Europe, Abingdon: Routledge, 2004, p. 103. 欧盟不是一个国家，也没有朝向国家方向发展。国家政权主义（etatism）理念会误导人们对欧盟性质的认识。德国宪法法院在 Masstricht 案判决中指出的欧盟既不是联邦，也不是邦联，而是国家联合体的结论也是对欧盟性质的错误理解。任何形态的"国家"概念都有共同的特征。但是欧盟具有独特性，不仅是后国家性政治实体，也是后国家政权主义（post-statist）概念下的政治实体。任何的欧洲宪法都必然是没有国家理念的宪法；Maduro, supra n. 100, at 68. 以此为基础，由于马杜罗认为宪制多元主义的实质是各层级间的关系，因此国家宪制不可能消失。他认为"换句话说，宪制多元主义并不是欧洲宪制的特征，而是反映与其他宪制秩序关系的本质"。

司法实践"以避免与欧盟成员国国内宪法相冲突,并且《欧盟条约》第 4 条增强了对国内宪法秩序的保障。基本权利宪章第 9 条、第 10 条第 2 款、第 14 条第 3 款、第 27 条、第 28 条、第 30 条以及第 34－36 条就是证明。这些条款的设定并非偶然现象,因为人权保障领域是阐释欧盟法多元性的最好例子,并且"严格来说,绝大多数欧盟基本权利条款都是源自于欧盟以外的宪法:从内容角度评析,欧盟机制下基本权利保障具有多元性"。①

这些基本权利宪章条款一方面可以反映出欧盟法律体系对成员国法律体系的开放性,另一方面也是成员国宪法被欧盟法典化的过程。② 时至今日,在欧盟法院做出令人遗憾的第 2/13 号意见后,《欧盟条约》第 6 条和欧盟基本权利宪章仍然维持着对《欧盟条约》以外法律体系的开放性。例如,欧洲人权公约对欧盟法院的判决有着深刻的影响。③

尽管欧盟法是一个开放性的体系,这并不意味不存在约束开放性的力量。如果开放性触动了欧盟法的核心价值,欧盟法院就会按照 Kadi 案④和 Schrems 案⑤的判决维护自身的宪法特征。从这个视角分析,Melloni 案⑥的判决和第 2/13 号意见⑦都是值得商榷的,因为这些决定违反了《欧盟条约》第 6 条和《欧盟基本权利宪章》第 53 条建立的开放性原则。

然而,我们需要指出"多元主义"最终也是具有封闭性的,它们也会形成一个价值等级并经常受在宪法宽容学说中提及的"界限划定悖论"⑧理论的影响。⑨ 加朗(Galán)和帕特森(Patterson)就曾经对克里施的学术观点做了类似的评价,"克里施对多元主义的定义似乎背离了其初衷,导致他赞同价值的等级性。这就意味着他将宪法宽容原则置于公共自由原则之上"。⑩

---

① Besselink,supra n. 93,at 15.

② M. Claes,Constitutionalizing Europe at Its Source:The "European Clauses" in the National Constitutions:Evolution and Typology,Yearbook of European Law,2005,Vol. 24, p. 81;C. Grabenwatter,National Constitutional Law relating to the European Union,in A von Bogdandy & J. Bast (eds.),*Principles of European Constitutional Law*,Oxford:Hart Publishing,2005,p. 95.

③ S. Douglas-Scott,A Tale of Two Courts:Luxembourg,Strasbourg and the Growing European Human Rights acquis,Common Market Law Review,2006,Vol. 43,p. 629.

④ Case C-402/05 P. & Case C-415/05 P. [2008] ECR I-6351. Joined Cases C-584/10 P & C-593/10 P & C-595/10.

⑤ Case C-362/14,judgment 6 October 2015.

⑥ Case C-399/11,judgment 26 February 2013.

⑦ J. Komárek,It is a stupid autonomy... (2015),http://verfassungsblog. de/its-a-stupid-autonomy-2/. 从结构上分析,欧盟法院对自治性的理解与宪法法院对主权的理解似乎相似:欧盟法是欧盟法院管辖范围内的最高命令,任何对欧盟主权的限制都必须受到欧盟法院的审查。

⑧ F. Rainer,Toleration,EN Zalta (ed.),The Stanford Encyclopedia of Philosophy,2012,http://plato. stanford. edu/archives/sum2012/entries/toleration/. 我们发现对于容忍的定义往往会产生悖论:容忍是相互性行为,如果一方对另一方忍无可忍,那么就无须再忍。

⑨ J. Locke,A Letter Concerning Tolerance (1689);A. Tuckness,Rethinking Intolerant Locke,American Journal of Political Science,2002,Vol. 46,p. 288.

⑩ A. Galán & D. Petterson,supra n. 48,at 797.

最后，从理论的角度分析，"多元主义"和"宪制"的二分法的基础是幼稚的宪制思想。这就将"宪制"赋予了完全革命性与建构性的含义，从而忽略了宪法的演化性。

例如，部分欧洲顶尖的学者们往往提倡以演化性宪制为基础促进欧洲一体化，从而质疑不断制订欧洲公约的必要性。彼得斯（Peters）更为深刻地指出"欧盟宪法并非是某个权威在某个时刻'制定'的。欧盟宪法无法由单独权威个体创造，而是不同法律角色的合力"。[①] 格里菲斯（Griffith）也有过同样论述，"宪法是已经发生的事实"。欧盟的历史发展就是朝向演化主义的迈进，这种模式不依赖立宪权力的概念，而是建构主义思想主导了对制定《欧盟宪法条约》的讨论，以谋求创造一个类似于欧洲大陆公法传统的制度。回顾不断制定欧盟公约的那个时代，我们立刻意识到欧洲大陆性法律思想对于欧盟的影响（建立宪法维护机构，并且依据人民的意志建立立宪会议以制订宪法）。对立宪权力和宪法制定的迷恋使欧洲国家和学者将英国视为唯一的演化性宪制国家。[②] 然而，很多有成文宪法的国家政府却经常与立宪机构出现矛盾：德国和 1958 年的法国就是如此。[③] 除英国外，瑞典和荷兰也是没有成文宪法的欧盟成员国。由于受到国际社会的影响，东欧国家也具有非典型性立宪程序的特征。[④]

结论

本文反对将"多元主义"和"宪制"截然对立。笔者认为开放性即是多元主义支柱之一，也是二战后宪制大厦的基石。卡塞斯提出的宪法开放性是转折点，甚至被认为在法律秩序中具有一般原则的功能。如果我们过去认为这些法律秩序是封闭的（由于国家法律不允许引用自然法，所以一般法律原则也就成了国家法律体系制定法典的边界[⑤]），那么一般法律原则应该被视为连接国内与国际法律秩序开放性的关键，有助于国内法体系的转化与更新。本文所描述的比较性环境是开放的，并且反对克里施提出的宪制观点。那么这将如何实现并与宪法学者提出的宪法开放性相关联呢？国内与国际立法层面中具有的价值延续性就成为一种可行性的解释。即使在国际层面，人类也希望建立一个更为美

---

① A. Peters, The Constitutionalisation of the European Union-without the Constitutional Treaty, in SP Rickmann & W. Wessels (eds.), The Making of a European Convention. Dynamics and Limits of the Convention Experience, Wiesbaden: VS Verlag für Sozialwissenschaften/GWV Fechverlage GmbH, 2006, pp. 51-52.

② Luciani, supra n. 102.

③ C. Möllers, We are Afraid of People: Constituent Power in German Constitutionalism, in M. Loughlin & N. Walker (eds.), *The Paradox of Constitutionalism Constituent Power and Constitutional Form*, Oxford: Oxford University Press, 2008, p. 87

④ Martinico, supra n. 92, at 55.

⑤ L. Paladin, Costituzione, Preleggi e Codice Civile, Rivista di diritto civile (1993), p. 19.

好的社会。20世纪40年代意大利立宪会议成员就秉承国际与国内社会双重导向的价值精神,因此意大利《宪法》体现出广泛的开放性。二战后部分欧洲国家也选择了该立宪模式。① 倡导宪制价值的国内与国际之延续,并且提倡将此价值扩展至国际与后国家领域之中。这些现象反映出宪制已经不再局限于一国范围之内。这为批判克里施观点提供了新的理论视角。在全球治理面临新的挑战下,宪制依旧具有合理性。笔者在最后一部分以超越宪制与多元主义二分法为基础用宪制范式解释欧盟一体化的过程。

---

① VS Vereshchetin, New Constitutions and the Old Problem of the Relationship between International Law and National Law, European Journal of International Law, 1996, Vol. 7, p. 31. 因此,德国在一战和二战后在国内法律体系中赋予国际法重要的地位并非是偶然。意大利与日本的战后宪法和俄罗斯在冷战结束后制定的新宪法也都赋予了国际法重要的地位。1975 年希腊《宪法》第 28 条第 1 款,1978 年西班牙《宪法》第 96 条,1976 年葡萄牙《宪法》第 8 条都反映出了立法机关和民众对原来的威权政体蔑视国际责任和背叛人类共同价值的不满与抛弃。

结果加重犯的共同正犯

李世阳[*]

摘　要:是否肯定结果加重犯的共同正犯,与对于结果加重犯之构造的理解紧密相关。如果将其理解为故意的基本犯与过失的结果犯的复合,那么,这一问题就转化为是否肯定过失共同正犯。在这个意义上,肯定过失共同正犯的论者当然也肯定了结果加重犯的共同正犯,而否定过失共同正犯的论者则同时也否定了结果加重犯的共同正犯。是否肯定结果加重犯的共同正犯与是否肯定过失共同正犯未必是同一个问题,因为结果加重犯的构造毕竟不等同于过失犯的构造。危险性说对于结果加重犯之构造的解读提供了重要线索,但却相当于回避了对于加重结果的处理,因为只要确定了结果加重犯的实行行为,即可肯定共同正犯的成立,于是,加重结果的出现就只发挥着相当于客观处罚条件的作用。虽然不能将结果加重犯的共同正犯与过失共同正犯这两个问题相等同。但可以将结果加重犯的共同正犯视为是对过失共同正犯之法理的一种适用。

关键词:结果加重犯;危险性说;共同正犯;过失共同正犯

一、引言

我国以往的刑法理论对于结果加重犯的共同正犯并没有专门研究,也没有同过失共同正犯结合起来加以研究,而是较为功利地对在共同正犯的情况下,对其中部分实行者造成的加重结果是否承担刑事责任进行回答。[①] 例如,我国有学者认为,在结果加重犯的情况下,共同犯罪人既然共谋实施某一犯罪,那么其对于犯罪中可能发生的加重结果应当是有所预见的,所以主观上亦有过失。因此,在共同实行中的各共同犯罪人对加重结果都应承担刑事责任,而不论其加重结果是否由本人的行为直接造成。例如,甲、乙共谋伤害丙,在共同伤害的过程中,甲不意一石击中丙的头部致其死亡,构成了故意伤害罪的结果加重

---

* 浙江大学光华法学院副教授。

① 陈兴良:《判例刑法学》(上卷),中国人民大学出版社 2010 年版,第 462 页。

犯。为此,甲、乙应成立结果加重犯的共同实行犯。[①]

从我国司法实践来看,对结果加重犯的共同正犯是持肯定态度的。在学说上,如前所述,否定过失共同正犯的学说占据压倒性的通说地位。尽管如此,大部分学说还是肯定了结果加重犯的共同正犯。然而,以往的刑法理论并未对结果加重犯做系统研究,例如,结果加重犯的构造是什么?其加重刑罚的根据是什么?如何处理结果加重犯与责任原则的关系?是否能够成立结果加重犯的共犯(包括共同正犯、教唆犯、帮助犯)?是否存在结果加重犯的未遂?如果将结果加重犯理解为故意的基本犯与过失的结果犯的复合类型,那么是否能够肯定结果加重犯的共同正犯就与作为本文主题的共同过失犯罪直接相关。应该说,如果能够肯定过失共同正犯的成立,就当然能够肯定结果加重犯的共同正犯。但是,当前德国与日本刑法学界对于结果加重犯之构造的理解已经不再停留于故意的基本犯与过失结果犯的复合,越来越多的学者支持所谓的“危险性说”。于是,为结果加重犯之共同正犯的成立提供理论支撑的,不再仅仅只有过失共同正犯。鉴于此,本文专门讨论结果加重犯的共同正犯这一问题,从结果加重犯的构造出发,批判性探讨关于结果加重犯之共同正犯的各种学说,分析论证结果加重犯之共同正犯的各种理论进路,进而澄清过失共同正犯与结果加重犯的共同正犯这两者之间的关系。

二、结果加重犯及其类型

(一)概说

结果加重犯是指,实施了基本的犯罪构成要件的行为,却发生了基本构成要件结果以外的重结果,刑法对加重结果规定加重法定刑的犯罪。[②] 很多学者将其作为结果责任的遗物,欲除之而后快,例如,德国学者梅兹格曾说:结果加重犯这种与当前时代格格不入的不愉快之侮辱,必须在将来的刑法中消失。[③] 但也有学者试图回避结果加重犯与责任主义的内在矛盾,将结果加重犯视为危险犯,即认为在基本行为中已经包含着发生加重结果的危险性,这种危险与加重结果的发生一起形成刑罚加重的原因。“正是因为将结果加重犯视为内在于基本犯的特定危险从而加重刑罚,在彻底贯彻责任主义这一近代刑法的大原则之中,只有这样理解才能正确理解结果加重犯的本质。”[④]

---

① 陈兴良:《共同犯罪论》(第二版),中国人民大学出版社 2006 年版,第 380 页以下。

② 参见马克昌主编:《犯罪通论》,武汉大学出版社 1999 年版,第 652 页。

③ 转引自[日]川崎一夫:《结果加重犯》,载中山研一、西原春夫、藤木英雄、宫泽浩一编:《现代刑法讲座》(第三卷),成文堂 1979 年日文版,第 97 页。

④ 参见[日]森井暲:《结果加重犯》,载《法学论集》第 69 卷第 2 号,第 97 页。

　　从理论上说,结果加重犯包括以下三种类型:(1)故意的基本犯＋过失的加重结果;(2)故意的基本犯＋故意的加重结果;(3)过失的基本犯＋过失的加重结果。例如,《刑法》第二百三十四条第二款规定的故意伤害致人重伤就属于第一种结果加重犯类型;《刑法》第二百六十三条规定的抢劫致人重伤、死亡,对于作为加重结果的致人重伤或死亡,主观上既可以是过失也可以是故意,因此根据具体情况可能属于第一种或第二种结果加重犯类型;《刑法》第二百三十三条所规定的过失致人死亡罪以及第二百三十五条规定的过失致人重伤罪则属于第三种结果加重犯类型。第一种类型也被称为纯正的结果加重犯,而第二种类型则被称为不纯正的结果加重犯。

　　那么,对于结果加重犯而言,是否可以肯定共同正犯的成立,即两个以上的行为人在共同实施基本行为之际,由其中一部分行为人的行为导致加重结果的发生时,那么,没有直接实施导致该加重结果发生之行为的行为人是否也应该与其他参与者一起对该加重结果承担责任。

　　在这一问题上,对于"故意的基本犯＋故意的加重结果"这一结果加重犯类型而言,只要该加重结果不是由其中部分行为人另起犯意实施而导致的,没有亲自实施导致加重结果发生之行为的行为人也必须对该加重结果承担作为共同正犯的责任。事实上,我国司法实践中对于这类案件也是做这样处理的。例如:

　　案例一:2001 年 6 月 3 日晚,被告人 A、B、C、D 在上海 1 家招待所内合谋,欲行抢劫,其中 B、C 各携带 1 把尖刀,D 提出,其认识 1 名住在光林旅馆的中年男子 X,身边带有 1000 多元现金,可对其抢劫,其余 3 人均表示赞成。4 名被告人于当晚商定,用 D 的 1 张假身份证另租宾馆,然后由 D 以同乡想见 X 叙谈为幌子,将 X 诱至宾馆,采用尼龙绳捆绑、封箱胶带封嘴的手段对其实施抢劫。次日上午,A、B、C、D 到位于光林宾馆附近的长城旅馆开了 1 间房,购买了作案工具尼龙绳和封箱胶带,D 按照预谋前去找 X,其余 3 人留在房间内等候。稍后,X 随 D 来到长城旅馆房间,B 立即掏出尖刀威胁 X,不许 X 反抗,C 与 A 分别对 X 捆绑、封嘴,从 X 身上劫得人民币 50 元和 1 块光林旅馆财物寄存牌。接着,C 和 D 持该寄存牌前往光林旅馆取财,A 与 B 则留在现场负责看管 X。C 与 D 离开后,X 挣脱了捆绑欲逃跑,被 A、B 发觉,A 立即抱住 X,B 则取出尖刀朝 X 的胸部等处连刺数刀,继而 A 接过 B 的尖刀也刺 X 数刀。X 被制服并再次被捆绑住。C 与 D 因没有 X 的身份证而取财不成返回长城旅馆,得知了 X 被害的消息,随即拿了 X 的身份证,再次前去光林旅馆取财,但仍未得逞。4 名被告人遂一起逃逸。X 因大量失血死亡。①

　　上海市第二中级人民法院认为:被告人 A、B、C、D 分别结伙采用持刀行凶、绳索捆绑和胶带封嘴等手段,多次强行劫取财物,并致 1 人死亡,其行为均构成抢劫罪……C 与 D

---

　　① 参见最高人民法院刑事审判一庭等主编:《中国刑事审判指导案例:危害国家安全罪、危害公共安全罪、侵犯财产罪、危害国防利益罪》,法律出版社 2009 年版,第 323-324 页。

对 A、B 两人为制止被害人反抗、脱逃而持刀行凶应有预见,故应承担抢劫致人死亡的罪责。①

裁判理由指出:共同犯罪行为所造成的过失后果,不存在实行过限。因为该过失后果是从属于共同犯罪行为的。在我国的刑法理论和实践中,均只具有量刑上的意义,而无定罪上的意义。具体到共同抢劫犯罪,各共同犯罪人应否对其他共同犯罪人暴力行为所造成的人身伤亡这一加重结果承担责任?答案是肯定的。首先,抢劫罪以同时侵犯人身权利和财产权利为客体要件。抢劫罪包含两个行为:一是非法占有他人财物行为;二是暴力或者暴力胁迫行为,只有同时具备该两行为的,方可构成抢劫罪。正是基于此,行为人劫取财物时,其暴力或者暴力威胁行为对被害人造成人身伤害、死亡后果的,我国刑法不再单独予以评价,而仅仅是作为抢劫罪的一个量刑情节来处理。可见,抢劫罪中的暴力伤害行为不是一个独立行为,不具备适用实行过限的前提条件。其次,抢劫罪其本身就蕴含着暴力伤害或者暴力威胁的故意,而且这种暴力伤害或者暴力威胁正是作为非法劫取他人财物的手段要件而存在的。也就是说,暴力伤害或者暴力威胁是实施抢劫犯罪所必不可少的。在共同抢劫犯罪中,即使部分行为人不希望使用暴力或者仅仅使用暴力威胁,但对其他共同犯罪人可能使用暴力应当是有预见并予以认可的,这也是抢劫罪与非暴力性财产犯罪的一个重要不同。因此,要求抢劫犯罪的共同犯罪人共同对其他共同犯罪人使用暴力造成的伤亡后果承担责任,并不违背主、客观相一致原则。②

从裁判理由来看,应当说是将本案的结果加重犯认定为"故意的基本犯＋过失的加重结果"这一类型,但从案情来看,"B 取出尖刀朝 X 的胸部等处连刺数刀,继而 A 接过 B 的尖刀也刺 X 数刀",显然可以将这一行为评价为故意杀人罪的实行行为。因此,应当说本案的抢劫致人死亡是属于"故意的基本犯＋故意的加重结果"这种结果加重犯类型。然而,在本案中,在实施杀人这一行为时,只有行为人 A 与 B 在主观上具有共同的犯罪故意,C 与 D 并不在场。从行为与责任同时存在这一原则出发,确实难以认定 C 与 D 成立故意杀人罪的共同正犯。然而,如果着眼于抢劫罪这一构成要件本身的特殊性,当被告人 A、B、C、D 在共谋实施抢劫时,就相当于谋议对被害人施加足以抑制其反抗之程度的暴力或威胁行为,并在实施抢劫的过程中应对一切突发状况。在这一意义上,可以说 A、B、C、D 四人对于被害人的死亡,事前就怀着不确定的故意。此外,C 与 D 对于 B 携带尖刀并在抢劫过程中使用了尖刀这一点是有认识的,当然也能够轻易预见随时可能使用该尖刀。据此,即使无法对 C、D 肯定故意杀人罪的共同正犯,但让 C 与 D 也对被害人 X 的死亡承担刑事责任,并不违反主观责任原则。

---

① 同上,第 324 页。

② 参见最高人民法院刑事审判一庭等主编:《中国刑事审判指导案例:危害国家安全罪、危害公共安全罪、侵犯财产罪、危害国防利益罪》,法律出版社 2009 年版,第 325-326 页。

在日本司法实务中,对于几乎相同的案例,即:甲、乙、丙三人共谋抢劫,各自分担各自的实行行为,但在此过程中甲将被害人杀害。原审判决将没有实施杀害行为的乙也认定为强盗杀人罪,乙提起上诉。上诉审裁判所认为:尽管导致被害人 A 的死亡是由于甲的暴行的结果,但是,被告人并不能据此免除作为强盗杀人之实行正犯的刑事责任。这是因为,各个分担者是相互地为自己以及为他人而实施其实行行为的。从而认定乙成立强盗杀人罪。①

然而,"故意的基本犯＋故意的加重结果"这种类型并不是结果加重犯的典型,虽然对于我国刑法中的抢劫罪,强奸罪,拐卖妇女、儿童罪以及绑架罪中致使被害人重伤或死亡的,可能存在这一结果加重犯类型,但这也是立法所预定的现象。即在共同犯罪中,即使在实施这些基本犯罪的过程中部分行为人实施了故意杀人行为,也难以认定为实行过限,没有实施杀人行为的其他行为人也应该对该死亡结果承担责任。

典型的结果加重犯是从故意犯的基本犯中产生非故意的加重结果,据此被科以加重处罚的犯罪类型。虽然在我国刑法中也存在"过失的基本犯＋过失的加重结果"这一结果加重犯的类型。但为了讨论的方便,本文将结果加重犯只限定于"故意的基本犯＋过失的加重结果"这一类型上。

(二)结果加重犯与实行过限

在探讨是否可以肯定结果加重犯的共同正犯之前,首先必须明确部分行为人所实施的行为可以作为结果加重犯评价还是成立实行过限,如果将这两者混为一谈,势必无法进一步展开关于结果加重犯的共同正犯这一问题的讨论。笔者试着结合以下案例探讨该问题。

案例二:2003 年 4 月 5 日晚,被告人 A 在上海市武宁路某停车场内,让人将 12 箱蔬菜西兰花放在停放于该停车场内的被害人 X 的汽车上,欲以每箱 60 元的价格强行卖给 X。在遭到 X 的拒绝后,A 即打电话给被告人 B,B 随即达到上述地点。当 X 走来时,B 首先上前朝 X 的胸部猛踢一脚,随后 A、B 用拳头殴打 X。当 X 逃到自己的货车旁准备装货离开时,A、B 再次来到 X 处。B 上前用手抓住 X 并将其拖至两车过道中,继续向其索要以上货物的货款。X 再次拒绝后,B 又拳打 X,X 用拳还击,B 随即掏出水果刀朝 X 的腹部、左肩背部、左臀部连刺四刀。之后 A、B 等人逃离现场,经司法鉴定,X 构成重伤。②

关于结果加重犯与实行过限,本文认为,可以从以下两个角度区分这两者。第一,立足于构成要件的定型性,判断部分行为人所实施的行为是否仍然处于基本犯之构成要件

---

① 参见日本大判明治 40 年 10 月 10 日刑録第 3 辑,第 1094 页。
② 具体案情,参见最高人民法院刑事审判一庭等主编:《中国刑事审判指导案例:侵犯公民人身权利、民主权利罪》,法律出版社 2009 年版,第 317 页。

的射程范围内。例如,甲与乙共谋对丙宅实施盗窃,甲在一楼搜索财物,乙在二楼搜索财物,乙在二楼的房间里发现熟睡中的女主人,趁机对女主人实施强奸,而楼下的甲并不知情。在该案例中,乙所实施的强奸行为无论如何也不能被评价为盗窃行为,即处于盗窃罪之构成要件的效力范围之外。当甲对该行为不知情时,乙所实施的强奸行为就属于实行过限,因此,甲并不对该强奸行为承担刑事责任。由于各个构成要件之间也可能存在重合部分,因此,从部分犯罪共同说出发,如果部分行为人所实施的行为与基本犯的构成要件之间具有实质重合部分,在重合的限度内,没有实施该行为的其他参与人也可能成立共同正犯。例如,甲与乙共同对丙施暴,但在此过程中,甲突然掏出尖刀刺向丙的心脏,丙当场倒地身亡。在此案例中,由于故意杀人罪的罪责在广义上也是对人身的一种伤害,因此在故意伤害罪这一构成要件的范围内,甲与乙成立共同正犯。虽然甲必须单独对故意杀人行为承担责任,但由于杀人行为与伤害行为的构成要件具有重合部分,因此,乙也应当对丙死亡这一结果承担责任。于是,甲与乙成立故意伤害致人死亡罪的共同正犯,此外,甲独立承担故意杀人罪的罪责。

第二,作为对第一点的辅助,应当考虑行为人之间共谋的射程范围。可以说共谋是为"部分实行全部责任"这一法理的适用提供基础的实体,既然如此,就不能仅仅是一种抽象的存在,而必须具有具体的内容,即具体的意思形成。因此,必须区别共谋与各个参与人的主观故意,即构成要件结果是否在共谋的范围之内这一问题与是否能够肯定故意责任这一问题必须被区分开来,因为前者是共谋的射程范围问题,而后者则是共同正犯的错误问题。[①] 而判断某一构成要件结果是否在共谋的射程范围之内,主要判断共谋行为与结果惹起之间是否存在因果关系。当某一结果的发生并不是由之前谋议范围内的行为导致时,就应当认定为实行过限。此外,由于共谋的效果是使各个参与者之间形成相互利用、相互补充的关系,因此,当在共同犯罪过程中并不具备这种关系时,也应当认定为超出共谋的射程范围。[②]

对于案例二而言,首先,被告人 A、B 的行为符合了《刑法》第二百二十六条所规定的构成要件,即共同实施了"以暴力、威胁手段强买强卖商品、强迫他人提供服务或者强迫他人接受"的行为,但在实施该行为的过程中,B 用水果刀捅伤了被害人 X。于是,捅伤 X 的行为是否超出了强迫交易罪这一构成要件的效力范围就成为核心问题。从强迫交易罪的构成要件来看,包含着实施暴力、威胁行为,因此,故意伤害 X 的行为与强迫交易罪的构

---

① 参见[日]高桥则夫:《刑法总论》(第 2 版),成文堂 2013 年日文版,第 438 页。

② 关于判断共谋之射程范围的具体基准,日本学者十河太郎认为应当结合客观与主观两方面的内容做综合判断,具体而言,作为客观的考虑要素有:之前的共犯行为对于结果的贡献程度、影响力、当初的共谋与实行行为内容的共通性(例如被害人的同一性、行为样态的类似性、侵害法益的同质性、伴随性等)、当初谋议范围内的行为与引起过剩结果的行为之间的关联性(即机会的同一性、时空的接近性等),以及对引起过剩结果之行为的参与程度等;作为主观考虑的因素,主要有:犯意的单一性、继续性、动机与目的的共通性、对过剩结果的预见可能性程度等。具体论述,参见[日]十河太郎:《关于共谋的射程》,载山口厚等主编:《理论刑法学的探究③》,成文堂 2010 年日文版,第 101 页以下。

成要件之间至少在实施暴力这一点上具有重合部分。但是,应当注意的是,符合强迫交易罪之暴力行为的程度与故意伤害意义上的暴力行为,在程度上是否有不同。一般认为,刑法上的暴力程度至少有四个层次,即最广义的暴力、广义的暴力、狭义的暴力、最狭义的暴力。故意伤害这一意义上的暴力行为显然是最狭义的暴力,而强迫交易中的暴力行为只要达到广义意义上的暴力行为即为足够。从这个意义上来说,故意伤害的暴力行为是否还能作为强迫交易罪的暴力行为来评价,值得怀疑。从部分犯罪共同说出发的话,应当认为 A、B 在强迫交易罪的范围内成立共同正犯,但据此还不足以评价 B 捅人这一行为,因此,B 还必须对故意伤害这一行为承担责任。但问题是 A 是否也必须对该行为负责。关于这一点的判断,必须依据上述的第二个判断标准,即共谋的射程范围。应当说,A、B 最初共谋的范围仅仅止于强迫交易的范围内。虽然其中当然也包括对 X 实施暴力行为,但应当说并没有将谋议的范围扩展至实施足以导致 X 重伤或死亡之程度的暴力行为。因此,在故意伤害这一点上,A、B 并不成立共同正犯。

二、结果加重犯之共同正犯的相关学说

关于是否肯定结果加重犯的共同正犯这一问题,在学说上主要围绕共犯的相关理论尤其是共犯的本质以及围绕结果加重犯的构造展开。前一种进路是在论证是否成立过失共同正犯这一问题时,在犯罪共同说与行为共同说之间对立的延续;后一种进路则侧重于结果加重犯的构造本身,即结果加重犯的罪质是什么? 本质上是一罪还是数罪? 在此基础上进一步探讨是否成立共同正犯。以下将分别探讨这两种论证进路。

(一)与共犯理论相关联的学说

1. 立足于行为共同说的观点

同样是立足于行为共同说,有的论者否定了结果加重犯的共同正犯,有的论者却得出肯定结论。例如日本学者西村克彦认为,应该整合性地把握作为构成要件之修正形式的未遂与共犯。从这一点出发,在无法设定其实行行为的结果加重犯中,不可能成立未遂或共犯。这是因为,即使从基本犯的实行行为出发也无法从观念上把握关于加重结果的实行行为。既然如此,就不可能在预见该结果的前提下着手实行该犯罪(如果存在这种预见,就已经不是结果加重犯的问题了)。据此,就不存在结果加重犯的未遂。同样地,关于结果加重犯的共同正犯,"以数人共同实行为必要条件的共同正犯和以他人的实行行为为前提的共犯,在结果加重犯中也不可想象其存在,因为对于加重结果,既不存在共同者之间的意思联络也不存在实行的分担,而且由于加重结果是后发的事实,不可能包含于共犯者的故意范围之内。因此,对于结果加重犯而言,只能在基本犯的限度内论及共同正犯的

成立与否,之后就是各个行为人各自的问题。即导致加重结果发生的行为人成立结果加重犯,而其他共同者则仅限于基本犯的正犯"。① 由此可见,西村博士虽然立足于行为共同说,但对这里的"行为"并没有做宽泛理解,而是从构成要件的定型性出发,要求必须是在"实行行为"上的共同。但由于西村博士将结果加重犯理解为故意的基本犯与过失的结果犯的复合,因此不可能对整个结果加重犯肯定一个实行行为,最多只能确定故意基本犯的实行行为,据此而否定成立结果加重犯之共同正犯的可能性。

同样的,日本学者牧野英一以及宫本英修也立足于行为共同说否定了结果加重犯的共同正犯。牧野认为,在结果加重犯上,虽然学说和判例都认为对于共犯者的其中一人所引起的结果,其他没有实施导致该结果发生之行为的共犯者也应该对该结果承担责任,但是,应该认为这是以其他共犯者对该结果存在过失为前提的。② 与此相类似,宫本博士认为,如果依据共犯独立性说,那么,就应当根据各个共同者各自是否具备对该加重结果的预见而分别判断其是否应该对该结果承担责任。③ 由此可见,牧野博士与宫本博士主要立足于主观的共犯论,从共犯独立性说出发,甚至否认共犯者之间在违法层面的连带性,而应该对各个行为人的不法与罪责做个别判断,从这个意义上,不用说否定结果加重犯的共同正犯,甚至否定了共同正犯本身。

与此相反,日本学者木村龟二虽然立足于行为共同说,却对结果加重犯的共同正犯持肯定态度,即"行为共同说以具备共同实施某个行为的意思为足,并不需要对结果具有共同的意思或者共同的故意,因此,对于结果加重犯而言,只要具备共同实施基本犯之行为的意思,那么,所有的共同者都应该对该加重结果承担责任"。④ 由此可见,与上述的西村博士不同,木村博士对于"行为共同说"中的"行为",做了比较宽泛的理解,即并不一定需要达到"实行行为"的程度,只要是前构成要件行为即可,而对于结果加重犯来说,只要共同实施了基本行为即可满足这种要求,因此可以肯定结果加重犯的共同正犯。

2. 构成要件共同说

该学说主张应当区分共同正犯的成立范围与责任这两者,日本学者中野次雄将其称为"构成要件共同说"。具体而言,是否成立共同正犯,是客观的构成要件是否充足的问题,而各个参与者的责任判断应该与这一问题相分离做个别考察。以此为前提,要成立共同正犯,只要两人以上的共同行为充足了某个特定构成要件(并不要求是犯罪)即为足够。这是因为,共同正犯这一刑法上的观念,本来就并不意味着只有各自的行为都成立犯罪才能成立。而"共同"这一概念中毫无疑问本质上必须包括合意这种心理要素。但是,这并未要求各自的故意内容必须是一致的。作为对于共同行为的成立而言所必要的合意要素

---

① 参见[日]西村克彦:《解罪说法集》,风社 1980 年日文版,第 195 页。
② 参见[日]牧野英一:《日本刑法总论》(重订版),有斐阁 1937 年日文版,第 478 页。
③ 参见[日]宫本英修:《刑法学粹》,有斐阁 1931 年日文版,第 402 页。
④ 参见[日]木村龟二:《刑法总论》,有斐阁 1959 年日文版,第 405 页。

这种心理事实,与作为决定各自责任之故意内容的心理事实,在观念上必须分开加以考察。据此,中野博士认为,犯罪共同说并未区分共同正犯的成立范围与责任,混同了构成要件的问题与责任的问题,因此在本质上是错误的;与此相反,行为共同说则注意到了这种区分,但由于行为共同说认为只要共同实施了前构成要件行为即可成立共同正犯,未免丧失了构成要件的定型性,并导致共同正犯成立范围的不当扩大。因此,必须用构成要件对共同的范围加以限定。例如,甲乙共谋盗窃,甲在外为乙望风,乙在屋内实际上实施了抢劫。对于该案例,中野博士认为,由于甲在客观上与乙共同充足了抢劫罪的构成要件,因此成立抢劫罪的共同正犯,但对于甲而言,是"典型的事实错误"。由于这种错误,其责任应该被减轻到盗窃的程度,即虽然与乙成立抢劫罪的共同正犯,但在盗窃的限度内承担责任。① 由此可见,该观点的核心主张与上述西村博士的主张几乎是一致的,但西村教授得出了否定结果加重犯之共同正犯的结论,相反,中野博士却得出了肯定的结论。这主要是因为中野博士将结果加重犯作为一个整体的构成要件,而不是故意的基本犯与过失的结果犯的复合形态。此外,虽然中野博士立足于行为共同说,但对于共同犯罪仍然坚持违法的连带性与责任的个别性这一原则,这也是其肯定结果加重犯之共同正犯的主要理论基础。

3. 立足于犯罪共同说的观点

日本学者香川达夫立足于犯罪共同说,否定了结果加重犯的共同正犯。这种观点认为,在共同正犯中意思联络是不可或缺的要件,因此,共同正犯的成立范围归根结底只能限定于基本犯。对于加重结果,只能分别考察各个参与人对该加重结果是否具有过失进而决定其是否应该对该加重结果承担责任。② 由此可见,该观点将作为共同正犯之主观要件的共同实行的意思等同于故意的共同,于是,与立足于犯罪共同说从而否定过失共同正犯的论证进路是一样的。即使从责任主义的角度出发要求对加重结果至少具有过失,也无法得出肯定共同正犯之成立的结论。这是因为,如前所述,从犯罪共同说出发,大都得出否定过失共同正犯的结论。因此,只能分别判断各个行为人对于加重结果是否存在过失,进而决定各自的责任。

4. 小结

如果将结果加重犯简单理解为故意的基本犯与过失的结果犯,那么,对于基本犯这一部分而言,成立共同正犯当然没有任何法理上的障碍,关键的问题在于是否能对作为过失犯的结果部分肯定共同正犯的成立。于是,就可以将其还原为是否肯定过失共同正犯这一问题。关于过失共同正犯的学说状况,在前文中已做专章介绍,此不赘述。但将结果加

---

① 参见[日]中野次雄:《以盗窃的意思实施强盗的望风之行为人的责任》,载《刑事判例评释集》第8卷,有斐阁1950年日文版,第265页以下。

② 参见[日]香川达夫:《结果加重犯》,载西原春夫等编《刑法讲座》(第三卷),成文堂1977年日文版,第167页。

重犯简单理解为故意基本犯与过失结果犯的复合形态,终究还是无法解释为何对结果加重犯科以如此重的刑罚。因此,最近在德、日刑法学界,对结果加重犯的构造进行重新解读,认为结果加重犯本身是一罪而非数罪,结果加重犯有其自身独特的实行行为的观点得到越来越多学者的支持。相应的,关于结果加重犯是否能够成立共同正犯,也不再着眼于从共犯理论出发进行讨论,而将重心放在结果加重犯的独特构造上。

(二)立足于结果加重犯之构造的观点

之前关于结果加重犯之构造的理解,一般都停留于将其作为故意犯与过失犯的复合形态。但由于复合形态说无法解释结果加重犯的刑罚加重根据,即如果将结果加重犯理解为故意基本犯与过失结果犯的结合,那么,为什么对于结果加重犯的刑罚却远远超出故意基本犯的刑罚加上过失结果犯的刑罚总和。此外,复合形态说在违法论上也无法得以妥当说明。具体而言,如果根据将故意与过失作为违法要素的违法要素说,那么,对于结果加重犯而言,被加重的违法评价只能为"故意实施某个犯罪,据此而过失地引起了加重结果",因此必须将其理解为重大的规范违反。但根据复合形态说,就无法从理论上说明加重违法评价的根据。即使从结果无价值论出发,将违法性的本质理解为法益侵害,从而将故意与过失只作为责任要素,也仍然无法合理说明复合形态说的根据,因为最终对结果加重犯的非难程度远大于对故意犯与过失犯之非难的总和。①

于是,在批判复合形态说的基础上,出现了"过失不要说""固有不法内容说(危险性说)"。前一种观点认为只要基本行为与加重结果的发生之间具有相当因果关系,即可肯定结果加重犯的成立,不需要特别要求行为人对于加重结果具有过失,甚至有观点认为加重结果只是一种客观处罚条件。根据该观点,当然可以容易地肯定结果加重犯的共同正犯,因为只要成立基本犯的共同正犯,就当然地推出成立结果加重犯的共同正犯这一结论。可以说,我国和日本司法实务界所采用的就是这一观点;与此相对,后一种学说认为,在责任主义成为刑法上所公认的理论基石的今天,结果加重犯仍然普遍存在。这足以表明其本身具有独特的存在意义,不能单纯地将其作为结果责任的产物。对于结果加重犯而言,不能将其单纯理解为故意基本犯与过失结果犯的复合,而应当将其理解为具有自身独特不法内涵的构成要件,即在实施基本犯的过程中,实施了某种具有导致相应加重结果发生之高度危险性的行为,而该行为就是结果加重犯的实行行为。正是基于对这种特殊危险行为的规制需要,才有结果加重犯的存在空间。与之相应,当共同行为人共同实施了该危险行为,并因此导致加重结果的发生,则可成立结果加重犯的共同正犯。

1.过失不要说

日本学者香川达夫认为,设定加重的法定刑何以可能、应当以什么作为其基础,才是

---

① 参见[日]榎本桃也:《结果加重犯论的再检讨》,成文堂 2011 年日文版,第 30 页。

结果加重犯的本质论。从这一问题意识出发,香川教授批判了将结果加重犯简单理解为故意犯与过失犯之复合形态的观点,指出:如果将结果加重犯作为复合形态理解的话,那么,在其统摄范围内的各个要素也是没有丧失各自独立性的事实存在。这样的话,对结果加重犯这一整体的刑罚也不允许超出对作为其组成部分的故意犯和过失犯之刑罚的总和,即不能超过算术总和的范围。[①]

此外,日本学者松植正也认为过失对于加重结果而言并不一定是必要的。具体而言:从刑事责任的本质出发,对于连过失都不存在的结果就没有责任这种学说,乍一看好像是正当的,但是,在结果加重犯中,其本来的基础行为中就暗含着存在故意行为,所以,这与对于既没有故意也没有过失而发生的结果追究责任是不可同日而语的。不仅如此,要求存在过失也没有任何成文法上的根据。这样理解的话,伤害罪实质上就是暴行的结果加重犯,这与对伤害结果的发生不要求过失也是相符合的。关于我的这种见解,尤其希望不要被忽视的是,作为基本犯的故意行为与没有预测到的结果之间必须存在因果关系这一点。因此,不能将没有关系的事实过度地对行为人归属责任。[②] 由此可见,松植博士试图用相当因果关系限制结果加重犯之共同正犯的成立范围。关于这一点,日本学者藤木英雄指出:关于结果加重犯的基本犯罪,不仅存在故意,而且对于此行为所具有的危险性的射程范围内所产生的结果(在相当因果关系的范围内产生)追究行为人的责任这一点,并没有必要特别要求具备过失这种限定,这在社会生活观念上也不会产生不合理的情况。因为结果加重犯本来就是被基本行为所当然预想的,只不过是由基本行为的射程范围内的波及效果所产生的东西,所以,因加重结果的产生而对行为人追究责任就是理所当然的,没有必要再论及过失的有无,即使做这样的理解,与责任主义也不矛盾。

从以上的论述可以看出,之所以认为即使对于加重结果不存在过失也仍然可以让行为人承担责任,并且认为这并不违反责任主义,其主要原因在于认为基本行为与加重结果之间具有因果关系。如果说具有不当扩大处罚范围之担忧的话,还可以通过相当因果关系进行限制。但是,从具有因果关系这一点就可以直接推出符合责任原则吗?应该说因果关系与责任原则是两个完全不同的问题。即使具有因果关系,如果将其置于认识对象之外,归根到底还是脱离了责任主义的规制。过失不要说的极端表现就是将加重结果作为客观处罚条件。

(1)客观处罚条件说

该观点认为,结果加重犯中的加重结果只是一种客观处罚条件,因为结果加重犯的成立是依存于基本犯而不依存于加重结果,因此,结果加重犯之共同正犯的成立也是依存于

[①] 参见[日]香川达夫:《结果加重犯的本质》,1978年成文堂日文版,第69-71页。

[②] [日]松植正:《刑法概论》,有斐阁昭和31年日文版,第152页。

基本犯的。① 既然加重结果只是一种客观处罚条件,那么,加重结果本身就被排除于认识对象的范围之外。据此,在共同正犯者之间,只要在基本犯上具有共同意思,就可以成立结果加重犯的共同正犯。②

然而,如果将加重结果作为客观处罚条件的话,无疑就等于直接承认了结果加重犯是"结果责任"的遗物。在这一点上,即使将客观处罚条件作为责任原则之例外的学者,恐怕也是不会同意的。例如,我国梁根林教授虽然将客观处罚条件作为责任原则的例外,但对其适用范围做了严格限定。即,责任主义原则为近现代刑法恰当地处理国家与公民、个人与社会、主体与客体之间的关系提供了一种范式。它反映了这种关系范畴中国家刑罚权行使的妥当性、合理性、正当性乃至合法性的基本规律。责任主义原则对于国家刑罚权的规制与国民私权利的保障,具有不可或缺的宪法性意义,必须予以坚持与贯彻。在此基础上,梁根林教授又基本认同罗克辛关于客观处罚条件是立法者根据某种刑法以外的目的设定例外地设置的犯罪成立要素的见解,主张客观处罚条件作为刑罚扩张事由,是基于刑法以外的目的设定即公共政策的考虑而对责任主义原则的例外。③ 值得注意的是,即使主张将罪量要素作为客观处罚条件的陈兴良教授,也同样不赞成将加重结果作为客观处罚条件。

（2）客观归责论

从彻底贯彻责任主义的视角出发,我国和日本刑法学界的通说都认为对于结果加重犯的加重结果这一部分至少要求过失的存在,即至少具有认识可能性。但日本学者高桥则夫教授认为,这种"过失"的内容并不明确,即使从责任主义出发将预见可能性作为判断基准,预见可能性的对象是什么也是难题。而如果对于实行基本犯的行为科以不使加重结果发生的注意义务,应该说在认定是否具有义务违反上也是很困难的。此外,如果在判断预见可能性时采取一般人标准,那么根据行为人自身的预见可能性还不足以判断。其结果,与认为只要具备相当因果关系就可以肯定结果加重犯的观点并没有区别。④ 即上述认为只要基本犯与加重结果之间具有相当因果关系,即使行为人对于加重结果不存在过失,也仍然可以认定结果加重犯成立的观点。据此,高桥教授基本上赞同了该观点,在其教科书中指出:"在基本犯中就暗含着导致加重结果发生的危险性,正是由于该危险的最终实现才对结果加重犯科以重的刑罚。考虑到这一点的话,即使不要求过失的存在,在基本犯与加重结果之间具有相当因果关系时,或者在本书看来,只要可以认定危险的现实化这一客观归责关系时,如果具有对该危险性的认识,可以说就间接地补充了责任主义的

---

① 应当注意的是,客观处罚条件这一概念来源于德国刑法学,最初就是用来指称结果加重犯的加重结果的。

② 参见[日]香川达夫:《结果加重犯的本质》,成文堂 1978 年日文版,第 130 页以下。

③ 参见梁根林:《责任主义原则及其例外——立足于客观处罚条件的考察》,载《清华法学》2009 年第 2 期,第 49 页。

④ 具体参见[日]高桥则夫:《刑法总论》(第 2 版),成文堂 2013 年日文版,第 238 页以下。

要求。"①

据此,高桥教授也肯定了结果加重犯的共同正犯,但由于高桥教授否定过失共同正犯,认为只有在故意的限度内才能肯定共同正犯的成立,因此否定了结果加重犯与故意犯之间成立共同正犯。例如,甲乙共谋对丙实施伤害,当其中一人的行为导致丙死亡时,虽然甲乙成立伤害致死罪的共同正犯,但如果其中一人是怀着杀意而实施杀人的实行行为才导致丙死亡,那么,另一人就只在伤害的限度内与其成立共同正犯,因为该人的行为对于死亡结果并不具有因果关系。②

由此可见,该观点一方面认为对于加重结果不需要具备过失,因此可以肯定结果加重犯的共同正犯,另一方面又将共同正犯仅限于在故意的限度内才成立,据此而否定了结果加重犯与故意犯成立共同正犯的可能性。这显然暗含着将加重结果部分作为过失犯理解,不得不说具有相互矛盾的地方。

2. 固有不法内容说(危险性说)

该观点认为,结果加重犯并非故意的基本犯与过失的结果犯的简单结合,结果加重犯之所以被科以比故意的基本犯和过失的结果犯的刑罚总和更重的刑罚,是因为基本犯与加重结果之间的特殊构造,即基本犯本身所具有的导致加重结果发生的特殊危险性。③这种危险性说最初在德国被讨论,之后日本学者继受了该观点。当前,危险性说已经成为日本刑法学界的多数说。早在1961年,日本学者森井暲支持该学说,他认为:结果加重犯并不是故意犯与过失犯的单纯结合,对于基本犯以及加重结果而言都存在一定的限制,即只有暗含一定危险的犯罪行为才能作为结果加重犯的基本行为而被构成要件化。据此认为,结果加重犯是故意犯与过失犯之复合形态的观点只不过是对责任主义的附庸,其本质归根到底还是应该求诸内在于基本犯的危险。④

此外,日本学者冈野光雄认为,结果加重犯并不是故意犯与过失犯的复合犯罪,应该将其理解为在基本行为中就暗藏着危险性的特殊"一罪",因此,如果在基本行为与加重结果之间存在因果关系,那么就能肯定结果加重犯的"构成要件该当性"或者"行为"。例如,以伤害致死罪为例,当共同者中的部分行为人对加重结果不具备过失时,也可以对其肯定伤害致死罪之共同正犯的成立,但对该加重结果没有过失的行为人,则只在基本犯即伤害

---

① 参见同上,第239页。

② 参见[日]高桥则夫:《刑法总论》(第2版),成文堂2013年日文版,第457页,注102。

③ 该学说的产生背景是德国刑法学界关于是否在《刑法典》上废除结果加重犯的讨论,主张废除结果加重犯的论者认为结果加重犯是结果责任的产物,应该将其废除,而对于这种法现象,可以作为想象竞合处理,并通过想象竞合的加重主义原则得以合理解决。与此相对,主张保留结果加重犯的论者认为结果加重犯并非单纯只是结果责任的产物,之所以对结果加重犯科以更重的刑罚,是因为其本身具有特殊的不法内容,即基本犯本身具有导致重大危害结果发生的危险性,应对其做特殊规制。

④ 参见[日]森井暲:《结果加重犯》,载《法学论丛》1961年第69卷第2号,第97页。

罪的限度内承担责任。①

如果将结果加重犯理解为一罪而非数罪,那么就意味着结果加重犯有自身独特的实行行为,该行为既不专属于基本犯,也不专属于结果犯,而必须包含这两种罪质的实质内容。具体而言,结果加重犯的实行行为是指,与仅仅停留于基本犯之实行行为异质的,暗含着导致加重结果发生之特别危险性的行为。② 因此,该行为是实现结果加重犯这"一罪"的行为,而不是同时分别实现故意基本犯与过失结果犯的行为。一般认为,要成立共同正犯,必须具备共同实行的意思和共同实行的事实,在结果加重犯中成为棘手问题的共同实行是指,伴有导致加重结果发生之特殊危险性的基本行为的共同,这也是作为结果加重犯之实行行为的共同。③ 因此,只要参与者之间在意思联络下共同实施这一意义上的实行行为并由此导致加重结果的发生,即可肯定结果加重犯之共同正犯的成立。

该学说立足于结果加重犯的"一罪"构造,确定了专属于结果加重犯的实行行为,既为对结果加重犯特别施加重刑提供根据,又为结果加重犯之共同正犯的成立提供理论基础。因此,不少学者虽然否定了过失共同正犯,但仍然肯定结果加重犯之共同正犯的成立。以下,笔者试着考察这两者的关系。

三、结果加重犯的共同正犯与过失共同正犯

(一)两者的关系

如前所述,如果将结果加重犯理解为故意的基本犯与过失的结果犯的复合形态,那么,是否肯定结果加重犯的共同正犯与是否肯定过失共同正犯就可以作为同一问题处理。即肯定过失共同正犯的学者同样当然地肯定了结果加重犯的共同正犯。就像日本学者西田典之教授指出的,过失共同正犯肯定说现在已经属于支配性学说,而结果加重犯的共犯这种情形,其实质上就是肯定过失共犯。由于这种肯定限定在特定范围之内,并不具有扩张的危险,因此应予以认可。④

而日本学者大塚仁教授就以作为肯定过失共同正犯之主要理论基础的"共同义务的共同违反"解释结果加重犯的共同正犯。具体而言,大塚认为,在共同实行了基本犯罪的人中有一部分人违反了客观注意义务时,不只是这一部分人,共同实行了基本犯罪的其他

---

① [日]冈野光雄:《结果加重犯与共犯》,载《研修》第 416 号,第 12 页以下。
② 参见[日]榎本桃也:《结果加重犯论的再检讨》,成文堂 2011 年日文版,第 251 页。
③ 参见[日]桥本正博:《结果加重犯的共犯》,载阿部纯二等编:《刑法基本讲座第 4 卷——未遂、共犯、罪数论》,成文堂 1992 年日文版,第 159 页。
④ [日]西田典之:《日本刑法总论》,刘明祥、王昭武译,中国人民大学出版社 2007 年版,第 316 页以下。

人也同样可以说违反了客观的注意义务。即既然基本犯罪本身包含着发生重的结果的高度危险性,对共同实行它的行为人来说,都要求采取不使重的结果发生的谨慎态度。在由共同者中的某人的行为发生了重的结果时,就不只是该行为人,共同实行了基本犯罪的所有人都可以说在重的结果的发生上违反了客观的注意义务,存在着以共同实行为基础的构成要件过失。在这种情况下,科以基本犯罪的共同实行者回避重的结果发生的共同注意义务,至少在客观方面,被共同违反了。而且,在基本犯罪的实行与由过失所产生的重的结果之间,通常可以认为存在相当因果关系,所以在论及构成要件符合性的阶段,就可以考虑关于重的结果的过失共同正犯,将它与基本犯罪联系起来,就可以说存在着结果加重犯的共同正犯的构成要件符合性。①

与此相对,由于几乎所有的学者都肯定结果加重犯的共同正犯,因此,如何调和与过失共同正犯之间的关系就成为问题。例如,日本学者庄子邦雄否定了过失共同正犯,但却肯定了结果加重犯的共同正犯,即"对于结果加重犯而言,既然肯定了基本行为的共同正犯,也就肯定了相互分担具有导致加重结果发生之危险的实行行为,因此必须对于在加重结果中的危险实现承担共同责任"。② 同样的,如前所述,日本学者团藤重光否定了过失共同正犯的成立,但依然肯定了结果加重犯的共同正犯,例如,团藤认为:"当强盗罪之共同正犯的其中一人导致被害人死伤时,如果对于该死伤结果具有预见可能性,所有成员都不能免除强盗致死伤的罪责。"③

其实,之所以大多数学说都肯定结果加重犯的共同正犯,可以说多多少少都考虑到了其基本行为是故意行为这一结果加重犯的特点。关于这一点,日本学者山口厚明确指出:"既然是以成立作为故意犯的基本犯之共同正犯为前提,而且引起加重结果的因果性也是明白无误的,因此,就没有理由否定共同正犯的成立。"④这一点在我国刑法学界中体现得尤其明显,因为如前所述,我国刑法学界几乎一致地否定过失共同犯罪的成立,然而,在理论界和实务界的通说中却肯定了结果加重犯的共同正犯。如何从法理上解释这一现象,值得深思。

我国有少数学者否定了结果加重犯的共同正犯,即"两人以上共同实施基本犯罪的正犯行为,因为过失而发生重的结果,不成立结果加重犯的共同正犯,这是我国刑法否定过失共同犯罪的必然结论"。但该论者又同时认为,"这并不意味着未引起重的结果的行为人对重的结果不负刑事责任。笔者对过失共同正犯主张过失同时犯消解说。根据这一理论,共同实行人在实施基本犯这种具有引起重大危险结果的犯罪时,各行为人不仅负有防

---

① [日]大塚仁:《犯罪论的基本问题》,冯军译,中国政法大学出版社 1993 年版,第 253 页以下。日本学者大谷实也持几乎同样的观点,参见[日]大谷实:《刑法讲义总论》(第 3 版),成文堂 2009 年日文版,第 421 页。
② 参见[日]庄子邦雄:《刑法总论(新版)》,青林书院 1985 年日文版,第 457 页。
③ 参见[日]团藤重光:《刑法纲要总论》(第三版),创文社 1990 年日文版,第 393 页。
④ 参见[日]山口厚:《刑法总论》(第 2 版),有斐阁 2007 年日文版,第 360 页。

止从自己的行为产生重的危害结果的义务,同时还负有督促共同行动的他人注意防止重的危害结果发生的义务。如果最终还是发生了加重结果,那么每一个行为人都没有谨慎地履行自己所负有的注意义务,对加重结果都有过失,因此,都应当承担单独过失犯的刑事责任"。①

由此可见,该观点是为了与否定过失共同正犯的观点保持逻辑上的一致性,才否定结果加重犯的共同正犯,但却又同时认为未引起加重结果的行为人也必须对该加重结果承担刑事责任。本文认为,这种观点表面上否定了结果加重犯的共同正犯,实际上却适用了"共同义务的共同违反"这一法理,将处罚范围扩张至没有实施导致加重结果发生之行为的行为人身上。而且,这种所谓的"监督义务"的发生根据是什么并不明确,况且,监督义务主要是发生在地位不平等的上下级之间,处于同等地位的犯罪行为人之间是否存在监督义务,值得怀疑。

(二)过失犯本质上是一种结果加重犯

特别值得关注的是,日本有学者从新过失论出发,将过失犯理解为一种结果加重犯。如果该观点能够成立,那么,过失共同正犯问题确实可以直接转换为结果加重犯的共同正犯问题。具体而言,该观点认为,过失犯的实行行为是指,由于不遵守社会生活上必要的注意从而没有采取相应的结果回避措施这一不作为。于是,在新过失论看来,在违法论的层面上就主要讨论是否存在以违反结果回避义务为内容的客观过失,因此,可以将违反客观注意义务的行为视为过失犯的实行行为。反过来,也可以将遵守客观注意义务的行为视为"基准行为"。而对于过失犯而言,这种基准行为主要是由各种行政取缔法规制定的,于是,可以将违反行政取缔法规的行为视为基本犯,而将严重后果的出现视为加重结果,据此,就可以将过失犯理解为"违反行政取缔法规的结果加重犯"。② 例如,我国《刑法》第一百三十九条规定了消防责任事故罪,即"违反消防管理法规,经消防监督机构通知采取改正措施而拒绝执行,造成严重后果的,对直接责任人员,处三年以下有期徒刑或者拘役;后果特别严重的,处三年以上七年以下有期徒刑"。从该规定来看,消防责任事故罪的基本行为显然违反消防管理法规的行为,当由该行为导致严重后果发生时,就纳入刑法的规制范围。从这一角度而言,将过失犯视为一种结果加重犯不无道理。而且在我国《刑法》中,类似的规定还有很多,例如第一百三十一条的重大飞行事故罪、第一百三十二条的铁路运营安全事故罪、第一百三十三条的交通事故罪、第一百三十四条的重大责任事故罪、第一百三十六条的危险物品肇事罪等。

---

① 陈家林:《共同正犯研究》,武汉大学出版社 2004 年版,第 225 页以下。
② 该观点由日本学者藤木英雄所主张,具体参见[日]藤木英雄:《刑法讲义总论》,弘文堂 1975 年日文版,第 234 页以下。

但是,像失火罪等这种普通过失犯罪就难以将其认定违反行政法规的结果加重犯。然而,随着行政刑法的膨胀,由行政法规规定"基准行为"的过失犯也不断增多。从这一角度来看,至少对于业务过失而言,将其构造理解为结果加重犯不失为一个新的视角。反过来,如果肯定了结果加重犯的共同正犯,至少对于业务过失而言,就能肯定过失共同正犯。这也成为论证过失共同正犯成立的一个新视角。

四、结论

通过以上关于结果加重犯之共同正犯的考察,可以得出以下结论:

1.结果加重犯在各国刑法中普遍存在,典型的例子就是故意伤害致人重伤或死亡,由于对故意伤害致人重伤的刑罚比故意伤害罪加上过失致人重伤罪的刑罚更重,因此,结果加重犯一般被认为是结果责任的残余,与作为近代刑法之基础的责任主义相违背。但这是以将结果加重犯的构造理解为故意的基本犯与过失的结果犯的复合为前提的。

2.是否肯定结果加重犯的共同正犯与对于结果加重犯之构造的理解紧密相关。如果将其理解为故意的基本犯与过失的结果犯的复合,那么,这一问题就转化为是否肯定过失共同正犯。在这个意义上,肯定过失共同正犯的论者当然也肯定了结果加重犯的共同正犯[1],而否定过失共同正犯的论者则同时也否定了结果加重犯的共同正犯。[2]

3.是否肯定结果加重犯的共同正犯与是否肯定过失共同正犯未必是同一个问题,因为结果加重犯的构造毕竟不等同于过失犯的构造。危险性说对于结果加重犯之构造的解读提供了重要线索,即认为结果加重犯是一罪而非数罪,有自己独特的实行行为,即处于基本犯之构成要件行为范围内的、具有导致加重结果发生之高度危险性的行为。于是,当数个行为人共同实施该实行行为时,即可肯定共同正犯的成立,即使该实行行为只由其中一人实施并由此导致结果的发生,也可适用"部分实行全部责任"的法理。

4.危险性说虽然有力,但却相当于回避了对加重结果的处理,因为只要确定了结果加重犯的实行行为,即可肯定共同正犯的成立。于是,加重结果的出现就只发挥着相当于客观处罚条件的作用。但既然刑法对结果加重犯科以重刑,就不能将加重结果只视为一种客观处罚条件,而必须将其作为构成要件要素,并且由于行为人能够容易地预见其所实施

---

[1] 例如,张明楷教授认为,如果能够在理论上肯定过失共同正犯,那么,随之便可以肯定结果加重犯的共同正犯。既然二人以上共同实施了基本行为,并且由基本行为导致了加重结果,即二人以上的共同行为造成了加重结果,而且二人以上均对加重结果具有预见可能性,故二人以上都应对加重结果承担责任;即使加重结果在表明上由其中一人的行为所致,但该行为依然是共同基本行为的一部分,从整体上仍然能够肯定是二人以上的共同行为造成,故应适用部分实行全部责任的原则。参见张明楷:《刑法学》(第四版),法律出版社2011年版,第366页。

[2] 如上述陈家林教授的观点,参见陈家林:《共同正犯研究》,武汉大学出版社2004年版,第225页以下。

的行为将很有可能导致加重结果的发生,竟然还实施了该行为。在这个意义上,刑法对其科以重刑,才能得以合理说明。

5.虽然不能将结果加重犯的共同正犯与过失共同正犯这两个问题相等同。但可以将结果加重犯的共同正犯视为是对过失共同正犯之法理的一种适用。就像上述大塚仁教授所指出的:"共同义务的共同违反"这一理论框架同样可以适用于对结果加重犯之共同正犯的解释。

6.对于业务过失而言,可以将其构造理解为违反行政取缔法规的结果加重犯。于是,如果肯定了结果加重犯的共同正犯,至少对于业务过失而言,也就可以认定过失共同正犯的成立。

地方人大提前介入法规起草工作的反思

刘一玮 *

摘　要：地方人大及其常委会提前介入法规起草是落实人大主导立法、防止部门利益法律化的重要机制。该项制度的确立有利于地方人大及其常委会尽早熟悉与把握法规起草情况，增强立法效益，整合立法资源。但是提前介入制度亦存在着不容忽视的困境：不利于破除部门利益造成的"管制俘获"、模糊了立法审次、增加了人大负担、具体运行规则不明确等。针对提前介入制度存在的缺漏，应当将提前介入制度规范化、细致化，并且探索建立更加开放与多元的地方法规起草制度。

关键词：地方人大；提前介入；法规起草

党的十八届四中全会通过的《中共中央关于全面推进依法治国若干重大问题的决定》（以下简称"决定"）提出："建立由全国人大相关专门委员会、全国人大常委会法制工作委员会组织有关部门参与起草综合性、全局性、基础性等重要法律草案制度。"新修订的《立法法》明确规定："全国人民代表大会有关的专门委员会、常务委员会工作机构应当提前参与有关方面的法律草案起草工作；综合性、全局性、基础性的重要法律草案，可以由有关的专门委员会或者常务委员会工作机构组织起草。"然而，地方人大及其常委会工作机构能否提前介入立法起草工作？提前介入的制度优势与运行弊端是什么？提前介入的制度前景如何？这些问题尚未引起学者们的切实关注，极大地阻碍了地方人大立法制度机制的规范与优化。因此，本文拟围绕上述问题就提前介入制度的生成逻辑、实践验证、制度重构展开论述。

＊　北京大学法学院博士生。

一、地方人大提前介入法规起草制度的生成逻辑

（一）提前介入的规则推演

地方人大及其常委会工作机构提前介入地方性法规起草阶段是地方人大依据《立法法》第五十三条第一款、第七十七条第一款的规定推演而来。党的十八届四中全会决定单纯要求全国人大及其常委会工作机构参与到重要法律草案的起草工作之中。而全国人大常委会根据党中央的相应要求，在确立全国人大专门委员会（以下简称"全国人大专委会"）及常委会工作机构参与重要法律草案起草工作制度的基础上，扩展了对于全国人大专委会及常委会工作机构的责任要求，进一步规定全国人大专委会及常委会工作机构应当提前介入立法起草工作。需要注意的是，全国人大常委会在《〈立法法〉修正案（草案）》初稿和第二次审议稿中只是规定："全国人民代表大会有关的专门委员会、常务委员会工作机构可以提前参与有关方面的法律草案起草工作。"但是在最终颁布施行的《立法法》修正案中，却将提前介入确立为在法律起草过程中的必经程序。可以说，这是全国人大常委会以立法形式加强了人大及其常委会在立法起草阶段地位与权重的制度措施。

就地方人大专门委员会（以下简称"地方人大专委会"）及常委会工作机构提前介入法规起草工作而言，《立法法》中并无法定要求。只是《立法法》第七十七条中相应规定，地方性法规案的提出、审议和表决程序，根据地方各级人大和政府组织法，参照全国人大及其常委会的立法程序，由本级人大规定。这项规定是《立法法》对地方人大的立法授权，一些地方人大基于该项授权，在本级人大立法的程序规则中明确了提前介入制度。至此，地方人大及其常委会完成了提前介入制度在本级人大立法程序中的规则推演，将提前介入制度融入地方人大的法规制定程序之中。

（二）提前介入的规则模式

在笔者收集的全国范围内 22 个省、5 个自治区、4 个直辖市的地方人大及常委会立法条例中，有 30 个省级人大立法程序规范对提前介入制度进行了规定。① 通过对提前介入规则的内容考察，笔者将不同省份的立法规则分为三种：弱提前介入模式、中提前介入模式和强提前介入模式。具体来讲，弱提前介入模式是指地方立法程序规定人大专委会及常委会有关工作机关应当派人参与，与法规案起草单位及时沟通协调。如《北京市制定地方性法规条例》第十五条规定："市人民政府提出立法项目的，由市人民政府统一组织起草

---

① 一个未涉及提前介入制度规定的地方立法程序规定是《湖南省地方立法条例》。

法规案,常务委员会有关工作机构应当进行立法调研,对起草工作提出意见。"《重庆市制定地方性法规条例》第十三条规定:"市人民政府、市中级人民法院、市人民检察院在拟定法规草案时,市人大有关专门委员会、工作委员会、法制工作室应当派人参与,做好协调工作。"中提前介入模式是指地方立法程序依照《立法法》的要求,明确规定提前介入制度。如《天津市地方性法规制定条例》第四十八条规定:"市人民代表大会有关的专门委员会、常务委员会工作机构应当提前参与有关方面的地方性法规草案起草工作。"《上海市制定地方性法规条例》第五十一条规定:"地方性法规草案由有关方面起草的,应当邀请市人民代表大会有关的专门委员会、常务委员会工作机构提前参与法规草案起草工作。"强提前介入模式是指地方立法程序中不仅要求人大专委会及常委会有关工作机关提前介入起草阶段,而且对提前介入提出了具体要求。如《甘肃省地方立法条例》第二十八条规定:"常务委员会法制工作机构和有关工作机构在地方性法规案提请审议前,应当提前介入起草、调研、座谈、论证、听证等工作。提前介入工作主要包括下列内容:(1)加强与法规案起草单位、提案单位的联系,听取有关情况介绍;(2)研究法规案、立法说明及有关参考资料,把握起草法规案的重点、难点及拟解决的主要问题;(3)对法规草案的合理性、合法性和立法技术等问题可以提出初步建议;(4)其他需要提前介入的工作。"《安徽省人民代表大会及其常务委员会立法条例》第七十五条规定:"省人民代表大会专门委员会、常务委员会、工作委员会应当提前参与有关方面的法规草案起草工作,加强与有关方面的联系与沟通,参加立法调研、论证,提出相关意见和建议。"

(三)提前介入的制度愿景

地方人大及其常委会参照全国人大及其常委会立法程序的相应规定,确立提前介入制度的着眼点在于以下两个方面:第一,人大主导立法的要求。党的十八届四中全会决定提出:"健全有立法权的人大主导立法工作的体制机制,发挥人大及其常委会在立法工作中的主导作用。"人大主导立法是我国根本政治制度与立法体制的基本意涵。人大主导立法的制度要求不仅指向全国人大及其常委会的立法实践,更是针对数量众多的地方人大及其常委会而提出的。从地方人大立法的全过程出发,人大主导立法应当贯穿于立法规划与计划、立法论证、立法起草、立法协调与审议的整体进程中。因而,上述地方人大立法程序文本中所规定的地方人大专委会、常委会工作机构应当提前参与有关方面的地方性法规草案起草工作,是落实执政党的政治主张和新时期国家立法基本要求的应有之义。

第二,防止部门利益法律化。从应然层面上讲,根据我国《宪法》《立法法》的相关规定,各级人大与各级政府是一种主导与从属的关系。那么自然在立法时,人大作为我国的权力机关亦应当处于支配与决定地位。但是从实然角度观察,政府在立法中的部门利益法律化倾向明显,表现为:起草法规案时,重点考虑本部门权利义务享有与负担情况,根据部门兴趣偏好加快或拖延立法进程。① 可见,地方政府凭借行政权力带来的优势与资源,消解了原本应当由地方人大及其常委会享有的立法权,从地方人大法规案提案主体的构成就可管窥一二。② 而构建地方人大专委会、常委会工作机构提前介入法规起草阶段的制度,有利于加强地方人大及其常委会对政府的立法监督,从源头上防止或者最大限度减少部门利益法律化倾向。

二、地方人大提前介入法规起草制度的实践验证

(一)提前介入的实践优势

地方人大专委会、常委会工作机构提前介入法规起草阶段,存在着一定的制度优势,主要表现在:第一,有助于地方人大熟悉和把握起草情况,提高法规的质量。长期以来,大多数的地方性法规案是由政府部门起草,地方人大及其常委会处于"等米下锅""等桌上菜"的消极被动地位。这在事实上导致地方人大立法权虚化,立法主动权旁落,人大的正式立法程序变成"走过场""走形式"。③ 当地方立法程序规定中明确地方人大专委会、常委会工作机构应当提前参与有关方面的地方性法规起草工作后,地方人大及其常委会挑起主导立法全过程的重担,通过与起草单位保持经常性沟通,参与起草单位的立法调研、论证、座谈工作,可以了解与把握法规起草情况,提前熟悉立法中存在的突出问题,增强立法机构的前瞻性与主动性,为提高立法质量打下良好基础。

第二,有利于帮助起草单位协调与解决起草问题,增强立法效益。大多数地方性法规的起草需要多个部门沟通协作。当一些法规起草项目所牵涉的部门意见分歧较大,相互推脱责任时,地方人大及其常委会的提前介入能够及时协调与划清不同部门的权限与职责,早发现、早解决主要矛盾与焦点问题,避免在地方人大及其常委会正式审议法规案后再出面协调相应事宜,以致牵制地方人大及其常委会的精力,导致立法效率低下。比如在《北京市水土保持条例》制定过程中,北京市人大常委会工作机构与政府起草单位一同进行立法调研,提前介入法规起草阶段,通过前期充分的立法调研与追踪,北京市人大常委会工作机构在法规起草阶段就解决了法规中涉及的主要矛盾与争议焦点。这加快了后期常委会的审议进程,提高了立法效率。

第三,有效整合立法资源,节省立法成本。地方人大及其常委会在立法条件上的限制

---

① 李克杰:《"人大主导立法"原则下的立法体制机制重塑》,载《北方法学》2017 年第 1 期。
② 封丽霞:《人大主导立法的可能及其限度》,载《法学评论》2017 年第 5 期。
③ 封丽霞:《人大主导立法之辨析》,载《中共中央党校学报》2017 年第 5 期。

与不足可以通过提前介入政府部门的法规起草阶段得以弥补。这根源于地方政府部门与地方人大及其常委会相比,拥有更多的资源优势。地方性法规的规范内容大部分为行政管理领域的事项,而地方政府及其职能部门的日常工作就是适用法律法规进行城市管理,他们对于立法需求的把握、法规如何具有可操作性等问题更为熟悉。并且地方政府及其部门在机构设置、人员配备、资金支持、物质保障等方面享有资源优势,可以将相应的人力、财力、物力资源充分投入到立法调研、立法研讨座谈、法规起草等领域,直接节省了地方人大及其常委会的立法成本。

(二)提前介入的现实困境

《立法法》与地方立法程序规范为地方人大及其常委会介入法规起草阶段提供了权威性依据。但是,提前介入制度在理论与实践中面临着不可避免的困境和挑战。

1. 不利于破除部门利益造成的"管制俘获"

地方人大及其常委会提前介入法规起草程序,虽然抱以避免部门利益法律化倾向的初衷,但在事实上容易造成"管制俘获"。"管制俘获可以分为两种,一种是立法俘获(legislative or statutory capture),即管制政策制定在很大程度上代表了被管制者的利益;另一种是代理俘获(agency capture),即作为代理人的管制者在管制过程中被其管制对象俘获。"① 与行政管制过程中容易出现"管制俘获"一样,地方人大及其常委会提前介入法规起草过程,与政府职能部门共同调研、座谈,地方人大及其常委会在无形中会迁就政府部门的意见和立场,更加理解与尊重政府部门所拟定的法规草案,而对其他立法相关主体的利益和意见欠缺公允的考量,从而形成"管制俘获",无法摆脱地方政府对于地方人大及其常委会立法的掣肘,不能有效避免部门利益法律化倾向。②

2. 模糊了立法审次制度且增加了人大立法负担

从立法的整体性过程出发,提前介入制度模糊了地方人大立法的审次制度,消解了地方人大及其常委会在立法审议阶段所发挥的审查监督作用。一般来说,构建地方人大及其常委会审议法规案的立法程序就是为了让地方人大及其常委会借助自身专业意见和积累的立法经验,将法规草案"过滤"一遍,剔除其中的部门利益要素,整合法规案对于不同群体的利益考量,形成立法共识。然而,地方人大及其常委会提前介入政府部门法规起草过程,可能直接导致作为控制监督环节的立法审议程序空置,限制审议阶段所进行的立法调研、立法论证等活动的全面性和广泛性,尤其是弱化了统一审议的严肃性和主导性,最终对立法质量产生影响。另外,当地方人大及其常委会提前介入法规起草阶段时,重复调研的问题十分突出。在法规案正式审议阶段,地方人大专委会或常委会工作机构需要联

---

① 顾昕:《俘获、激励和公共利益:政府管制》,载《中国行政管理》2016 年第 4 期。
② 封丽霞:《人大主导立法之辨析》,载《中共中央党校学报》2017 年第 5 期。

系政府职能部门,借助其专业优势与资源进行立法调研。这就导致一个地方性法规的出台经历了两次甚至多次的调研,直接造成立法资源的浪费。并且,地方人大及其常委会工作机构的人力不足,人少事多的矛盾突出,各个工作人员手中均有数量不等的立法项目需要跟进。特别是地方人大及其常委会的法制工作机构的工作贯穿了近乎整个立法进程,从法规案立项论证到法规案起草再到人大专委会审议及最后的统一审议,常委会法制工作机构的全程参与给其工作人员带来了不小的负担与挑战。

3.提前介入制度的具体运作规则不明确

在上文笔者所收集的各省级地方人大立法程序规定中,除了作为强提前介入模式的《甘肃省地方立法条例》规定了提前介入的范围和工作内容外,其他省(区、市)的人大立法程序规定均照搬《立法法》第五十三条的规定,未能细化提前介入制度的主体、时间节点、范围、工作内容、程度、结果等规则,造成各地人大及其常委会在落实提前介入制度时具有较大的恣意性,直接导致提前介入制度运行的预期效果不明显。比如根据《北京市制定地方性法规条例》第十五条的规定,只要市常委会工作机构派员随同市政府进行立法调研、对草案提出意见,就符合本市人大立法的法定的程序,那么在人少事多矛盾突出的市常委会工作机构中,提前介入制度究竟能达成多少预期效果呢? 即使市常委会工作机构派人参加了起草机构的相应活动,那么是否要发表意见? 相关意见是否完全正确,是否符合人大及其常委会的工作要求? 相关意见又能否被起草机构采纳与吸收? 这些问题均有待回答与解决。从现实情况来讲,一个人大及其常委会工作机构的部门领导参加立法调研,与一个熟悉业务的普通工作人员参加立法调研,起草单位的重视程度肯定存在一些差别,而这些差别也是无法彻底消除的。由此可见,我国省级地方人大及其常委会的立法程序规定中所确认的提前介入制度尚处于"有法可依,无法可行"的状态之中,未能达成立法者的良好期待。

三、制度重构:地方人大及其常委会主导法规起草

提前介入制度在实然意义上就是落实人大主导立法起草的具体路径。因而,在健全与重构提前介入制度时,应当首先厘清人大主导立法对立法起草的相应要求,然后以此为基础从微观角度雕琢提前介入制度的运行模式。

(一)人大主导立法起草之辨析

党的十八届四中全会决定提出人大主导立法的新要求后,学者们逐步展开了对于人大为什么要主导立法、人大主导立法应当如何践行等问题的研究。无论是从西方政治学说还是从我国《宪法》的权威条文分析来讲,人大主导立法在立法原理和规范表达中都是

无可争议的。就立法原理而言,人民将天然权力让渡给国家代议机关行使,那么国家代议机关就相应取得了代表人民意愿制定法律的合法性与正当性。就规范表达而言,我国《宪法》第二条和第三条确认了全国人民代表大会和地方各级人民代表大会作为国家权力机关,具有高于国家行政机关、审判机关、检察机关的地位与权力。[①] 人大主导立法的提出纠正了我国立法实践中长期存在的人大立法严重依赖政府,甚至由政府部门主导立法的角色错位,宣示了人大在我国立法体制机制中的权威性地位。

从人大主导立法的应然要求来讲,有学者认为:"人大主导立法就是指在我国立法过程中,应由人大把握立法方向,决定并引导立法项目、立法节奏、立法进程和立法内容、原则与基本价值取向。"[②]有学者将人大主导立法层次化,认为:"一是立法理念和价值,要由人大来明确;二是立法程序,要由人大来调控,尤其是制定程序的启动;三是立法内容,要由人大来决定;四是立法技术,要由人大来把关。"[③]笔者认为,以上学者对于人大主导立法的理解较为全面。可以说,人大主导立法不仅需要人大从宏观的立法价值与立法进程角度进行全盘考量,而且需要人大将立法内容与立法技术精细化,锻造出令人满意的"法律产品"。

人大主导立法起草是人大主导立法的重要环节,立法草案质量的好坏、水平的高低直接决定着人大及其常委会审议工作的轻重、法律法规是否能达到预期的立法效果。所以,人大及其常委会在立法起草阶段发挥主导作用具有必要性。不过,人大主导立法起草并不意味着完全无视政府职能部门及其他起草单位的贡献,让人大及其常委会纯粹凭借一己之力完成每一项立法草案的起草,对立法起草工作"大包大揽",无论从人大及其常委会职责权能范围来讲,还是从其机构设置与人员组成来讲,由于人大及其常委会工作机构自身条件的限制,其对于每项草案都"亲力亲为"进行起草实属不能。因而根据《立法法》的授权,各地人大就将人大主导立法起草这一要求,具体化为人大及其常委会工作机构应当提前介入草案起草工作。

(二)提前介入制度的重塑

提前介入制度在现实中存在的问题制约了其制度价值与功能的发挥。将提前介入制度规范化、细致化是地方人大及其常委会工作机构落实该项制度的必然要求,是实现人大主导立法起草阶段的有力保障。笔者认为,健全提前介入制度应当从以下几个方面着手。(1)提前介入主体应为地方人大相关专委会、常委会有关工作机构。在已经制定的地方性法规立法程序规定中,各地人大直接仿照《立法法》的模式,直接将地方人大专委会和常

---

① 封丽霞:《人大主导立法的可能及其限度》,载《法学评论》2017年第5期。

② 李克杰:《"人大主导立法"原则下的立法体制机制重塑》,载《北方法学》2017年第1期。

③ 唐莹莹:《地方立法工作体制是立法质量的重要保障》,载《人大研究》2010年第3期。

委会工作机构规定为提前介入制度的实施主体。虽然地方人大立法程序规定会对地方人大立法和常委会立法进行区分,但是人大立法一般经过了常委会立法的全部程序流程后才提交大会审议。因而,在这种意义上提前介入制度的主体并无不同,均为人大专委会或者常委会工作机构。当然,拟起草的法规涉及哪一个或者哪一些人大专委会,那么相应的人大专委会就需要提前介入起草工作。此外,人大法制委员会或常委会法制部门应当提前介入法规起草阶段,在源头上把控法规草案的合法性与合理性,保证法规草案符合上位法的相关规定。(2)提前介入的时间节点应当自地方人大常委会批准立法项目起至法规草案报送常委会审议止,即在整个法规起草阶段,地方人大专委会及常委会有关工作机构按照立法程序的规定必须介入法规起草工作之中,这也是一项义务性规则。(3)提前介入的工作内容应当涵盖与法规起草相关的调研、座谈、论证、听证等活动,对法规草案提出立法建议。地方人大及其常委会提前参与法规起草时,应当随起草单位一同调研,参与座谈会、论证会、听证会等,加强与起草单位的沟通联系,定期听取立法情况汇报,督促起草单位开展相关工作,并且主动吸纳在立法调研、座谈会和听证会上不同利益群体表达的立法意见,最大限度凝聚立法共识。针对法规草案的内容,提前介入机构应当在研究法规草案立法说明及参考资料的基础上,对立法的必要性、合法性、合理性提出初步建议;随着立法调研等活动的深入,提前介入机构应当把握法规草案中凸显的争议焦点与各方诉求,及时帮助起草部门协调解决立法工作中存在的困难和问题;当法规草案的主要矛盾与问题得到解决后,提前介入机构需要进一步关注法规草案体系的合理性、法规语言的规范性、立法技术的有效适用问题。(4)提前介入的预期结果应当是使法规草案的内容合法、合理,形式规范完整。如果将地方人大及其常委会的立法审议看作审查法规是否符合立法预期正式环节的话,那么提前介入就是将这种审查权力提前到法规起草阶段,在事实上才形成对于法规顺利制定的双重保障。此外,为了将提前介入机构的意见与建议明确化,应当鼓励相关机构以书面形式在法规起草的不同阶段,结合具体的立法问题提出指导意见。

(三)探索建立开放多元的法规起草制度

地方人大专委会和常委会工作机构提前介入法规起草是人大主导立法的初始化实践阶段。随着地方人大立法能力与自身建设的不断加强,未来理想型的法规起草将会形成地方人大专委会及其常委会工作机构组织集中起草为主,委托专家学者等第三方起草,甚至公民提出草案为辅的开放多元的法规立法制度。根据法规的重要程度,地方人大专委会及其常委会工作机构组织起草也应构建层次分明的集中起草制度。比如"涉及人大自身建设、社会公共利益事项等综合性、全局性、基础性的地方性法规,由地方人大专门委员会及其常委会工作机构直接起草,政府职能部门和政府法制办为起草工作提供基础资料与专业性建议;涉及管理内容单一、权责分明、执行性的地方性法规由地方组织先组织协调相关职能部门与法制办起草,并向地方人大常委会提出起草建议稿,由地方人大常委会审定;涉及专业性、技术性较强的地方性法规,相应的起草负责单位可以委托第三方起草,形成第三方建议稿。"①当然,在地方政府及第三方负责起草法规时,地方人大及其常委会仍然具有绝对主导权,即有权根据现实的需要确定及变更起草负责单位,有权直接否决违反合法性与合理性的草案并责令起草单位重新起草等。

在构建理想型的地方性法规起草制度时,相关保障制度的配套完善不容忽视。其一,地方人大及其常委会应当加强自身建设。现阶段由于地方人大及其常委会客观条件的局限,其对于法规起草全方位、全过程的主导心有余而力不足。因而,为了实现人大主导立法的最终目标,需要进一步充实地方人大及其常委会的人员队伍,提高工作人员专业能力与法律素养,将内部工作机制规范化,促进各专委会、常委会工作机构间有效沟通与衔接。其二,地方人大及其常委会应组织协调好与政府及其职能部门的关系。政府职能部门作为地方性法规的适用者,不仅拥有丰富的专业性资源,而且较为了解法规实际执行中的重点与难点情况。因此,在法规起草的过程中,应当充分调动地方政府及其职能部门的积极性,提高他们的参与热情,不能因为存在可能的"部门利益"而完全拒绝政府的加入。其三,地方人大及其常委会应当细化委托第三方起草法规机制,细化第三方遴选、委托法规的选择、委托程序与形式、经费管理、委托任务评估等方面的规则,避免出现地方人大及其常委会将法规起草任务"一揽子"抛给第三方,第三方未能认真对待起草工作,法规草案因质量低劣而需要重新起草的情况。

四、结语

党的十八届四中全会决定指出:"法律是治国之重器,良法是善治之前提。建设中国特色社会主义法治体系,必须坚持立法先行,发挥立法的引领与推动作用,抓住提高立法质量这个关键。"法规起草作为立法过程中重点环节直接决定着未来法规执行的成败。地方人大及其常委会的提前介入法规起草制度是人大主导立法和防止部门利益法律化的实现机制。但是这种提前介入制度只是落实人大主导立法的过渡阶段。为了进一步落实人大主导立法的立法体制,达成"良法善治"的总体目标,现阶段应当在将提前介入制度规范化、细节化的基础上,逐步探索建立由地方人大及其常委会主导立法的开放多元的立法体制机制,从源头上提高立法质量与效率,推进地方法治建设进程。

---

① 朱述洋:《地方人大主导立法起草的困境与出路》,载《人大研究》2016年第5期。

论相对人违约情形下行政协议纠纷处理机制

蔡刘畅 *

摘 要:相对人违约情形下行政协议纠纷解决机制主要有民事诉讼—法院强制执行、仲裁—法院强制执行、公证—法院强制执行、行政诉讼—法院强制执行、非诉行政强制执行、行政主体先行处理—行政诉讼或非诉强制执行等六种路径。行政主体先行处理机制能最大限度兼顾当前法律制度框架和权利救济,是最为合适的选择。行政主体先行处理机制需要在依据、前提、程序、原则等方面进行完善。

关键词:行政协议;相对人;行政主体;先行处理

行政协议是指行政主体和行政相对人以协商一致的方式,设立、变更或消灭行政法上的权利义务关系的协议。① 2014 年修订后的《行政诉讼法》第十二条将行政协议纠纷纳入了行政诉讼受案范围。据此,行政协议的行政相对人可以针对行政主体不依法履行、未按照约定履行或者违法变更、解除政府特许经营协议、土地房屋征收补偿协议等行政协议的行为提起行政诉讼,以获得行政法上的权利救济。虽然立法肯定了行政协议的可诉性,但立法尚未解决在行政相对人违约情况下,行政主体如何获得法律救济的问题。按照传统的行政法理论,行政主体作为公法主体,享有广泛的公权力,其权力运行过程必须受到必要的约束和限制。因此,行政主体无所谓司法救济。然而与单方行政行为相比,行政协议具有特殊性。如果在相对人违约情况下,行政主体对其在缔结协议时妥协的利益无法获得救济,从而也就影响了特定行政管理目标和公共利益的实现。无论在理论界,还是在实践部门中,人们对相对人违约情形下行政主体如何获得救济的认识还有待于深化,也并未达成共识。

---

* 中国政法大学法学院博士研究生。
① 叶必丰:《行政法学》,武汉大学出版社 2003 年版,第 291 页。

一、行政协议相对人违约纠纷解决的路径

当前,特别是 2014 年《行政诉讼法》修订之前,行政协议能否证成在学界和实务部门中都存在较大争议,由于行政协议的双重特性,行政协议的地位在理论界一直存在争议。民法界普遍认为,合同必须是平等主体之间的一种约定,从而否定行政合同的存在,或者将行政合同视为民事合同的一种。[①] 实践中也是如此。理论和实践为我们提供了解决行政争议相对人违约纠纷的多种路径。

(一)民事诉讼—法院强制执行

在 2014 年《行政诉讼法》修订之前,实际上很多本该归为行政协议纠纷的案件都被视为是普通民事合同,因此这类案件也多通过民事诉讼的途径来加以解决。我国《民事诉讼法》第三条规定:"人民法院受理公民之间、法人之间、其他组织之间以及他们相互之间因财产关系和人身关系提起的民事诉讼,适用本法的规定。"在行政协议相对人违约情况下,行政机关要使自己的约定权利得到法律救济,一般会选择民事诉讼途径。而当行政协议相对人不履行生效民事裁判时,行政机关可以根据《民事诉讼法》第三编"执行程序"的规定,通过司法强制执行程序来达到行政协议相对人履行约定的法律目的。

(二)仲裁—法院强制执行

既然认为行政协议同普通民事合同并无本质区别,那么其在适用民事实体法和民事程序法问题上理应得到同等对待。我国《仲裁法》第二条规定:"平等主体的公民、法人和其他组织之间发生的合同纠纷和其他财产权益纠纷,可以仲裁。"同时,该法第三条从反面排除了仲裁机构对两类案件的管辖:"下列纠纷不能仲裁:(一)婚姻、收养、监护、扶养、继承纠纷;(二)依法应当由行政机关处理的行政争议。"这条规定排除的仅仅是行政机关处理的案件,并未排除其他行政案件,当然包括了行政协议纠纷。因此,如果只顾及行政协议的合意属性,则可以通过仲裁程序追究行政协议相对人的法律责任。实际上,即便是修订后的《行政诉讼法》第十二条已经将行政协议纠纷纳入到行政诉讼受案范围,那也只是行政协议纠纷在法院系统内部进行了重新调整。行政协议纠纷经过仲裁仍然没有法律上的障碍。如果相对人不履行仲裁裁决,则可根据《仲裁法》《民事诉讼法》的有关规定申请法院强制执行。但这里的前提是双方当事人应当事先约定仲裁条款,否则无法进行仲裁。

---

① 安晶:《行政合同诉讼研究》,载《黑龙江省政法管理干部学院学报》2007 年第 3 期,第 18 页。

（三）公证—法院强制执行

公证是公证机构根据自然人、法人或者其他组织的申请,依照法定程序对民事法律行为、有法律意义的事实和文书的真实性、合法性予以证明的活动。公证是预防纠纷、维护法制、巩固法律秩序的重要法律手段。我国《公证法》第三十七条第一款规定:"对经公证的以给付为内容并载明债务人愿意接受强制执行承诺的债权文书,债务人不履行或者履行不适当的,债权人可以依法向有管辖权的人民法院申请执行。"可见,行政机关可以事先与相对人协商,并对行政协议进行公证,以赋予行政协议以强制执行的法律效力,但前提是该协议以给付为内容且债务人(行政协议相对人)愿意接受强制执行。在行政协议相对人不履行或者履行不适当时,债权人可以依据《民事诉讼法》的规定向有管辖权的人民法院申请强制执行。

（四）行政诉讼—法院强制执行

按照我国《行政诉讼法》的规定,行政协议纠纷已经属于行政诉讼受案范围。公民、法人或者其他组织可以就行政协议纠纷提起行政诉讼。该法第二条规定:"公民、法人或者其他组织认为行政机关和行政机关工作人员的行政行为侵犯其合法权益,有权依照本法向人民法院提起诉讼。"因此,这里的"公民、法人或者其他组织"并不包括行政主体。当行政协议相对人违约时,行政主体无法找到《行政诉讼法》上的权利救济依据。不过,这是一种理论探讨。基于纠纷解决的完全性和彻底性。行政合同行政性与合意性兼备的特点决定了行政协议纠纷的复杂性,最理想的解决方式仍然是确立起行政协议诉讼类型的诉讼规则。行政诉讼在解决行政协议纠纷方面的优势在于,对于融合了行政性和契约性两种要素的行政协议而言,其纠纷在公法框架内能够完全解决,在私法框架内只能部分解决。[①]

（五）非诉行政强制执行

如前文所述,《行政诉讼法》无法满足行政主体提起行政诉讼的现实需要,但是实践中,行政协议相对人违约的情况也并不鲜见。行政主体在缔结协议和履行协议过程中受到法律更多限制和约束,却缺乏足够的法律救济,这与相对人形成鲜明对比。因此,有人主张通过非诉强制执行的方式来间接解决行政协议纠纷,为行政主体提供适当的法律救济程序。考虑到相对人不履行协议的情况比较复杂,与一般的非诉执行案件有很大的不同,审查程序也应当有别于其他非诉执行案件。[②] 我国《行政强制法》第四章、第五章规定

---

① 江必新:《中国行政合同法律制度:体系、内容及其构建》,载《中外法学》2012 年第 6 期,第 1165 页。

② 梁凤云:《行政协议案件的审理和判决规则》,载《国家检察官学院学报》2015 年第 4 期,第 32 页。

了非诉行政强制执行。非诉强制执行在我国主要包括行政机关强制执行和申请法院强制执行两种方式。根据《行政强制法》第十三条第二款之规定,法律没有规定行政机关强制执行,做出行政决定的行政机关应当申请人民法院强制执行。不过,我国《行政强制法》主要规范单方行政行为的强制执行,行政协议能否直接诉诸非诉强制执行,还需要论证。

(六)行政主体先行处理—行政诉讼或非诉强制执行

一般情况下,行政协议只是行政主体与行政协议相对人之间的双方协议,要使行政主体能够在现有制度框架下启动法律救济程序,缺乏实定法上的依据。因此,在行政协议相对方违约时,如果行政主体通过一个先行处理行为将行政协议转化为单方行政行为,则可以更好地实质性化解行政协议争议。这里的先行处理行为的预期功能是将行政协议转化为可诉和可强制执行的单方行政行为。这意味着,当行政主体对行政协议相对人的违约事实进行确认和催告之后,可申请强制执行,相对人如果对此不服,也可以就先行处理行为提起行政诉讼。这不失为一个两全的解决方案。

二、对行政协议相对人违约纠纷解决的路径现状的反思

行政协议相对人违约情形下,行政主体寻求法律救济的各种路径各有利弊,其实现的现实可行性也存在差异。以下具体分析各种路径的可行性。

(一)民事诉讼—法院强制执行路径:不宜适用于行政协议纠纷的处理

多数民法学者将行政协议视为民事合同,认为行政协议纠纷应当适用《民法总则》《合同法》等民事实体法,进而也应通过民事诉讼的途径加以解决。行政主体在相对人违约的情况下可以通过向法院提起民事诉讼维护自身权利,进而维护公共利益。在 2014 年《行政诉讼法》修订前的司法实践中,民事诉讼解决模式是解决相对人违约的行政合同纠纷的主要途径。即便是新修订的《行政诉讼法》生效后,实践中也有不少相对人违约的行政协议纠纷通过民事诉讼途径加以解决。相对人违约情形下,民事诉讼—法院强制执行路径的主要依据有:其一,行政协议是一种合同,具有合意属性,与民事合同并无二致,因此也应当同民事合同一样适用民事诉讼程序规则;其二,源于行政协议的合意属性,行政协议需要适用民事法律规则,加上我国行政协议法律制度仍属空白,行政协议纠纷交由民事诉讼解决,有利于发挥民事审判在法律适用上的专长,保证行政协议纠纷处理的公正权威性;其三,我国《行政诉讼法》所确立的行政诉讼类型较为单一,缺乏行政协议诉讼的制度建构,尤其是相对人违约的情况下,现有的行政诉讼构造无法满足行政主体权利救济和公

共利益保障的现实需要,而民事诉讼由于其先天的优势,可以为行政协议双方当事人提供平等的法律救济。

然而,行政协议毕竟不同于民事合同,民事诉讼—法院强制执行的路径乃是当下行政协议相对人违约情形下行政协议纠纷解决的一种权宜之计。具体来说,通过民事诉讼—法院强制执行的路径解决相对人违约情形下行政协议纠纷具有如下不足之处:

第一,虽然理论界和实务界对行政协议的概念及其性质存在较大争议,但行政协议毕竟是不同于民事合同的法律存在。在区分公私法观念的背景下,完全将二者加以等同,不但在理论上难以自洽,而且在实践中也易引起法律适用的混乱。行政协议虽然具有明显的合意属性,但其行政属性才是决定其为行政协议的根本属性。在立法已将其定性为公法合同的情况下,采取忽视其特殊性的态度,不符合现实需要。

第二,行政协议之行政性的本质属性决定了其适用的法律规范具有特殊性。如果将行政协议仅当作民事合同,则我们自然能得出适用民事实体法和民事程序法的基本结论。但是,行政协议尚要遵守行政法律规范,主要涉及对行政权的规范和约束的法律规定,而这些规则主要是适用于行政主体,并不同等程度地适用于行政协议相对人。行政机关为避免承担行政管理中可能造成的失职、渎职等风险,故意将行政协议民事化处理,也可能导致行政管理上的混乱。[①] 可见,法院的民事审判业务部门无法完全解决行政协议法律适用问题,但又无法通过中止审理的方式寻求法院行政审判庭的裁判。

第三,在行政协议相对人违约情况下,通过民事诉讼—法院强制执行路径来迫使相对人履行协议,不利于规范和监督行政权的依法行使。在行政协议的缔结、履行过程中,行政法律规范对行政主体都做出了较之于行政协议相对人更为严格的规定,如公开透明、程序正当、法律责任等。如果通过民事诉讼途径、运用民事法律规范解决行政协议争议,则会使得行政主体免受来自于行政法律规范的严格要求,不利于司法对行政主体的监督和依法行政的深入推进。

第四,民事诉讼—法院强制执行不符合当下的行政协议争议解决的有关立法。修订后的《行政诉讼法》已经将行政协议纠纷纳入行政诉讼受案范围,不能因为行政主体无法作为行政诉讼原告,就否认行政协议纠纷的行政争议性质。如果对这两类行政协议争议的解决分别由两种路径加以实现,则不但不利于司法裁判的公正、一致和权威,也是对行政协议概念和性质的人为割裂。

(二)仲裁—法院强制执行路径:权威性不足

与民事诉讼—法院强制执行路径相同,仲裁—法院强制执行也是解决民事纠纷的常用手段。因此,通过仲裁来解决行政协议相对人违约情况下的行政协议纠纷也具有

---

① 王小金、洪江波:《行政相对人不履行行政协议的救济规则》,载《浙江警察学院学报》2017 年第 1 期,第 58 页。

与民事诉讼—法院强制执行路径相类似的理由。不过,仲裁作为化解纠纷的一种法律机制也有其独特优势,这主要体现在仲裁程序的自愿性和公正性上。根据我国《仲裁法》的规定,当事人需事先约定仲裁条款或者达成仲裁协议方能申请仲裁,仲裁庭的组成和仲裁员的选任能更多体现当事人的意志和利益。此外,仲裁遵循一裁终局原则。这对于提升纠纷化解的效率和公正性、维护行政主体行政协议下的权利无疑具有十分重要的意义。

然而,仲裁在解决相对人违约的行政协议纠纷时也存在天然的不足,主要表现如下。首先,虽然行政协议具有合意属性,但行政协议一方当事人是享有行政权的行政主体。仲裁机构作为享有仲裁权的中立组织,虽然享有仲裁权,但在审查行政权这种国家公权力的问题上仍欠缺权威性。其次,仲裁机构处理纠纷适用的是民事法律规范,其在审查行政行为合法性问题上则无能为力,因此也无法对行政协议中行政主体的行为做出法律判断,从而得出权威的法律结论。最后,仲裁—法院强制执行路径需以仲裁协议或仲裁条款为前提,在相对人或者行政主体不愿意将行政协议诉诸仲裁时,仲裁也难以作为一种有效选择。

(三)公证—法院强制执行路径:不能真正有效化解行政协议纠纷

根据我国《公证法》《民事诉讼法》有关规定,对经公证的以给付为内容并载明债务人愿意接受强制执行承诺的债权文书,债务人不履行或者履行不适当的,债权人可以依法向有管辖权的人民法院申请执行。通过公证机构赋予行政协议以强制执行效力,行政主体可以依据《公证法》《民事诉讼法》之规定,申请法院强制执行。如此,行政协议避免了仲裁和诉讼的烦琐程序。而且,在市场经济高度发达的今天,公证具有较高的权威性和认可度。这都有利于快速解决行政协议纠纷,这对于实现行政管理目标、维护社会公共利益是十分必要的。

但是,公证—法院强制执行路径并不能真正有效化解行政协议纠纷,这是因为:

其一,公证机构虽然可以依法对有法律意义的事实和文书的真实性、合法性予以证明,但行政协议往往相对复杂,涉及的主体、利益十分复杂、广泛,公证机构很难做出客观的判断和确认。如果在与真实情况不一致的情况下出具公证文书,则实际上可能为违法、违约打开方便之门。

其二,公证制度的意义在于确认一个行为、关系或者事实的真实性、合法性,并不实质性解决纠纷,公证机构无法实质性化解行政协议纠纷,当然也不能在其职权范围内为行政主体提供积极的权利救济。对于经公证的赋予强制执行力的行政协议,其纠纷实际上是被冻结了。

其三,在当事人、利害关系人认为公证书存在错误或者公证事项存在争议的情况下,公证无法确保行政协议被强制执行。《公证法》第三十九条规定:"当事人、公证事项的利害关系人认为公证书有错误的,可以向出具该公证书的公证机构提出复查。公证书的内容违法或者与事实不符的,公证机构应当撤销该公证书并予以公告,该公证书自始无效;公证书有其他错误的,公证机构应当予以更正。"第四十条规定:"当事人、公证事项的利害关系人对公证书的内容有争议的,可以就该争议向人民法院提起民事诉讼。"在上述情况下,行政协议无法被强制执行。

可见,公证仍无法真正有效化解行政协议纠纷,促使行政协议相对人及时履行协议约定的义务。虽然公证—法院强制执行的路径难以真正解决问题,但是其也为我们进一步思考问题的解决办法提供了某种可行的思路:就是通过确认的方式将一个行为或者事实进行法律上的定性,进而为寻求其他的法律救济方法创造条件。

(四)行政诉讼—法院强制执行与非诉强制执行路径:法律依据不足

无论是行政诉讼—法院强制执行还是非诉行政强制执行的路径,都是建立在行政协议区分于民事合同的基础之上的。主张通过行政诉讼方式来解决行政主体权利救济问题乃是行政法救济制度的题中之意。从理论上讲,这是最有效的路径选择。然而,如前所述,我国行政诉讼制度缺乏多样化的行政诉讼类型,机关作为原告在当前诉讼制度中无法实现。《行政诉讼法》从立法目的、基本原则到具体制度,都是围绕"民告官"设计的,无法容纳"官告民"。[①] 因此,行政主体直接通过提起行政诉讼来达到督促行政协议相对人履约的目的,法律依据不足。

在这种背景下,提出通过非诉强制执行来克服行政诉讼路径的固有缺陷也有其内在合理性。这种构想的主要依据在于:首先,根据《行政强制法》等法律规定,非诉强制执行的主体是享有强制执行权的行政机关或者法院,具有很高的权威性;其次,行政机关作为强制执行主体,对于相对人违约的事实十分了解,且其具有实现特定行政管理目标、维护公共利益的法定职责,有利于依法督促行政协议相对人及时履约;再次,非诉强制执行能够通过正当法律程序维护相对人的合法权利和诉求;最后,非诉强制执行的直接依据是双方当事人达成的行政协议,既然是合法成立的行政协议,也就是对法律规定的具体化,理应具有法律效力,而且双方当事人也应信守诺言,直接通过非诉强制执行协议本身强制兑现相对人的诺言。

非诉强制执行虽然可算是解决行政协议争议、督促行政协议相对人及时履约的有效手段,但同样存在法律依据不足的问题。根据《行政强制法》第二条的规定,行政强制执行,是指行政机关或者行政机关申请人民法院,对不履行行政决定的公民、法人或者其他组织,依法强制履行义务的行为。可见,行政强制执行的适用前提是公民、法人或者其他组织不履行行政决定。这里的"行政决定"是一种单方行政行为,区别于作为双方行政行

---

① 童卫东:《进步与妥协:〈行政诉讼法〉修改回顾》,载《行政法学研究》2015 年第 4 期,第 24 页。

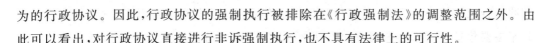

为的行政协议。因此,行政协议的强制执行被排除在《行政强制法》的调整范围之外。由此可以看出,对行政协议直接进行非诉强制执行,也不具有法律上的可行性。

(五)行政主体先行处理—行政诉讼或非诉强制执行

行政主体先行处理—行政诉讼或非诉强制执行路径的最大特色在于:当行政协议相对人不履行或者不适当履行行政协议时,行政主体可以先对相对人的违约行为进行调查核实、确认和催告。如此制度设计的优点体现在以下三个方面:

首先,这一解决思路依托现行法律框架中的行政强制执行制度建立,既保证了相对人违约的行政合同纠纷与行政主体违约的行政合同纠纷同样在公法模式下解决,又免于对现行法律的大规模的根本性修改,节约了制度成本。

其次,在行政处理先行的解决途径中,行政主体做出的行政处理决定为相对人及时履约预留了时间,减少了行政机关损害相对人合法权益的可能性,也为不继续扩大双方矛盾、及时止损提供了可能性。

最后,行政主体申请法院强制执行后,由中立的人民法院裁决是否强制执行而不是由行政主体自行决定,保证了强制执行裁决的公正性。

行政主体先行处理—行政诉讼或非诉强制执行路径也存在不足之处,主要是增加行政主体先行处理,也就增加了纠纷解决和权利救济的中间环节,并不利于行政协议纠纷的快速处理和行政法律秩序的安定性,在一些特殊情况下也不利于行政管理目标和公共利益的有效实现。尽管如此,这一路径仍不失为一种值得研究和认真对待的可行方案。下文将重点加以分析和讨论。

三、行政协议相对人违约情形下行政主体先行处理路径之证成

(一)行政主体先行处理之必要性分析

1. 行政优益权的存在

行政主体享有的行政优益权表征着法律为了实现和保障公共利益,赋予行政主体优先于合法私权利的行政权的一种优益法律状态或者地位。行政优益权的这种优先状态或者地位允许行政主体采取适当的法律措施,合理干预私权利,进而达致维护和实现公共利益的目标。正如余凌云教授所言:"必须保持政府在契约(行政协议)中的主导地位,才能引导契约向着行政机关所预期的特定行政目标的实现的方向发展"。[①] 从域外

---

① 余凌云:《行政契约论》,中国人民大学出版社 2000 年版,第 15 页。

和我国行政协议实践来看,虽然行政主体享有的行政优益权的范围不完全一致,但归纳起来主要包括:(1)选择相对方;(2)指挥、监督协议履行;(3)单方变更协议;(4)单方解除协议;(5)制裁相对方;(6)强制执行协议内容。以下将分述其作为行政优益权内容的合理性。[①] 强制执行是行政协议中行政主体享有的行政优益权的重要体现。不过,行政主体要通过强制执行来实施行政协议所确定的相对人的义务,就必须对有关事实和情况展开调查核实,并作出先行处理,这是强制执行的重要前提。

2. 穷尽行政手段

行政机关在现代社会中扮演着越来越重要的角色,其权力在质和量上也在日益膨胀。事实上,行政部门已经享有广泛的规则制定、法律执行和纠纷处理职权。大量的行政争议和部分民事争议在行政程序中可以得到及时高效的处理。行政协议的一方当事人为享有行政职权的行政主体。因此,行政主体在与相对人协商无果的情况下,进行处理既是自我救济的内在需求,也是在案件进入司法程序之前先行自查和纠错的必要之举。在相对人违约情况下,行政主体可以进行调查、核实有关事实,在此基础上,还可以进行协商、和解,也可以做出确认违约和责令履行协议的单方决定。这有利于协议纠纷的及时化解,也是穷尽行政手段的要求。

3. 公正权威性要求

公正权威是法治社会的重要价值目标。一种成熟的法律体系和法治秩序既离不开对公平正义的保障机制,也离不开权威高效的法律纠纷处理机制。行政协议实践尤其如此。与民事协议不同,行政协议的一方当事人为享有国家行政权的行政主体(主要是行政机关)。行政主体在既当"运动员"又当"裁判员"的情况下,如何确保公正权威显得尤为必要。在法治社会,公正权威的最后防线仍然是司法。因此,行政争议的最终处理一般应交由司法机关进行,并不能随意排除法院对行政争议的管辖。在行政协议争议处理中,如果直接由行政主体启动强制执行或者申请法院强制执行,这等于是剥夺了协议纠纷交由法院审理的法律机会。而行政主体先行处理程序能够使行政协议纠纷自然过渡到司法程序中,从而实现案件处理的公正权威性。

4. 维护相对人权益

先行处理程序也能更好维护当事人权益。这主要体现在以下几个方面:第一,行政主体先行处理能够使协议相对人认识到自身违约的事实及其后果,从而督促其及时履

---

① 在法国行政协议实践中,行政优益权主要包括以下 5 个方面内容:(1)选择协议相对方;(2)指挥命令权;(3)单方面变更协议权;(4)单方面解除协议权;(5)制裁权。参见王名扬:《法国行政法》,北京大学出版社 2007 年第 1 版,第 146—154 页;李颖轶:《法国行政合同优益权重述》,载《求是学刊》2015 年第 4 期。德国并不过多区分行政协议与民事协议,行政协议各项事宜基本遵循民事协议原则,只有在特殊情况下行政主体才可以行使行政优益权。在注重维护公共利益的同时,德国重视行政主体与相对方的对等性。德国行政主体享有的行政优益权主要包括协议解除权、强制执行权等相对有限的权益。与法国法定强制执行权不同的是,德国强制执行权是由合意产生的。参见应松年主编:《外国行政程序法汇编》,中国法制出版社 2004 年版,第 37 页。

行协议的内容,这是对相对人自主性和诚信度的尊重和信任;第二,先行处理也能够引入和解、调解等机制,相对人可以与行政主体就协议履行有关问题进行磋商、谈判,尽量争取到最为有利的结果,先行处理给予了双方最大的制度回旋空间;第三,先行处理也是行政活动方式的一种具体表现形式,当然也要遵守正当法律程序,相对人的陈述、申辩、参与和救济等程序性权利也应得到尊重和保护;第四,先行处理最为关键的作用是将协议行为转化为单方行政行为,为相对人申请行政复议、提起行政诉讼以维护自身合法权益创造条件。

(二)可能面临的问题及其克服

在相对人违约情形下,行政主体先行处理也存在若干难以回避的客观困难和挑战,主要包括:(1)行政主体先行处理缺乏必要的职权依据;(2)先行处理有损害行政协议的合意性的嫌疑;(3)先行处理可能影响行政协议的安定性,损害相对人的信赖利益。

笔者认为上述困境实际上可以被克服。以下分述之。

1. 关于行政主体先行处理的职权依据问题

依法行政原则是一切行政活动都必须认真遵守的基本要求。"行政机关实施行政管理,应当依照法律、法规、规章的规定进行;没有法律、法规、规章的规定,行政机关不得作出影响公民、法人和其他组织合法权益或者增加公民、法人和其他组织义务的决定。"①依法行政要求行政主体做出行政行为时应当具有法定依据,最主要的一条就是职权法定。行政主体先行处理,如果涉及确认和催告相对人履行协议时,实际上是在做出一个新的单方行政行为,的确缺乏法律的直接规定,而是源自于协议的约定。不过,这与依法行政原则所要求的职权法定并不冲突,这是因为:其一,行政协议如果是合法有效的情况下,其也是法律的具体表现形式,对一个违反协议约定的行为进行处理首先是对协议的遵守,从而也是对法律的间接执行;其二,行政主体先行处理职权不仅指特定的具体职权,也指抽象的概括职权,前者见诸法律、法规、规章的特别规定,后者见诸组织法等的一般授权;其三,随着行政国家和给付行政的崛起,传统的形式法治主义向实质法治主义渐进,在某些领域(如行政协议等)行政主体在遵守最低限度的法治,甚至存在法律空白的情况下,其不能退缩不前,怠政懒政,消极不作为,相反地,行政主体需要更加积极主动作为,寻求一种善治的目标。

2. 关于行政主体先行处理有损契约精神的问题

行政主体对行政协议相对人的违约进行适当处理表面上看是对协议的单方面处理,但实际上则不然,原因在于:首先,根据契约的一般原理,双方当事人都有遵守约定的义务,相对人单方违约已经先一步打破了对行政协议中双方合意的遵守,这对于行政主体来

---

① 参见《国务院发布全面推进依法行政实施纲要(全文)》(国发〔2004〕10号)。

说也是一种损失，即便是按照契约精神，行政主体也理应采取手段予以回应，并维护自身合法权益；其次，行政协议的本质属性乃是行政性，行政协议也是一种双方行政行为，行政主体与相对人签订行政合同的目的在于实现特定行政管理目标和公共利益。当行政协议相对人违反协议约定时，行政主体可以运用行政优益权先行处理，具有正当性理论和现实上的正当性；最后，在相对人违反行政协议约定情况下，行政主体进行先行处理是为了实现双方的合意而进行的对自身合法权益的一种"自力"救济行为，只不过这种"自力"救济行为必须符合法律规定，在缺乏法律规定时还必须符合行政法的基本原则。

3. 关于行政主体先行处理有损行政协议的安定性问题

表面上看，行政主体的先行处理行为是行政主体单方面破坏了协议的稳定性，进而损害相对人的信赖利益。实则不然，理由如下：第一，行政主体的先行处理行为并非最终处理结果，相对人不满处理结果的仍然可以诉诸行政复议或者行政诉讼程序寻求救济；第二，行政协议的缔结和履行都必须遵守信赖保护原则，行政主体在相对人违约情形下的先行处理行为本质上是行使行政优益权的行为，但行政优益权的行使也受到立法、行政法一般原则、行政协议和司法审查的严格限制和约束；第三，即便是在先行处理程序中，行政主体也不能随意践踏行政协议的内容，其需要遵守法律规定的程序和正当法律程序原则，并保护相对人的信赖利益；第四，至于行政协议的安定性问题，在行政主体先行处理后，一旦进入行政诉讼或者行政复议程序，相对人可申请停止执行先行处理决定，就能维持行政协议的现状，也就间接保障了行政协议的安定性和相对人的信赖利益。

总体而言，笔者认为，在我国当前行政法律制度框架下，行政主体先行处理的思路是解决相对人违约的行政协议纠纷的最优选择。

四、行政主体先行处理之制度展开

行政协议相对人违约情形下行政主体先行处理一方面具有中介性作用，另一方面也是一个独立的单方行政行为。要充分发挥这一机制在化解行政协议纠纷、督促相对人履行行政协议方面的作用，就必须探讨行政主体先行处理行为的具体规则。

（一）行政主体先行处理的依据

行政主体先行处理的依据要解决的问题是行政主体在面对相对人违约时，以什么样的规范作为依据，对违约行为进行调查、核实并做出决定。摆在行政主体面前有两种依据，即行政协议和法律规范。

1. 法律规范是行政主体先行处理行为的依据

何以法律规范才是行政主体先行处理行为的依据？以下理由可以支持这一结论：

首先,行政主体在面临相对人违约情形时,其不仅是协议的一方当事人,还是代表国家和公共利益的主体,它需要相对公正客观地调查、处理相对人违约行为。这种处理职权需要法律的规定而不是直接由协议授权,方能保证先行处理的合法性、公正性。

其次,行政主体作为公法关系中的主体,其实施行为的依据本应为公法规范。私法规范一般不能成为其行动的依据。行政协议作为双方协商一致的产物,其本身只是一种意思表示,不能取代国家和人民的意志。

最后,行政主体先行处理是其行使行政优益权的具体体现。行政主体在行政协议的履行中享有行政优益权,而行政优益权的依据为法律规定,行政协议无法为行政优益权的合法性提供正当性。当然,行政优益权的这种法律依据可能是个别、单独的规定,也可以是立法对其统一的规定。总之,这并不影响行政主体以法律为依据,进行先行处理。

2. 行政协议不是行政主体先行处理行为的依据

行政协议本身无法成为行政主体先行处理行为的直接依据。原因除了前文所述之外,也是因为行政协议只是双方意思表示一致的法律存在,但协议本身并不能等同于法律规范,违约并不等同于违法。否定这一点就意味着否定了法律作为判断相对人行为合法与否的最终和最高依据。

值得注意的是,如果行政协议中约定了行政协议相对人违约情况下行政主体单方的先行处理程序,则行政主体能否突破该协议,进行有关处理呢?笔者认为,这本质上不是一个行政协议能否成为先行处理的依据的问题,而是对行政优益权进行限制和约束的问题。既然行政主体在缔结协议时已经同意了先行处理的有关约定,行政主体也就同意了协议对自身先行处理的限制和约束,因而也不能在协议的范围之外行为,这也是对行政协议契约理念的维护。

(二)行政主体先行处理的前提

行政主体先行处理的前提是行政协议相对人存在违反协议约定的行为。如何判断行政协议相对人违约呢?这需要回归行政协议的合约属性。因此,要判断何为违约,需要结合民法理论和民事实体法的规定。根据我国《合同法》的规定,当事人一方不履行合同义务或者履行合同义务不符合约定的,应当承担继续履行、采取补救措施或者赔偿损失等违约责任;当事人一方明确表示或者以自己的行为表明不履行合同义务的,对方可以在履行期限届满之前要求其承担违约责任。[①] 行政协议作为一种协议也存在上述违约问题。

是不是行政协议相对人的所有违约行为都需要启动行政主体的先行处理程序呢?违反行政协议的行为有轻微和严重之分。如果仅仅是轻微的违约,行政主体启动先行处理程序,则会耗费过多行政资源,不符合比例原则的要求,也不符合行政效能的要求。行政

---

① 参见《合同法》第一百零七条、第一百九十八条。

主体没有动力做出如此选择,往往会通过督促、要求改正等方式,提示行政协议相对人认真履行协议约定的义务。总之,无论违约行为达到何种程度,行政主体总是存在着相当的裁量空间。但这并不意味着行政主体可以任意行为,毕竟还要遵守行政法的基本原则。

(三)行政主体先行处理的程序

1.调查核实

调查核实是行政主体确认行政协议相对人违约事实的基础性工作。无论此后做何种处理,行政主体需要客观公正地查清相对人是否构成违约以及违约的程度。先行处理中的调查核实实乃单方行政行为中的取证部分。根据我国《行政复议法》《行政诉讼法》所确立的举证责任分配制度,行政主体需要对相对人的违约行为举证。否则,该先行处理行为在复议或诉讼中可能因缺乏事实根据而面临败诉风险。

此外,在调查核实之后,行政主体对于轻微的违约行为可以督促相对人纠正。对于一些有争议的事项,双方可以直接协商解决,甚至对协议进行部分修改。而对于分歧较大的问题,双方可以通过和解或者引入第三方(如上级部门)调解的方式进行处理。如此可以避免进入先行处理程序后,双方剑拔弩张的不和谐状态。这样有利于行政管理目标和公共利益的及时实现,也有利于维护相对人的合法权益。

2.处理方式

先行处理方式是指行政主体如何通过单方行政行为应对协议相对人违约的事实。在经过调查核实、督促协商、和解调解,仍无法纠正相对人的违约行为时,行政主体就可以根据事实、证据、协议约定和有关法规定,做出处理结论。笔者认为,处理结论的方式为单方行政行为,也即行政决定。

具体来说,先行处理的处理方式包括确认违约和责令履约两个方面,前者是后者的前提。其中,确认违约行为要求行政主体在有关事实和证据的基础上,确认行政协议相对人构成违约的事实及其责任,这是对其进行后续处理的基础。单独地看,这是一个行政确认行为。

责令承担违约责任则是在确认违约之后,命令行政协议相对人承担继续履行协议、采取补救措施或者赔偿损失等违约责任。这里用"责令"取代"催告",是因为"催告"是《行政强制法》上的表述。这里的先行处理行为并不是行政强制执行行为,因此不宜采用"催告"的表述。责令承担违约责任,应当载明行政主体要相对人承担违约责任的意思表示以及承担违约责任的具体方式、期限等,并告知相对人申请复议、提起诉讼等救济权利。

3.法律后果

行政主体先行处理的法律后果主要体现为行政主体、行政协议相对人面对行政主体先行处理结果所能采取的法律手段。由于通过行政主体的先行处理行为,行政协议纠纷已经转化为了对先行处理行为的争议,因此双方当事人可以就此要求法律救济。

首先,相对人可以申请行政复议或者提起行政诉讼。

如果相对人不服行政主体的先行处理行为,其可以根据《行政复议法》《行政诉讼法》等规定,申请行政复议或者提起行政诉讼。这样,复议机关和法院在审查、审理过程中,可以通过审查、判断行政主体先行处理行为的合法性,间接对行政协议纠纷进行审查处理。

根据我国《行政诉讼法》的规定,行政诉讼中以起诉不停止执行为原则。[①] 相对人违约的行政协议纠纷由于现行法律制度的原因无法直接进入司法程序,但是行政主体已经通过先行处理行为进行了处理,如果一味贯彻《行政诉讼法》的上述原则,则不利于相对人的权利救济。因此,当相对人提起诉讼时,法院可以从宽掌握起诉不停止执行原则的适用。

其次,行政主体可以申请法院强制执行。

行政主体做出先行处理决定之后,如果相对人在规定期限内既不申请行政复议,提起行政诉讼,也不履行行政协议,行政主体可以比照《行政强制法》的规定,向法院申请强制执行。由于行政协议纠纷未能进行实质性审理,所以此时的强制执行只能申请法院进行,而不能由行政主体直接实施。

(四)先行处理行为应遵循的基本原则

行政法基本原则是行政法领域的基础性、普遍性理念、精神和价值的总称。行政主体先行处理行为作为一种单方行政行为,自然也要受到行政法基本原则的约束。具体来说,其主要受到以下几个基本原则的约束:

1.正当法律程序原则

正当法律程序源于古老的自然正义原则。其包含两个最基本的程序规则:(1)任何人或团体在行使权利可能使别人受到不利影响时,必须听取对方意见。每一个人都有为自己辩护和防卫的权利;(2)任何人或团体不能作为自己案件的法官。[②] 正当法律程序原则要求行政主体在先行处理时应当尊重和保障协议相对人的正当利益诉求,并公正处理。这不仅要求立法上要制定规则来确立相应的程序要求,也要求行政主体在没有具体法律依据的情况下,应当恪守正当法律程序原则。

2.比例原则

比例原则要求行政主体先行处理时应兼顾行政目标的实现和保护协议相对人的权益。如为实现行政目标可能对相对人权益造成某种不利影响时,应将这种不利影响限制

---

① 《行政诉讼法》第五十六条规定:"诉讼期间,不停止行政行为的执行。但有下列情形之一的,裁定停止执行:(一)被告认为需要停止执行的;(二)原告或者利害关系人申请停止执行,人民法院认为该行政行为的执行会造成难以弥补的损失,并且停止执行不损害国家利益、社会公共利益的;(三)人民法院认为该行政行为的执行会给国家利益、社会公共利益造成重大损害的;(四)法律、法规规定停止执行的。"

② 王名扬:《英国行政法》,北京大学出版社 2007 年版,第 117 页。

在尽可能小的范围和限度内,保持二者处于适度的比例。比例原则包括妥当性原则、必要性原则和均衡性原则三个子原则。① 具体到先行处理行为,其基本要求是:(1)行政主体先行处理所采取的手段必须能够实现行政目的或至少有助于行政目的的达成;(2)在有多种能同样达成行政目的的手段可供选择时,行政主体应选择对协议相对人权益损害最小的手段,即该手段对于行政目的的达成是必要的;(3)行政主体先行处理行为对相对方权益的损害必须小于该行政目的所实现的社会公共利益,不能超过这一限度。

3. 遵循先例原则

先例、惯例在行政主体先行处理过程中具有重要作用。行政主体的行为应当具有基本的稳定性和可预测性,这在行政协议实践中尤显重要。行政主体应当将先行处理以及其他与行政协议相关的成功实践予以提炼和固化,形成惯例或先例,确保同样或类似情况必须同样或类似地处理,维护行政协议和行政法律秩序的安定性以及相对人的信赖利益。

五、结论

行政协议相对人违约情形下行政协议纠纷的解决路径虽然具有多样性,但是在可供选择的多种方案中,行政主体先行处理的路径具有更大的可行性。这主要是该思路较好地克服了现有各种思路的种种弊端,且在现有法律制度下,能够较好地适应现实的需要。这种制度设计也能在最大限度下保证行政协议的契约属性的同时,肯定和支持行政主体的行政优益权的正当行使。最为关键的是,无论是相对人还是行政主体,都能在先行处理之后寻求行政法上的权利救济。不过,从长远来看,完善我国行政诉讼制度,构建多样化的行政诉讼类型,特别是增加机关诉讼等诉讼类型,有利于行政主体在协议相对人违约时直接诉诸司法救济,而不是通过增加一道中间环节,进行制度转化。正如余凌云教授所言:"要想彻底完成将行政契约纳入行政诉讼范畴的设想,还必须针对行政契约的特点对审判的规则及具体制度进行相应的增补与重构。"②这样,有利于降低制度运行成本,对当事人的权益进行完整无漏洞的救济。

---

① 张树义主编:《行政法学》,北京大学出版社 2012 年版,第 33-34 页。
② 余凌云:《论行政契约的救济制度》,载《法学研究》1998 年第 2 期,第 133 页。

法律实务

跨行政区划检察院的组织结构

王凤涛*

摘　要:跨行政区划检察院改革目标的实现,需要良好组织结构的支撑。跨行政区划检察院的组织结构包括层级结构、管理幅度和层级体系三个维度。在"一级""二级"和"三级"三种层级结构中,"三级"结构较为可取。县级、市级和省级跨行政区划检察院需要根据辖区的具体情况确定各自的管理幅度,并从领导体制、职务任免和财务管理三个方面确定跨行政区划检察院的层级体系。"跨行政区划检察院"不同于早已存在的"跨行政区划的检察院",跨行政区划检察院设立后形成的检察体制"双轨结构"也有别于"司法联邦主义"。跨行政区划检察院在机构属性上,不是专门检察院而是属于派出检察院,并与最高人民检察院巡回检察厅分工担负着强化法律监督的时代使命。

关键词:跨行政区划检察院;组织结构;层级结构;管理幅度;层级体系

　　组织结构是实现组织目标的一种手段,而组织目标源于组织的总体战略。因此,组织战略与组织结构之间关系密切是完全符合逻辑的。

——斯蒂芬·罗宾斯、蒂莫西·贾奇①

一、为何关注"组织结构"

　　组织是为了某种目的而汇集的集合。人们要想成功实现目的,就需要在最好的结构中组织起来,结构可以成就也可以破坏一个组织,因此,关于结构的决策是主要的战略决策。② 具体表现在:结构定义了任务和职责、工作角色关系以及沟通渠道,使实施管理流

---

　　* 最高人民检察院政治部,法学博士。

　　① [美]斯蒂芬·罗宾斯、蒂莫西·贾奇:《组织行为学》(第16版),孙健敏、王震、李原译,孙健敏校,中国人民大学出版社2016年版,第396-397页。

　　② See O. Lundy, A. Cowling, *Strategic Human Resource Management*, Routledge,1996, p.141.转引自[英]劳里·马林斯、吉尔·克里斯蒂:《组织行为学精要》(第3版),何平等译,清华大学出版社2015年版,第434页。

程和建立命令框架成为可能,通过结构可以对组织活动进行计划、组织、指挥与控制。组织的规模越大,就越需要精心设计和目的清晰的组织形式。建立结构的目的是在组织成员中进行工作划分以及活动协调,指挥他们向着组织长期以及短期目标努力。[1] 党的十八届四中全会通过的《中共中央关于全面推进依法治国若干重大问题的决定》提出:"探索设立跨行政区划的人民法院和人民检察院,办理跨地区案件。"目的是构建一套独立于各省法院、检察院的制度体系,形成一套与之平行的诉讼管辖制度。2014 年 12 月 2 日,中央全面深化改革领导小组第七次会议审议通过了《设立跨行政区划人民法院、人民检察院试点方案》。12 月 28 日,跨行政区划检察院上海市检察院第三分院依托上海铁路运输检察分院挂牌成立;12 月 30 日,跨行政区划检察院北京市检察院第四分院依托北京铁路运输检察分院挂牌成立。2015 年 2 月最高人民检察院印发的《关于深化检察改革的意见(2013—2017 年工作规划)》规定:"探索设立跨行政区划的检察院,构建普通类型案件由行政区划检察院办理,特殊类型案件由跨行政区划检察院办理的诉讼格局,完善司法管辖体制。"跨行政区划检察院的制度框架,在顶层设计的勾勒中逐步明朗。

伴随着跨行政区划检察院顶层设计的推进,有关跨行政区划检察院的关注度日渐增加,但对于跨行政区划检察院的组织结构,相关讨论较为少见。有限的分析主要集中在跨行政区划检察院试点未跨省级行政区划设置造成的非典型性问题,以及如何提高所跨行政区划的行政层级上。理论界或实务界达成的"共识"是,跨行政区划检察院在一定层级上要跨省级行政区划。[2] 至于如何构建跨行政区划检察院的制度体系,相关讨论则着墨不多。

在构建组织结构时,需要解决三个具体问题:(1)管理幅度;(2)命令链(层级数量);(3)层级制度。只有解决了这些问题,才能很好地提高组织绩效。[3] 跨行政区划检察院的管理幅度,本身仅仅是组织结构的建构要素之一,仅强调跨省级行政区划构建跨行政区划检察院,更是只讨论了这一组织结构建构要素的一个方面。

为数不多的涉及两级或三级跨行政区划检察院构建的论述,也明显受到铁路运输检察院布局的影响,即将铁路运输检察院的布局视为跨行政区划检察院布局的硬性约束。[4] 这种思路,实际上混淆了铁路运输检察院改造在跨行政区划检察院构建这个整体目标中的定位,颠倒了铁路运输检察院改造与跨行政区划检察院构建两者的逻辑关系。构建跨

---

① 参见[英]劳里·马林斯、吉尔·克里斯蒂:《组织行为学精要》(第 3 版),何平等译,清华大学出版社 2015 年版,第 430 页。

② 参见孙秀丽、韩秀成:《跨行政区划检察院改革与〈人民检察院组织法〉修改》,载胡卫列、董桂文、韩大元主编:《人民检察院组织法与检察官法修改——第十二届国家高级检察官论坛论文集》,中国检察出版社 2016 年版,第 330 页。

③ 参见[英]劳里·马林斯、吉尔·克里斯蒂:《组织行为学精要》(第 3 版),何平等译,清华大学出版社 2015 年版,第 440-441 页。

④ 参见陈海锋:《跨行政区划检察组织体系研究》,载《华东政法大学学报》2017 年第 2 期,第 141-147 页。

行政区划检察院不是为了改造铁路运输检察院,恰恰相反,铁路运输检察院改革是为跨行政区划检察院构建服务的。铁路运输检察院改革只是遇上了跨行政区划检察院构建的好时候,跨行政区划检察院构建才是目的。在铁路运输检察院布局的框架中考虑跨行政区划检察院分布,将限制跨行政区划检察院改革思维,在某种程度上是将改革的对象当成了改革的目的。

这是本文第一部分给出的铺垫。在接下来的第二至第四部分从层级结构、管理幅度和层级体系三个角度,分别对跨行政区划检察院的组织结构进行展开,比较三种层级结构的制度得失,全面论证在所有方案中"三级"结构何以胜出,进而解构"三级"结构的内部构造,合理划定省、市、县三级跨行政区划检察院的管理幅度,并对跨行政区划检察院体系进行整体布局。

第五、六部分分别从国内和国外两个层面,对与"跨行政区划检察院"在管辖地域上具有相似性的"跨行政区划的检察院",以及随着"跨行政区划检察院"的成立而形成的"双轨结构"与国外检察实践中的"司法联邦主义"进行比对,从而合理界定"跨行政区划检察院"的制度角色。

第七部分在检察组织体系的整体框架中,结合普通检察院和专门检察院的划分,考证跨行政区划检察院、普通检察院和专门检察院关系,重新审视将跨行政区划检察院界定为专门检察院的"通说",进而对跨行政区划检察院的机构属性进行剖析,确定其类别归属。

第八部分对于作为派出机关的跨行政区划检察院与作为最高人民检察院派出机构的巡回检察厅尝试性地加以分工,理顺两者的关系,努力形成强化法律监督的制度合力。

二、跨行政区划检察院的层级结构

层级结构指的是组织结构中不同的层级数,它构建了权力与职责的垂直等级,以及组织自上而下完整的上级—下属关系框架,这一原则被广泛用于组织设计。清晰的权力与职责对组织的有效运作是必要的。每一个成员单位都应该知道他们在组织结构中的位置。① 人民检察院包括最高人民检察院和地方各级人民检察院,地方各级人民检察院又分为:省级检察院、市级检察院和县级检察院。与之相对应,在级别上,跨行政区划检察院无非有三个可能的层级,省级跨行政区划检察院、市级跨行政区划检察院和县级跨行政区

---

① 参见[英]劳里·马林斯、吉尔·克里斯蒂:《组织行为学精要》(第 3 版),何平等译,清华大学出版社 2015 年版,第 441 页。

划检察院,但要注意的是,省级跨行政区划检察院并不等于跨省级行政区划检察院,市级跨行政区划检察院不等于跨市级行政区划检察院,县级跨行政区划检察院也不等于跨县级行政区划检察院,两者并不具有必然的对应关系。具体到层级结构上,跨行政区划检察院总体上可分为"一级""二级"和"三级"三种层级,根据每个层级内部构成元素组合的不同,跨行政区划检察院又有多种设置的可能性。

(一)"一级"结构

跨行政区划检察院的一级结构较为直观,即从省级、市级和县级中选择"一级",构建跨行政区划检察院。总体而言,包括三种可能性:

一是只设县级跨行政区划检察院。县级跨行政区划检察院根据所跨行政区划级别的不同,可以分为三种情形:第一种情形是在各省(区、市)的地级市内设置若干跨行政区划检察院,每个县级跨行政区划检察院管辖若干县市。其上级检察院为地市级人民检察院,此时跨行政区划检察院只能管辖同一地级市内县与县之间的案件。由于同一地市不同地区的关联度较大,在如此有限的地域内人们彼此较为熟悉,跨行政区划检察院防范行政干预司法的作用非常有限。同时,由于没有相应的市级跨行政区划检察院,大量跨地市、跨省(区、市)的案件仍由行政区划检察院管辖,无法有效发挥跨行政区划的功能。第二种情形是在各省(区、市)内设置若干跨行政区划检察院,每个院管辖若干地市。由于不可能再以地市级行政区划检察院作为其上级检察院,与省级行政区划检察院之间又缺乏一级对应的地市级检察院进行联结,因此这种情形在机构设置上不具有可操作性。第三种情形是跨省(区、市)设置若干基层跨行政区划检察院。这时由于没有地市级和省级跨行政区划检察院,基层跨行政区划检察院与最高人民检察院之间,缺失省、市两级检察院,也不具有可行性。因此,只设县级跨行政区划检察院的方案,可以从备选方案中排除。

二是只设市级跨行政区划检察院。具体可以分为两种情形:第一种情形是市级跨行政区划检察院跨地市设置,每个院管辖范围为若干地市,行使市级检察院职权,上级检察院为省(区、市)的省级检察院。北京市检察院第四分院和上海市检察院第三分院就属于这种设置模式,只是直辖市的两级行政体制与省(区)的三级行政体制有所区别。此时跨地市和县级行政区划的案件都可以由地市级跨行政区划检察院管辖,但跨省(区、市)的案件仍需要由省级行政区划检察院管辖,从而出现跨行政区划案件管辖上的空白,难以实现跨行政区划检察院设置的目标。第二种情形是市级跨行政区划检察院跨省(区、市)设置。每个地市级跨行政区划检察院管辖若干省(区、市)。此时由于没有省级跨行政区划检察院,地市级跨行政区划院就会出现没有直接上级领导机关的情形,无法解决级别管辖的问题。这就意味着只设市级跨行政区划检察院的方案,也不可取。

三是只设省级跨行政区划检察院。省级跨行政区划检察院跨省级行政区划设置,行使省级检察院职权,管辖范围为全国。作为跨行政区划检察院的领导机关,其上级检察院为最高人民检察院。由于没有县级和地市级跨行政区划检察院,跨省(区、市)的案件将直接涌入省级跨行政区划检察院,省级跨行政区划的上诉、抗诉案件直接由最高人民检察院管辖,将大幅增加最高人民检察院的办案压力,从而影响其对下指导、制订司法解释等宏观职能的发挥,不符合最高人民检察院的职能定位,因此只设置省级跨行政区划检察院同样不可行。

(二)"两级"结构

"两级"结构即从省级、市级和县级中选择两级,构建跨行政区划检察院的制度体系。跨行政区划检察院的两级结构包括两种[①]可能性:一是设省、市两级跨行政区划检察院。根据省、市两级跨行政区划检察院所跨行政区划级别的不同,又可以分为两种[②]类型:

第一种类型是,市级跨行政区划检察院在省内跨地市设置,行使市级检察院职权,每个市级跨行政区划检察院管辖若干地市的相关案件;在全国设置省级跨行政区划检察院,行使省级检察院职权,省级跨行政区划检察院的管辖范围为数个省(区、市)的市级跨行政区划检察院,作为跨行政区划检察院的领导机关;不设基层跨行政区划检察院。由于要跨行政区划设置,那么每个市级跨行政区划检察院管辖的地市自然是两个以上。考虑到大部分案件各行政区划检察院都可以办理,各地市需要由跨行政区划检察院办理的案件数量相对较少,市级跨行政区划检察院管辖的地市数量就可以适度增加。比如,每个省(区、市)设两个跨行政区划检察院。如此一来,全国市级跨行政区划检察院的数量就会超过 60 个,由于需要管辖数十个市级跨行政区划检察院,省级跨行政区划检察院的数量就需要相应增加。如果每个省级跨行政区划检察院管辖 10 个左右的市级院,也需要设置大约 6 个省级跨行政区划检察院。在中央严格控制机构编制的情况下,设置 6 个副部级规格的省级跨行政区划检察院,难度较大,此种方案的可行性不高。

第二种类型是,市级跨行政区划检察院跨省(区、市)设置,每个市级跨行政区划检察院管辖若干省(区、市)相关案件。省级跨行政区划检察院为跨市级跨行政区划检察院设置,作为跨行政区划检察院的领导机关,每个省级跨行政区划检察院管辖若干市级跨行政

---

① 从排列组合的角度讲,还有一种可能性,即设省、县两级跨行政区划检察院,不设地市级跨行政区划检察院。出于案件级别管辖的需要,县级跨行政区划检察院与省级跨行政区划检察院之间仍需要有一级地市级检察院,这就意味着如果不设地市级跨行政区划检察院,此时县级跨行政区划检察院的上级检察院仍为地市级跨行政区划检察院,仍然要受制于地方,县级跨行政区划检察院的设置也就失去了制度意义,因此不做讨论。

② 在理论上,这两种类型之外还有一种可能性,市级跨行政区划检察院跨县(区、市)设置,省级跨行政区划检察院跨地市设置,如此一来,就不存在跨省(区、市)设置的跨行政区划检察院,因此,跨省(区、市)的相关案件就无法在跨行政区划检察院得以解决。而地方行政区划级别越高,出现不宜由行政区划检察院管辖的案件的可能性更大,设置跨行政区划检察院的必要性也越大,这种理论上的可能性不具有设置的合理性,不作为一种单独的情形讨论。

区划检察院。此种情形与前一种情形相比,虽然可以通过让每个市级跨行政区划检察院尽可能多的涵盖省份,来强化跨行政区划办理不宜由地方办理的案件的能力,但不意味着市级跨行政区划检察院跨省(区、市)越多越好,实际上管辖省份不宜太多。假如每个市级跨行政区划检察院管辖 3—7 个省(区、市),那么总共大约需设置 6—7 个,作为上级检察院的省级跨行政区划检察院自然不可能设置太多,1—2 个即可对市级跨行政区划检察院进行有效的管辖。但由于没有基层跨行政区划检察院,大量不宜由行政区划检察院办理的跨地市的案件,就会直接跨省涌到市级跨行政区划检察院,由市级跨行政区域检察院管辖,进而通过抗诉程序涌入屈指可数的省级跨行政区划检察院,并最终聚集到最高人民检察院。

要解决市级跨行政区划检察院案件较多的问题,每个市级跨行政区划检察院管辖的省(区、市)只能严格控制,通过减少每个市级跨行政区划检察院管辖的省(区、市)的数量,降低办案压力,以此控制案件量。如此一来,就会导致市级跨行政区划检察院的数量增多。假如每个市级跨行政区划检察院管辖两个省(区、市),那就需要设置 15 个以上的市级跨行政区划检察院。1 个省级跨行政区划检察院难以有效管辖市级跨行政区划检察院数量众多的案件,设置 2—3 个省级跨行政区划检察院相对较为合理。这种设置模式看似通过减少基层跨行政区划检察院,减少了跨行政区划检察院的层级,也排除了副部级规格的省级跨行政区划检察院的数量,降低了机构设置的难度并简化了机构设置,实际上只是通过增加市级跨行政区划检察院的数量,承担了部分基层跨行政区划检察院的职责,也就是用"市级跨行政区划检察院数量的增加"换取"跨行政区划检察院层级的减少",并没有使得机构设置成本更为便宜。因为很多同一省份不同地市间的跨行政区划案件,由于没有跨地市的跨行政区划检察院,需要跨省寻求司法救济。这就极大地增加了案件解决的成本,而权利成本的增加会降低人们诉诸该种权利救济方式解决纠纷的积极性。

二是设市、县两级跨行政区划检察院。根据跨越的行政区划的级别不同,可以分为三种情形:

一种情形是,省内设置跨地市的市级跨行政区划检察院若干,行使市级检察院职权,每个院管辖范围为若干地市。地市内设置跨县市区的县级跨行政区划检察院,每个院管辖范围为若干县市区。各省(区、市)的省级检察院为市、县两级跨行政区划检察院的上级领导机关。此时,跨地市、跨县市的案件可以由跨行政区划检察院管辖,但跨省(区、市)的案件没有相应的跨行政区划检察院管辖,而随着社会经济的发展,人员交往日益频繁、信息技术突飞猛进、交通往来愈发便利,省际的人员往来、资源共享、经济交往越来越常见,大量的案件属于跨省案件。如果这部分跨省(区、市)案件仍然由省级行政区划检察院管辖,跨行政区划检察院设置的效果必然会大打折扣。

另一种情形是,基层跨行政区划检察院跨地市设置,每个县级跨行政区划检察院管辖若干地市的跨行政区划案件。地市级跨行政区划检察院在案件管辖上相应的上提一级，跨省(区、市)设置，每个地市级跨行政区划检察院管辖若干省(区、市)内的基层跨行政区划检察院。此时地市级跨行政区划检察院跨省(区、市)设置，省级行政区划检察院不可能再作为地市级跨行政区划检察院的上级检察院。由于不设省级跨行政区划检察院，省级行政区划检察院又不宜作为上级机关，这就导致市、县两级跨行政区划检察院没有上级检察院进行管理，缺少一级案件管辖层级，无法与检察机关的制度体系兼容。

第三种情形是，基层跨行政区划检察院跨省(区、市)设置，每个县级跨行政区划检察院管辖若干省份的跨行政区划案件。地市级跨行政区划检察院跨县级跨行政区划检察院设置，每个地市级跨行政区划检察院管辖若干县级跨行政区划检察院。由于没有省级跨行政区划检察院，县级、市级跨行政区划检察院与最高人民检察院之间，缺失省级检察院，也不具有可行性。因此，只设市、县级跨行政区划检察院的方案，无法形成完整的层级结构。

(三)"三级"结构

"三级"结构意味着跨行政区划检察院设省、市、县三级。设置省级跨行政区划检察院，行使省级检察院职权，管辖范围为全国跨行政区划检察院，作为跨行政区划检察院的领导机关。设置市级跨行政区划检察院若干，行使市级检察院职权。在各省(区、市)内设县级跨行政区划检察院，行使基层检察院的职责。根据基层跨行政区划检察院所跨越的行政区划级别的不同，以及由此带来的市级跨行政区划检察院和省级跨行政区划检察院管辖区域的不同，又可以分为两种情形：

一是基层跨行政区划检察院跨县(市、区)设置，管辖若干县(市、区)的跨行政区划案件；地市级跨行政区划检察院跨地级设置，每个地市级跨行政区划检察院管辖若干地市；省级行政区划检察院跨省(区、市)设置，每个省级跨行政区划检察院管辖若干省(区、市)的地市级跨行政区划检察院。此种类型与"两级"结构中的第一种类型，区别在于多出一级跨县(区、市)的基层跨行政区划检察院。由于县(市、区)同属一个地市，相互之间无论是地域上还是人员往来上，相互之间的联系较为紧密，很容易对县级跨行政区划检察院施加影响，设置这种跨县(市、区)的县级跨行政区划检察院对于排除地方干扰办案的作用有限。至于此时的市级跨行政区域检察院和省级跨行政区划检察院，同"两级"结构中的第一种类型，即市级跨行政区划检察院在省内跨地市设置，行使市级检察院职权，每个市级跨行政区划检察院管辖若干地市的相关案件，省级跨行政区划检察院的管辖范围为数个省(区、市)的市级跨行政区划检察院。作为跨行政区划检察院的领导机关，行使省级检察院职权，所面临的问题相同，即由于一个省级跨行政区划检察院难以对全国各省(区、市)的数十个地市级跨行政区划检察院形成有效管理，这就需要设置若干省级跨行政区划检察院，方案获得通过的难度太大。

二是基层跨行政区划检察院跨地市设置,管辖若干地市的跨行政区划案件;地市级跨行政区划检察院跨省设置,每个地市级跨行政区划检察院管辖若干省(区、市)的基层跨行政区划检察院;省级跨行政区划检察院跨地市级跨行政区划检察院设置,每个省级跨行政区划检察院管辖若干地市级跨行政区划检察院。此种类型与"两级"结构中的第二种类型相比,差别在于多一级跨地市的基层跨行政区划检察院。由于有一级跨地市的基层跨行政区划检察院,可以率先化解一部分案件,那么过滤后涌入地市级跨行政区划检察院的案件量就会相应减少,可以预期管辖若干省(区、市)的地市级跨行政区划检察院的案件量不会太多,这时就可以设置少量省级跨行政区划检察院,对所有地市级跨行政区划检察院进行管理,省级跨行政区划检察院因此就会较少,这又可以解决设置副部级省级跨行政区划检察院难度大的问题。从这个意义上讲,此种设置模式相对较为合理,也较为可行。

经过分析比较,设立三级跨行政区划检察院,可以构建起完整的跨行政区划管辖层级体系,确保特殊案件在跨行政区划检察院办理,普通案件在行政区划检察院办理,避免跨行政区划检察院层级体系不完整导致案件上诉、抗诉后回流到地方检察院。而"三级"结构中的第二种方案,即基层跨行政区划检察院跨地市设置,管辖若干地市的跨行政区划案件;地市级跨行政区划检察院跨省设置,每个地市级跨行政区划检察院管辖若干省(区、市)的基层跨行政区划检察院;省级跨行政区划检察院跨地市级跨行政区划检察院设置,每个省级跨行政区划检察院管辖若干地市级跨行政区划检察院,在所有方案中较为科学,这就需要进一步对方案进行细化。

三、跨行政区划检察院的管理幅度

管理幅度指的是直接向特定管理者或监督人报告的下属员工数。如果管理幅度太宽,有效地管理下属将变得困难,并给管理者带来更多压力。如果管理幅度太狭窄,将给协调及决策的一致性带来困难,并妨碍整个组织结构中的有效沟通。[①] 如何构建适度的管理幅度,是明确了跨行政区划检察院的层级结构后亟须解决的问题。我国三级跨行政区划检察院组织结构如图 1 所示。

作为省级跨行政区划检察院的直接下级检察机关,市级跨行政区划检察院的数量将影响着管理的有效性。如果遵循同样的逻辑,将市级跨行政区划检察院视为特定管理者,而将县级跨行政区划检察院视为直接向特定管理者报告的机关,那么县级跨行政区划检察院的数量,又会影响市级跨行政区划检察院对下管理的有效性。这就意味着,三级跨行

---

① 参见[英]劳里·马林斯、吉尔·克里斯蒂:《组织行为学精要(第 3 版)》,何平等译,清华大学出版社 2015 年版,第 441 页。

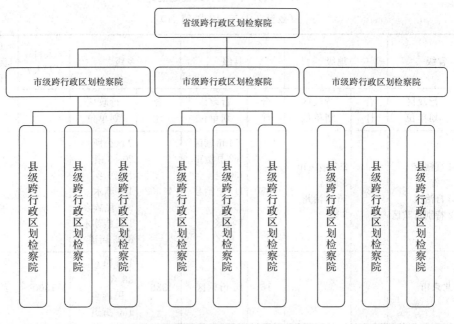

图 1 三级跨行政区划检察院示意图

政区划检察院管理的有效性，就可以转化为省市县三级跨行政区划检察院各自设置数量的问题。由于县级跨行政区划检察院的数量在某种程度上决定着市级跨行政区划的数量，市级跨行政区划检察院的数量又会成为省级跨行政区划检察院设置数量的考量因素，因此，县级跨行政区划检察院的数量设置，就成为解决跨行政区划检察院管理幅度问题的突破口。

（一）县级跨行政区划检察院

由于县级跨行政区划检察院跨地市设置，而大部分案件在普通的行政区划检察院就可以得到解决，每个地市面临的跨行政区划的特殊案件要远少于普通案件，各省（区、市）设置的县级跨行政区划检察院就没有必要太多。可以考虑的数量是，每个省（区、市）设置两个县级跨行政区划检察院，各省（区、市）和新疆生产建设兵团总共就需要设置超过 60 个县级跨行政区划检察院。但不同的省（区、市）面积不同，人口存在较大差异，经济社会发展水平不平衡，随之而来的案件数量也不同，这些都要成为跨行政区划检察院设置的考虑因素（详见表 1）。

表 1　中华人民共和国行政区划统计表①

（截至 2016 年 12 月 31 日）

省级		地级		县级		乡级		人口（万人）	面积（万平方千米）
合计	行政区划单位	合计	行政区划单位	合计	行政区划单位	合计	行政区划单位		
34	4 直辖市 23 省 5 自治区 2 特别行政区	334	293 地级市 8 地区 30 自治州 3 盟	2850	954 市辖区 362 县级市 1366 县 117 自治县 49 旗 1 特区 1 林区	41002	2 区公所 20883 镇 10870 乡 152 苏木 989 民族乡 1 民族苏木 8105 街道		
	北京市			16	16 市辖区	336	143 镇 38 乡 5 民族乡 150 街道	1300	约 1.7
	天津市			16	16 市辖区	246	124 镇 3 乡 1 民族乡 118 街道	996	约 1.2
	河北省	11	11 地级市	168	47 市辖区 19 县级市 96 县 6 自治县	2303	1 区公所 1107 镇 844 乡 49 民族乡 302 街道	7520	约 19
	山西省	11	11 地级市	119	23 市辖区 11 县级市 85 县	1398	564 镇 632 乡 202 街道	3501	约 16
	内蒙古自治区	12	9 地级市 3 盟	103	23 市辖区 11 县级市 17 县 49 旗 3 自治旗	1185	503 镇 272 乡 152 苏木 18 民族乡 1 民族苏木 239 街道	2460	约 118
	辽宁省	14	14 地级市	100	59 市辖区 16 县级市 17 县 8 自治县	1587	642 镇 212 乡 56 民族乡 677 街道	4245	约 15

---

①　中华人民共和国民政部编：《中华人民共和国行政区划简册 2017》，中国地图出版社 2017 年版，第 1-8 页。

省级		地级		县级		乡级		人口（万人）	面积（万平方千米）
合计	行政区划单位	合计	行政区划单位	合计	行政区划单位	合计	行政区划单位		
吉林省	9		8 地级市 1 自治州	60	21 市辖区 20 县级市 16 县 3 自治县	938	428 镇 182 乡 28 民族乡 300 街道	2702	约 19
黑龙江省	13		12 地级市 1 地区	128	65 市辖区 19 县级市 43 县 1 自治县	1249	521 镇 365 乡 52 民族乡 311 街道	3811	约 46
上海市				16	16 市辖区	214	107 镇 2 乡 105 街道	1440	约 0.634
江苏省	13		13 地级市	96	55 市辖区 21 县级市 20 县	1288	763 镇 69 乡 1 民族乡 455 街道	7649	约 10
浙江省	11		11 地级市	89	36 市辖区 19 县级市 33 县 1 自治县	1392	655 镇 274 乡 14 民族乡 449 街道	4798	约 10
安徽省	16		16 地级市	105	44 市辖区 6 县级市 55 县	1497	953 镇 289 乡 9 民族乡 246 街道	6905	约 14
福建省	9		9 地级市	85	28 市辖区 13 县级市 44 县	1124	638 镇 288 乡 19 民族乡 179 街道	3579	约 12
江西省	11		11 地级市	100	24 市辖区 11 县级市 65 县	1563	824 镇 579 乡 8 民族乡 152 街道	4804	约 17
山东省	17		17 地级市	137	54 市辖区 27 县级市 56 县	1826	1106 镇 73 乡 647 街道	9580	约 16

续表

省级		地级		县级		乡级		人口（万人）	面积（万平方千米）
合计	行政区划单位	合计	行政区划单位	合计	行政区划单位	合计	行政区划单位		
河南省	17	17 地级市	158	52 市辖区 21 县级市 85 县	2447	1120 镇 682 乡 12 民族乡 633 街道	10932	约 17
湖北省	13	12 地级市 1 自治州	103	39 市辖区 24 县级市 37 县 2 自治县 1 林区	1244	759 镇 168 乡 10 民族乡 307 街道	6165	约 19
湖南省	14	13 地级市 1 自治州	122	35 市辖区 16 县级市 64 县 7 自治县	2012	1135 镇 401 乡 83 民族乡 393 街道	7132	约 21
广东省	21	21 地级市	121	64 市辖区 20 县级市 34 县 3 自治县	1607	1128 镇 11 乡 7 民族乡 461 街道	8636	约 18
广西壮族自治区	14	14 地级市	111	40 市辖区 7 县级市 52 县 12 自治县	1305	788 镇 330 乡 59 民族乡 128 街道	5378	约 24
海南省	3	4 地级市	23	8 市辖区 5 县级市 4 县 6 自治县	218	175 镇 21 乡 22 街道	902	约 3.4
重庆市			38	26 市辖区 8 县 4 自治县	1042	622 镇 190 乡 14 民族乡 216 街道	3343	约 8.2
四川省	21	18 地级市 3 自治州	183	52 市辖区 16 县级市 111 县 4 自治县	4731	2105 镇 2182 乡 98 民族乡 346 街道	9097	约 49
贵州省	9	6 地级市 3 自治州	88	15 市辖区 7 县级市 54 县 11 自治县 1 特区	1572	832 镇 326 乡 193 民族乡 221 街道	4134	约 18

省级		地级		县级		乡级		人口（万人）	面积（万平方千米）
合计	行政区划单位	合计	行政区划单位	合计	行政区划单位	合计	行政区划单位		
云南省	16	8 地级市 8 自治州	129	16 市辖区 15 县级市 69 县 29 自治县	1529	681 镇 545 乡 140 民族乡 163 街道	4576	约 39	
西藏 自治区	7	5 地级市 2 地区	74	6 市辖区 68 县	706	140 镇 545 乡 9 民族乡 12 街道	310	约 123	
陕西省	10	10 地级市	107	29 市辖区 3 县级市 75 县	1295	988 镇 23 乡 284 街道	3926	约 21	
甘肃省	14	12 地市级 2 自治州	86	17 市辖区 4 县级市 58 县 7 自治县	1386	741 镇 487 乡 34 民族乡 124 街道	2713	约 43	
青海省	8	2 地级市 6 自治州	43	6 市辖区 3 县级市 27 县 7 自治县	427	140 镇 225 乡 28 民族乡 34 街道	566	约 72	
宁夏回族 自治区	5	5 地级市	22	9 市辖区 2 县级市 11 县	237	102 镇 90 乡 45 街道	659	约 6.6	
新疆维吾 尔自治区	14	4 地级市 5 地区 5 自治州	105	13 市辖区 24 县级市 62 县 6 自治县	1098	1 区公所 349 镇 522 乡 42 民族乡 184 街道	2226	约 166	
香港特别 行政区								718.8	0.1104
澳门特别 行政区								59.2	0.0029
台湾省*									

* 台湾省的行政区划资料暂缺。

具体到各省(区、市)而言①,新疆(新疆生产建设兵团与新疆维吾尔自治区通盘考虑)、内蒙古面积均超过 110 万平方千米,地市级行政区划单位均超过 10 个,人口数量超过 2000 万,面积和地域跨度较大,地市级行政区划单位较多,人口适中,可以考虑设 3 个县级跨行政区划检察院。青海、西藏面积均超过了 70 万平方千米(西藏更是达到了约 123 万平方千米),同样面积较大,但地市级行政区划单位均少于 9 个,人口数量均少于 600 万,考虑到面积虽然较大,但地市级行政区划单位较少、人口较少,可以设 2 个县级跨行政区划单位。黑龙江、四川、云南、甘肃 4 个省面积均超过或接近 40 万平方千米,地市级行政区划单位均超过 12 个,人口均超过 2500 万(与其他三个省相比,甘肃虽然人口少一些,但东西跨度狭长),面积较大,地市级行政区划单位较多且人口较多,可以考虑设置 3 个县级跨行政区划检察院。北京、天津、上海、重庆 4 个直辖市中,北京、天津、上海面积均小于 2 万平方千米,重庆面积小于 9 万平方千米,面积均较小,且没有地级市的行政区划单位,不存在跨地市设置的问题,可以设一个县级跨行政区划检察院。宁夏和海南面积均小于 8 万平方千米,人口均少于 1000 万,面积相对较小、人口较少,可以设 1 个县级跨行政区划检察院。其他省级行政区划,地域面积、地市级行政区划、人口数量等因素适中,可以设 2 个县级跨行政区划检察院。

有鉴于此,可考虑设 1 个县级跨行政区划检察院的省(区、市)有:北京、天津、上海、重庆、宁夏和海南,共计设 6 个县级跨行政区划检察院;可考虑设 2 个县级跨行政区划检察院的省(区)有:河北、山西、辽宁、吉林、江苏、浙江、安徽、福建、江西、山东、河南、湖北、湖南、广东、广西、贵州、陕西、青海、西藏,共计可设 38 个县级跨行政区划检察院,每个院管辖 4~11 个地级行政区划单位;可考虑设 3 个县级跨行政区划检察院的省(区、市)有:内蒙古、黑龙江、四川、云南、甘肃、新疆,共计可设 18 个县级跨行政区划检察院,每个院管辖 4~7 个地级行政区划单位。综上,合计需设 62 个县级跨行政区划检察院。

至于同一层级不同的跨行政区划检察院的具体管辖区域,可根据地区经济发展水平、案件数量、诉讼便利等因素,合理划分各院的地域管辖范围。在设置地点上,在设置县级跨行政区划检察院时,除仅设 1 个的外,应当优先考虑设置在可以最大限度地便利省内当事人诉讼的区域。

(二)市级跨行政区划检察院

市级跨行政区划检察院由于跨省构建,在设置上要考虑与同样是跨省设置的最高人民法院巡回法庭和最高人民检察院巡回检察厅设置区域的接轨,从而减少人们对机构设置和管辖区域的识记成本,降低当事人的交通成本,形成互为补充、便利诉讼的制度格局。

---

① 在此,主要结合中国大陆地区的省(区、市)行政区划资料进行分析。

根据最高人民检察院巡回检察厅的分布①,市级跨行政区划检察院可做如下设置:市级跨行政区划检察院第一分院:设在广东省深圳市,管辖广东、广西、海南、湖南4省区7个县级跨行政区划检察院的有关案件;市级跨行政区划检察院第二分院:设在辽宁省沈阳市,管辖辽宁、吉林、黑龙江3省7个县级跨行政区划检察院的有关案件;市级跨行政区划检察院第三分院:设在江苏省南京市,管辖江苏、上海、浙江、福建、江西5省市9个市县级跨行政区划检察院的有关案件;市级跨行政区划检察院第四分院:设在河南省郑州市,管辖河南、山西、湖北、安徽4省8个县级跨行政区划检察院的有关案件;市级跨行政区划检察院第五分院:设在重庆市,管辖重庆、四川、贵州、云南、西藏5省区11个市县级跨行政区划检察院的有关案件;市级跨行政区划检察院第六分院:设在陕西省西安市,管辖陕西、甘肃、青海、宁夏、新疆5省区11个县级跨行政区划检察院的有关案件;市级跨行政区划检察院第七分院:设在北京,管辖北京、天津、河北、山东、内蒙古5省区市9个市县级跨行政区划检察院的有关案件。

综上,合计可设7个市级跨行政区划检察院,每个院管辖7~11个县级跨行政区划检察院的有关案件。在设62个县级跨行政区划检察院的情况下,7个市级跨行政区划检察院平均每个院管辖8.86个基层院。而现有334个地市级行政区划单位,2851个县级行政区划单位。在不考虑派出院的情况下,平均每个地市级行政区划检察院管辖8.54个基层院。这就意味着,如此一来,地市级跨行政区划检察院和地市级行政区划检察院管辖的基层院数量基本持平。

(三)省级跨行政区划检察院

省级跨行政区划检察院不同于市级和县级跨行政区划检察院,其级别较高(副部级),设置这样一个高级别的机构,就需要考虑机构编制获批的可能性。同时,要与同为副部级的最高人民法院巡回法庭和最高人民检察院巡回检察厅做好衔接和互补。基于以上考虑,省级跨行政区划检察院的设置,有两种方案可供选择。

方案一:在巡回检察厅之外,单独设置省级跨行政区划检察院。

在全国设置若干省级跨行政区划检察院,作为市级跨行政区划检察院的上级机关。从方便当事人诉讼的角度,理想的状态是,在每个市级跨行政区划检察院所在地,设置对应的省级跨行政区划检察院,其上诉案件由巡回检察厅管辖,这样一来就需要设置7个省级跨行政区划检察院。由于市级跨行政区划检察院已经办理了相当一部分案件,上诉到省级跨行政区划检察院的案件数量就会大幅减少。如果省级跨行政区划检察院与市级检察院一一对应进行设置,就会出现司法资源浪费的情况,因为没有那么多案子需要由省级

---

① 参见王凤涛:《最高人民检察院巡回检察厅前景报告》,《中山大学法律评论》2017年第15卷第1辑,特别是"巡回检察厅的组织架构"部分。

跨行政区划检察院办理。同时,在中央严格控制机构编制增长的背景下,增加多个省级(副部级)机构编制难度也很大。

有鉴于此,比较可行的办法是,设置少量省级跨行政区划检察院(比如 1 个),作为最高人民检察院跨行政区划分院和地市级跨行政区划检察院的上级机关,集中办理市级跨行政区划检察院的案件。在这种情况下,其最合适的设置地点无疑是首都北京。因为如果设置于其他地方,那么对省级跨行政区划法院审理的案件提起上诉时,还需要到最高人民法院和最高人民检察院所在地北京市。这就会增加当事人的诉讼成本,出现不便诉讼的情形。但另一方面,如果省级跨行政区划法院和检察院设置在首都,那么,就会引发司法改革制度收益的冲抵。以最高人民法院设置巡回法庭为例,巡回法庭带来的制度收益,就会被省级跨行政区划法院设置在首都所造成的制度成本冲抵,一切又回到了原点。因为巡回法庭力求克服和避免的最高人民法院仅设于首都所导致的诉讼不便和首都涉诉信访压力问题,唯一且需要设立在首都的省级跨行政区划法院同样会遇到,而且问题的严重性丝毫不亚于未设巡回法庭时的严重性。也就是说,设置最高人民法院巡回法庭所分流的首都涉诉信访压力,又会随着省级跨行政区划法院在首都的设立卷土重来;巡回法庭降低的诉讼成本,会因省级跨行政区划检察院的设立而再次反弹。遵循同样的逻辑,最高人民检察院巡回检察厅设置以后,如果省级跨行政区划检察院仅设一个,会遇到同样的问题。从涉诉信访的角度看,如果唯一的省级跨行政区划检察院设在首都,将额外增加首都涉诉信访的压力。但不意味着设置在其他省份,问题就可以迎刃而解。从诉讼便利的角度看,无论唯一的省级跨行政区划检察院设在首都还是其他省(区、市)(比如几何中心所在地),除了周边省份外其他省份的当事人都会面临诉讼不便利的问题。设在其他省(区、市),还不便于最高人民检察院对省级跨行政区划检察院的领导、监督和指导。因此,在巡回检察厅之外,单独设置省级跨行政区划检察院的方案,并不具有可行性。

方案二:在巡回检察厅之中,加挂“跨行政区划检察部(处)”的牌子,行使省级跨行政区划检察院的职能。

具体而言,即在最高人民检察院每个巡回检察厅内部按照机构改革的要求,设置“跨行政区划检察部(处)”,正厅级机构建制,作为市级跨行政区划检察院的上诉机构,行使省级跨行政区划检察院的职能,不再单设省级跨行政区划检察院。如此一来,设置 7 个“跨行政区划检察部(处)”,就可以解决市级跨行政区划检察院的上诉问题。而且,这种思路不需要额外增加省部级跨行政区划检察机构,避开了在巡回检察厅之外增设部级检察院的机构编制难题。由于按照此种设置模式,市级跨行政区划检察院与最高人民检察院巡回检察厅的设置地点保持一致,市级跨行政区划检察院的案件可以直接上诉到位于同一城市的“最高人民检察院驻第 X 巡回检察厅跨行政区划检察部(处)”,从而实现了便利诉讼和降低司法成本的目的。与此同时,可以将跨行政区划的涉诉信访案件吸附在当地,从而避免此类案件随着省级跨行政区划检察院的设置涌入首都,进一步缓解了首都涉诉信访压力。

但这就有一个问题需要面对,即最高人民检察院能否直接管辖市级检察院的上诉案件,这就要从最高人民检察院的制度定位着手。最高人民检察院是国家最高检察机关,理论上可以管辖全国任何由检察机关管辖的案件。因此,由"最高人民检察院驻第 X 巡回检察厅跨行政区划检察部(处)"管辖市级跨行政区划检察院的上诉案件,并不存在法理障碍。对"最高人民检察院驻第 X 巡回检察厅跨行政区划检察部(处)"的上诉的管辖问题,由于不仅关系到"最高人民检察院巡回检察厅"与"(省级)跨行政区划检察院"的管辖问题,而且关系到两者宏观制度设计和总体协调分工,故在最后一部分将进行专门论述。

四、跨行政区划检察院的层级体系

组织是分层的,制定政策与决策的确定、工作执行、行使权力和责任都是由整个组织结构中不同资格水平的不同人员进行的。[①] 因此,要发挥组织绩效,就需要将人员有效地组织起来,构建合理的层级体系。

(一)领导体制

跨行政区划检察院的层级设置模式中,由于行使省级跨行政区划检察院职能的检察机构和市级跨行政区划检察院的管辖范围均跨越了省(区、市),派出省级和市级跨行政区划检察院的人民检察院,不可能为省级人民检察院,只能是最高人民检察院。县级跨行政区划检察院的管辖范围在一省(区、市)以内,理论上可以由最高人民检察院派出,也可以由省级人民检察院派出,行使基层人民检察院的职权。假定获得地方政府支持司法和防止地方政府干预司法是跨行政区划检察院设置需要考虑的两个重要变量,那么县级跨行政区划检察院就完全有根据由省级检察院派出,因为此时既可以赢得地方政府的支持,又不会造成地方政府明显干预司法,毕竟此时双方当事人均为本省(区、市)的,任何一方当事人胜诉,对地方政府而言都是可以接受的。也就是说,县级跨行政区划检察院,适合由省级检察院派出。由此可以形成最高人民检察院和省级人民检察院分别派出设置省级、市级和基层三级跨行政区划检察院的格局,即最高人民检察院在全国范围内设置两级跨省管辖的跨行政区划检察机关,分别行使省级和市级人民检察机关的职权;省级人民检察院在本省辖区内设置一级跨区县和地市管辖的跨行政区划检察院,行使基层检察院的职权。上级跨行政区划检察机关领导下级跨行政区划检察机关,最高人民检察院领导全国各级跨行政区划检察机关。

---

① 参见[英]劳里·马林斯、吉尔·克里斯蒂:《组织行为学精要(第 3 版)》,何平等译,清华大学出版社 2015 年版,第 432 页。

最高人民检察院派出的跨行政区划检察院依据《中国共产党党组工作条例（试行）》有关规定设立党组，由最高人民检察院党组、政治部按照相关规定进行管理；省级人民检察院派出的跨行政区划检察院，由各省级检察院党组、政治部按照相关规定进行管理。各级跨行政区划检察院的机构规格应当与行政区划检察院相同或适当高于行政区划检察院。结合当前司法改革的要求，设置内设机构，实行检察人员分类管理，按照新的检察机制运行。

（二）职务任免

最高人民检察院派出的省级跨行政区划检察部（处）的分党组和省级跨行政区划检察机关的检察长、副检察长、检委会委员和其他检察官等法律职务的任免，由最高人民检察院提请全国人民代表大会常委会任免。县级跨行政区划检察院的检察长、副检察长、检委会委员和其他检察官等法律职务的任免，由省级人民检察院提请本省人民代表大会常委会任免。

（三）财物管理

跨行政区划检察院要解决的重要问题就是地方干预司法的问题，而地方干预司法的重要原因就在于司法机关的财务受制于地方。如果按照属地管理模式，跨省的跨行政区划检察院财务由所在省份管理，如此一来，跨行政区划管辖其他省份案件的阻力和难度较大，办理所在省份案件的公正性就会受到质疑。因此，省级和市级跨行政区划检察机关的财务应实行统一管理，由中央财政统一保障，避免出现司法的地方化问题，减少司法办案过程中的地方因素干扰，保障依法独立公正行使检察权。县级跨行政区划检察院的财物由所在省份进行管理。

五、从"跨行政区划的检察院"到"跨行政区划检察院"

在 1979 年《人民检察院组织法》颁布实施后，跨行政区划检察院改革试点之前，甚至在人民检察院建立之初，检察机关组织机构序列中就存在跨行政区划设置的检察院，可以称为"跨行政区划的检察院"，区别于党的十八届四中全会中提出的"跨行政区划检察院"。在检察院类型上，主要体现为派出检察院和专门检察院两类机构；在所跨行政区划级别上，既可能跨县级和地市级行政区划，也可能跨省级行政区划。对于这些长期存在的"跨行政区划的检察院"与"跨行政区划检察院"进行比较，分析两者组织结构的同异以及"跨行政区划的检察院"的制度体系，有助于更好地理解"跨行政区划检察院"的制度追求和设置意义，并对具体的构建进程有所启发。

(一)"跨行政区划的检察院"从何说起

1979 年 7 月 1 日,第五届全国人民代表大会第二次会议通过《人民检察院组织法》,1980 年 1 月 1 日起实施,该法第二条规定:"中华人民共和国设立最高人民检察院、地方各级人民检察院和专门人民检察院。……省一级人民检察院和县一级人民检察院,根据工作需要,提请本级人民代表大会常务委员会批准,可以在工矿区、农垦区、林区等区域设置人民检察院,作为派出机构。专门人民检察院包括:军事检察院、铁路运输检察院、水上运输检察院、其他专门检察院。"无论是在工矿区、农垦区、林区等区域设置的派出检察院,还是军事检察院、铁路运输检察院、水上运输检察院等专门检察院,很多都是跨行政区划设置,形成了"跨行政区划的检察院"。

就派出检察院而言,大多数工矿区、农垦区、林区、地处偏僻的大型监狱和监狱集中地等的管辖区域,具有跨行政区域和与所在地方不具有行政隶属关系的特点,由于管辖区域通常并不局限于某一县域内,在实践中,对在省、自治区、直辖市辖区内跨行政区划的,由省级人民检察院派出检察院;对在地区或省辖市内跨行政区域或不便由县一级人民检察院派出的,由市一级人民检察院派出检察院。[①] 比如林区检察院的设置,就具有明显的跨行政区划色彩。1980 年,林业部、司法部、公安部、最高人民检察院联合发布通知[②],要求"在大面积国有林区的一百四十六个国营林业局、木材水运局所在地,已经建立的林业公安局,原则上不作变动,并要进一步充实和加强,同时要建立林区检察院和森林法院。未建立林业公安局的,要把林业公安、检察、法院三机关同时建立起来;林业公安局、林区检察院和森林法院行使县级公检法机关职权。在业务上,林区检察院受省、自治区检察院领导,或由省、自治区检察院委托所在地区检察院分院领导。……在林管局所在地或在国有森林集中连片地区,可根据实际需要建立与健全林业公安处、林区检察院分院和森林中级法院。在业务上受省、自治区公检法三机关领导、监督"。2001 年 5 月 22 日,最高人民检察院政治部印发《关于地方各级人民检察院机构改革组织实施过程中几个问题的意见》(高检政发〔2001〕90 号)明确"在需要设置林区检察分院的省、自治区,原则上由省级检察院派出一个检察分院"。当所辖基层派出院或涵盖不同的地市时,相应的林区检察分院事实上就形成了跨地市级行政区划设置的检察院。

专门检察院的设置,同样具有鲜明的跨行政区划色彩。1955 年 9 月,在国防部和最高人民检察院的领导下,开始军事检察机关的筹建工作。11 月 10 日,第一届全国人民代表大会常务委员会第二十三次会议任命黄火星为最高人民检察院副检察长兼军事检察院

[①] 参见王建国等:《中俄检察制度比较研究》,法律出版社 2017 年版,第 105-106 页。

[②] 林业部、司法部、公安部、最高人民检察院《关于在重点林区建立与健全林业公安、检察、法院组织机构的通知》〔(80)林护字 73 号、(80)司发专字 183 号、(80)公发(经)200 号、高检人字(80)69 号〕。

检察长。军队最高一级军事检察院宣告成立,名称为"最高人民检察院军事检察院"。当时军事检察机关的设置共分为四级。到 1956 年 8 月,全军共建立各级军事检察院 259 个。其中最高人民检察院军事检察院 1 个,一级(大军区、军兵种)军事检察院 20 个,二级(省军区)军事检察院 81 个,三级(步兵师、军分区)军事检察院 157 个。1957 年 6 月,撤销全军师级单位的军事检察院和特种兵的检察院。1963 年 5 月,经总政治部征得最高人民检察院同意,最高人民检察院军事检察院对内称"中国人民解放军军事检察院"。1965 年 6 月,正式停止使用"最高人民检察院军事检察院"名称。[①] 大军区、军兵种跨行政区划设置的特点,注定了军事检察院的跨行政区划设置格局。从一级(大军区、军兵种)军事检察院与当时全国省级行政区划的数量的比较上,也可以体现出这一点。

表 2 中华人民共和国省级行政区划统计表[②]

(1955—1965 年)

年代	省	自治区	直辖市	自治区筹委会
1955—1956	23	2	3	1
1957	22	4	3	1
1958	22	4	2	1
1959—1964	22	4	2	1
1965	22	5	2	/

从 1955—1965 年全国行政区划统计情况看,全国省级行政区划的数量接近 30 个(详见表 2)。一级(大军区、军兵种)军事检察院 20 个,远远少于省级行政区划的数量,这就意味着军事检察院的设置,不可避免地存在跨省级行政区划设置的可能性,从而形成"跨省级行政区划的检察院"。

在这个意义上讲,跨行政区划设置检察院并不是一个创新,也不是一个新事物,而是已经在检察制度史上留下了很深的印记。既然如此,这是否意味着设置"跨行政区划检察院"只是对已有制度的重新强调和推广? 换句话说,"跨行政区划检察院"与已有的"跨行政区划的检察院"相比区别在哪里? 这种制度的新意决定了跨行政区划检察院存在的独特价值。

---

① 参见闵钐、薛伟宏:《共和国检察历史片段》,中国检察出版社 2009 年版,第 109-110 页。

② 1955 年,撤热河省,分别划归河北、辽宁 2 省及内蒙古自治区,撤西康省,并入四川省,撤新疆省,成立新疆维吾尔自治区,设西藏自治区筹备委员会,昌都地区划归其管辖。1957 年设宁夏回族自治区(1958 年成立),撤广西省,设广西僮族自治区(1958 年成立),甘肃省额济纳旗和阿拉善旗划入内蒙古自治区。1958 年,天津直辖市改为河北省辖市,河北省行政中心由保定市迁至天津市。1965 年 9 月 9 日,西藏自治区正式成立,广西僮族自治区更名为广西壮族自治区,云南省 3 个区划归四川省新设的渡口市。参见陈潮、陈洪玲主编:《中华人民共和国行政区划沿革地图集(1949—1999)》,中国地图出版社 2003 年版,第 24-25 页。

（二）"跨行政区划检察院"又因何不同

虽然"跨行政区划的检察院"在"跨行政区划检察院"之前早已存在，两者分享着跨行政区划设置的共性特征，但两者还是有诸多差异。这种不同注定了两者属于不同的事物，不可同日而语。

一是跨区划设置目的不同。在特殊区域设置的"跨行政区划的检察院"主要目的是通过充实特殊区域的检察力量，实现检力延伸，解决因为履职不便出现法律监督弱化的问题。军事检察院等专门检察院跨行政区划设置的目的，则是在不便由行政区划检察院管辖的区域设置专门的检察机关，并与特定领域的机构布局相匹配，实现对相关领域法律监督的全覆盖。这就意味着"跨行政区划的检察院"之所以跨行政区划，在某种程度上并非有意为之，而是"无心插柳柳成荫"的结果。而跨行政区划检察院目的是"构建普通案件在行政区划法院审理、特殊案件在跨行政区划法院审理的诉讼格局"，目的是要构建一套独立于各省法、检体系并与之平行的诉讼管辖制度，跨行政区划设置是制度建构的有意为之。

二是机构设置的依据有别。根据1986年全国人大常委会法制工作委员会《关于检察院组织法几个问题的答复》，"参照《检察院组织法》第二条第三款关于'省一级人民检察院和县一级人民检察院，根据工作需要，提请本级人民代表大会常务委员会批准，可以在工矿区、农垦区、林区等区域设置人民检察院，作为派出机构'的规定精神，设区的市、自治州的人民检察院根据工作需要，提请本级人民代表大会常务委员会批准，可以在工矿区、农垦区、林区以及劳改劳教场所等区域设置人民检察院，作为派出机构"。因而跨行政区划的检察院的设置依据是《人民检察院组织法》和全国人大常委会的立法解释。而跨行政区划检察院开始试点时《人民检察院组织法》尚未修改，主要依据的是党的十八届四中全会《中共中央关于全面推进依法治国若干重大问题的决定》规定的"探索设立跨行政区划的人民法院和人民检察院，办理跨地区案件"和中央全面深化改革领导小组第七次会议审议通过的《设立跨行政区划人民法院、人民检察院试点方案》，两者的设置依据并不相同。

三是层级结构的安排不同。尽管军事检察院构建了中国人民解放军军事检察院、战区军事检察院和总直属军事检察院、基层军事检察院的三级层级结构，并形成了从基层军事检察院到最高人民检察院的系统组织体系，但这并非所有已存在的"跨行政区划的检察院"的共同特征。在工矿区、农垦区、林区等特殊区域设置的"跨行政区划的检察院"，就仅有基层检察院和检察分院两级设置，除了新疆生产建设兵团检察院外，不存在其他省一级的工矿区、农垦区、林区等检察院，没有形成"基层院—市级院—省级院—最高人民检察院"这样系统的检察组织体系，实际上仍处于"块块"状态，并没有形成"条条"。而跨行政区划检察院不仅有市级和县级，还会有行使省级检察院职能的机构，由省、市、县三级检察院（机构）构成。总体而言，在工矿区等特殊区域设置的"跨行政区域的检察院"，在层级结构上少于跨行政区划检察院。

四是管辖区域的范围各异。在工矿区、农垦区、林区等区域设置的"跨行政区划的检察院"以及军事检察院等专门检察院管辖的行政区域,根据工矿区、农垦区、林区等区域的辖区、战区和法律监督职能的履行需要而定,没有统一的管辖范围划分标准,区域分布的差异使得在这些区域设置的检察院的管辖范围存在很大差异,相应的检察院数量也不一样。而跨行政区域检察院的管辖范围根据法律监督职能的行使、各地案件量、面积、人口数量和经济发展水平等因素确定,各跨行政区划检察院遵循了同样的设置标准,形成了相对确定的管辖范围,与"跨行政区划的检察院"的管辖范围并不一致,相应的两种类型的检察院数量也没有相关性。

六、"司法联邦主义"?

在讨论最高人民法院巡回法庭时,就有学者提出了"中国式司法联邦"①的概念。对于跨行政区划司法机关设置,则有观点认为,联邦制与单一制的政治体制对司法辖区形态具有直接影响。联邦制导致了美国联邦与各州法院系统并行的格局,故无论当下中央与地方权力博弈状态为何,司法联邦主义皆不可取。② 这种观点将联邦主义与"双轨结构"直接联系了起来,并将跨行政区划司法改革与"司法联邦主义"相等同,但这种反向推理并不成立。

(一)从"单轨结构"转向"双轨结构"

从各国的检察体制来看,联邦制国家往往更可能设置联邦和州两套检察系统。德国的各级检察机构分别设置于同级法院,但检察机构与法院互不隶属,各司其职,各负其责。在联邦一级,设有联邦最高法院,联邦总检察院设置在联邦最高法院中。在德国现有的16 个联邦州中,总检察院的设置与高等法院的设置相对应,每个州至少有 1 个总检察院,有的大州有 2 个或 3 个总检察院,共有 24 个州级总检察院。联邦总检察院不是州级总检察院的领导机构,二者之间只有业务上的合作关系,没有行政上的隶属关系。③ 但联邦制国家并非一律采用两套检察系统。俄罗斯联邦检察院就采用统一性联邦中央集权机构系统,以俄罗斯联邦名义对俄罗斯联邦领域内现行法律执行状况及俄罗斯联邦《宪法》遵守情况进行法律监督。俄罗斯联邦检察体系由俄罗斯联邦总检察院、联邦各主体检察院以

---

① 傅郁林:《最高人民法院巡回法庭的职能定位与权威形成》,载《中国法律评论》2014 年第 4 期,第 211 页。

② 参见章晶:《美国司法辖区与行政区划之关系——兼论中国跨行政区划法院改革》,载《清华法律评论》第 8 卷第 2 辑,第 160 页。

③ 参见何家弘:《检察制度比较研究》,中国检察出版社 2008 年版,第 162-163 页。

及同级别军事检察院与其他专门检察院、科研培训机构、具有法人地位的编辑出版机构以及市辖与区辖检察院、地区检察院、军事检察院与其他专门检察院构成。俄罗斯联邦总检察院、联邦各主体检察院以及同级别检察院、科研培训机构,各自都有专项的具有社会日常生活意义与经济意义的管理客体。除俄罗斯联邦下设的调查委员会之外,检察院及所属机构的组建、改组与撤销,检察院地位与管辖职能的确立,由俄罗斯联邦总检察长决定。在俄罗斯联邦领域内,禁止创建独立于统一的俄罗斯联邦检察系统之外的检察机构,禁止该机构从事公务性活动。[①] 这就意味着,俄罗斯联邦仅有联邦一套检察系统。与此同时,德国检察体制严格来说也不能称为"双轨结构",德国联邦检察系统与州检察系统是在联邦和州两个层面存在的横向平行的系统,并未形成自上而下纵向并行的两套检察系统,无论在联邦层面还是州及以下层面,联邦检察系统与州检察系统在管辖地域上互不交叉,实际上是一种"双层结构"。因此,"双轨结构"并非联邦制的标配。

中国的检察体制长期采用"单轨结构",分为最高检察院、省级检察院、市地级检察院和基层检察院四级,上级检察院领导下级检察院,最高检察院领导全国检察院。尽管也设立了军事检察院等专门检察院,并由此形成了事实上的"跨行政区划的检察院",但由于其与"跨行政区划检察院"迥然不同,总体而言,在跨行政区划检察院设置之前,仍然是一套自上而下基于全国行政区划形成的检察系统。随着跨行政区划检察院的建立,必然会形成独立的司法区划,而司法区划与行政区划之间一定程度的超脱性和自主性是跨行政区划检察院制度设置的重心。建立与行政区划适当分离的司法辖区,检察机关设置与行政区划层级、地域之间不再一一对应,意味着检察系统从"单轨结构"转向"双轨结构"。

(二)"双轨结构"≠"司法联邦主义"

与其他联邦制国家相比较而言,美国检察机关实行"三级双轨、相互独立"的体制,是典型的"双轨结构"。其中,"三级"表现为检察机构建立在联邦、州和市三级政府层面;"双轨"则指检察职能分别由联邦检察系统和地方检察系统行使,二者并行,互不干扰。而且,美国的检察机构无论"级别"高低和规模大小都相互独立,联邦、州和市的检察机构之间没有隶属关系。联邦检察系统由联邦司法部中具有检察职能的部门和联邦地区检察署组成。联邦检察系统的首脑是联邦检察长,同时也是联邦的司法部长。联邦司法系统分为94个司法管辖区,每区设一个联邦检察署,由一名联邦检察官和若干助理检察官组成。地方检察系统以州检察机构为主,一般由州检察长和州检察官组成。市检察机构是独立于州检察系统的地方检察机构,但并非所有的城市都有自己的检察机构。在有些州,城市没有检察官,全部检察工作都属于州检察官的职权。联邦司法部的有关部门和94个联邦

---

① 参见赵路译:《俄罗斯联邦检察院组织法》(1995年11月17日第168号联邦法令颁布,2009年11月28日第19次修正)第1条、第10条,载《中国刑事法杂志》2010年第5期,第112、114页。

地区检察署、2700 个州检察署，再加上难以计数的城市检察机构，共同构成了美国的检察系统。① 尽管中国和美国的检察体制在形式上均体现为"双轨结构"，但两者有着根本不同，"双轨结构"与"司法联邦主义"并无必然联系。这从同样形成检察机关"双轨结构"的中美两国的检察制度差异上，可以得到清晰的体现。

一是依存的国家结构不同。美国的检察系统是产生于联邦制的国家结构之上的。在联邦制国家，主权权力由联邦中央政府和地方政府分享。各成员单位在国家形成之前本身拥有固有权力，各成员单位出让一部分权力构成了联邦的权力，各成员单位尚未交出或保留的权力由各成员单位行使。《宪法》是各成员单位合意的表现形式，美国《宪法》采用列举的肯定方式，明确了由联邦行使的权力，对地方各成员单位采取否定的方式，规定成员单位不得行使的权力，并为未来权力留下空间。② 但联邦制并非"双轨结构"的充分条件，并不必然导致"双轨结构"。很多联邦制国家的检察体制采取的是"双层结构"，奥地利、印度、马来西亚、委内瑞拉等联邦制国家，甚至实行"单轨结构"。③ 中国检察系统的"双轨结构"产生于单一制国家结构形式之中，这意味着联邦制明显也非"双轨结构"的必要条件。也就是说，检察系统的组织形式与国家结构形式之间没有必然的逻辑关系，但不同的国家结构形式决定了"双轨结构"中两套检察系统的权力来源。美国的联邦检察系统和地方检察系统的权力，分别来源于联邦和联邦各州。中国的行政区划检察系统和跨行政区划检察系统的权力，均属于中央事权，来自于统一的国家权力。作为单一制国家，我国并不存在严格意义上的中央职能和地方职能，中央事权与地方事权划分是相对的。在这一轮的司法体制改革中，中央已经明确司法权属于中央事权。从性质和功能上讲，现有的地方检察院是国家设在地方的检察院，不可能实行中央司法系统与地方司法系统并存的体制④，无论是行政区划检察系统，还是跨行政区划检察系统，均为国家统一的检察系统，只是为了更好地履行检察职能而在权限上做了划分。

二是制度设置的动因不同。联邦党人在设计美国整体时，出于对殖民统治的反感和厌恶、对集权体制的忧虑与恐惧以及对地方自治的向往与推崇，将国家管理和运作的主要功能赋予州及地方。⑤ 在 1787 年《联邦宪法》基础上成立的联邦政府，于 1789 年第一届国会上通过了第一部《司法法案》（the Judiciary Act），它意味着联邦检察制度正式建制，作为联邦主义宪制架构的产物，美国的"双轨"检察体制的框架就此搭建完成。联邦检察官制度与各州检察官制构成美国检察官制平行的"双轨"，它们是相互独立的平行平等关

① 参见何家弘：《检察制度比较研究》，中国检察出版社 2008 年版，第 8-9 页。
② 美国《权力法案》第 10 条规定："本宪法未授予中央或未禁止各州行使的权力，皆保留于各州和人民。"参见郑贤君：《联邦制和单一制下国家整体与部分之间关系之理论比较》，载《法学家》1998 年第 4 期，第 3 页。
③ 参见杨利敏：《关于联邦制分权结构的比较研究》，载《北大法律评论》2002 年第 5 卷第 1 辑，第 40 页。
④ 参见张步洪：《跨行政区划检察院案件管辖》，载《国家检察官学院学报》2015 年第 3 期，第 70 页。
⑤ 参见张鸿巍：《美国检察制度研究》（第二版），人民出版社 2009 年版，第 92 页。

系,而不是科层化的权力等级制;联邦与各州的检察官制又分别内在地划分为联邦总检察长与联邦地区检察官、州检察长与州的地方检察官两个层次。无论在联邦还是在州,地方检察官都是检察制度的重心。① 因此,美国检察体制的"双轨结构",与美国联邦主义的国家建构思路一脉相承,可以说是联邦主义在检察系统的延伸。中国在单一制国家建立跨行政区划检察院,不同于美国的联邦主义国家建构思维的延伸,实际上,在某种程度上这可被视为强化统一的单一制国家结构形式的重要举措。通过设置跨行政区划检察院防范地方政府干预司法,确保司法权的独立公正行使,防止地方政府权力侵蚀作为中央事权的司法权力,强化中央对司法权力的集中统一领导和管理。

三是检察权的具体分工不同。根据《美国法典》第 28 章的规定,联邦检察官享有下列职权:"有权与总检察长助理共同制订履行职责程序的内部规定;向总检察长汇报工作;对在其司法区内实施的违反联邦法律的犯罪行为,有权要求进行或继续侦查,提起刑事控诉,或建议大陪审团公诉;在大陪审团提起公诉的案件中,有权向大陪审团提供有罪证据,就法律问题向大陪审团做出解释,大陪审团决定提起重罪公诉的,可由检察官制作公诉书并提交有管辖权的联邦法院;在法庭审理阶段,有权代表政府出庭,出示有利于政府的证据,与被告人律师进行辩论;有权参与判决,配合缓刑局制作判决前的调查报告,并有权对判刑提出建议;在适当情况下,可与刑事被告人进行辩诉交易;对控告收税官和其他税务官收受罚金、没收等违反国内法的行为,有权进行侦查、起诉。"根据各州制定法的规定,州总检察长与检察官通常具有下列诉讼权利:有权提起、中止、撤销刑事诉讼;在提起诉讼前,有权调查犯罪事实,参与侦查;大陪审团调查案件事实时,有权出席;有权介入警方在其辖区内执行的逮捕活动;有权取缔赌博、嫖娼等有伤道德风化的行为,并可提起诉讼;在刑事诉讼中,有权代表政府出席并出示有利于政府的证据;有权受理上诉案件。因法律差异,各州总检察长职权不尽相同。一般来说,市检察院负责起诉市所有重罪,负责市/镇内轻罪及交通罪的处理。有的地方可能因民刑事案件而特别设立不同检察院。② 从跨行政区划检察院的试点看,虽然两个跨行政区划检察院的试点院在案件管辖范围方面存在一定差异,但总体来说,管辖的案件主要包括下列八类:跨行政区划中级人民法院管辖的行政诉讼监督案件;跨行政区划中级人民法院管辖的跨地区重大民商事监督案件;知识产权法院管辖的知识产权类诉讼监督案件;上级人民检察院指定管辖的跨地区重大职务犯罪案件;跨地区的重大环境资源保护和重大食品药品安全刑事案件等;民航、水运所属公安机关侦查的重大刑事案件,海关所属公安机关侦查的刑事案件;上级人民检察院指定管辖

---

① 参见黎敏:《联邦制政治文化下美国检察体制的历史缘起及其反官僚制特征》,载《比较法研究》2010 年第 4 期,第 6-8 页。

② 参见张鸿巍:《美国检察制度研究》(第 2 版),人民出版社 2009 年版,第 102、124-126 页。

的其他重大案件;跨行政区划人民检察院所依托的原铁路运输分院管辖的涉铁路运输案件。[①] 其他案件,则由行政区划检察院管辖。从两国检察机关的权力安排来看,管辖权的重点截然不同,这也体现了同为"双轨结构"的两种检察制度追求的差异。

四是两套系统内部关系不同。美国的联邦检察系统和地方检察系统在权力配置上存在交叉。目前,《联邦刑法》规定了多达 3000 种犯罪类型,其中很多罪名是州刑法的翻版。当某个不法行为同时违反《联邦刑法》和州刑法时,联邦检察官和州检察官都可以合法介入并分别起诉。《联邦宪法》第 5 修正案规定的"任何人不得因同一犯罪行为而两次遭受生命或身体的危害",即检察官不能就同一犯罪事实向犯罪嫌疑人提起两次公诉。由于这种限制仅局限于同一司法区内,联邦与州不在此限,因此并不违反该法案规定的禁止双重起诉原则,但《合众国检察官手册》第 9-2.031 条规定,在州或联邦起诉后,联邦原则上不得就同一事实再次起诉,除非满足相应的要件,并要求"一旦案件涉及联邦与州双重管辖,联邦检察官应尽快与州检察官协商以确定最适合的单一起诉方式,以便兼顾联邦与州利益"。但联邦检察机关与州检察机关间的管辖并不总是很和谐,有时双方还会发生激烈对峙。[②] 但美国"双轨结构"中的这种权力冲突,在中国并不会发生。通过"构建普通案件在行政区划法院审理、特殊案件在跨行政区划法院审理的诉讼格局",中国的行政区划检察院与跨行政区划检察院在相互关系上,是一种互补关系,不同于美国联邦和州在案件管辖上的交叉关系,从而实现行政区划检察院与跨行政区划检察院的互补与合作。

七、跨行政区划检察院的机构属性

跨行政区划检察院的定性,是与组织结构紧密相关的一个问题。组织结构不仅构建起了跨行政区划检察院的整体格局,在一定程度上也决定着其在整个检察系统中的角色和定位,特别是与其他检察机关的相互关系,并关乎着其承担的检察职能能否充分有效地发挥。

(一)为何不是专门检察院?

对于跨行政区划检察院的机构性质,很有市场的一种观点是,将其定位为专门检察院。理由主要集中在四个方面:一是从沿承性来看,跨行政区划检察院是以铁路运输检察院为基础设立的,而铁路运输检察院在 1979 年《检察院组织法》中明确规定为专门检察

---

① 参见徐盈雁、赵晓星:《北京市人民检察院第四分院成立》,载《检察日报》2014 年 12 月 31 日,第 1 版;林中明:《上海市检三分院:探索跨行政区划检察》,载《检察日报》2015 年 11 月 19 日,第 4 版。

② 参见张鸿巍:《美国检察制度研究》(第 2 版),人民出版社 2009 年版,第 93-95 页。

院。二是从目的性来看,建立跨行政区划检察院,目的就是排除地方对依法独立公正行使检察权的干扰,而专门检察院,如改制前的铁路运输检察院等,则具有完整和统一的体制,有助于最大限度地避免来自地方权力机关各种体制内与体制外的干预。三是从目标性来看,建立跨行政区划检察院,就是要构建普通案件在行政区划法院审理、特殊案件在跨行政区划法院审理的新型诉讼格局,而专门检察院,如军事检察院等,原本就并非按照行政区域设置,而是按照地区设置与系统设置相结合的原则建立,将跨行政区划检察院定位为专门检察院,完全符合探索建立的与行政区划适当分离的司法管辖制度的改革精神。四是从现实性来看,探索设立跨行政区划检察院改革,从研究制定试点方案、开始试点、总结完善再试点,直至出台正式的实施意见,中央均有明确的时间要求。而现行《检察院组织法》第二条第四款规定:"专门人民检察院的设置、组织和职权由全国人民代表大会常务委员会另行规定。"将跨行政区划检察院定位为专门检察院,则可以降低机关组织性改革的难度,有利于在规定时间内完成改革任务。[1] 这种将跨行政区划界定为专门检察院的观点,看上去似乎理由很充分,实际上是一种逻辑上的因果倒置。

专门人民检察院的有关规定,最早可以追溯到第一部《人民检察院组织法》。1954 年 9 月 21 日,第一届全国人民代表大会第一次会议通过的《人民检察院组织法》第一条规定:"中华人民共和国设立最高人民检察院、地方各级人民检察院和专门人民检察院。……专门人民检察院的组织由全国人民代表大会常务委员会另行规定。"1954 年 11 月 23 日,《最高人民检察院组织条例(草稿)》第三条规定:"本院统一领导地方各级人民检察院和专门人民检察院(铁路、水上运输和军事检察院)进行工作。"[2]草案以列举的方式,明确专门人民检察院包括"铁路、水上运输和军事检察院",但该草案并未正式颁布实施。1979 年五届全国人大二次会议修正通过的《人民检察院组织法》第二条规定:"中华人民共和国设立最高人民检察院、地方各级人民检察院和专门人民检察院。……专门人民检察院包括:军事检察院、铁路运输检察院、水上运输检察院、其他专门检察院。专门人民检察院的设置、组织和职权由全国人民代表大会常务委员会另行规定。"同年 8 月,经中央政法委决定,由铁道部党组负责筹建铁路运输检察院。1980 年 4 月,成立了全国铁路运输检察院筹备组,负责筹备一切事项。经最高人民检察院批准,全国设立三级铁路运输检察院,即全路设立全国铁路运输检察院;在各铁路局设立铁路运输检察分院;在铁路分局一级设立基层铁路运输检察院。全国各级铁路运输检察院于 1982 年 5 月 1 日正式办公。铁路运输检察院的基本职能是负责受理铁路运输方面的刑事案件。按照 1979 年《人民检察院组

---

① 参见孙秀丽、韩秀成:《跨行政区划检察院改革与〈人民检察院组织法〉修改》,载胡卫列、董桂文、韩大元主编:《人民检察院组织法与检察官法修改——第十二届国家高级检察官论坛论文集》,中国检察出版社 2016 年版,第 331-332 页。

② 参见闵钐:《中国检察史资料选编》,中国检察出版社 2008 年版,第 404 页。

织法》设置的专门人民检察院中还有水上运输检察院,但在筹备期间被撤销。① 1983 年《人民检察院组织法》修改时,将第二条有关规定修改为:"中华人民共和国设立最高人民检察院、地方各级人民检察院和军事检察院等专门人民检察。……专门人民检察院的设置、组织和职权由全国人民代表大会常务委员会另行规定。"

1987 年 4 月 15 日,根据形势的需要,最高人民检察院和最高人民法院联合发出《关于撤销铁路运输高级法院和全国铁路运输检察院有关问题的通知》。5 月 31 日,全国铁路运输检察院正式撤销,最高人民检察院设铁路运输检察厅,从 6 月 1 日起开始办公。其主要职能是主管铁路运输部门案件的侦查处理和业务指导。全国铁路运输检察院撤销后,铁路运输检察分院的名称改为××省(市、自治区)人民检察院××铁路运输分院,基层铁路运输检察院的名称不变。② 铁路运输检察分院和基层铁路运输检察院得以保留,并由各铁路局管理,检察业务划归各铁路运输检察分院所在地的省、自治区、直辖市人民检察院领导。至此,铁路检察系统由原来的三级建制转变为二级建制。③ 此时,铁路运输检察院的性质已经发生了变化,不再是自成一体的专门检察院,而成了行政区划检察院的派出院,也就是行政区划检察院的构成部分。

这就意味着,铁路运输检察院即使在改制之前,就已经不再是专门检察院。将铁路运输检察院理解为专门检察院,根据跨行政区划检察院以铁路运输检察院为基础设立,就认为跨行政区划检察院也应当是专门检察院的根据也就无从谈起。更何况,铁路运输检察院的性质不应当成为跨行政区划检察院定性的考量和束缚因素,因为铁路运输检察院主要是为跨行政区划检察院提供了现成的司法资源,而且在多大程度上对铁路运输检察院的司法资源进行再利用,还要根据改革的需要来定。跨行政区划检察院改革是目的,铁路运输检察院改造是手段,不能为了迁就铁路运输检察院的布局来确定跨行政区划检察院如何设置,跨行政区划检察院并非铁路运输检察院的继承者,两者之间并不存在实质的传承性。

在跨行政区划检察院设置之前,跨行政区划设置的检察院不仅有专门检察院,还有在工矿区、农垦区、林区等特殊区域设置的派出检察院即行政区划检察院。鉴于跨行政区划设置的专门检察院有助于最大限度地避免地方政府对检察院运行的干预,就将跨行政区划检察院界定为专门检察院是没有道理的,遵循同样的逻辑,也可以将跨行政区划检察院界定为行政区划检察院。因为此前存在的跨行政区划设置的检察院,既有专门检察院又有行政区划检察院。另外,铁路运输检察院改制前,作为省级检察院的全国铁路运输检察院就已经撤销,铁路运输检察院划归各省(区、市)管理,已不具备完整和统一的体制。

构建普通案件在行政区划法院审理、特殊案件在跨行政区划法院审理的新型诉讼格

---

① 参见孙谦主编:《人民检察制度的历史变迁》,中国检察出版社 2009 年版,第 326-327 页。
② 参见孙谦主编:《人民检察制度的历史变迁》,中国检察出版社 2009 年版,第 357-358 页。
③ 参见丁高保:《铁路运输检察体制的发展》,载《国家检察官学院学报》2014 年第 5 期,第 56 页。

局,的确要求跨行政区划设置检察院,但在以往跨行政区划的检察院之外另行设置跨行政区划检察院,就已经表明,跨行政区划设置本身并不是可以排除地方对依法独立公正行使检察院干扰的充分条件,仅仅是必要条件。因为军事检察院等专门检察院并非按照行政区划设置,而是跨行政区划设置,从而符合了探索建立的与行政区划适当分离的司法管辖制度的形式要件,就将跨行政区划检察院认定为专门检察院,实际上忽略了在工矿区、农垦区、林区等特殊区域跨行政区划设置的派出检察院同样符合这种形式要件的事实。

跨行政区划检察院改革虽然明确了时间进度,但从实际情况来看,并未完全按照预期进度进行推进。这种进度的调整,不是因为没有将跨行政区划检察院定性为专门检察院,也不会因为这种定性而对改革进度产生决定性影响。在总体上按照路线图和时间表推进司法改革的同时,根据需要在细微处进行适度调整的情况是存在的。在没有形成令人满意的组织结构之前,不贸然全面推开跨行政区划检察院改革,这体现了改革的稳妥和谨慎。备选方案的可行性的确是改革需要考虑的重要因素,但这种因素更适合用于排除明显不可行的方案(如在确定省级跨行政区划检察机构设置时所考虑的那样),而非促成因素,也就是说,"可行"不是选择改革方案的决定因素。为了能按时推进跨行政区划检察院改革而将其定位为专门检察院,是一种削足适履的做法,并无助于改革的推进。因此,将跨行政区划检察院定性为专门检察院是不合适的。

(二)不可能是派出检察院?

跨行政区划检察院的地位因没有法律明确规定,有观点对于跨行政区划检察院作为高检院的派出机构持否定态度。反对的理由概括起来主要有三点:一是最高人民检察院目前不能设置派出机构,跨行政区划检察院就不可能成为其派出机构;跨行政区划检察院隶属于最高人民检察院,在中国也没有先例。二是即便《人民检察院组织法》修改时赋予最高人民检察院设立派出机构的权力,派出机构的人员任免由设立的检察院提请本级人大常委会进行,无论是设立派出检察院还是派出检察室,派出机构都是代表设立机关履行职务的,其不是一个独立的检察机关,也不是一级检察机关。作为最高人民检察院派出机构的跨行政区划检察院,其仍然只是直接代表最高人民检察院行使权力,未能解决涉及检察权中的级别管辖问题,与检察院的分级办案相冲突,还存在对最高人民检察院定位的混淆等问题。基于本已存在的领导关系,最高人民检察院通过控制下级检察院的人事、财政等手段,可能加剧当前检察院存在的行政化问题,使得依法独立行使检察权更为困难。三是与派出机构相类似,采用最高人民法院的巡回法庭模式也解决不了跨行政区划检察院的定位问题,建立检察机关的巡回机构,其实质仍是代表该设立检察机关,与派出机构处于相当的地位。① 这些论据,反映了论者对检察理论的误解

① 参见陈海锋:《跨行政区划检察组织体系研究》,载《华东政法大学学报》2017年第2期,第134-135页。

以及对检察机关运行情况的不了解。

在某种程度上,改革就是突破原有的制度框架和推陈出新。法律没有规定不构成否定改革方案的依据,很多改革都是根据全国人大授权试点,获得了可复制可推广的经验后,在法律中予以明确的。如果一定要先立法而后才能进行改革,那么很多改革也许一开始就不可能得到推行,因为未经实践的改革,立法者缺乏制定相关法律所需的信息,这样的法律即便制定出来了,也未必经得起检验。改革也不以存在先例为前提。跨行政区划检察院隶属于最高人民检察院,在中国的确没有先例。因为以前只有"跨行政区划的检察院",而没有"跨行政区划检察院"。如果没有先例的改革方案就不可以采用,那么跨行政区划检察院改革也没有先例,是否意味着跨行政区划检察院改革就不应该进行? 同样,既然改革需要有先例,那先例就不可能创设,因为需要创设的先例没有先例。按照这种逻辑,没有先例就不能创设先例,改革也就不可能发生。

至于认为派出检察院和派出检察室都不是一个独立的一级检察机关,由最高人民检察院派出的跨行政区划检察院代表最高人民检察院行使权力,进而得出跨行政区划检察院如此定性会强化司法的行政化,因而不应当由最高人民检察院派出的观点是很奇怪的。派出机关区别于派出机构,这是行政法上的一个常识。派出机关属于独立的行政主体,可以以自己的名义行为并对自己的行为负责;派出机构(如公安派出所、工商派出所)不是独立的行政主体,不能以自己的名义行为并对其行为负责,而是以派出机关的名义行为,并由派出机关对其行为负责,除非有法例、法规的专门授权。[①] 跨行政区划检察院属于派出机关,而派出检察室是派出机构,两者不能相提并论。作为派出机关的跨行政区划检察院作为一个独立的主体,对其自身行为负责,而非代表派出机关并以派出机关的名义行为。基于对派出机关和派出机构性质的混淆,而得出的关于跨行政区划检察院性质的判断,也就失去了立论的基础。此外,认为采用最高人民法院的巡回法庭模式也解决不了跨行政区划检察院的定位的观点,则混淆了跨行政区划与最高人民检察院巡回检察院各自的制度功能,两者有着各自的制度使命,不可能也不应当用其中一种机构来替代另一种机构。

由此,可以形成对人民检察院组织体系整体架构的理解:最高人民检察院为最高检察机关,领导全国各级检察机关,上级检察机关领导下级检察机关。地方各级检察机关包括普通检察院和专门检察院,普通检察院由行政区划检察院(含派出检察院)和跨行政区划检察院构成,专门检察院由军事检察院和其他专门检察院构成。普通检察院和专门检察院均分为省级、市级和县级三级。其中,行使省级跨行政区划检察职能的检察机构和市级跨行政区划检察院由最高人民检察院派出,是最高人民检察院的派出机关,分别行使省级和市级检察院的职能;县级跨行政区划检察院由省级行政区划检察院派出,是省级行政区划检察院的派出机关,行使县级检察院的职能(详见图2)。

---

① 参见姜明安主编:《行政法与行政诉讼法》,北京大学出版社 2007 年版,第 122 页。

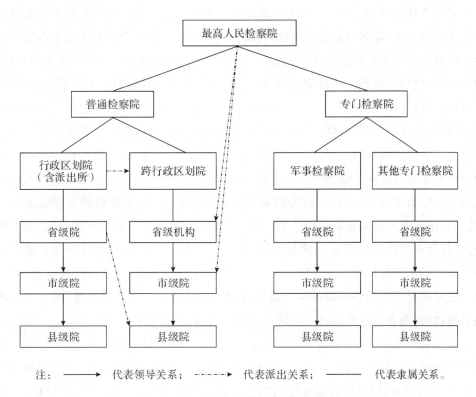

注：——► 代表领导关系；------► 代表派出关系；—— 代表隶属关系。

图 2　我国人民检察院组织体系结构图

八、跨行政区划检察院与巡回检察厅的组织分工

跨行政区划检察院与巡回检察厅均具有跨行政区划设置的特点，能否准确界定两者的关系，明确其各自承担的角色，进行合理的组织分工，避免重复劳动，关系到两者的功能能否得到充分体现。在讨论省级跨行政区检察院的管理幅度时，对于跨行政区划检察院与巡回检察厅的对应关系予以分析，目的是解决行使省级跨行政区划检察院职能的检察机构的设置问题，在此则关注的是两者的角色定位。

跨行政区划检察院与巡回检察厅虽然均为广义上的派出机构，严格来说，两者的性质有着明显区别。市级和县级跨行政区划检察院分别属于最高人民检察院和省级人民检察院的派出机关，而巡回检察厅属于最高人民检察院的派出机构。这就意味着，跨行政区划检察院可以独立行使职权，而巡回检察厅在最高人民检察院赋予的权限范围内，代表最高人民检察院行使职权。但由于行使省级跨行政区划检察院职能的"跨行政区划检察部（处）"，同样为最高人民检察院的派出机构，因此两者在机构性质上的这种区分并不是绝对的。

在检察职能的履行上,由于市级和县级跨行政区划检察院与最高人民检察院巡回检察厅并无直接交集,在各自职能范围内行使法律监督权,不存在分工不清或角色混淆的可能性。两者关系中需要做出分工的方面,主要集中在行使省级跨行政区划职能的"跨行政区划检察部(处)"与最高人民检察院巡回检察厅在案件级别管辖的分工和衔接上。"跨行政区划检察部(处)"案件的上诉审,有两种可能的思路:一种选择是,由最高人民检察院本部管辖"跨行政区划检察部(处)"管辖案件的上诉审,法院相应的跨行政区划案件的终审由最高人民法院本部管辖。但这又会出现设置行使省级跨行政区划检察机构时所面临的不便诉讼和增加首都涉诉信访压力的双重问题。最高人民法院巡回法庭和最高人民检察院巡回检察厅力求解决的问题,就会随着跨行政区划法院、检察院的设置卷土重来。因此,这种思路并非可取的制度选择。另一种选择是,对"跨行政区划检察部(处)"的上诉由相应的"最高人民检察院第 X 巡回检察厅"管辖。这种行使省级跨行政区划检察院职能的检察机构的上诉案件由设置在同一地点的最高人民检察院巡回检察厅管辖的思路,可以很好地解决诉讼不便和首都涉诉信访压力问题。但这种思路的问题是,同一个机构管辖两级案件时,能否很好地保持司法独立,避免上诉机制流于形式。

这就涉及怎样合理对"最高人民检察院巡回检察厅"和"跨行政区划检察部(处)"进行关系界定的问题。如果两者的关系是包含关系,即"跨行政区划检察部(处)"是"最高人民检察院第 X 巡回检察厅"的内设机构,那么由"最高人民检察院巡回检察厅"管辖"跨行政区划检察部(处)"的上诉案件,就形成了事实上的一个机构管辖两级案件的问题,很容易导致上诉机制流于形式。一个可行的办法是:将两者界定为全异关系,均为最高人民检察院的派出机构,彼此独立行使职权,互不隶属,均直接对最高人民检察院负责,仅仅是为了工作需要,共用部分办公场所。在最高人民检察院设置"跨行政区划检察厅",作为跨行政区划检察院的对口部门,负责全国跨行政区划案件的指导。在全国范围内,可以形成"最高人民检察院巡回检察厅"与"跨行政区划检察部(处)"分工负责、相互配合、相互监督的格局。这也是为何将行使省级跨行政区划检察院职能的机构,称为"最高人民检察院驻第 X 巡回检察厅跨行政区划检察部(处)"而非"最高人民检察院第 X 巡回检察厅跨行政区划检察部(处)"的原因所在。名称的差别体现的是两者管辖的差别,前一种称谓反映的是平行关系,后一种称谓表明的是隶属关系。按照这样的设置思路,两者分别代表最高人民检察院行使两级案件的管辖权,从而在便利诉讼和缓解首都涉诉信访压力的同时,解决了上诉机制的问题。

跨行政区划检察院改革在注重推动试点和总结经验的同时,需要进一步强化顶层设计,将经验探索与制度建构结合起来,及时将改革的成果转化为推动改革的动力。同时,要坚持系统思维和整体考量,将跨行政区划检察院改革与其他相关改革特别是最高人民检察院巡回检察厅协调推进、一体建设,通过制度的互相补充和有机统一,构筑强化法律监督职能的制度合力。

以身高为据确定我国儿童票
优惠标准的法律反思

李诗瑶[*]

摘　要：儿童免票或优惠票的政策在国内外均不同程度地存在。目前，在关于儿童票的设置条件方面，国内标准并不统一，但主要以身高来确定。为规范优惠标准，保障儿童福利，本文借鉴国外对儿童票的设置条件，针对儿童票优惠标准的公平性、合理性、可操作性进行分析，并提出相应对策。我国应以年龄作为儿童票优惠的最终标准，辅之以身高标准，通过给予检票员适当的自由裁量权、全面实行实名制、加大征信惩戒力度等措施，以规范儿童票优惠政策，提高工作的准确率及执行力，保障儿童人权，确保同龄儿童受惠公平。

关键词：儿童票；购票标准；儿童福利；儿童人权

世界各国公共交通或公共场所，普遍存在儿童免票或优惠票的优待政策。我国同样在儿童购票上实行减免优惠，符合保护未成年人合法权益的根本目的。但目前多数的优惠政策是以儿童的身高作为评判时能否享受优惠的标准，致使一些儿童因"超高"而失去了享有优惠的权利。尤其是近年来随着生活条件的日益好转，我国儿童的生长发育水平明显提高，越来越多的儿童面临着购票"超高"的困扰，民众的异议也逐年增多，甚至为此将相关单位告上法庭的案子也并不鲜见。为此，笔者在本文中从我国儿童票的实际衡量标准出发，结合国外现状，对儿童票的优惠条件问题进行探讨。

一、我国儿童票优惠政策及执行标准

(一)以"身高线"为唯一标准

目前，国内的公共交通和大部分公共场馆，儿童票的衡量标准主要按身高确定。以铁

---

* 浙江大学光华法学院硕士生。

路客运为例,随同成人旅行身高 1.2～1.5 米的儿童应购儿童票,票价为相应票价的 50%。身高不足 1.2 米的儿童单独使用普速车卧铺时,需要购买全价卧铺票;有空调时,还应购买半价空调票。身高 1.2～1.5 米儿童单独使用卧铺时,应购买儿童票及全价卧铺票。成人带儿童或儿童与儿童可共用 1 个卧铺。每名成人旅客可以免费携带 1 名身高不足 1.2 米的儿童,并不占用座席,超过 1 名时,超过的人数应买儿童票。身高超过 1.5 米的儿童应买全价票。[①] 同时,我国的承运人一般不接受儿童单独旅行,但乘火车通学的学生和承运人同意在旅途中监护的除外。

此外,我国许多景区或场馆也将身高作为儿童票优惠的唯一标准。根据投资主体及依托资源的属性,景区可分为公益性景区和市场性景区两类。其中,依托市场主体自身的资源或投资建设而成的市场性景区往往采用的是"身高线"单一标准。例如杭州著名的宋城景区,其规定身高 1.2 米以下儿童免票,身高 1.2～1.5 米(不含 1.5 米)的儿童则可享受景区的优惠票(大约为原价的 83%)。而对于一些专门面向儿童的休闲娱乐场所,其优惠范围和幅度可能更为有限。同样以杭州地区的游乐场所为例,杭州极地海洋世界规定身高为 1.0 米以下儿童免票,身高 1.0～1.3 米儿童享受原价 87% 左右的优惠票价,而 1.3 米以上的儿童则需要购全票;与之相似的,杭州烂苹果乐园规定身高为 1.1 米以下儿童免票,1.1～1.5 米儿童才可购买优惠票。

其实,自新中国成立以来,我国便一直采用"身高线"的办法作为儿童减免票优惠的标准,并最早运用在公共交通领域。新中国成立初期,我国规定乘坐公交车时 1.1 米以下的儿童免票,而乘坐火车的标准则是 1 米以下的儿童免票。该标准主要是根据当时 7 岁儿童的平均身高制定的,当时全国 7 岁儿童的平均身高是 1.14 米,于是"1.1 米身高线"就这样横空出世,并且在之后长达 50 年的时间里,这个标准的适用扩展到其他各个行业和领域,由此逐渐深入人心。

(二)以"年龄线"为唯一标准

当然,我国也存在仅以"年龄线"作为唯一优惠标准的例子。例如,我国的铁路国际联运为了与国际接轨,儿童票就仅以年龄为衡量标准。具体规定为,儿童年龄以护照所载为准,儿童客票的票价为成人票价的 50%。未满 4 岁的儿童不单独占用席位时,每名成人旅客可以免费携带 1 名儿童;超过 1 名儿童时,其他儿童应购儿童客票。单独占用席位时,每名儿童均应购儿童客票;单独占用卧铺时,还应购买卧铺票。年满 4 岁但不超过 12 岁的儿童不论是否单独占用席位,每名儿童均应购买儿童客票;单独占用卧铺时,还应购

① 中华人民共和国铁道部:《中华人民共和国铁道部〈铁路旅客运输规程铁路旅客运输办理细则〉简本》,中国铁道出版社 2010 年版,第 6 页。

买卧铺票。12 岁以上儿童乘车条件与成人相同。① 与之相似的，我国儿童购买飞机票也是按年龄为标准。根据《中国民用航空旅客行李运输规则》规定，不满 2 周岁（以起飞日期为准）的婴儿乘机按成人票价的 10％购买婴儿票，已满 2 周岁未满 12 周岁的儿童，按同一航班成人普通票价的 50％付费，提供座位。购买儿童票时，应提供儿童、婴儿出生年月的有效证件，如出生证、户口簿等。

事实上，虽然世界各国儿童票的优惠政策都有不同的标准，但除了在地区、年龄界定、优惠幅度等细节方面略有不同外，大体上都是以年龄标准进行设置。在公共交通方面，以铁路为例，德国铁路公司规定，6 岁以下儿童免票，6～14 岁的儿童在成人陪同下可以免费乘车，独自旅行则享受半价儿童票。日本与德国大致相同，但享受优惠的儿童年龄却定在了 12 岁及以下，且儿童必须与大人同行，同行的婴幼儿不超过 2 人。②

此外，国外的儿童票优惠程度还受票种、地区以及铁路公司的影响。例如俄罗斯国内普通列车的儿童票票价为成人票价的 35％，国际列车则是成人的 50％～70％。如果乘坐高速铁路列车，针对儿童的收费标准是不满 9 岁支付 40％的票价。澳大利亚不同地区的铁路对儿童票的定价规则也不完全一致。例如，新南威尔士州铁路系统规定，1～3 岁的儿童免票，4～15 岁的儿童可以享受 1 澳币的优惠票价；在悉尼近郊的铁路网中，3 岁以下儿童免票，4～15 岁或 16 岁以上持学生卡的中学生享受半价优惠。美国各铁路运营公司均有儿童票，但年龄界定和优惠幅度略有一定程度上的差别。

（三）以"身高线"和"年龄线"双线并行为标准

相较于我国客运系统仍沿用传统的"身高线"衡量办法，我国大部分公共场馆已开始采用"身高线"和"年龄线"并行的优惠新标准。与前文所述的市场性景区不同，依托国有、集体的旅游资源或由国家、集体投资建设的公益性景区常常使用这种双线并行的标准。以著名景点故宫为例，除 1.2 米以下儿童免票参观外，其钟表馆和珍宝馆规定 6 周岁（含 6 周岁）以下儿童可享受免票规定的优惠，6 周岁（不含 6 周岁）～18 周岁（含 18 周岁）未成年人凭有效身份证件也可享受 5 元的优惠票价。此外，虽然其大门票并没有以年龄作为优惠标准，但对于大、中、小学学生规定了学生优惠票价，对于大部分儿童仍是适用。这从一定程度上可变相视为年龄标准，但也不可否认仍存在符合年龄的未入学儿童这一漏洞的问题。有意思的是，故宫景区还在儿童节等特殊节日里以年龄标准设置优惠票，规定在六一儿童节当天，14 周岁以下儿童（含 14 周岁）免费参观，随同家长一人可享受半价优惠。③

---

① 铁路合作组织：《国际旅客联运协定》，中国铁道出版社 2010 年版，第 10 页。
② 参见杨亮：《国外界定儿童票标准按身高还是按年龄》，载《中国旅游报》2016 年 6 月 20 日，第 11 版。
③ 参见故宫博物院官网"购票须知"一栏，http://www.dpm.org.cn/Visit.html#block4，最后访问日期：2018 年 6 月 23 日。

出现上述双线并行标准的原因在于国家发改委于 2012 年下发的《关于进一步落实青少年门票价格优惠政策的通知》(发改价格[2012]283 号),其中对于各地公益性景点的青少年门票价格规定了身高和年龄两个标准:对 6 周岁(含 6 周岁)以下或身高 1.2 米(含1.2 米)以下的儿童实行免票;对 6 周岁(不含 6 周岁)～18 周岁(含 18 周岁)未成年人、全日制大学本科及以下学历学生实行半票。而对于列入爱国主义教育基地的游览参观点,对大、中、小学学生集体参观实行免票政策。

由此可见,我国儿童票优惠条件仍没有统一标准,三种不同的优惠标准同时存在,常常有标准不清、情况混乱等问题出现。然而,这也同样证明了我国的儿童票优惠标准正在经历从单一的身高标准逐渐向年龄标准转变的过程,目前双线并行、自主选择的模式正是其过渡阶段的表现。当然,不可否认的是,从全面、切实维护广大儿童的利益而言,以"年龄"作为儿童免票或享受优惠的唯一标准依旧是我国最理想的发展方向,只要儿童的年龄符合规定,不论身高多少,均可享受免票或儿童票的福利,使政策真正惠及每一个祖国的未来。

二、当前我国儿童票政策现状思考

(一)"以身高论儿童"有违儿童人权保障要求

随着生活质量的提高,如今少年儿童的发育明显增快。国内公交、铁路、景点等设施"以身高论儿童"的购票标准对于实际操作而言虽然直观、易行,但"一刀切"的规定往往令"大个子儿童"丧失应有的福利。近几年来,虽然国内已把免票和儿童票的身高上限从1.1 米上调至 1.2 米,但仍有部分儿童被排除在外,并且这个数量正随着人民生活水平日益提高而不断增长。这显然是与儿童票优惠政策的初衷不相符的,同时也有违儿童人权保障的基本要求。

1959 年联合国大会通过的《儿童权利宣言》就儿童人权提出了十项原则,其中两项便是"不歧视原则"和"儿童最大利益原则"。而这两项原则随后同样被写入了 1989 年《儿童权利公约》之中,以期为儿童自身和社会的利益而得享各项权利和自由。所谓"不歧视原则",即要求每一个儿童都受到公平对待,平等地享有各项公民权利,"不因儿童或其父母或法定监护人的种族、肤色、性别、语言、宗教、政治或其他观点、民族、族裔或社会出身、财产、伤残、出生或其他身份而有任何歧视"[1]。联合国儿童最大利益原则还主张,关于儿童的事宜应随着社会的发展而改革,在贯彻该原则的基础上同时也应尊重儿童的利益优化。

---

[1] 参见《儿童权利公约》第二条第一款。

而我国的儿童票优惠政策以身高为衡量标准,原有的身高标准随着社会发展而变得越来越不人性化,越来越多的儿童因陈旧的标准而导致他们在同龄儿童中显得"异类",在一定程度上伤害了他们的自尊。

事实上,无论身高数据如何科学规范,其势必永远也无法避免一部分儿童成为法律的例外。"以身高论儿童"的标准将"大个子儿童"与其余大部分儿童区别开来并受到不同的对待,使其丧失了享受优惠的权利,显然无法达到惠及每一个儿童的公平性要求,甚至存在歧视部分儿童的嫌疑。此外,公约的第三十一条同时也规定,国家和政府应当适当和均等地提供儿童充分参加文化和艺术生活的权利,同时考虑到"儿童最大利益原则",为了广大儿童最大限度地享受休闲文化生活,给孩子们的成长和学习提供良好的硬件设施,各大公共场馆以"身高线"作为划分的界限和标准显然也是不合理的。

(二)标准"一刀切"合理性存疑

除了考虑到受众人群外,笔者认为,评价"身高线"的标准是否合理的问题还要注意其大前提,即该优惠标准运用在什么场合,不同场合需区别对待。例如,在讨论火车、公交车等公共交通工具的标准时,考虑到其特殊性,我们不能忽视其载重问题。由于身高与体重有着直接的关联性,在这些交通工具上使用"身高线"标准,利于相关部门事先预估载重情况,从而进一步确定合理的票价,从这个角度而言,以身高确定优惠票价的标准是合理的。而且身高相比于年龄而言更为直观,在实际操作中更为简易,节约判断成本。但若在目前的社会条件下我国在交通工具上使用年龄标准,一方面考虑到我国的人口和特殊时期的客流量,核实年龄的程序相对烦琐,耗费时间,容易造成拥堵;另一方面在购票实名制不完善、无健全的信用体系的情况下,按年龄购票的社会成本和经济成本都太高。然而,与身高息息相关的公共交通相反,公园、美术馆、科技馆等公共场馆并不存在载重问题,若在这些场所以"身高线"作为单一标准,就会显现出不合理的一面。

除了区分场合问题,笔者认为还需区分场所是公益性还是商业性。若该场所是用纳税人的钱建造的公共场馆,是为民众提供的公共福利,就不能简单地规定"身高线"作为衡量标准。在确定儿童票优惠政策时,政府需要提供民众参与评定标准的途径和渠道,要多听取民众的意见;若纯粹是商业行为,是否给儿童优惠以及是否按身高标准提供优惠,则可以由商家自行决定。例如在国外,不同性质的场所儿童票的优惠标准和幅度其实存在着明显的区别。以主要游客为儿童的迪士尼乐园为例,在法国巴黎迪士尼,3岁以下儿童免票,3~11岁儿童仅可享受成人票价10%左右的优惠;日本东京迪士尼按年龄划分得更细,18岁以上买成人票,12~17岁中学生和4~11岁儿童的票价分别为成人票的85%和65%,4岁以下儿童免费;在美国加州迪士尼和奥兰多迪士尼两大主题公园,3岁以下免费,3~9岁购买儿童票,10岁及以上需购买成人票,不过儿童票和成人票的价格仅相差几美元。① 与此相对的,一些著名公益性景点的儿童票标准则宽松得多,例如纽约帝国大厦观景台规定,12 岁及以下儿童可享受免票和儿童票优惠;参观巴黎埃菲尔铁塔,4 岁以下儿童免费,4~11 岁儿童享受半价票优惠;以卢浮宫为代表的法国众多博物馆更是慷慨,欢迎 14 岁以下青少年免费参观等等。②

(三)标准的操作可行性

以"身高线"作为优惠标准是否合理的问题上,笔者认为还需联系我国当前国情,从而进一步考虑标准的可行性。在国外,之所以能够实现以年龄为优惠标准,一方面是因为其身份证明十分普及,电子信息化建设较为完善,使得身份检验简便易行,另一方面也是因为其失信的代价高昂,从而使得社会普遍信用度较高,弄虚作假的情况也相应较少。例如在新加坡,为了遏制近年来有所增长的逃票和滥用优惠车票的行为,新加坡公共交通理事会从 2016 年起将不按规定缴纳车费者的罚款从 20 新元(约合 94 元人民币)提高到 50 新元(约合 235 元人民币)。如果不在期限内缴付罚款,违规者将会被控上法庭,一旦定罪,初犯者罚金最高达 1000 新元(约合 4700 元人民币),重犯者则面临最高 2000 新元(约合 9400 元人民币)的罚款及长达半年的牢狱之灾。

然而,我国目前在普及儿童票"年龄线"上硬件与软件均存在一定的不足。首先,我国的儿童缺少证明年龄的手段。在我国,家长为儿童办理身份证件的行为并不普遍,且户口本也不便于日常随身携带,各学校的学生证制式不一、容易伪造,有一些地区的小学生根本没有方便携带的学生证件,更何况还存在幼儿园和辍学的儿童根本就没有学生证的问题。此外,我国的电子信息化建设较为落后,还没有一个全国通行的电子信息识别系统相配套,而且我国的信用制度还没有和身份制度相对接,失信的惩戒制度相当松泛。由此看来,身高标准把儿童票优惠制度直接简化为一根高度线,实际操作中简便、一目了然,无法弄虚作假,同时又节省成本,是符合社会现实的合理选择。

然而,随着我国购票实名制的逐渐普及,以年龄购票在技术层面上将逐渐不再成为一个难题。自铁路实名制购票制度实施以来,铁路部门不断扩大实名制购票的有效证件范围,力求为广大旅客提供便捷的购票环境。其中,不仅购买成人票的证件扩大到身份证、港澳通行证、护照等在内的 32 种证件,现在符合相关条件的未成年学生也可以凭本人学生证购买到实名制车票,这也使家长省去了购票时拿着户口簿到处走的忧心,告别了通过户籍所在地公安机关出具的户籍证明信和补办临时身份证明的烦心。随着我国购票实名制的迅猛发展,相关的配套制度也逐步完善起来,进一步满足不同层面旅客购票乘车需

---

① 事实上,作为在全球适用年龄标准购买门票的游乐机构,迪士尼乐园仅在中国单独采用身高标准。这种"入乡随俗"的做法不仅违反了其行业惯例,同时也存在对中国儿童适用不公平待遇之嫌。

② 尚栩:《法国:儿童票凭年龄享优惠靠诚信》,载《甘肃教育》2016 年第 15 期,第 128 页。

求,更是持续推出便民、利民的新举措,而这些新举措在实践中不断完善的同时也在逐步运用到其他公共交通领域中去。笔者相信,在不久的将来操作的可行性问题将不再是普及儿童票年龄标准的障碍。

结合中国国情,从技术操作的层面上而言,身高标准较之于单纯的年龄标准有可取之处,但是,笔者认为,从未成年人权益的全面保护来看,我国今后理想的方案应该是以年龄为最终标准,而在目前的过渡阶段,可以"以年龄为主,以身高为辅",逐渐使优惠福利真正惠及每一位儿童。

三、我国儿童票优惠政策的规范路径思考

(一)规范优惠条件:以年龄为最终标准

从我国目前的儿童票优惠标准来看,通行的做法是将"身高线"作为主要的衡量标准,与国际相衔接的领域则使用"年龄线"标准,还有一部分则逐渐开始实行融合年龄与身高的双重标准。笔者认为,年龄标准应是理想方案,而第三种方式可作为一种过渡的方案成为日后逐步发展的方向。不以身高而以年龄论,同龄的儿童都能享受到同等待遇,这样才更为公平合理。

笔者认为,理想的儿童票优惠年龄上限应为 18 周岁,这与儿童这一群体的界定息息相关。儿童的界定一般都以年龄为标准,世界上绝大多数国家的法律以及国际公约都规定,未满 18 周岁的人属于儿童。《儿童权利公约》第一条规定:"为本公约之目的,儿童系指 18 周岁以下的任何人,除非对其适用之法律规定成年年龄低于 18 岁。"联合国《保护被剥夺自由少年规则》也在其第十一条规定:"少年系未满 18 岁者。"由此可见,国际社会普遍认同将 18 岁作为儿童年龄的上限。同样的,我国法律也是以 18 岁作为儿童年龄界定的标准,这在许多法律中均有体现。《中华人民共和国未成年人保护法》第二条规定:"本法所称未成年人是指未满 18 周岁的公民。"《中华人民共和国民法总则》第十七条规定:"18 周岁以上的自然人为成年人,不满 18 周岁的自然人为未成年人。"因此,从全面保护儿童人权、使儿童福利平等地惠及每一个个体的角度而言,18 周岁无疑是一个理想的年龄上限,然而考虑到经济成本、历史文化等因素,该上限终究只能是一个理想标准。

根据中华人民共和国卫生部 2015 年发布的全国第 5 次儿童体格调查结果,5 岁组男童身高为 113.6cm,较 10 年前增长 1.7cm,女童身高为 112.5cm,较 10 年前增长 1.8cm。[1] 而

---

① 《国家卫计委就我国第五次儿童体格发育调查结果举行发布会》,中央政府门户网站,http://www.gov.cn/xinwen/2016-06/08/content_5080561.htm,最后访问日期:2018 年 6 月 23 日。

11 岁男童平均身高为 132.1cm~152.1cm,11 岁女童为 133.4cm~153.3cm,与正常成年人的身高已相差无几。因此,据调查资料并结合我国学龄前儿童实际情况,以铁路交通为例,笔者认为可将 6 岁以下定为儿童免票标准,6~12 岁定为儿童票标准。由于一名成人旅客携带多名儿童时较难保证安全和乘车秩序,因而应限定成人携带儿童人数。每名成人可以免费携带 1 名不占用席位的免费儿童;超过 1 名儿童时,其他儿童应购买儿童票。6~12 岁的儿童不论是否单独占用席位,每名儿童均应购买儿童票,而 12 岁以上儿童乘车条件与成人相同。① 至于公共场馆的儿童票标准,也可同样以 6 岁和 12 岁为分界线,但对于私人开设的商业性场馆可予以放宽政策,允许营业者自行制定相应标准,给予其自主权。

(二)给予检票员自由裁量权

由于法律所固有的概括性和滞后性,其必然无法囊括和预见所有情形,也因此难免出现例外情况,在这种情形下就涉及自由裁量权的问题。例如,英国法学家哈特曾在其《法律的概念》一书中举过这样一个案例:某个公园为了维护其安静的环境,规定任何车辆都不能进入公园②,那么其他车辆,例如残疾人的轮椅车、儿童三轮车,甚至是警车、消防车等能进入公园吗?这就涉及善待法律例外的问题。在这个案例中,虽然不让车辆进入公园的目的是为了维护秩序,但是公园的负责人完全可以根据实际情况,自行决定在特殊情况下让特殊车辆进入公园。

在关于儿童票优惠问题上,同样的,由于儿童个体发育不同就难免存在例外。如果 6 岁儿童普遍身高已经超过 1.2 米,我们有必要重新制定标准,但是我们不能因为个别 6 岁儿童长到 1.4 米甚至更高,就将标准大幅度提高。对于个别的例外,笔者认为交通设施或公共场馆应赋予检票员自由裁量权,根据具体情况判断取舍。毕竟制定"身高线"标准是为了保障未成年人享有优惠,而不是限制未成年人的权益。

(三)加大失信惩戒力度

儿童凭年龄购票乘车,原则上应出示能证明儿童年龄的有效证件,但在诚信环境良好的国家,如德国、法国和日本等查验票证并不严格,全凭自觉。在这些国家,当发现成人持儿童票乘车时,如果是初次买错,补票差即可;如果明知故犯或多次被查到,将处以 3 倍票价罚款,还有的被警方拘捕,甚至面临辍学或辞职的风险。

相较于国外失信的严重后果,我的失信惩戒措施就显然要宽松得多。我国铁路系统规定,应买票而未买票或持儿童票不符合减价条件的儿童,一旦被发现,需要补收票款

---

① 纪书景:《铁路儿童票设置条件规范性的探讨》,载《铁道运输与经济》,2017 年 5 期,第 78-81 页。
② [英]哈特:《法律的概念》,张文显等译,中国大百科全书出版社 1996 年版,第 128 页。

或票差,核收手续费;成人持儿童票乘车,按无票处理,除补收票价、核收手续费外,需加收已乘区间应补票价 50% 的票款。由此可见,规定对于逃票等失信行为的容忍度极高,仅仅罚款即可,明显缺乏必要的惩戒措施。因此,借鉴外国经验,铁路和公安部门应联合推出失信惩戒管理办法,追究儿童家长、乘车监护人或成人本人的责任,适当加收票款。由于儿童本人不是有意为之,属于监护人的故意行为,应将监护人列入黑名单,作为一次违章乘车行为,累及多次,将限制其乘车,以杜绝不符合条件的人购买儿童票的问题。

(四)全面实行购票实名制

为了保障社会公平、个人权利及铁路旅客的生命财产安全,维护社会治安,目前我国铁路旅客运输已开始实行实名制,这对于实现儿童票"年龄线"标准是十分有利的。但目前我国铁路系统同时规定,购买儿童票的乘车儿童没有办理有效身份证件的,可以使用同行成年人的有效身份证件信息,这使得儿童购票的实名制并没有真正实行起来。因此笔者认为,为了全面实行实名制,维护运输秩序,儿童购票和乘车时,需强制要求持本人有效身份证件,票面上的个人信息应与证件上的信息完全一致。为方便儿童持证乘车,携带 6 岁以下儿童的旅客,可以凭出生证、户口簿、居委会证明、护照、学生证或学校证明提前到车站的公安制证口办理临时身份证明,再行购票或乘车。通过对公共交通出行逐步开展全面实名制,我们可由此将身份信息电子化推广至其他领域,为儿童票的"年龄线"标准提供技术基础,例如公共场馆的购票系统等,这同样也是我国未来信息化进程中的必由之路。

四、结语

儿童票优惠政策作为一项儿童福利,是我国尊重和保障儿童人权的重要表现。目前,在关于儿童票的设置条件方面,国内标准并不统一,但主要以身高来确定。为规范优惠标准,保障儿童福利,比照国外对儿童票的设置条件,我国"以身高论优惠"的标准在公平性、合理性、可操作性等方面均存在一定的问题。笔者认为,我国应以年龄作为儿童票优惠的最终标准,辅之以身高标准,通过给予检票员适当的自由裁量权、全面实行实名制、加大征信惩戒力度等措施,以规范儿童票优惠政策,提高工作的准确率及执行力,保障儿童人权,确保同龄儿童受惠公平。

不可否认的是,儿童票的优惠政策已逐渐成为我国社会民生问题中不可忽视的内容,目前已引起了越来越多普通民众乃至一些专家学者的重视。如何真正地完善这一政策、确保同龄儿童受惠公平也成为一个亟须解决的难题。要想真正改变儿童票标准混乱的现状,不仅需要靠政策的完善和技术的进步,更需要政府与民众在政策执行与行为意识上的真正转变。当然可以想见,这也注定是一个漫长而艰难的过程。

在理想与现实之间：精神病辩护的难题与破解

——以 H 市两级法院精神病辩护认定情况为视角

黄美容*

摘　要：近年来，随着媒体报道精神病患伤人事件的增多，民众对精神病患的恐惧度随之增加。在司法实务中，以患有精神疾病为由的辩护意见获法官认定较少，导致律师采取精神病辩护因循惰怠。因此，需要从法官视角，探寻影响法官在认定精神病辩护意见时的消极因素，即社会对精神病患的偏见、法官自身能力的受限及精神病鉴定的混乱等。精神病辩护意见认定不足，法官过度重视社会效果而忽视法律公正，打击了律师辩护的积极性，使精神病患获罪风险增大。通过域内外对比发现，美国、日本的精神病辩护立法与实务操作趋于成熟，责任分配十分明确，法庭对精神病鉴定的采纳也较为科学合理。我国可借鉴他国经验，结合本国实际对精神病辩护制度予以改进。通过法官与专家的有效对接、精神病鉴定领域的改革、鉴定意见审查制度的完善，来破除法官的"保守""随意"心态，让司法回归本真。

关键词：污名化；精神病辩护；司法认定；司法鉴定

> 梦是正常人深藏的疯癫，而精神病是白日里清醒的梦。
>
> ——韩少功《马桥词典》

2015 年，陕西一男子当街残忍暴打小孩的视频被网络曝光后，引起公众的极大愤怒。后经陕西公安证实，打人男子具有精神病史。笔者跟踪关注了新浪、腾讯、网易等门户网站的网民评论，与不同职业年龄教育背景的人士进行探讨后发现，较多非法律人士都表明该男子应当被限制人身自由，处以死刑或重刑，支付巨额赔偿，且律师不可为其辩护。近几年发生的一些社会恶性事件，一旦涉及精神病患，网民便会指责法律过于宽容。社会大众所理解的"犯罪"与法律意义上的犯罪有着朴素意义上的不同，法律上无犯意则无犯人。患有严重疾病的人也能对其行为负起道德与法律上的责任，但他应在一所医院或是其他

---

* 湖南省怀化市麻阳苗族自治县人民法院民一庭法官助理。

适合的机构内接受精神疾病的治疗，而不是在监狱内服刑。①

因对精神病患这一群体的认知不足，造成大众对精神病患权益的习惯性漠视。司法实务中鲜有案件采取精神病辩护，即使采取也难以对案件产生实质性影响。2009 年中国疾病预防控制中心的数据显示，中国重度精神病患者人数超过 1600 万，其中 10% 存在暴力倾向。② 与庞大的精神病患数目相对应的是，我国精神病患的社会管理机制不健全，法律保障不够，使精神病患与社会大众同时受困。破解刑事案件中被告人精神病辩护的难题，维护社会安定与保障患者合法权益，是笔者构思并撰写本文的出发点和目的。

一、实践维度——精神病辩护认定情况分析

为考察分析精神病辩护意见的认定情况，笔者收集整理了 H 市两级法院从 2012 年到 2017 年 12 月的 150 件涉精神病患刑事案件的裁判文书，并对 20 名刑事审判庭法官、20 名侦查人员、20 名公诉人员、10 名鉴定人员和 40 名辩护律师进行访谈，以了解精神病鉴定启动情况、精神病辩护意见认定情况及精神病患定罪量刑情况。结果显示：

（一）启动精神病鉴定：有所失序

精神病辩护作为积极抗辩可对被告人的权益产生实质性影响，而精神病鉴定是精神病辩护中证明被告人精神状况的相关证据中最为有效的手段。了解精神病鉴定的使用现状将有利于剖析精神病辩护的现状。

1.公检法启动精神病鉴定的考量：有失公允

笔者对侦查、检察及刑事审判人员进行问卷调查③，结果显示，侦查人员因最先接触案件，为了避免造成冤假错案一般都会移送精神病鉴定，而检察人员和审判人员面对社会舆论重压，须明确感知行为人行为怪异时才会移送鉴定。公检法启动鉴定基本上运行良好，但社会效果的考量发挥了不适当的作用。尤其法官在启动精神病鉴定时，更多是从社会效果出发，而非精神病患者的权益保障，因此法院启动精神病鉴定的案件数最少（见表 1）。

---

① ［美］Kring，A. M. Davison，G. C：《变态心理学》，唐子俊译，台湾双叶书廊有限公司 2010 年版，第 754 页。

② 邱意浓：《躲不起的"武疯子"》，https://news. qq. com/a/20150511/056310. htm，最后访问时间：2017 年 5 月 12 日。

③ 笔者选取 H 省 H 市两级法院侦查人员、检察人员和审判人员各 20 名共 60 名进行问卷调查，回收 60 份有效问卷。

表 1   公检法启动精神病鉴定情况调查   *N*＝60 人

调查项目	相关选项	人数及比例		
		法官	检察官	公安人员
精神病鉴定启动与否	允许	7(35%)	9(45%)	14(70%)
	看情况	5(25%)	4(20%)	0
	说不准	2(10%)	3(15%)	1(5%)
	不允许	6(30%)	4(20%)	5(25%)
愿意启动的原因	犯罪嫌疑人、被告人精神障碍明显	11(55%)	9(45%)	5(25%)
	避免冤假错案	2(10%)	5(25%)	13(65%)
	作案动机不同寻常	4(20%)	5(25%)	1(5%)
	其他	1(5%)	1(5%)	1(5%)
不愿意启动的原因	迫于社会压力	13(65%)	11(55%)	4(20%)
	担心当事人涉诉信访	3(15%)	2(10%)	7(35%)
	费时费力	1(5%)	3(15%)	3(15%)
	避免诈病	2(10%)	1(5%)	4(20%)
	被害人及其家属强烈反对	1(5%)	3(15%)	2(20%)

2. 启动精神病鉴定的案件类型：有失审慎

H 市两级法院移送精神病鉴定的案件主要集中在暴力犯罪，犯罪嫌疑人、被告人作案手段不合常理极其残忍。其中故意杀人、故意伤害、抢劫、纵火、强奸共占 88.8%，其他类型案件移送鉴定比例较低（见表 2）。而如图 1 所示，H 市涉精神病患刑事案件案由中，非暴力型犯罪案件所占比例逾半成，与移送数形成明显落差。精神病是情感问题而非智力问题①，而办案机关常常混淆智力与情感的区分，因行为人智力正常甚至超群而让人无法接受其属于精神病患范畴。实务中，无预谋的暴力犯罪进行精神病鉴定比例要高于有预谋的犯罪，对于刚发病就犯罪的嫌疑人，因无过往病史，办案人员受固有观念主导，多选择不进行鉴定。

表 2   精神病鉴定案例分类

案件性质	例数	比例/%	案件性质	例数	比例/%
故意杀人	47	31.4	虐待	3	2.0
故意伤害	30	20.0	寻衅滋事	3	2.0

---

① 元轶：《强制医疗程序整体构造成因论》，载《证据科学》2017 年第 3 期。

续表

案件性质	例数	比例/%	案件性质	例数	比例/%
纵火	16	10.7	非法拘禁	4	2.6
强奸	22	14.7	抢劫	18	12
强制猥亵、侮辱妇女、猥亵儿童	5	3.3	其他	2	1.3
无预谋犯罪	134	89.3	有预谋犯罪	16	10.7
有病史	129	86.0	无病史	21	14.0

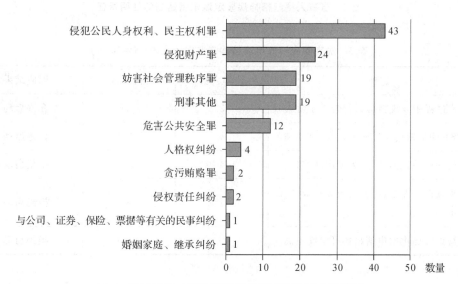

图1 H市两级法院涉精神病患刑事案件案由比例图

(二)法官的审查:精神病辩护陷入"严进宽出"的误区

1. 法官对精神病鉴定申请的审查:标准不一、审查严格

目前关于应否启动精神病鉴定的法律回应并不明朗,没有任何可操作性的规定用于指导法官应在何时启动鉴定,这导致不同法官在审查时要求辩护方达到的证明标准不一。如图2所示,面对法官要求的证明标准,辩方存在不少现实困难,一定程度影响了精神病辩护的顺畅进行。法官在辩方证据可信度不高(45%)、检方证据充分(20%)、被告人无异常(20%)的情况下,一般不会启动鉴定(见表3)。法院依据辩方申请移送精神病鉴定的案件数占总移送数的0.18%,表明法官明显更依赖于自我观察来决定是否移送司法鉴定,而非依据辩护人申请。这种过于主观臆断的回应,将置被告人权益于受损的边缘地带。

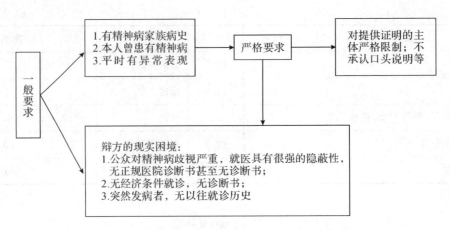

图 2　当事人提起精神病鉴定请求需达到的证明责任

表 3　法官回应辩方申请精神病鉴定的表现($N＝20$ 人)

选项	选择人数	占比/%	回应结果
在庭审过程中发现被告人行为异于常人	2	10.0	允许启动
结合案件事实及被告人表现,认为没有异常	4	20.0	拒绝启动
认为公诉机关证据充分,无须启动鉴定	4	20.0	拒绝启动
认为拖延审理期限,即便被告及辩护人强烈要求	1	5.00	拒绝启动
认为辩护方提供的申请材料可信度不高	9	45.0	拒绝启动

2.法官对精神病鉴定意见的审查:形式审查、宽松采信

笔者随机抽取 5 份判决书发现,法官对鉴定结论的审查流于形式,判决书中被告人的刑事责任能力认定与鉴定结论完全一致,甚至用于描述刑事责任能力的语句也与鉴定意见书完全一致(见表 4)。而整个法庭审理阶段,鉴定人均未出庭,控辩双方的质证流于形式。法官不对鉴定所依据的理论、技术和方法存疑,直接采信鉴定结论,赋予其当然证据力。在法官只对精神病鉴定进行形式审查的影响下,精神病鉴定成为影响辩护的决定性因素。

表 4 法庭审理阶段对鉴定意见的审查结果对比表

案件	简要案情	鉴定结论	鉴定人是否出庭	判决(裁定)结果	对比
梁某盗窃案	梁某于 2015 年多次入室盗窃	被告人梁某系有精神分裂症(缓解期),作案时有完全刑事责任能力	否	梁某系在精神正常的时候犯罪的间歇性精神病人,应当负刑事责任①	一致
钟某抢夺案	钟某抢夺黄某金项链,对郑某进行故意伤害造成十级伤残	钟某在案发时处于精神分裂症不完全缓解期,评定为限定责任能力	否	钟某作案时处于精神分裂症不完全缓解期,评定为限制责任能力,应当负刑事责任,但可从轻处罚②	一致
彭某故意伤害案	彭某因土地权属纠纷发生冲突砍伤他人,致其重伤	彭某经鉴定为"轻度精神发育迟缓",于 2013 年 3 月 7 日作案时评定为有限刑事责任能力	否	彭某经鉴定为轻度精神发育迟缓,作案时评定为有限刑事责任能力,故彭某对其犯罪行为应负刑事责任,但依法可对其从轻处罚③	一致
唐某盗窃案	唐某采取用脚将房门踹开的方式入户盗窃	经鉴定,唐某案发时患有短暂精神障碍,为限定刑事责任能力人	否	被告人唐某案发时系限定刑事责任能力人,依法可减轻处罚④	一致
邹某强奸案	邹某采取勒脖子、撕扯衣服等暴力手段强行与被害人发生性关系	经鉴定被告人邹某属轻度精神发育迟滞,具有完全刑事责任能力	否	被告人邹某属轻度精神发育迟滞,具有完全刑事责任能力,因认罪态度较好,依法从轻处罚⑤	一致

(三)结果:定罪量刑陷入两难处境

从维护程序正义的角度出发,法官理应保障被告人的辩护权利,但因精神病患的行为对社会及民众的人身财产安全产生强烈冲击,社会民众对精神病辩护成见很大,法官因此陷入保障社会安定和维护被告人权益的两难处境。H 市两级法院精神病辩护成功的案例并不多,被判定无罪的被告人更是寥若晨星(见表 5)。

---

① 湖南省怀化市鹤城区人民法院(2015)怀鹤刑初字第 18 号刑事判决书。
② 湖南省怀化市中级人民法院(2014)怀中刑一终字第 98 号刑事判决书。
③ 湖南省怀化市中级人民法院(2014)怀中刑一终字第 37 号刑事判决书。
④ 湖南省怀化市鹤城区人民法院(2014)怀鹤刑初字第 122 号刑事判决书。
⑤ 湖南省怀化市鹤城区人民法院(2013)怀鹤刑初字第 211 号刑事判决书。

表5　H市 2012—2017 年精神病辩护数据表

年份	被定罪者/人	提出精神病抗辩者	法院准许启动精神病鉴定的数量	减轻刑事责任者	无刑事责任者
2012	40	5(12.0%)	3(7.50%)	4(40%)	0(0.00%)
2013	48	4(8.30%)	2(4.17%)	1(2%)	1(2.08%)
2014	42	6(14.3%)	3(7.10%)	5(11%)	0(0.00%)
2015	25	2(8%)	0(0.00%)	6(24%)	0(0.00%)
2016	34	9(26%)	2(5.87%)	7(20%)	1(2.9%)
2017	30	12(40%)	3(10%)	9(30%)	1(3.3%)

但在法院允许启动精神病鉴定、其他人强烈要求启动精神病鉴定或出现重复鉴定时，量刑结果与案件无精神病鉴定相比有明显区别，比无精神病鉴定案件的量刑更轻。这表明，法官出于安抚社会大众的考量，不会轻易判决无罪，但本着存疑有利于被告人的原则，在定罪量刑时会逐渐慎重化、轻刑化（见表6）。

表6　同一罪名不同量刑结果的分析表

案由	定罪情节	量刑情节	鉴定相关情况	鉴定结论	罪名成立	量刑幅度
故意伤害罪	满足该当性要件	致人重伤	未启动	无	成立	4～7 年
			已启动	无刑事责任能力	不成立	无
			已启动	限定刑事责任能力	成立	3～5 年
			已启动	完全刑事责任能力	成立	3～6 年
			当事人强烈要求启动	无	成立	3～5 年
			重新鉴定	完全刑事责任能力	成立	3～6 年

二、桎梏丛生——精神病辩护意见认定困难的缘由

审判实践中，不论是经过精神病辩护抗辩减轻刑事责任还是免除刑事责任的数据都十分有限。法官对精神病辩护意见的认定不足，表明法官在审理过程需要进行多种利益的平衡。经过探寻，笔者认为有以下几点缘由。

（一）"被疯狂"的精神病患迫使民众和法官趋向认定疯狂

数据显示，中国精神病患中具备暴力倾向者仅占一成。但现实中剩余九成的精神病患同样被认为是"暴力、疯狂"的。公民若被认定为精神病患，即被默认贴上暴力倾向、情绪不稳定的标签，是个人与社会安全的潜在威胁。法国思想家福柯发现，"说一个人是精神病，其实不是一个病理性的概念，而是一个社会学的概念：你和主流社会不一样，你当然就'有病'——主流社会可以把你扔到疯人院，扔到一个阴暗的角落里"。① 精神病的发现、诊治表面上是知识、科学的作用，实则深受民众"话语暴力"影响。对精神病刻板偏狭的认知并非基于理性中立客观的科学标准，而是源自特有的历史、文化语境，与时下流行的政治关注、社会文化价值标准有关。

社会为了预防混乱和危险，矫枉过正地赋予精神病群体疯狂暴虐的表征，使精神病人遭受歧视和污名，目的在于合理化对精神病患的社会排斥与隔离。受污名化影响，精神病患处于偏见的恶性循环中，愈加难以靠近和理解。涉精神病重大刑案发生后，部分媒体以妖魔化噱头大肆夸张报道，加剧公众的误解。2015 年 5 月 4 日陕西洛川男子暴力殴打小孩事件②，类似"可以对精神病实行人道灭绝！"的网民评论凸显出民众基于恐惧心理难以容忍法律对涉案精神病患提供"绿色通道"（见图 3）。法官被裹挟入民众的疯狂，不断承受自身专业素养和道德情感的抗衡。如邱兴华案的审理法官曾在巨大的舆论压力下选择沉默，未启动精神病鉴定。③ 同时审判者难逃对精神病患的前见，认为对"疯癫之人"施加

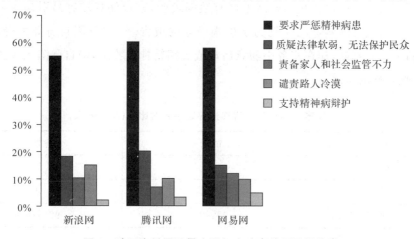

图 3　陕西洛川男子暴力殴打小孩事件网民评论表

---

① ［法］米歇尔·福柯：《疯癫与文明》，刘北成、杨远婴译，生活·读书·新知三联书店 2012 年版，第 134 页。

② 佚名：《洛川 2 岁男童遭男子当街飞踹暴打》，http://news.163.com/15/0508/05/AP2NVAT500014AED.html，最后访问时间：2017 年 11 月 21 日。

③ 佚名：《专家呼吁为邱兴华做司法精神鉴定》，http://news.sina.com.cn/c/l/2006-12-13/082211775314.shtml，最后访问时间：2017 年 11 月 23 日。

惩罚是满足民众"公正审判"的诉求。此时的法官,沦落为"疯狂民众"中的一员,不需审视根深蒂固的陈腐偏见,思索社会与精神病患的相处共生,只需一纸判决便隔绝危险。

(二)角色定位构筑法官判断精神障碍不可僭越的客观壁垒

社会学家将角色理论引入社会科学领域,指出个人在担任角色后,会不断调整"自我"行为。[1] 法官的行为并非随心所欲,"特色角色决定了法官的司法行为特征和具体行动策略"。[2] 公众对法官的角色期望转化为舆论,造成法官巨大的精神压力,舆论导向会深刻影响法官的判断以及对审判结果的预期。是否应启动精神病鉴定,法官更多是从大众的心态和认知出发判断被告人是否精神异常。但"精神疾病不像其他的临床科学,有着明确的解剖、生化的病理性改变,是缺乏临床医学的'可见性'标准的"。[3]

情景一:法院在审理甲某强奸案时,辩护律师声称甲某患有严重的精神分裂症,但不具有病识感,申请法院启动精神病鉴定。法庭询问被告人,被告人拒绝承认自己患有精神疾病且对自己行为不持异议,详述作案经过时记忆清晰表达明确。

情景二:法院审理乙某故意伤害案时,乙某在法庭上行为暴躁,辱骂法官、公诉人和辩护人,并对自己进行殴打,用头撞击关押栏。

笔者利用 H 市中级人民法院召开全市法院刑事审判工作会议之机,将上诉两个情景印发至全市 56 名刑事法官手中,要求做出是否移送鉴定的决定,并说明理由(见表7、表8)。数据显示,法官常透过法庭观察顶替医学判断来决定是否将被告人移交鉴定,易陷入"以貌取人"的误区。同样在我国台湾地区有数据表明,言行外观较容易引起注意的精神分裂症的被告人被移送鉴定的比例高于患躁郁症的被告。[4] 法官因自身能力受限,根本无法完成精神障碍判断,却在实务中随意启动或关闭精神病鉴定,使自己陷入作茧自缚的僵局中,影响案件的审理。

表 7 H市刑事审判法官移送鉴定结果对比表(N=56 人)

项目	情景一	情景二
移送	5	52
拒绝	51	4
移送、拒绝所占比例	9%;91%	92%;8%

[1] 贺刚:《真我假我——角色心理》,中国青年出版社 1993 年版,第 16-17 页。
[2] 陆而启:《法官角色论:从社会、组织和诉讼场域的审视》,法律出版社 2009 年版,第 37-39 页。
[3] 刘鑫、赵彩飞、马长锁:《精神障碍医学鉴定的不可行性分析》,载《中国司法鉴定》2018 年第 1 期。
[4] 翁国彦:《疯癫与审判》,2014 台湾废死研讨会论文,台北 2014 年 11 月,第 6 页。

表 8　不同决定结果理由对比表

	拒绝理由	同意理由
情景一	从庭审观察可知,被告神志清楚且行为时主观故意,刑事责任能力未受损	避免引发错案
情景二	质疑被告企图通过装疯卖傻逃避刑事处罚	被告庭审表现异于常人,且无法进行正常的庭审活动

(三)鉴定结论成为"证据之王"背后突显的期盼与失望

"法院频频遭遇复杂的科学技术证据,只有那些拥有高度专业化知识或杰出技艺的人才能毫无困难地领会。"[1]法官身处跨学科知识运用的困境,往往偏向信赖鉴定结论。但盲目信赖鉴定结论,混淆了采纳和采信的区别。判决结果相当仰赖鉴定结论,鉴定人出庭作证比例极低,这导致在涉精神病患刑事案件中,精神病鉴定不仅界定是非,更可能关乎生死。精神病鉴定作为"证据之王",未能肩负起相应的证据力度,主要体现在其容易被操纵,鉴定流程草率。

这体现在:其一,实务中精神病鉴定过程和鉴定意见极易被操纵。精神病鉴定是一种主观性评价,尽管依赖科学仪器的数据但主要取决于鉴定人个人的经验和主观判断。且精神病鉴定是一种回溯性评价,时间越长,鉴定的准确性越低。精神病学本身就是一门正在发展中的学科,人类还有很多未了解领域,鉴定结论本身就可能不够严谨。又因执业规范缺失,实务中经常出现收受贿赂、人情或者舆论压力等原因而作虚假鉴定的情形。其二,现实中的鉴定流程科技含量低,一般只进行口头会诊,极少留院观察。审判机关因逃亡顾虑、安全性风险等考量,倾向于压缩鉴定时间,鉴定机构则在有限的时间内与被鉴定人进行会谈和测验。"当鉴定人其他工作负担大时,鉴定可能只引用调查发现为根据,或者根本不调查。"[2](见表 9)

表 9　M 法院涉精神病患刑事案件鉴定情况表

委托事项	被告人作案时有无刑事责任能力及目前是否具有受审能力
鉴定材料	公安局询问笔录及复印件、法院询问笔录(如在审判环节提出司法鉴定的)、证明书(当事人家属提出的)、医院资料

---

① ［美］米尔建・R. 达马斯卡:《漂移的证据法》,李学军等译,中国政法大学出版社 2003 年版,第 200 页。

② Gohde Wolff,Die Transparenz der Untersuchungssituation in Psychiatrischen Gerichtsgutachen,R & P 1991,S. 170.

续表

鉴定过程	1.初步判断:根据公安司法机关提供的案卷其可能患有精神病的证明材料 2.进一步了解:会见被追诉人,进行口头会诊 3.病理性检查:主要为磁共振和心电图 4.得出鉴定结论:结合犯罪动机、犯罪表现和问诊情况得出
分析说明	1.依据所提供的鉴定材料进行医学诊断,鉴定时做精神检查和物理检查 精神检查主要查明被鉴定人是否有幻觉、妄想等精神病性症状,及是否存有自知力。物理检查涉及脑功能、心理测验报告、SDS、SAPS、SANS、WAIS-RC,查明鉴定人是否符合 ICD-10 中的精神疾病诊断标准 2.进行刑事责任能力判断:根据中华人民共和国司法部司法鉴定管理局发布的《精神障碍者刑事责任能力评定指南》进行判断 3.进行受审能力判断:核心是具有能够行使自己辩护权利的能力
鉴定意见	作案时是否具有明显的精神病性症状及刑事责任能力和受审能力
执业证	执业类别为法医精神病
鉴定所花时间	7 天

三、域外借鉴——在比较借鉴中破解精神病辩护的难题

我国精神病辩护存在理想与现实的差距,为改变目前过度重视社会效果的现状,在保障精神病患权益和维护社会稳定之间寻求平衡,可借鉴美国、日本的立法及实务经验,探求破解之法。

(一)美国

美国精神病辩护的理论研究和实践探索均处领先位置。首先,精神病辩护的提起有明确规定。美国联邦和州都有要求被告人将精神病辩护提前告知的规定。《美国联邦刑事诉讼规则和证据规则》规定:如果被告人意图以其行为时精神不正常为由进行辩护,则应当在规定时限内,以书面形式将此意图通知检察官,并将通知副本提交法院书记官。如果未遵守本规则规定的要求,则不能提出精神病辩护。[1] 其次,美国精神病辩护的证明责任分配明确。1984 年前,联邦和其他 11 个州的刑法都要求控方证明被告人精神健全,并需达到排除一切合理怀疑的程度。之后哥伦比亚特区和 36 个州法院都要求辩方以优势证据证明被告人在犯罪时患精神病的说服责任。[2] 因此,美国在精神病辩护的证明责任

---

① [美]伟恩·R·拉费弗等:《刑事诉讼法》,卞建林等译,中国政法大学出版社 2003 年版,第 1023 页。

② T. M. Henry, Recent Changes in Criminal Law: The Federal Insanity Defense, Louisiana Law Review, November, 1985, p. 357.

分配上分控方承担和被告人承担。最后，美国的精神病辩护采取"分段审判"审理模式。1927 年美国加利福尼亚州最高法院尝试了"分段审判"，即第一阶段用于审判被告人有罪无罪问题，第二阶段用于决定被告人犯罪时的精神状态。有人认为分段审判的模式致使庭审变得冗长复杂，但一些学者仍然认为，分阶段审理方式的优点超过了它的缺点。[①]

（二）日本

为提高法官精神病医学方面的知识水平，日本建立了医疗观察制度，设立了精神保健审判员。2003 年，日本通过《关于对心神丧失等状态下实施他害行为的人进行医疗和观察等的法律》，规定在杀人、伤害、放火、抢劫、强奸、强制猥亵等重大犯罪中，由法院裁定被告人是否住院治疗。合议庭由一名普通法官和一名精神保健法官组成，检察官、辩护人、辅助人员都参与庭审，综合各方意见做出住院治疗、定期治疗、无须治疗的裁定。[②] 日本实务界认为责任能力是一种法律判断，需综合精神病鉴定与其他证据，最后由法官来认定被告人的刑事责任能力，因此精神病鉴定只是一个参考意见，法院不受这些意见的约束，此乃鉴定的拘束性问题。

（三）内化：对我国司法实践的启示

通过对比可知，我国刑事立法虽也将患有精神疾病作为无罪辩护的事由，但零碎的规定并没能构筑出一套完整的精神病辩护制度。以美国、日本的立法与实践为镜，可明了我国的不足，予以吸收可完善我国的精神病辩护制度。

1.精神病辩护证明责任分配法定化

美国精神病辩护制度中，关于控方与辩方的证明责任分配明确并予以法定化，可以引导辩方采取辩护策略同时利于法官审理案件。该证明责任细化系指提起精神病辩护的证明责任，以及证明被告人患精神疾病以致影响刑事责任能力的证明责任。《美国模范刑法典》《美国联邦刑事诉讼规则和证据规则》均规定了精神病辩护提起的证明责任。[③] 如上所述，被告人患精神疾病以致影响刑事责任能力的证明责任，美国通过精神病辩护改革法案也予以明确。而我国在精神病辩护中未明确辩方是否需承担"形成争议焦点"的责任，也未说明应由控方还是辩方承担证明责任，造成法官分配证明责任于法无据，混乱不堪。

2.合理定位精神病鉴定意见

美国与日本均认为鉴定人只对被告人的精神状态发表鉴定意见，而刑事责任能力的判断应由法官评定。并明确鉴定人不仅需出庭作证，更需对自己的鉴定结论承担法律责任。但我

① E. G. Julie, The Insanity Defense In The Twenty-First Century: How Recent United States Supreme Court Case Law Can Improve The System, Indiana Law Journal, Fall 2006, p. 1482-1493.

② 潘侠：《破解暴力型精神病人管束困局刍议——基于三部法律联动的视角》，载《法学论坛》2016 年第 3 期。

③ 宋宝莲：《精神病辩护在美国刑事司法中的应用》，载《政治与法律》2015 年第 3 期。

国因缺乏对鉴定人的责任追究机制,又盲目信从鉴定意见,致使实务中出现由鉴定意见决定案件走向的情形。我国需完善精神病辩护的法律标准,厘清司法精神病鉴定中医学标准与精神病辩护中法律标准之间的关系,明确司法精神病鉴定报告在精神病辩护中的地位和作用。

四、难题破解——走出精神病辩护意见认定不足的困境

为帮助法官走出精神病辩护意见认定不足的困境,推进我国精神病辩护制度的发展,更好地保障精神病患的合法权益,笔者认为可以在以下几个方面进行努力。

(一)有机结合:实现法官与专家的有效对接

为改变法官启动精神病鉴定主观性过大,任鉴定结论决定案件走向的现状,"唤醒"专家陪审制度,伴以专家辅助人和专家咨询是非常可行的办法。目前专家陪审虽已有法律依据,但专家陪审制度在全国多数法院处于"休眠"状态,法官怠于适用该制度。"我国台湾地区已就专家参审制度达成共识,决定'专家咨询'与'专家参审'两阶段实施专家参审制",获得较大成功。专家陪审必须明确专家参与诉讼的目的与性质,并确定专家的资质标准、权利义务、意见提出方式、意见效力等。同时需对专家参审予以制约,以保证专家意见的中立性和客观性(详见表10)。专家参审可与司法鉴定形成良性制约,帮助法官形成心证。专家与法官的对接中,祛除了法官的非专业性,并克服其保守心态,解决法官跨学科知识沟通的难题。

表 10　专家参审的细节构建

参审目的	参审种类	途径	使用次序	域外借鉴	制约
帮助法官解决技术事实	专家咨询	专家咨询委员会论证、邮件电话咨询	专家咨询→专家辅助人→专家陪审	对专家参审予以细化,可借鉴意大利的技术顾问制度:1.参加聘任鉴定人的活动,并向法官提出要求、评价和保留性意见。2.参加鉴定工作,向鉴定人提议进行具体的调查工作,发表评论和保留性意见。3.在鉴定之后任命,可对鉴定报告加以研究,允许询问鉴定人和考察被鉴定的物品、地点	建立专家名册,记载专家参审的表现,专家意见的摘要,法官、律师或专家对意见的评价
	专家辅助人	当事人申请			
	专家陪审	与法官组成合议庭			

此外，可设复合型法官发挥事实裁判者的审查功能。"在涉及精神病患的审判程序中，鉴定专家并不是'科学的法官'，鉴定意见也不能代替法官的裁决，应当接受法官的最终审查。"①我国可构建专业刑事法官制度，探讨在法官员额制的特殊背景下，另行设立专业法官，要求同时具精神医学专业知识和法官资格（专业法官不局限于精神医学方面）。专业法官不应受地域、级别限制，便于特殊案件发生时灵活选派人员参审。

（二）工具升级：精神病鉴定之改革

在启动上，公检法享有精神病鉴定启动的专属权，一定程度制约了法官的审判活动。当前专门机关启动鉴定并未运行不良，完全赋予当事人启动权可能导致出现滥用鉴定、做虚假鉴定的情况。笔者更倾向于对公安司法机关的启动裁量权进行制约，以权利制约权力，将其作为改革目前启动权分配方式的核心。精神病鉴定启动标准不可一概而论，死刑案件和普通刑事案件应适用不同的启动标准。首先，死刑案件必须强调鉴定的必要性，法官无充分理由不得拒绝启动。可能判决死刑的案件将会直接剥夺被告人的生命权，影响较大需谨慎。辩方如有理由申请鉴定则应启动。其次，普通刑事案件在要求辩方完成"形成争点责任"的举证责任后可启动鉴定。② 通过给予当事人权利保障以制约专门机关过大的启动裁量权，具体构建如图 4。

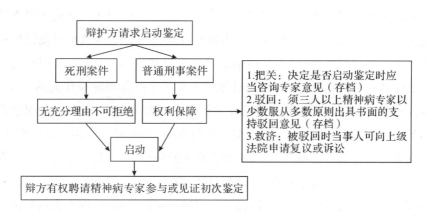

图 4　辩方请求启动精神病鉴定运行图

在立法上，我国对鉴定机构、鉴定人的管理并不严谨，相关法律法规须进行系统化整理修改，相矛盾部分择优留取。如省级政府和司法鉴定委员会均有权决定鉴定机构，导致各地标准不一，而司法鉴定委员会相比省级政府更具优势决定鉴定机构。选取鉴定机构，应该规定精神病治疗为其强势专业的三甲医院或者国家认可的专业性研究机构为妥。还

---

① 宋远升：《刑事案件精神病司法鉴定的功能、障碍因素及破解》，载《中国司法鉴定》2015 年第 3 期。

② 陈如超：《论中国死刑案件中的精神病抗辩》，载《西南政法大学学报》2013 年第 1 期。

需建立各省的专家数据库,规定十年以上临床经验的副高级以上医师才具备鉴定资格。同时,借鉴美国经验,在省一级建立司法心理学研究所,这样,医学人员与法律人都可借此了解自己专业以外的重要基础知识,建立工作上互相信赖的基础,避免盲目自信和盲目依赖。

(三)指明方向:完善我国鉴定意见审查制度

1.明确精神病鉴定结论的审查标准

从本文实证部分可知,对鉴定结论的实质性审查长期被我国法律及司法实践所忽略。美国经过长时期的经验累积,将精神病鉴定审查标准定为"相关性、可靠性、充分性、适用性"等多重标准。笔者认为可借鉴吸收将"可靠性、科学性"原则作为我国鉴定结论的审查标准。该原则包含:(1)鉴定结论的依据必须得到该领域专家普遍接受或同行科学文献的支持;(2)鉴定结论所依据的事实和材料必须真实可靠;(3)鉴定经得起同行的审查;(4)错误率控制在一定比例。笔者认为将"可靠性、科学性"标准在法律中予以明确,有助于法官在审查时明确内容及目标,打破法官对鉴定结论的盲目跟从,也刺破了法官的保守心态。

2.完善鉴定人询问制度发挥庭审质证功能

因鉴定结论对精神病刑案影响较大,鉴定人在诉讼程序中接受询问方可保证案件审理公平公正,而我国法庭鲜有传唤鉴定人出庭作证接受质证。专家也可能误用科学原理和技术方法而形成错误的判断,误导事实认定者做出错误的判断。[①] 美国的交叉询问制度被证据法学者威格莫称为"是从前发明的用于发现案件真相的最伟大的法律引擎"[②],我国可建立该项制度以充分发挥庭审质证功能。建立交叉询问制度,必须明确询问顺序和询问内容。在顺序上,应当由鉴定提交方先行询问,后由对方当事人进行询问,再由法官发问。庭审时可进行多轮询问,以便对鉴定意见的深入了解,最后双方当事人发表综合陈述意见。询问内容主要集中在资格、推理过程、方法及材料来源上(见图 5)。将上文所述专家参审与交叉询问制度结合,可以推进鉴定结论质证的深入,在专家的帮助下让法官做出采信与否的决定。法官在审理时不再出现"知其然不知其所以然"的窘境,并伴随经验审理的累积,相关专业知识也会逐步提升。

---

① 常林:《谁是司法鉴定的"守门人"? ——〈关于司法鉴定管理问题的决定〉实施五周年成效评析》,载《证据科学》2010 年第 3 期。

② 廖永安主编:《诉讼证据法学》,高等教育出版社 2017 年版,第 178 页。

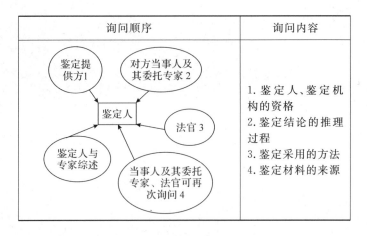

图5　交叉询问制度

结语

法国马赛曾在 2015 年举办了"疯子骄傲游行"，希望尊重精神病人。福柯在《疯癫与文明》一书的末尾说道，"世界本身的任何东西，尤其是它对疯癫的认识，不能使世界确信它可以使用这类疯癫的作品来证明自身的合理性"。我们的正常不是以精神病患为对比，而我们对其的尊重和关爱，才能凸显我们的理智。一个合格的职业法律人应当首先是一个理性的法律人。涉精神病患案件的审判过程中，法律人尤其需要反省、检视自身心底深藏的疯癫。